校企合作双元开发“互联网+”立体化教材
高等职业院校铁道机车专业“十四五”技能型人才培养新形态教材

电力机车牵引与控制

（智媒体版）

主 编 李作奇 罗林顺
主 审 华 亮

电力机车牵引与控制
在线开放课程学习平台

西南交通大学出版社
·成 都·

图书在版编目（CIP）数据

电力机车牵引与控制：智媒体版 / 李作奇，罗林顺主编. —成都：西南交通大学出版社，2022.3（2025.8 重印）
ISBN 978-7-5643-8569-9

Ⅰ. ①电… Ⅱ. ①李… ②罗… Ⅲ. ①电力机车 – 牵引设备 – 控制系统 – 高等职业教育 – 教材 Ⅳ. ①U264.3

中国版本图书馆 CIP 数据核字（2022）第 004509 号

Dianli Jiche Qianyin yu Kongzhi
电力机车牵引与控制
（智媒体版）

主　编 / 李作奇　罗林顺
责任编辑 / 黄淑文
封面设计 / 何东琳设计工作室

西南交通大学出版社出版发行
（四川省成都市金牛区二环路北一段 111 号西南交通大学创新大厦 21 楼　610031）
发行部电话：028-87600564　028-87600533
网址：http://www.xnjdcbs.com
印刷：四川森林印务有限责任公司

成品尺寸　185 mm × 260 mm
印张　17　　字数　361 千
版次　2022 年 3 月第 1 版　　印次　2025 年 8 月第 2 次

书号　ISBN 978-7-5643-8569-9
定价　46.00 元

课件咨询电话：028-81435775
图书如有印装质量问题　本社负责退换

前言

近年来我国电力机车牵引与控制技术发展迅速，大功率交流传动电力机车拥有最新的电力电子技术、车载微机控制技术、网络控制技术、交流传动技术，已成为我国牵引动力发展的主流。本书结合我国目前铁路牵引动力的实际，既包括传统直流传动 SS_4 改型电力机车的控制理论和电气线路，也包括新型大功率交流传动 HXD_{1C} 型、HXD_3 型电力机车的控制理论和电气线路。

“电力机车牵引与控制”课程是铁道机车运用与维护专业的核心课程。本课程要求学生在已经掌握电工电子技术、电力电子技术、电力机车电机与电器等基础知识和基本技能的基础上，通过课堂讲授、实验、实习等教学环节，掌握电力机车工作原理、调速技术，并能够分析机车电气线路；能够操作、维护和检修机车电气线路，具备从事机车运用与维护的高素质技能型人才所必需的基本技能，并为今后的专业课学习打下良好的基础。

本书以电气控制技术为基础，以机车电力牵引控制理论为核心，以机车电气线路分析为载体，以项目化教学为模式，以工作过程为导向，融入机车电工的职业标准，实现理论实践一体化；其内容涵盖了电力机车工作原理、调速技术、电气制动技术，典型电力机车的电气线路分析，电力机车高、低压试验程序及常见故障处理等知识。本书在内容的编排上，注意实用性，理论与实践相结合，突出分析、解决问题和实作能力的培养；在内容组织上，注意准确、精炼、通俗易懂。本书在编写过程中借鉴了许多相关书籍，搜集了大量现场资料，既适合理论教学，又贴近生产实际，可满足高职铁道机车运用与维护专业学生以及企业相关技术人员学习专业理论知识和实作技能的需要。

本书由南京铁道职业技术学院李作奇、四川铁道职业学院罗林顺担任主编，中国铁路上海局集团有限公司南京东机辆段王锐参编。南京铁道职业技术学院华亮主审。教材编写分工如下：罗林顺编写项目 1、项目 2，李作奇编写项目 3 至项目 7，并负责全书统稿及校对，王锐编写项目 8。

本书虽经编写人员多次讨论、修改，但由于编者水平有限，难免存在疏漏和不足之处，敬请各位专家、读者批评指正。

编 者

2022 年 3 月

《电力机车牵引与控制（智媒体版）》视频资源索引

续表

序号	视频名称	书中页码
18	SS_4改型电力机车预备环节控制	130
19	SS_4改型电力机车线路接触器控制	133
20	SS_4改型电力机车磁场削弱控制	134
21	SS_4改型电力机车励磁接触器控制	135
22	SS_4改型电力机车功补接触器控制	136
23	HXD_{1C}型电力机车主电路	150
24	HXD_{1C}型电力机车网络控制系统结构	164
25	HXD_{1C}型电力机车网络控制系统功能	169
26	HXD_3型电力机车主电路	183
27	HXD_3型电力机车辅助电路	192
28	HXD_3型电力机车控制电路	200
29	HXD_3型电力机车控制电源电路	211
30	HXD_3型电力机车常规司机指令控制	215
31	HXD_3型电力机车故障复位控制	217
32	HXD_3型电力机车逻辑控制和保护电路	219
33	HXD_3型电力机车主变流器控制电路	222
34	HXD_3型电力机车辅助变流器控制电路	223

目录

项目 1
电力牵引控制系统认知

项目描述

电力机车是一种通过外部接触网或钢轨供给电能，由牵引电动机驱动的现代化牵引动力，包括铁路运输中牵引车列的电力机车和担任客运任务的城际电动车组，以及城市交通运输中的地下铁道电动车组、无轨电车等。我们这里主要讨论铁路运输中牵引车列的电力机车。

本项目主要学习电力牵引控制系统的概念、电力机车的分类、电力牵引的特点，展示国内外电力牵引的发展历程，洞悉我国牵引动力的发展方向。

任务 1.1　电力牵引系统组成及特点认知

【任务目标】

知识目标	1. 了解电力牵引控制系统的概念。
	2. 了解电力牵引系统的组成及电力牵引的特点。
	3. 了解电力机车的分类。
素质目标	1. 培养学生养成严谨认真、精益求精的态度，促使学生职业素养的养成。
	2. 培养学生具有自主学习能力，具有一定的分析能力，善于总结经验。
	3. 能客观、公正地进行学习效果的自我评价。
能力目标	1. 能够根据不同的划分标准说出电力机车的分类。
	2. 能根据电力牵引的特点阐述电力牵引的特点。

【相关知识】

1.1.1　电力牵引控制系统的概念

在轨道交通运输中，采用电动机驱动来满足机车牵引的电气传动部分，称为电力牵引控制系统。它是以牵引电机作为控制对象，通过控制系统对电动机的速度和牵引力进行调节，以满足机车牵引和制动特性的要求。

根据驱动电机的型式不同，控制系统分两大类：采用直流（脉流）牵引电动机作驱动设备的称为直流（脉流）传动控制系统，直-直型、交-直型电力机车也称为直流传动电力机车。采用交流牵引电动机作驱动设备的称为交流传动控制系统，交-直-交型和交-交型电力机车也称为交流传动电力机车。

国产直流传动电力机车控制系统随着电力电子技术、微电子技术、计算机技术的发展而不断发展，经历了有接点控制（SS_1型电力机车）、模拟控制（SS_3型、SS_4型电力机车）、微机控制（SS_8、SS_{4B}、SS_9、SS_{7D}和SS_{7E}型电力机车）。

随着电力电子技术和交流电机调速理论等相关技术的发展，以交流电机作为牵引电机的交流传动控制系统开始取代直流传动控制系统。由于机车控制功能的复杂化和多样化，单台微机已很难完成控制任务，而是需要多台微机并行工作，一般通过网络系统实现分布式的多级控制。微机网络控制系统能综合各种信号进行机车牵引与制动的控制，实现各种自动保护，如机车防空转、防滑行保护，接地保护，过流过压保护等。此外，微机网络控制系统还对机车的重要部件进行状态监控及故障维护，其结果由中央诊断单元通过图像、文字的形式显示。

电力牵引
系统组成

1.1.2　电力牵引系统的组成

电力牵引系统是由电力机车和牵引供电装置两大部分组成，电力牵引系统的组成如图 1-1-1 所示。

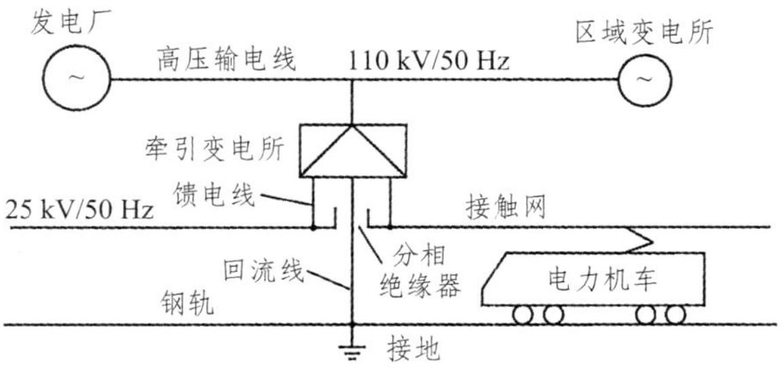

图 1-1-1　电力牵引系统的组成

牵引变电所将来自发电厂（站）或区域变电所的三相高压交流电（线电压 110 kV/50 Hz）变换成单相交流电（25 kV/50 Hz），经馈电线送入接触网；电力机车车顶上的受电弓与接触网接触，将电压引入到电力机车牵引变压器的一次侧绕组（原边线圈），经车轴上的接地电刷装置、轮对、钢轨、回流线返回牵引变电所，这样就构成电力牵引高压侧回路。

牵引变压器属降压变压器，通过牵引变压器的二次侧绕组（副边线圈）获得所需的电压。变压器一次侧与二次侧的电压比是由它们的匝数比所决定的。二次侧绕组所获得的电压再送入牵引变流装置进行变换后，向牵引电动机供电，由牵引电动机驱动轮对使机车运行。

电力机车的电气线路按其作用不同，可分为主电路、辅助电路和控制电路三大部分。

牵引电动机及其相连接的电气设备和导线组成了机车主电路，应满足机车起动、调速及制动三个基本工作状态的要求。起动、调速及制动是列车运行的基本规律，它们是通过机车主电路、辅助电路和控制电路共同作用实现的。为了充分发挥机车的功率，实现多拉快跑，就要求机车不仅能在不同的线路和载荷条件下改变牵引力，而且还要求在相同的牵引力下得到不同的速度。由此可以看出，机车主电路必须保证牵引电动机的转矩和转速都可作独立的调节，而且要有宽广的调节范围。

机车主电路是电力机车上高电压、大电流的大功率动力回路。通过主电路的功率传递，将变电所的电能转变成适用于列车牵引所需要的牵引力。主电路的结构在很大程度上决定着机车的基本性能。电力机车性能的好坏，技术上难易的程度、投资的多少以及运行费用的高低和可靠性等重要技术经济指标，均与主电路的设计密切相关。

1.1.3 电力机车的分类

电力机车可按机车的不同技术特征和用途进行分类。

1. 按用途分

（1）客运电力机车：用来牵引客运列车。其特点是牵引力不大，运行速度高。

（2）货运电力机车：用来牵引重载货物列车。其特点是牵引力大，速度不高。

（3）客货两用电力机车：用来牵引客运或货运列车。其特点是牵引力和速度介于客、货运电力机车之间。

（4）调车电力机车：用来在站场上编组列车。其特点是机车的功率不大，速度和牵引力均较低。

2. 按传动形式分

（1）具有个别传动的电力机车：电力机车每一轮对都由单独的牵引电动机驱动。这些轮对（轴）称为动轮或动轴。

（2）具有组合传动的电力机车：电力机车上某几个轮对（通常为同一转向架上的几个轮对）互相连接成组，然后由一台牵引电动机驱动。

3. 按机车动轴数分

可分为四轴、六轴、八轴等电力机车。一般动轴数较多的电力机车用作货运机车，如国产干线货运电力机车 SS_4 改型为 8 轴电力机车，轴列式 2（B_0-B_0）。动轴数较少的电力机车用作客运机车，如国产准高速机车 SS_8 型为 4 轴电力机车，轴列式 B_0-B_0。

4. 按供电电流制-传动型式分

（1）直流供电-直流牵引电动机驱动的直-直型电力机车。接触网供电电压为直流 1 500 ~ 3 000 V，机车牵引电动机为直流串励牵引电动机。

（2）交流供电-直（脉）流牵引电动机驱动的交-直型电力机车，又称交-直型整流器电力机车。我国生产的韶山系列电力机车即属于此种型式。

（3）交流供电-变流器环节-三相交流异步电动机驱动的交-直-交型电力机车。我国生产的和谐系列大功率电力机车即属于此种型式。

（4）交流供电-变频器环节-三相交流同步电动机驱动的交-交型电力机车。

交流供电按接触网供电频率的不同可分为单相低频制和单相工频制。单相低频制是指供电频率为25 Hz或$16\frac{2}{3}$ Hz的交流电网供电制，单相工频制是指供电频率为50 Hz的交流电网供电制。目前，包括我国在内的世界绝大多数国家都采用供电频率为50 Hz的工频交流电网供电。

此外，世界上还有多电流制电力机车，这是针对具有不同电力牵引供电系统的铁路，为了在两种或多种供电系统衔接区段的连续运输或其他特定需要而生产的，主要为交直流两用电力机车。

1.1.4 电力牵引的特点

电力机车是非自带能源式机车，电力牵引具有内燃牵引所不及的一系列优越性，主要表现在以下几方面：

1. 功率大

内燃机车的功率受到一次能源设备（柴油机）本身容量、尺寸和重量的限制，故机车功率不能过大。而电力机车不受上述条件的限制，机车功率（或单位重量功率）要大得多，目前单轴功率已达 1 000 kW（若为交流牵引电动机，则可达 1 600 kW）。一台电力机车的牵引能力相当于 2 台（或更多一些）内燃机车的牵引能力。由于电力机车功率大、起动快、允许速度高，所以能够多拉快跑，极大提高了线路的通过能力和输送能力。

2. 效率高

机车效率的高低直接影响铁路运输的经济指标。由于电力牵引所需的电能是由发电厂（或电站）集中产生，因此燃料的利用率要比内燃牵引高得多。由火电厂供电的电力牵引的效率高达 35%，由水电站供电的电力牵引则超过 60%。对于自给式的内燃机车来说，每台机车的热效率约为 25%，而且柴油价格昂贵，燃烧排放污染。

3. 过载能力强

机车在起动、牵引重载列车和通过困难区段时，具有一定的过载能力是十分重要的。自给式的内燃机车，一方面受牵引发电机过载能力的限制，另一方面又受机车柴油机过载能力的限制。对于非自给式电力机车，其能量是来自较强大的供电系统，因而机车的过载能力是较高的。实践表明，电力机车所需的启动加速时间约为内燃机车的 1/2，从而能够提高列车速度。

4. 运营费用较低

使用电力牵引容易实现多机重联牵引，因而使得运输中各项经济技术指标大为提高。同时，由于电力机车的检修周期长、检修工作量少，从而减少了维修费用和人力，使机务成本大大降低。有资料表明，电力机车牵引万吨公里能耗仅为内燃机车牵引的2/3。此外，由于电力机车整备作业少，宜于长交路行驶，这样就可以减少机务段的数量，而且乘务人员和使用的机车台数也相应减少，使劳动生产率大大提高。一般情况下，电力机车的运营费用比内燃机车要低15%左右。

当然，电力牵引在应用中也存在以下问题：

（1）离不开牵引变电所和接触网等沿线的供电设施，使其机动性较差，且线路电气化投资较大。

（2）电力机车工作过程中产生的电流谐波对通信方面所带来的干扰问题。

（3）晶闸管相控调压所引起的功率因数较低的问题。

一般在客货运输繁忙的主要铁路干线，线路坡道陡、隧道多又长的山区铁路干线，大运量的集中运煤专线，适宜采用电力机车牵引。

任务 1.2　电力牵引发展历程认知

【任务目标】

知识目标	1. 了解国外电力牵引的发展。
	2. 了解国内电力牵引的发展。
	3. 了解国产和谐系列大功率电力机车应用情况。
素质目标	1. 培养学生勇于创新、开拓进取的意识。
	2. 培养学生的民族自豪感，激发学生爱国热情。
	3. 能客观、公正地进行学习效果的自我评价。
能力目标	1. 能够总结国产四代电力机车的特点。
	2. 能阐述和谐系列大功率交流电力机车的应用情况。

【相关知识】

1.2.1　国外电力牵引发展历程

自1879年5月31日德国西门子和哈尔斯克公司在柏林举办的世界博览会上展出世界第一条长约300 m的电气化铁路以来，电力牵引已有一百多年的历史。

1. 电力牵引发展初期，直流制电力机车的应用

在电力机车发展初期，世界各国电气化铁道大部分采用的都是直流制电力机车，另外也有一部分三相交流制和单相低频制电力机车。由于当时科学技术条件的制约，直流制电力机车供电电压不高，三相交流制接触网设备过于复杂，单相低频制电力机车又需要单独的供电电网，因此电力机车早期发展速度较慢。

2. 单相工频交-直流制电力机车的迅速发展

为了克服直流电力机车接触网电压低的缺点，1904 年瑞士开始采用单相交流制电力机车，用以提高接触网供电电压。但因工频电源使牵引电动机换向困难，所以采用单相低频交流制。1932 年匈牙利试验成功了单相工频交流电力机车，引起世界各国的重视，而后德国、法国相继进行研制，1950 年法国试制了引燃管整流器式电力机车，从而使直流制电力机车中牵引电动机的一系列优点和单相工频交流制供电电压较高的特点完美结合起来，形成了单相工频交-直流制电力机车，开辟了工频交流电气化的新纪元，推动了电力机车的迅速发展。从 1960 年德国制成半导体整流器式电力机车以来，目前世界各国电气化铁道大部分已采用单相工频交流制电力机车，接触网供电电压为 25 kV。1958 年美国发明晶闸管后，60 年代中期晶闸管相控机车开始问世，至今已达到成熟阶段。

3. 随着电力电子技术的发展，交流传动电力机车成为现实

20 世纪 60 年代后期，电力电子器件的不断更新和发展，使得制造大功率机车用逆变器变为现实。80 年代初德国研制了采用异步电动机驱动的交-直-交型电力机车，英国、美国、苏联、法国、日本等国也都进行了研制。我国在 1991 年开始研制 4 000 kW 交流传动电力机车，1995 年完成组装，进入整机试验阶段，成为世界上少数能研制该机车的国家之一。交流传动电力机车简单、可靠，具有良好的防空转性能、牵引特性和制动特性。这些均预示着机车性能的深刻变革，因而成为了今后电力牵引的一个发展方向。

1.2.2 我国电力牵引发展历程

自 1958 年试制成功第一台电力机车以来，在 60 多年的发展历程中，我国电力牵引发展经历了四个阶段，形成了四代产品。

第一代，二极管全波整流和调压开关调幅式有级调压；

第二代，调压开关粗调和晶闸管相控微调相结合的级间平滑调压；

第三代，多段桥晶闸管相控无级调压的交-直传动系统；

第四代，变频调速交流传动系统。

1. 国产第一代电力机车

1949 年以前中国基本没有电气化铁路。中华人民共和国成立后，从 1958 年 6 月

起，对宝成铁路（宝鸡—成都）进行了电气化改造工程。1961 年 8 月 15 日宝鸡—凤州段 91 km 电气化铁路通车。为满足新建宝成铁路采用电力牵引的需要，铁道部田心机车车辆工厂（现中车株洲电力机车有限公司）在湘潭电机厂等单位的协助下，以苏联 H60 型电力机车为基础，试制国产电力机车。1958 年 12 月 28 日第一台电力机车试制成功，并定型为 $6Y_1$ 型机车（“$6Y_1$”型号中的“6”代表机车有 6 根车轴，“Y”代表采用引燃管整流，“1”代表第一种型号）。$6Y_1$ 型机车设计为客、货两用干线电力机车，采用低压侧调压开关调压，引燃管整流，C_0-C_0 轴式，机车持续功率 3 410 kW，最大速度为 100 km/h。由于引燃管整流器、牵引电机、调压开关等关键部件存在技术和质量问题，虽经技术改进，先后试制了 7 台 $6Y_1$ 型电力机车，但未能投入批量生产。

随着我国电力电子工业的发展，大功率整流二极管开始进入工程实用阶段，为机车电传动技术的发展提供了必要条件。在 $6Y_1$ 型电力机车基础上，我国第一代有级调压、交-直传动电力机车——SS_1 型电力机车于 1968 年试制成功，1969 年开始小批量生产。SS_1 型机车采用调压开关对变压器牵引绕组进行有级调压，有 33 个调压级位；主整流器采用中抽式全波整流电路；C_0-C_0 轴式，机车的持续功率提高到 3 780 kW，最高运行速度 90 km/h。至 1978 年止，SS_1 型机车共经历了 3 次重大技术改造，并最终成为我国电气化铁路干线的第一代（有级调压，交-直传动）主型电力机车，为我国电力机车的发展奠定了坚实的基础。

1969 年，田心机车车辆工厂在吸取法国 $6Y_2$ 型机车大量先进技术的基础上进行设计制造，试制了一台 SS_2 型电力机车。SS_2 型电力机车采用高压侧调压开关 32 级调压，硅整流器整流和弹性齿轮驱动，C_0-C_0 轴式，持续功率 4 440 kW，最高速度 100 km/h。虽然由于相关技术当时还不具备批量生产的条件，SS_2 型电力机车并未投入正式运营，但为我国直流传动电力机车的发展积累了宝贵的经验。

2. 国产第二代电力机车

可控型器件——晶闸管的出现，使机车电传动技术跨上了一个新台阶。为满足宝成铁路运营需要，1972 年，我国从法国进口了 42 台 6G 型电力机车。1978 年，在学习 6G 型机车先进技术和总结 SS_1、SS_2 型电力机车成熟经验的基础上，由株洲电力机车厂和株洲电力机车研究所共同研制的 SS_3 型 001 号机车获得成功，并开始投入小批量生产。SS_3 型电力机车采用了牵引变压器低压侧调压开关 8 级调压与级间晶闸管相控调压相结合的平滑调压调速新技术；C_0-C_0 轴式，持续功率 4 320 kW，最高速度 100 km/h；采用 2 级电阻制动；综合性能与 SS_1 型机车相比大幅提高。1988 年，SS_3 型机车开始大批量生产，成为我国第二代干线主型电力机车（级间相控调压、交-直传动）。此后，SS_3 型机车进行了多次技术改进，并在此基础上设计了固定重联的 SS_{3B} 型机车和由 SS_3 型机车经固定重联改造的 SS_{3C} 型机车。SS_3 型机车及其派生车型也成为中国当时运用最多的电力机车。

3. 国产第三代电力机车

随着大功率晶闸管性能的提高，相控技术成熟应用到机车电传动领域。

1985 年 9 月，SS_4 型机车试制成功。SS_4 型机车功率 6 400 kW，2（B_0-B_0）轴式，最高速度 100 km/h。机车采用经济四段半控桥调压，两级电阻制动和恒速、恒励磁控制等技术，牵引制动性能优良，黏着利用充分。以此为开端，我国第三代（无级调压、交-直传动）主型电力机车系列逐步形成。

20 世纪 80 年代中后期，随着电气化铁路的大规模发展，我国分别从欧洲进口 150 台 8K 型电力机车、从日本进口 85 台 6K 型电力机车、从苏联进口 150 台 8G 型电力机车。通过学习进口机车的先进技术，我国第三代电力机车技术有了长足的进步。1993 年，株洲电力机车厂对 SS_4 型机车进行改造，采用不等分三段桥相控调压实现了相控无级调压，设有功率因数补偿，提高了机车的功率因数；采用恒流恒速特性控制保证机车平稳起动加速和恒速运行的牵引性能；采用架控方式有利于实现机车的轴重电气补偿；采用加馈电阻制动改善了机车低速时的电制动性能；这些都进一步提升了机车的整体性能。在 SS_4 改进型机车的基础上，株洲电力机车厂还设计制造了采用微机控制的 SS_{4B} 型机车和 25 t 轴重的 SS_{4C} 型机车。SS_4 系列机车广泛用于大秦、朔黄等重载线路和京广、哈大等干线的货物列车牵引，成为我国主力货运电力机车。

1990 年，最高速度 140 km/h、功率 3 200 kW、B_0-B_0 轴式的 SS_5 型客运电力机车 2 台样车下线。该机车采用了大功率晶闸管和整流管组成的两段桥相控调压、无级磁场削弱、再生制动、功率因数补偿和牵引电机空心轴驱动等新技术，但由于可靠性等原因未能批量生产。在其基础上设计制造的 TM1、TM2 型机车曾出口伊朗，用于城际列车牵引。

1990 年，为陇海铁路电气化国际招标设计的 SS_6 型电力机车试制成功。SS_6 型机车功率 4 800 kW，速度 100 km/h，C_0-C_0 轴式，采用两段桥相控调压、功率补偿、加馈电阻制动、高压牵引电动机等技术，于 1991 年开始批量生产。在 SS_6 型机车基础上，株洲、大同工厂还设计制造了 SS_{6B} 型电力机车，用于陇海（兰州—连云港）、京广（北京—广州）和宝成等铁路客货列车牵引。

在吸收进口 6K 型机车技术的基础上，为满足山区铁路小半径曲线区段牵引需要，采用 B_0-B_0-B_0 轴式的 SS_7 型电力机车于 1992 年在大同机车工厂（现中车大同电力机车有限责任公司）试制成功。SS_7 型机车功率 4 800 kW，最高速度 100 km/h，采用两段桥相控调压、功率补偿、再生制动和全叠压片复励牵引电动机等技术，用于南昆铁路列车牵引。在此基础上，大同厂设计制造了 25 t 轴重的 SS_{7B} 型机车，满足 120 km/h 旅客列车牵引需要的 SS_{7C} 型机车和最高运行时速为 170 km 的 SS_{7D} 型机车。此外，还设计制造了采用 C_0-C_0 轴式、最高运行速度为 170 km/h 的 SS_{7E} 型机车。SS_7 系列电力机车采用的转向架模式和牵引电机架悬轮对空心轴驱动装置，使其能够较好地满足山区线路货运列车、提速列车和干线提速列车的牵引需求。

为发展我国快速客运电力机车技术，1994 年试制成功 2 台最高速度为 170 km/h 的 SS_8 型客运电力机车。SS_8 型机车功率 3 200 kW，B_0-B_0 轴式，采用 900 kW 半叠片空心轴牵引电动机，采用不等分三段桥相控调压电路，具备微机控制的恒流准恒速控制特性。1998 年 6 月 24 日，SS_8-0001 机车在京广线许昌—小商桥间最高试验速度达到 239.7 km/h，创造了中国铁路机车的最高试验速度。SS_8 型机车于 1997 年开始批量生产，用于京广（北京—广州）、广深（广州—深圳）等线路的旅客列车牵引。

SS_9 型客运电力机车于 1998 年 12 月 26 日竣工完成。机车持续功率为 4 800 kW，最高运行速度 170 km/h，C_0-C_0 轴式，采用不等分三段半控桥相控调压电路，具备微机控制的恒流准恒速控制特性，并具备向旅客列车车厢供电功能。自 0044 号机车起，SS_9 型机车进行了重大技术改进。SS_9 型机车主要用于干线提速列车、直达特快列车的牵引，是我国铁路第五次大面积提速的主力车型。表 1-2-1 为国产韶山（SS）系列电力机车一览。

表 1-2-1　国产韶山（SS）系列电力机车一览表

产品	年份	机型	轴列式	功率	速度/（km/h）	传动方式
第一代	1968	SS_1	C_0-C_0	3 780	90	开关有级低压侧调压，交-直传动
	1969	SS_2	C_0-C_0	4 440	100	开关有级高压侧调压，交-直传动
第二代	1978	SS_3	C_0-C_0	4 320	100	级间平滑调压，交-直传动
第三代	1985	SS_4	2（B_0-B_0）	6 400	100	相控调压，交-直传动
	1990	SS_5	B_0-B_0	3 200	140	相控调压，交-直传动
	1991	SS_6	C_0-C_0	4 800	100	相控调压，交-直传动
	1992	SS_7	B_0-B_0-B_0	4 800	100	相控调压，交-直传动
	1992	SS_{3B}	C_0-C_0	4 320	100	相控调压，交-直传动
	1993	SS_4 改	2（B_0-B_0）	6 400	100	相控调压，交-直传动
	1994	SS_8	B_0-B_0	3 200	170	相控调压，交-直传动
	1995	SS_{6B}	C_0-C_0	4 800	100	相控调压，交-直传动
	1997	SS_{4C}	2（B_0-B_0）	6 400	100	相控调压，交-直传动
	1998	SS_9	C_0-C_0	4 800	170	相控调压，交-直传动

4. 国产第四代电力机车

大功率电力电子器件性能的不断提高和微机控制技术的发展，在使相控机车走向成熟的同时，也为现代交流传动技术的发展提供了必要条件。交流传动是当今世界高速、重载机车技术的发展趋势，也是我国第四代电力机车的典型特征。

20 世纪 70 年代起，我国就开始了对交流传动技术的跟踪研究。1996 年，我国首台干线交流传动电力机车原型车——AC4000 型交-直-交流传动电力机车试制成功，该机车功率 4 000 kW，最高速度 120 km/h，B_0-B_0 轴式，但未投入批量生产。

在 AC4000 型样车的基础上，株洲、大同、大连等工厂又试制了 DJ 型、DJ_1 型、DJ_2 型、DJ_3 型等机车。2001 年，株洲电力机车厂与德国西门子公司合作生产了 20 台 DJ_1 型双机重联货运电力机车，先后用于宝成、大秦（大同—秦皇岛）铁路。

此外，株洲电力机车厂还向哈萨克斯坦和乌兹别克斯坦分别出口了最高运行速度为 210 km/h 的 B_0-B_0 轴式 KZ4A 型和用于货运牵引的 B_0-B_0-B_0 轴式 O'ZBEKISTON 交流传动电力机车。

2003 年铁道部根据国家经济发展的总体需求，提出跨越式发展的总体思路，进而提出中国的机车车辆装备现代化及装备制造业现代化。在铁路技术装备跨越式发展的形势下，交流传动技术的发展开始进入“快车道”，通过技术引进、消化吸收和再创新，加速了我国机车电传动技术从直流传动到交流传动的重大技术变革。

2004 年 4 月国务院《研究铁路机车车辆装备有关问题的会议纪要》，明确了“引进先进技术、联合设计生产、打造中国品牌”基本原则，确定了引进少量原装、国内散件组装和国内生产为主的项目运作模式。根据“先进、成熟、经济、适用、可靠”的技术方针，铁道部启动了铁路动车组和大功率机车项目。在此背景下，中国中车集团与国外企业合作，引进先进技术，启动了国产化的新一代交流传动货（客）运机车——和谐系列电力机车的研制和生产。目前，和谐系列电力机车的成功下线并投入运用，标志着我国电气化铁路牵引动力达到了世界先进水平。

1.2.3　国产大功率交流传动电力机车简介

HXD_1 型电力机车由株洲电力机车有限公司与德国西门子公司联合设计制造，消化吸收了德国西门子公司先进的“欧洲短跑手”系列电力机车设计与制造技术。HXD_1 型机车具有交流传动牵引系统，由两节相同的 4 轴机车重联组成，最高运行速度 120 km/h，2（B_0-B_0）轴式。机车总功率为 9 600 kW，轴重 23 t（加压铁后 25 t），电制动方式为再生制动。HXD_1 型机车用于大秦铁路重载列车牵引，满足大秦线煤炭年运 4 亿吨牵引要求。

HXD_2 型机车由大同电力机车有限责任公司与法国阿尔斯通公司联合设计制造，消化吸收了阿尔斯通公司 PRIMA 系列电力机车设计与制造技术，并充分考虑了中国铁路重载运输和实际环境、驾驶操控特性和信号特点。HXD_2 型机车具有交流传动牵引系统，由两节相同的 4 轴机车重联组成，最高运行速度 120 km/h，2（B_0-B_0）轴式。机车总功率为 10 000 kW，轴重 23 t（加压铁后 25 t），电制动方式为再生制动。HXD_2 型机车也用于大秦铁路重载列车牵引，满足大秦线煤炭年运量 4 亿吨牵引要求。

HXD_3型机车由大连机车车辆有限公司和日本东芝公司联合设计制造。HXD_3型机车具有交流传动牵引系统，为采用C_0-C_0轴式的6轴机车，最高运行速度120 km/h。机车总功率为7 200 kW，轴重23 t（加压铁后25 t），电制动方式为再生制动。HXD_3型机车用于干线货物列车的牵引，可在平原线路牵引6 000 t重载货物列车。

在此基础上，株洲电力机车有限公司、大同电力机车有限公司和大连机车车辆有限公司又设计生产出轴功率1 600 kW、C_0-C_0轴式、最高运行速度120 km/h的6轴9 600 kW的HXD_{1B}型、HXD_{2B}型、HXD_{3B}型大功率交流传动电力机车，轴功率1 200 kW、C_0-C_0轴式，最高运行速度120 km/h的6轴7 200 kW的HXD_{1C}、HXD_{2C}、HXD_{3C}型大功率交流传动电力机车，以及轴功率1 200 kW、C_0-C_0轴式，最高运行速度160 km/h的6轴7 200 kW的HXD_{1D}、HXD_{3D}型大功率交流传动客运电力机车。

为满足中国铁路运输及经营发展要求，提高铁路运输服务品质，充分利用既有运输资源和机车、客车的检修资源，2015年在国家铁路集团有限公司和中车集团统一指挥下开始研制生产时速160 km动力集中动车组。目前，时速160 km动力集中动车组已正式投入商业运营，并已正式纳入“复兴号”序列，将逐步全面取代普速线路既有机车车辆。时速160 km动力集中动车组动力车是在HXD_{1G}八轴交流传动快速客运电力机车基础上进行设计的，机车轴重20 t，总功率5 600 kW，运营速度160 km/h，构造速度210 km/h。

表1-2-2为和谐（HXD）系列电力机车型号一览表。

表1-2-2 和谐（HXD）系列电力机车型号一览表

型号	轴列式	功率/kW	速度/（km/h）	用途	生产厂家
HXD_1	2（B_0-B_0）	9 600	120	货运	中车株洲电力机车有限公司、德国西门子公司、中车大同电力机车有限公司、中车资阳机车有限公司
HXD_{1B}	C_0-C_0	9 600	120	货运	
HXD_{1C}	C_0-C_0	7 200	120	货运	
HXD_{1D}	C_0-C_0	7 200	160	客运	
HXD_2	2（B_0-B_0）	10 000	120	货运	中车大同电力机车有限公司、法国阿尔斯通公司
HXD_{2B}	C_0-C_0	9 600	120	货运	
HXD_{2C}	C_0-C_0	7 200	120	货运	
HXD_3	C_0-C_0	7 200	120	货运	中车大连机车车辆有限公司、日本东芝公司、加拿大庞巴迪公司、中车大同电力机车有限公司、中车北京二七机车有限公司
HXD_{3B}	C_0-C_0	9 600	120	货运	
HXD_{3C}	C_0-C_0	7 200	120	客货	
HXD_{3D}	C_0-C_0	7 200	160	客运	

复习思考题

1. 何谓电力牵引控制系统？如何分类？
2. 电力牵引有何特点？
3. 电力机车是如何分类的？
4. 简述我国四代电力机车的技术特点。
5. 列出 HXD_1 型电力机车主要技术参数。
6. 列出 HXD_2 型电力机车主要技术参数。
7. 列出 HXD_3 型电力机车主要技术参数。

项目 2
交-直型电力机车调速控制分析

项目描述

电力机车作为电气化铁道的牵引动力，为充分发挥其功率，提高运输通过能力，要求机车的牵引力和速度均能在宽广的范围内均匀而经济地调节。一般情况下，机车牵引列车的整个过程是由停车状态开始，经过起动、加速，直到机车工作在其自然特性上，然后司机根据列车运行图的要求及线路纵断面的变化随时进行速度调节。

电力机车是以牵引电动机作为驱动设备的，所以电力机车的调速本质上是牵引电动机的调速。长期以来，电力机车大多采用直流电动机牵引。这是因为直流电动机的起动、调速性能和转矩控制特性比较理想，并容易获得良好的动态响应。

本项目将重点学习交-直型电力机车的工作原理、调速方式，并在此基础上讨论如何提高机车的功率因数及获得良好的起动性能等问题。

任务 2.1　交-直型电力机车工作原理认知

【任务目标】

知识目标	1. 熟悉交-直型电力机车工作原理。
	2. 熟悉改善交-直型电力机车电流脉动的方式。
	3. 熟悉交-直型电力机车的工作特点。
素质目标	1. 培养学生养成严谨认真、精益求精的态度，促使学生职业素养的养成。
	2. 培养学生具有一定的分析问题和解决问题的能力。
	3. 能客观、公正地进行学习效果的自我评价。
能力目标	1. 能够分析直-直型电力机车工作原理并总结其特点。
	2. 能够分析交-直型电力机车工作原理并总结其特点。

【相关知识】

交-直型电力机车
工作原理

2.1.1 交-直型电力机车基本工作原理

交-直型电力机车即整流器电力机车，其能量传递是将接触网供给的单相工频交流电（25 kV/50 Hz），经机车内部的牵引变压器降压，经整流装置将交流电转换为脉动直流电，经平波电抗器后向直流（脉流）牵引电动机供电，从而产生牵引力牵引列车运行。我国生产的韶山系列（SS 系列）电力机车属于这种工作方式，工作原理简图如图 2-1-1 所示。

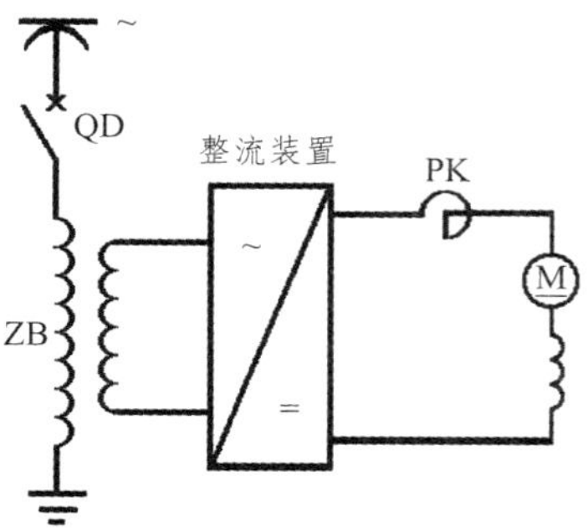

图 2-1-1 交-直型电力机车工作原理简图

因为牵引电动机取得的电能是经降压、整流获得的，故牵引电动机的端电压受牵引变压器、整流线路的影响，其机车工作原理区别于直-直型电力机车。下面以不可控整流电路为例，分别介绍具有中点抽头式全波整流电路和桥式全波整流电路电力机车的工作原理和特点。

2.1.2 交-直型电力机车全波整流电路

单相交流电由接触网通过受电弓引入牵引变压器的高压绕组，再经钢轨或回流装置流回牵引变电所。牵引变压器将电压降低后，经整流装置变换为直流电供给牵引电动机。在电力机车中，为降低整流电压脉动，一般采用全波整流方式。全波整流电路根据整流元件与变压器绕组连接方式的不同，分为中点抽头式（简称中抽式）和桥式整流电路两种。

1. 中点抽头式全波整流电路

如图 2-1-2 所示的中点抽头式全波整流电路，若变压器的二次侧绕组输出电压为 $u_2 = \sqrt{2}U_2 \sin \omega t$，则变压器一次侧电流 i_T，二次侧电流 i_2，整流元件电流 i_{VD1}、i_{VD2} 均为方波。同时电流 i_2 由一组整流元件转移到另一组整流元件的过程（即换相）是瞬时完成的，即在 $\omega t = n\pi(n = 1,2,3\cdots\cdots)$ 瞬时完成。整流电流为 i_d（当直流电路有 m 台牵引电动机并联工作时，$i_d = mi_a$）。而整流电压 u_d 为半波正弦波，波形如图 2-1-3 所示。

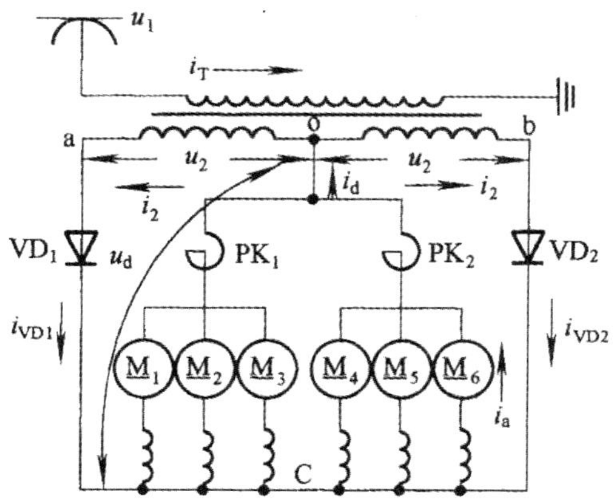

图 2-1-2 中点抽头式全波整流电路

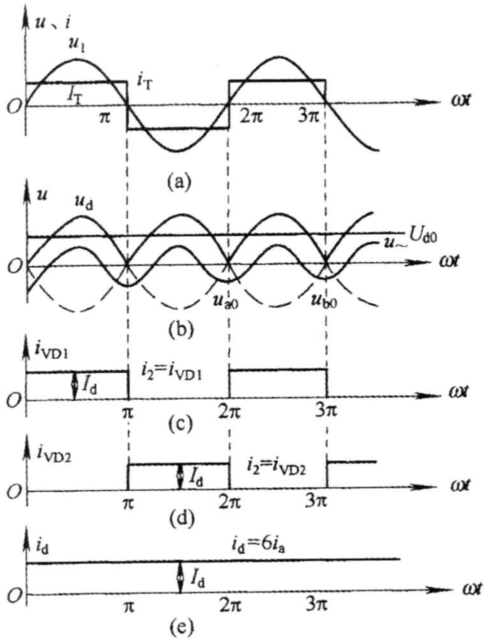

图 2-1-3　中点抽头式全波整流电路波形图

中抽式全波整流电路工作时，变压器二次侧两相绕组 ao、bo 轮流向负载电路供电，从图 2-1-3（b）我们可以直观地了解到整流电压值 u_d 为一脉动电压，如果将其按傅氏级数分解，则为一直流分量和一系列高次谐波分量，即

$$u_d = \frac{2\sqrt{2}}{\pi}U_2 - \frac{2\sqrt{2}}{\pi}U_2\frac{2}{3}\cos 2\omega t - \frac{2\sqrt{2}}{\pi}U_2\frac{1}{15}\cos 4\omega t \cdots (0 \leqslant \omega t \leqslant 2\pi) \quad (2\text{-}1\text{-}1)$$

整流输出电压的平均值（负载电压平均值）U_d 为

$$U_d = \frac{1}{\pi}\int_0^{\pi} u_d \mathrm{d}\omega t = \frac{1}{\pi}\int_0^{\pi}\sqrt{2}U_2 \sin\omega t \mathrm{d}\omega t = \frac{2\sqrt{2}}{\pi}U_2 = 0.9U_2 \quad (2\text{-}1\text{-}2)$$

比较式（2-1-1）、式（2-1-2）可知，整流电压 u_d 的直流分量即为全波不控整流电路输出的平均电压 U_{d0}：

$$U_d = U_{d0} = 0.9U_2 \quad (2\text{-}1\text{-}3)$$

2. 桥式全波整流电路

桥式全波整流电路原理如图 2-1-4 所示。通过分析图 2-1-5 所示的理想桥式全波整流电路波形图可知，当变压器二次侧电压为 $u_2 = \sqrt{2}U_2 \sin\omega t$ 时，其整流电压 u_d 也是半波正弦，所以整流电路输出电压平均值 U_d 为：

$$U_d = U_{d0} = \frac{2\sqrt{2}}{\pi} = 0.9U_2 \quad (2\text{-}1\text{-}4)$$

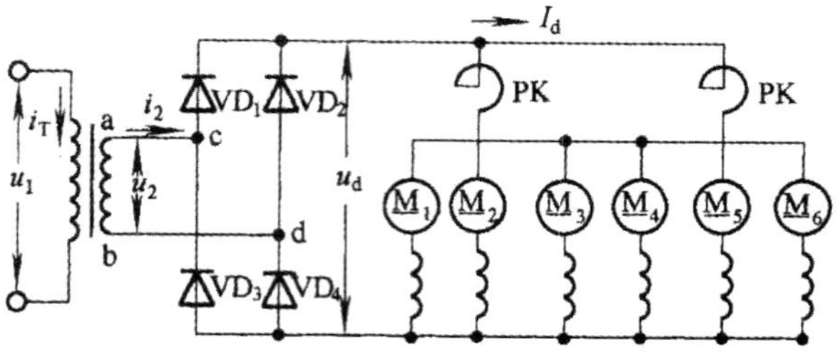

图 2-1-4　桥式全波整流电路原理图

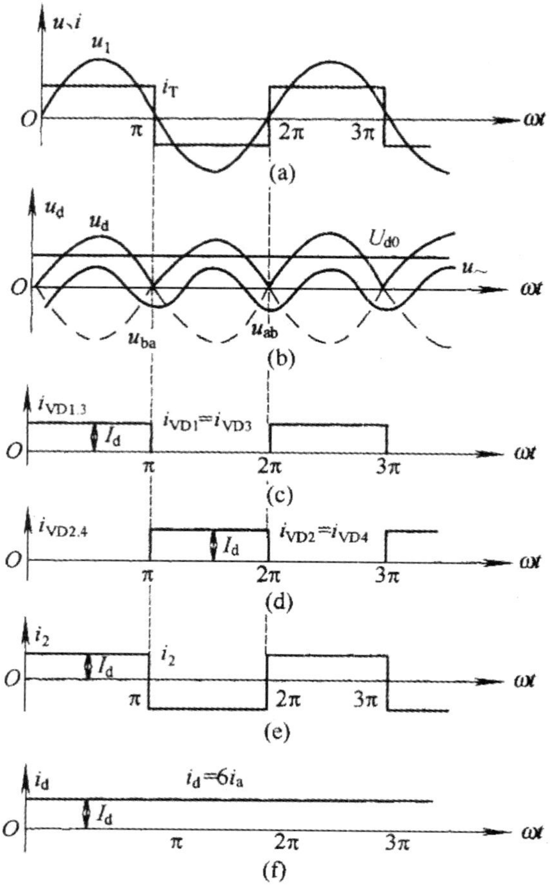

图 2-1-5　桥式全波整流电路波形图

2.1.3　改善电力机车电流脉动的方式

1. 整流电压和整流电流的脉动

交-直型整流器电力机车由于采用单相 50 Hz 整流，整流装置的输出电压有很大的脉动，下面以单相全波不可控整流电路为例进行说明。单相全波不可控整流电路的整流输出电压，按傅氏级数展开，若仅考虑整流电压幅值最大部分的谐波分量，则：

$$u_{\mathrm{d}}=\frac{2\sqrt{2}}{\pi}U_2-\frac{2\sqrt{2}}{\pi}U_2\times\frac{2}{3}\cos 2\omega t=U_{=}-u_{\sim} \tag{2-1-5}$$

式中 u_{d}——整流输出电压瞬时值（V）；

U_2——变压器二次侧输出电压有效值（V）；

$U_{=}$——整流输出电压的直流分量；

$u_{\sim}$——整流输出电压的最大谐波分量。

脉动电压或电流的脉动程度可用脉动系数 K_u 、K_i 来表示，定义为该波形交流分量的脉动幅值与直流分量数值之比。因此，全波整流电路整流电压的脉动系数为

$$K_{\mathrm{u}}=\frac{\dfrac{2\sqrt{2}}{\pi}U_2\times\dfrac{2}{3}}{\dfrac{2\sqrt{2}}{\pi}U_2}\approx 0.66 \tag{2-1-6}$$

式（2-1-6）表明电压的脉动为一常数，达到 66%。整流电压的脉动必然引起整流电流的脉动，整流电流的脉动程度与负载性质有关。对于纯电阻负载，由于整流电流的波形与整流电压的波形完全相同，故其脉动系数相等。对于电力机车来说，整流电路的负载为牵引电动机，属于反电势性质负载，整流电流的脉动要比电阻性负载时更大些，因而对牵引电机安全换向不利。

通过有关计算得出整流电流的脉动系数为

$$K_{\mathrm{i}}=\frac{\dfrac{1}{2}\Delta i_{\mathrm{d}}}{I_{\mathrm{d}}}=0.33\frac{U_{\mathrm{d}}}{\omega L_{\mathrm{d}}I_{\mathrm{d}}} \tag{2-1-7}$$

式中 U_{d}——整流输出电压平均值（V）；

L_{d}——平波电抗器电感值（H）；

I_{d}——整流输出电流平均值（A）。

式（2-1-7）说明电流脉动系数不是一个常数，与整流输出电压、整流输出电流的平均值有关，与平波电抗器的电感量及交流电的角频率有关。整流输出电压越大，脉动越大；负载电流越大，脉动越小。

脉动电流不仅使牵引电动机的损耗增加，而且使牵引电动机的机械换向恶化。为了减少电流脉动，整流器电力机车除了在牵引电机结构上做特殊设计外，如增加第二气隙等，还在电气线路中将牵引电动机励磁绕组两端并联磁场分路电阻，利用励磁绕组（电感）电流变化的滞后作用，将交流高频成分引入分路电阻支路，净化电机电流，减少电机换向的火花等级以改善牵引电机的换向，这个并联的磁场分路电阻称为固定

磁场分路电阻（R_0）；同时在牵引电动机支路串联足够大的电感敷平脉动，这个数值足够大的电感称为平波电抗器（PK）。

2. 平波电抗器的作用及选择

平波电抗器是一个带铁芯的大电感。根据电感元件隔交流通直流的性质和电路的楞茨定律，在牵引电动机支路串联平波电抗器后，当脉动电流流过时，平波电抗器产生自感电势$\left(e=-L\dfrac{\mathrm{d}i}{\mathrm{d}t}\right)$阻止电流的变化，因而可以起到减小、敷平电流脉动的作用。

由式（2-1-7）分析可知，若平波电抗器电感 L_{d} 为常值，则电流脉动系数还随牵引电动机负载电流 I_{d} 的变化而变化，当 I_{d} 增加时脉动系数减小，I_{d} 减小时脉动系数增大。对于牵引电动机来说，总希望负载电流在较大范围内变化时，电流脉动系数保持不变。既然如此，平波电抗器的电感 L_{d} 就不应该为常值，而应随负载电流 I_{d} 的大小而变化，使得 L_{d} I_{d} 的乘积近似常数，这样便可以使电流脉动系数近似不变。为此，要求电感 L_{d} 与电流 I_{d} 的关系 $L_{\mathrm{d}}=f(I_{\mathrm{d}})$ 为一双曲线函数，如图 2-1-6 中曲线 1 所示。

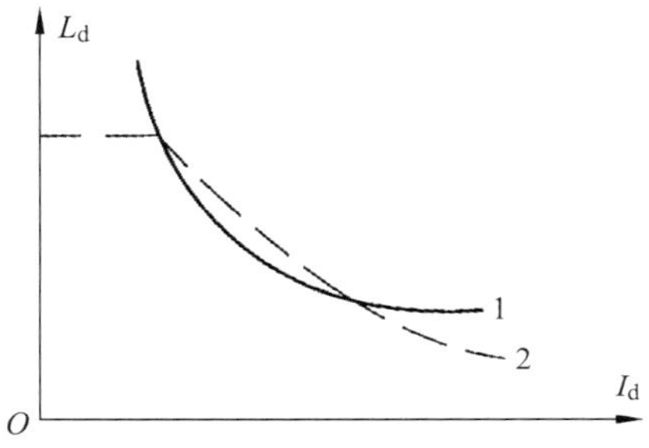

图 2-1-6　平波电抗器特性曲线

具有铁芯的电抗器能近似满足上述要求，其特性曲线如图 2-1-6 中曲线 2 所示，在小负载时，铁芯磁路不饱和，I_{d} 值较大；当负载增加时，随着铁芯磁路饱和程度的增加，I_{d} 值逐渐减小。

这里应当指出，若平波电抗器的电感值 L_{d} 取得很大，电流脉动程度将很小，这对牵引电机的工作有利，但平波电抗器本身的尺寸和重量必然增大，这不仅影响机车的总体布置，而且由于整流电流平直，使得变压器一次侧电流所包括的谐波分量也增加，这将增大对供电系统的影响和对通讯的干扰，所以对平波电抗器的选择要考虑一个合适的范围。

一般是在一定的整流电压下，应规定好整流电流的脉动系数，然后计算出不同负载下对应的电感值，再选用合适的平波电抗器。在电力机车上，通常规定整流电流的脉动系数不大于 30%。

2.1.4　交-直型整流器电力机车的工作特点

（1）交-直型整流器电力机车的变流过程在机车内完成，是一个集变压、变流、牵引为一体的综合装置，不仅大大简化了牵引变电所的供电设备，而且由于采用交流供电，提高了接触网的供电电压，使一定功率的电能得以采用小电流输送，这样既可以减小接触网导线的截面面积，节省有色金属用量，也可以减少电能损耗，提高电力机车的供电效率。

（2）由于机车内设有变压器，调压十分方便，牵引电动机的工作电压不再受接触网电压的限制，可以选择最有利的工作电压，使牵引电动机的重量/造价比降低，工作更为可靠。

（3）牵引电动机采用适合牵引的串励电动机，通过控制励磁电流使牵引电机具有所要求的软特性和良好的防空转性能，可以获得良好的牵引性能和启动性能，提高了机车的运行可靠性。

（4）交-直型整流器电力机车整流装置的输出电压为一脉动电压，因而流过牵引电动机的电流是一脉动电流。脉动电流不仅使牵引电机的损耗增加，而且使牵引电机换向恶化。因此，直（脉）流牵引电动机受换向影响，其最高功率只能达到 1 000 kW，所以机车速度一般小于 200 km/h。

脉流牵引电动机虽然在结构上与直流电机有所不同，但其工作原理基本上与直流电机相同，直流电动机结构上的缺点是存在电刷和换向器，无法改变电机存在的火花和环火的致命缺陷，从而限制了直流电动机的功率和容量，不能很好地满足铁路高速重载的发展要求，继而限制了直流传动机车的发展，因此在机车上采用无整流子的交流电动机成为趋势。

任务 2.2　交-直型电力机车调速方式分析

【任务目标】

知识目标	1. 了解电力机车调速的基本要求。
	2. 熟悉直流传动电力机车调速方式。
素质目标	1. 培养学生养成严谨认真、精益求精的态度，促使学生职业素养的养成。
	2. 培养学生具有一定分析问题和解决问题的能力。
	3. 能客观、公正地进行学习效果的自我评价。
能力目标	1. 能够从电力机车运行角度评价电力机车调速方式是否符合要求。
	2. 能够分析直流传动电力机车调速方式并分析各种调速方式的特点。

【相关知识】

2.2.1　电力机车调速的基本要求

电力机车无论采用何种调速方式，从运行的角度出发，下列基本要求都必须得到满足：

（1）宽广的调速范围。只有具备宽广的调速范围才能满足列车运行速度不断提高的需要。

（2）冲击力小，牵引力变化平滑。速度调节应力求平稳，不间断牵引电动机的供电，并且有尽可能多的速度运行级，从而避免电流和牵引力的冲击。

（3）调速经济。在保证速度范围的情况下，附加设备要少，且尽量减少附加能量损耗。

（4）运行可靠，控制简单，操作方便。

2.2.2 电力机车的调速方式

交-直型电力机车上采用直（脉）流牵引电动机。直流电动机的转速公式如下：

$$n=\frac{U_{\mathrm{D}}-I_{\mathrm{a}}\sum R}{C_{\mathrm{e}}\varPhi} \tag{2-2-1}$$

式中 n——牵引电动机转子转速（r/min）；

U_{D}——牵引电动机端电压（V）；

I_{a}——牵引电动机电枢电流（A）；

$\sum R$——牵引电动机回路总电阻（Ω）；

C_{e}——牵引电动机电动势常数；

$\varPhi$——牵引电动机主磁通（Wb）。

根据式（2-2-1）可知机车的调速方案有下列几种：

1. 改变牵引电动机回路电阻$\sum R$

在牵引电动机回路中串入起动调压电阻，通过改变电阻阻值的方法来调节机车的速度。因为牵引电机回路电压较高，电流较大，附加调节电阻的损耗使电机效率降低，所以用这种方法调速不经济；又因为起动调压电阻的调节是有级的，造成机车牵引力有冲击。因此，在大功率电力机车上不采用这种方法，而广泛采用改变牵引电动机的端电压以及削弱牵引电动机磁场的调速方法。

2. 改变牵引电动机的端电压U_{D}

直流电力机车的牵引电动机电源直接取自接触网，所以可以采用改变牵引电动机的组合方式（串联、串-并联、并联）来改变牵引电动机的端电压。这种调速方法无能量消耗，但只能做有级调节，且调速级有限（一般为 2 ~ 3 级），还要配合相应的转换电路。

随着电力电子技术的发展，现代直流电力机车（如城市地铁）采用斩波器进行调速。它取消了起动电阻，利用斩波的原理对牵引电机的端电压进行连续、平滑的调节，使机车起动特性大为改善。

在整流器电力机车上，接触网电压需经变压器降压和整流装置整流后，再供给牵引电动机，因而这种机车可用改变变压器一次侧、二次侧电压的方式进行有级调速，或者利用晶闸管整流元件，通过改变晶闸管控制角的方法来改变整流输出电压，从而进行平滑无级调速。

3. 改变磁通量 Φ

这种方法在直流电力机车和整流器电力机车上都得到应用，即所谓的磁场削弱调速（这个问题将在任务 2.3 中专门讨论）。

无论调节电压或调节磁通量，都不产生附加的能量损耗，因而得到的速度级称为经济运行级。机车在经济运行级上可以长时间运行。

任务 2.3　交-直型电力机车励磁调节分析

【任务目标】

知识目标	1. 了解交-直型电力机车励磁调节的目的及实施的前提条件。
	2. 熟悉交-直型电力机车磁场削弱的方法和限制条件。
素质目标	1. 培养学生养成严谨认真、精益求精的态度，促使学生职业素养的养成。
	2. 培养学生具有一定分析问题和解决问题的能力。
	3. 能客观、公正地进行学习效果的自我评价。
能力目标	1. 能够分析交-直型电力机车磁场削弱的原理并总结其特点。
	2. 能够评价交-直型电力机车几种磁场削弱方法的优劣。

【相关知识】

所谓励磁调节，就是通过调节流过牵引电动机主极绕组的励磁电流，从而改变牵引电动机主极磁通的方法来进行调速，亦称磁场削弱调速。

一般情况下，要进行磁场削弱调速，是在牵引电动机端电压已达到额定电压，而牵引电动机电流尚未达到额定值时实施。磁场削弱的目的是扩大机车的速度运行范围，充分利用机车功率。

本任务主要讨论磁场削弱系数的确定以及磁场削弱的方法。

2.3.1　磁场削弱系数

在直流电机中，当电机磁路未饱和时，励磁电流 I 越大，所产生的磁通 Φ 越大；

线圈匝数 W 越多，所产生的磁通 Φ 也越大。励磁电流I与励磁线圈匝数 W 的乘积 IW 在电工学中称为磁势。因此，表示磁场削弱程度大小的磁场削弱系数 β 定义如下：在同一牵引电动机电枢电流下，磁场削弱后牵引电动机主极磁势与削弱前（满磁场）牵引电动机主极磁势之比。其表达式为

$$\beta = \frac{(IW)_\beta}{(IW)_m} \times 100\% \tag{2-3-1}$$

式中 $(IW)_\beta$——磁场削弱后的主极磁势；

$(IW)_m$——磁场削弱前（满磁场）的主极磁势。

它表明了牵引电动机主极磁势削弱的程度。例如 β = 40%即表示削弱后电机主极磁势仅为削弱前电机主极磁势的 40%，其余 60%被削弱掉了。β 愈小，则表明磁场削弱愈深。当电机磁路不饱和时，可以用磁势代替磁通；当电机磁路饱和后，不能用磁势代替磁通，两者的差别较大。

2.3.2 磁场削弱的方法

根据式（2-3-1），磁场削弱的方法可以有以下两种：

1. 改变励磁绕组匝数

可将牵引电动机励磁绕组分段，通过改变牵引电动机励磁绕组的有效匝数，使牵引电动机电枢电流只通过一部分励磁绕组（有效匝数）来进行磁场削弱，此时磁场削弱系数 β 的表达式为：

$$\beta = \frac{I_m W_\beta}{I_m W_m} = \frac{W_\beta}{W_m} \tag{2-3-2}$$

式中 I_m——牵引电动机励磁电流，也是电枢电流；

W_β——牵引电动机磁场削弱后励磁绕组匝数（有效匝数）；

W_m——牵引电动机满磁场时励磁绕组匝数。

由式（2-3-2）可以看出，采用励磁绕组分段进行磁场削弱时，磁场削弱系数 β 仅与绕组分段的匝数比有关，与电流值无关。

通常直流传动电力机车可以利用牵引电动机励磁绕组分段法进行磁场削弱调速。采用励磁绕组分段法的优点是磁场削弱系数精确，但使电机内部结构复杂。一般采用电机串-并联转换法获得，但用此法获得的磁场削弱级数有限，并要求各电机励磁绕组的电阻值精确，否则，电机励磁绕组电阻值的微小差别，都将引起电机磁场削弱系数不一致。采用励磁绕组分段法进行磁场削弱的原理如图 2-3-1 所示，图中 W_1、W_2 为励磁绕组，K_1、K_2 为分段开关。

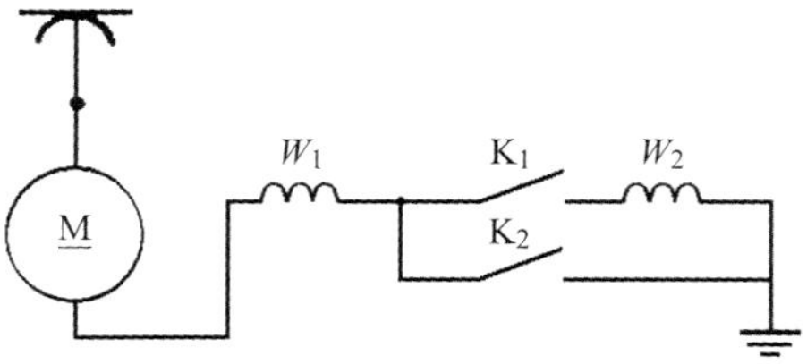

图 2-3-1　励磁绕组分段法原理图

2. 改变励磁绕组的电流

改变励磁绕组的电流，也就是使牵引电动机电枢电流中的一部分流过牵引电动机的励磁绕组，从而完成磁场削弱。此时磁场削弱系数 β 的表达式为：

$$\beta = \frac{I_\beta W_m}{I_m W_m} = \frac{I_\beta}{I_m} \tag{2-3-3}$$

式中　I_β——牵引电动机磁场削弱后流过励磁绕组的电流；

I_m——牵引电动机满磁场时流过励磁绕组的电流，即电枢电流。

改变励磁绕组的电流可以用以下几种方法：

1）电阻分路法（磁场分路法）

电阻分路法就是在励磁绕组的两端并联电阻进行分路,从而达到削弱磁场的目的，原理如图 2-3-2 所示。

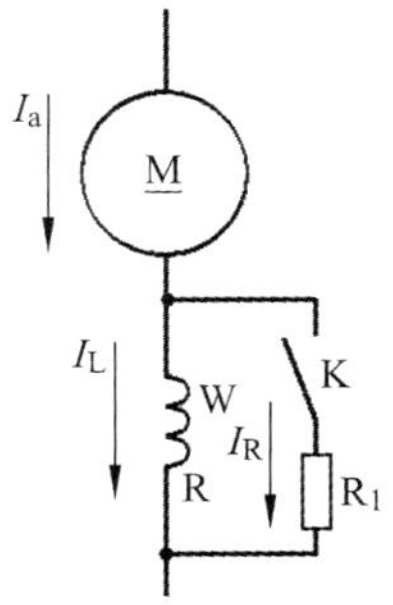

图 2-3-2　电阻分路法原理图

满磁场时，接触器 K 未闭合，此时牵引电动机电枢电流 I_a 全部流过励磁绕组，$I_L = I_a$，其磁势为 $I_a W$；削弱磁场时，接触器 K 闭合，磁场削弱电阻 R_1 并在励磁绕组两端，对励磁绕组起分流作用。此时电枢电流分为两路，一路为流过电阻 R_1 的电流 I_R，另一路为流过励磁绕组的电流 I_L，此时磁势为 $I_L W$，$I_a = I_L + I_R$，磁场削弱系数 β 的表达式为：

$$\beta = \frac{I_L W}{I_a W} = \frac{I_L}{I_a} = \frac{I_L}{I_L + I_R} \tag{2-3-4}$$

式（2-3-4）说明，β 值的大小仅与两支路中电流分配有关，而与电机励磁绕组匝数无关。若设励磁绕组电阻为 R，因为 $I_L R = I_R R_1$，且 $I_a = I_L + I_R$，所以导出下式：

$$\beta = \frac{I_L}{I_L + I_R} = \frac{R_1}{R + R_1} \qquad (2\text{-}3\text{-}5)$$

式（2-3-5）说明 β 值取决于励磁绕组阻值与分路电阻阻值。对确定的牵引电动机来说，励磁绕组阻值为定值，因此，分路电阻值 R_1 的数值就决定了磁场削弱系数 β 的大小。要改变磁场削弱系数，只须改变分路电阻阻值即可。

电阻分路法因为电路结构简单，磁削系数调节非常方便，同时附加电能损耗很小，调速后的效率不致降低，是一种经济的调速方法，因而在电力机车上得到广泛应用。应当指出，电阻分路法要求各电机的分路电阻值必须精确一致，否则会造成各电机的 β 值不同，磁场削弱程度不一致。同时应当特别注意的是，上述关于磁场削弱系数 β 的讨论是在电路稳定工作状态下进行的，当电路处在过渡过程时，应充分考虑励磁绕组的电感值。例如，当网压波动时，如网压突然上升造成机车工作电流突增，使电机电枢电流增加，励磁绕组的自感电势将阻止流过绕组的电流增长，而分路电阻支路没有电感元件，故电机中增加的电流大部分从分路电阻 R_1 中流过。这样主极磁场便不能很快加强，造成反电势不足，致使电机严重过载，电枢电流过大，还有可能引起牵引电机环火。

2）磁感应分路法

为了弥补电阻分路法的不足，采用在分路电阻支路串入适当的电感线圈，使磁削时分路电阻支路的电路性质与励磁绕组电路的属性一致，便能顺利度过过渡过程。这种磁场削弱方法称为磁感应分路法，其原理如图 2-3-3 所示。目前，国产 SS_{6B} 型电力机车就采用这种方法。

无论采用励磁绕组分段法或电阻（磁感应）分路法磁削，通过改变励磁绕组的段数或改变分路电阻值，均可得到不同的削弱系数，获得不同程度的磁场削弱，但是若磁场削弱时由满磁场一次过渡到最深度的削弱磁场，就会产生很大的电流冲击和牵引力冲击。因此，通常采用分级磁削。级数越多，磁场削弱时电流和牵引力的冲击越小；但是级数过多会造成控制线路复杂，附加设备增多，故一般磁场削弱取三级左右。从充分利用机车黏着的角度看，即使分级磁场削弱仍会造成负载电流的冲击，使机车特性不连续，对牵引电机运行带来不利影响，同时影响机车黏着的充分利用。

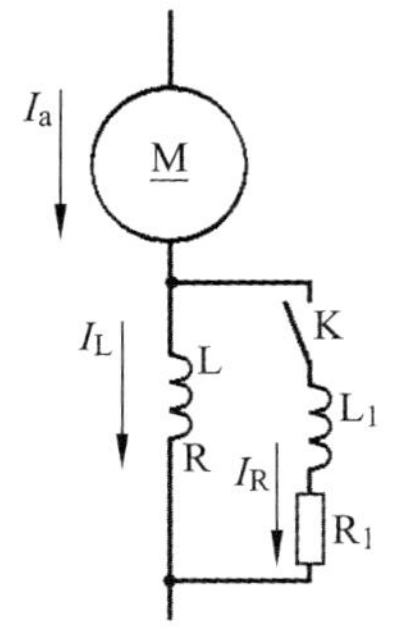

图 2-3-3　磁感应分路法原理图

3）无级磁场削弱法

无级磁场削弱就是利用晶闸管元件的连续、实时、可控，对牵引电动机的励磁电流根据要求的β值进行分路，从而达到无级削弱磁场的目的，此种方法也称晶闸管分路法。利用晶闸管分路法可以使牵引电动机进行平滑无级的磁场削弱。法国的 8K 型电力机车，国产的 SS_8、SS_9 型电力机车均采用无级磁场削弱，原理如图 2-3-4 所示。

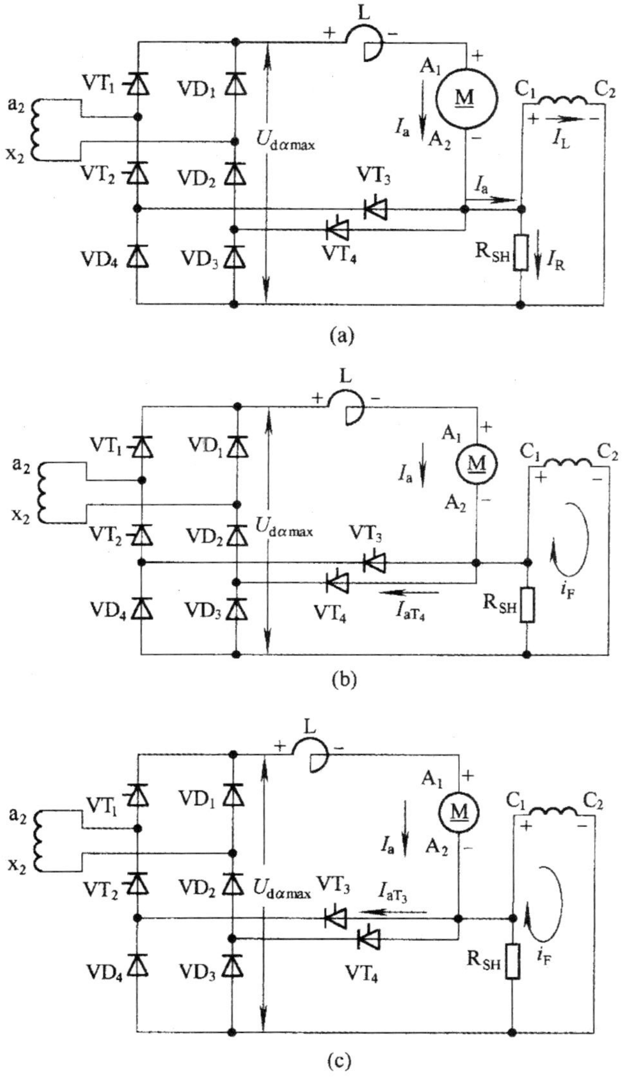

图 2-3-4　晶闸管分路法原理图

图 2-3-4 中 a_2x_2 为变压器二次侧绕组，VT_1、VT_2、VD_1、VD_2 和 VD_3、VD_4 构成半控桥整流电路，VT_3、VT_4 为分路晶闸管，L 为平波电抗器，C_1C_2 为牵引电机 M 的励磁绕组，A_1A_2 为电枢绕组，R_{SH} 为固定分路电阻，其工作原理以交流电压一个周波为例，分析如下：

图 2-3-4（a）为满磁场、半控桥满开放时的工作情况。正半周 a_2 为高电位时，半控桥 VT_1、VD_3、VD_2 导通；负半周 x_2 为高电位时，半控桥 VD_1、VD_4、VT_2 导通，分

路晶闸管 VT_3、VT_4 均不参与工作，此时半控桥整流输出的电压全部施加在平波电抗器 L、电机的电枢绕组、电机励磁绕组和固定分路电阻 R_{SH} 上。

图 2-3-4（b）、（c）为磁场削弱、半控桥满开放时的工作情况。正半周 a_2 为高电位时，见图 2-3-4（b），半控桥仍为 VT_1、VD_3、VD_2 导通，分路晶闸管 VT_4 在 $\omega t=\alpha$ 时刻触发，由于 VT_4 加有正向电压，其值等于磁场绕组两端电压，故触发 VT_4 导通。而半控桥中的二极管 VD_3 由于 VT_4 的导通而承受反向电压迅速截止。在 $\omega t=\alpha$ □ π 之间，VT_4 一直导通，导通角为 θ。此时，电枢电流 I_a 经分路晶闸管 VT_4，半控桥的 VD_2、VT_1，变压器二次侧绕组 a_2x_2 构成回路，不经过励磁绕组和固定分路电阻。励磁电流 i_F 仅靠励磁绕组中的电感作用与固定分路电阻 R_{SH} 构成续流电路。负半周 x_2 为高电位时，见图 2-3-4（c），因为半控桥工作在满开放状态，所以当 $\omega t=\pi$ 时，VT_2 触发，VD_1、VD_4、VT_2 导通，VT_1、VD_2 自然关断。当 $\omega t=\pi+\alpha$ 时，VT_3 触发导通，VT_4 关断。在 $\omega t=(\pi+\alpha)$ □ 2π 之间，电枢电流 I_a 经 VT_3 短路，励磁绕组仍与固定分路电阻自成续流回路。此时磁场削弱系数为

$$\beta=\frac{(IW)_\beta}{(IW)_m}=\frac{W(\pi-\theta)I_a}{W\pi I_a}=\frac{\pi-\theta}{\pi}=\frac{\alpha}{\pi}\ (\alpha\neq 0) \tag{2-3-6}$$

式（2-3-6）说明只要调节分路晶闸管的移相角 α 就可以连续调节磁场削弱系数，由于分路晶闸管靠电源电压过零点自然换流，为了获得磁场削弱系数，就要求半控桥必须满开放工作。

使用励磁调节方法调节机车速度是以牵引电机主极磁场的减少来获得机车的高速运行的，并且磁场削弱越深，机车的速度越高。但是磁场削弱深度是有限的，否则由于牵引电机主极磁通过分削弱，在机车大电流、高速运行情况下会使牵引电机的换向恶化，容易发生电机的环火。因此，一般情况下脉流牵引电机的最小磁场削弱系数 β_{min} 应该在 35%～40%。实用值为 44%～50%，保留一定的裕量。

任务 2.4　交-直型电力机车相控调压分析

【任务目标】

知识目标	1. 熟悉不同整流电路整流调压原理。
	2. 了解机车功率因数的概念及不同整流电路对功率因数的影响。
素质目标	1. 培养学生养成严谨认真、精益求精的态度，促使学生职业素养的养成。
	2. 培养学生具有一定分析问题和解决问题的能力。
	3. 能客观、公正地进行学习效果的自我评价。
能力目标	1. 能够分析交-直型电力机车相控调压原理。
	2. 能够分析不同整流电路对功率因数的影响。

【相关知识】

采用无级调速的交-直型整流器电力机车，利用晶闸管整流元件，通过改变晶闸管移相角的方法来改变整流输出电压，从而进行平滑无级调压，称为相控调压，又称为移相调压。根据整流电路所用整流元件是否完全为可控元件，其电路又分为全控整流电路和半控整流电路。下面就单相全控整流电路和单相半控整流电路的工作原理进行讨论。

2.4.1 单相全控桥式整流电路

图 2-4-1 为理想单相全控整流电路，晶闸管 VT_1、VT_4 组成一对桥臂，晶闸管 VT_2、VT_3 组成另一对桥臂。当变压器二次侧电压 u_2 为正半周时，控制角为 α 的瞬间给 VT_1、VT_4 送入触发脉冲，VT_1、VT_4 即导通，这时电流从电源 a 端经 VT_1、PK、M、VT_4 流回电源 b 端，这期间 VT_2、VT_3 均承受反压而截止。当电源电压过零变负时，因平波电抗器 PK 的作用，使 VT_1、VT_4 仍承受正向电压而连续导通，因而 u_d 波形出现负值部分，此时晶闸管 VT_2、VT_3 上虽都已承受正向电压，但由于触发脉冲尚未到来而未导通，当 $\omega t=\pi+\alpha$ 时，触发 VT_2、VT_3 使之导通，VT_2、VT_3 导通后立即使 VT_1、VT_4 承受反向电压而关断。电流从电源 b 端，经 VT_3、PK、M、VT_2 流回电源 a 端。第二周期重复上述过程，其波形如图 2-4-2 所示。

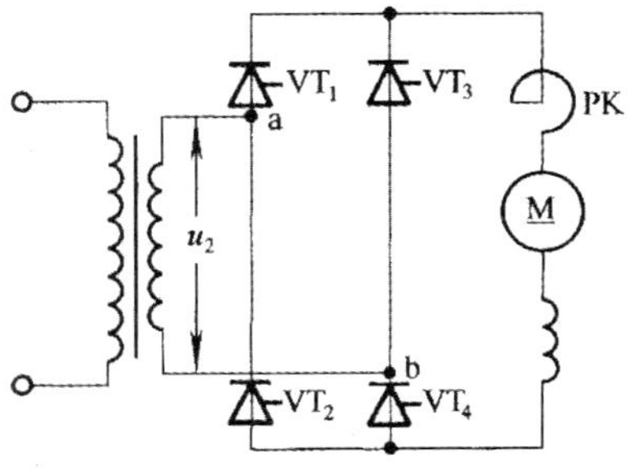

图 2-4-1　单相全控桥式整流电路

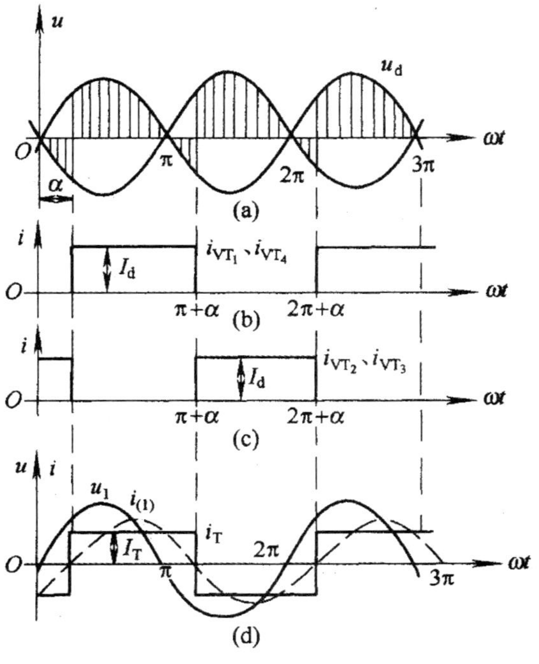

图 2-4-2　全控桥式整流波形

设二次侧交流电压 $u_2=\sqrt{2}U_2\sin\omega t$，则在晶闸管控制角为 $n\pi+\alpha$ 时，整流电压平均值 U_d 为：

$$U_\mathrm{d}=\frac{1}{\pi}\int_{\alpha}^{\pi+\alpha}\sqrt{2}U_2\sin\omega t\mathrm{d}\omega t=\frac{2\sqrt{2}}{\pi}U_2\cos\alpha=0.9U_2\cos\alpha \quad (2\text{-}4\text{-}1)$$

当 $0\leqslant\alpha<\frac{\pi}{2}$ 时，$U_\mathrm{d}>0$；

当 $\alpha=\frac{\pi}{2}$ 时，$U_\mathrm{d}=0$，这时整流电压波形中正负两部分面积相等，故其平均值为 0；

当 $\alpha>\frac{\pi}{2}$ 时，$U_\mathrm{d}<0$，整流电路工作在逆变状态。

所以全控桥式整流电路的移相范围为 $0\leqslant\alpha\leqslant\frac{\pi}{2}$。当 $\alpha>\frac{\pi}{2}$ 时，将进行有源逆变，采用再生制动的电力机车，采用这种全控桥整流电路。

2.4.2 单相半控桥式整流电路

图 2-4-3 为不共阴极接法（两晶闸管阴极不接在同一点上）的半控桥式整流电路，相控电力机车普遍采用此种电路。

分析图 2-4-3 可以看出，在电源电压 u_2 正半周，控制角为 α 时触发晶闸管，则 VT_1、VD_2 导通，回路中有整流电流 I_d 流过，桥臂 VT_2、VD_1 承受反向电压截止。当电源电压 u_2 下降到零并变负时，由于电感的作用，二极管 VD_1 导通，晶闸管 VT_1 关断，而晶闸管 VT_2 尚未触发，因此二极管 VD_1、VD_2 同时导通，此时回路电流不经过变压器二次侧绕组而是经 PK、电机 M、二极管 VD_1 和 VD_2 构成回路，在此期间 VD_1、VD_2 仅起续流作用，变压器绕组电流为零，输出电压为零，牵引电机端电压为零。

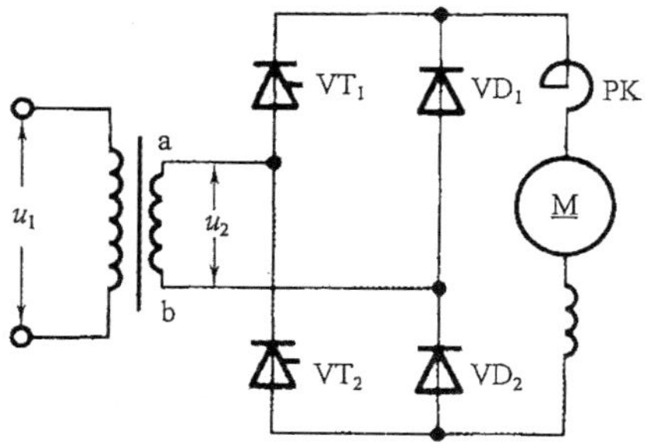

图 2-4-3　不共阴极半控桥式整流电路

当电源电压 u_2 在负半周时，VT_2 承受正向电压，在相应控制角 α 时触发 VT_2 导通，VD_2 承受反压截止，电流经 VD_1、PK、M、VT_2 流回变压器二次侧。到电源电压 u_2 又变正时，仍由 VD_1、VD_2 提供续流回路，变压器输出仍为零，直到下一个周波晶闸管触发脉冲到来。根据各元件导通的情况，可得出如图 2-4-4 所示波形图。在一个周波内晶闸管的导通角 $\theta=\pi-\alpha$，二极管导通角 $\theta=\pi+\alpha$。

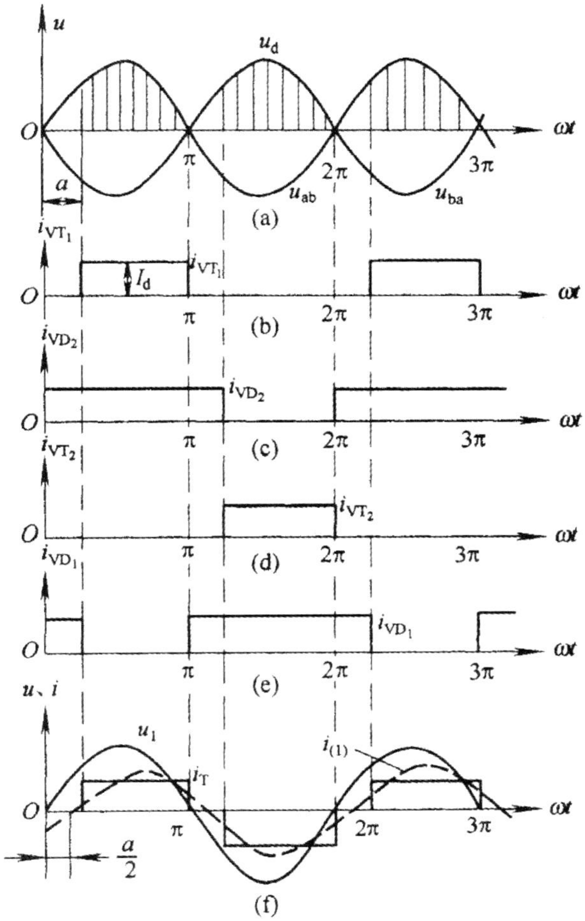

图 2-4-4　不共阴极半控桥整流电路波形图

对于晶闸管共阴极接法（两晶闸管阴极接在同一点上），虽然可利用直接耦合的触发电路，对变压器二次侧绕组的绝缘要求较低，但是对于大电感电路不适用。例如在交流电压正半周时，晶闸管 VT_1、二极管 VD_2 导通，在交流电压由正变负进入负半周时，晶闸管 VT_2 尚未触发或触发脉冲丢失时，感性负载须通过晶闸管 VT_1、二极管 VD_1 续流，晶闸管因电流大而关不断，再进入下个周波时，因晶闸管 VT_1 根本没有关断电源，电压将直接加在负载上，如此下去，负载电路将始终有半波整流电压作用，电路不能中断。因此，在电力机车上一般不采用此种整流线路。

半控桥整流输出电压的平均值为

$$U_d = \frac{1}{\pi}\int_{\alpha}^{\pi}\sqrt{2}U_2\sin\omega t = \frac{2\sqrt{2}}{\pi}U_2\frac{1+\cos\alpha}{2} = 0.9U_2\frac{1+\cos\alpha}{2} \qquad (2\text{-}4\text{-}2)$$

当 $\alpha=0$ 时，$U_{d}=0.9U_{2}$；当 $\alpha=\dfrac{\pi}{2}$ 时，$U_{d}=0.45U_{2}$；当 $\alpha=\pi$ 时，$U_{d}=0$。

由式（2-4-2）可知，控制角 α 的移相范围为 $0\leqslant\alpha\leqslant\pi$，比全控电路扩大了 1 倍。

2.4.3 机车功率因数

由电工原理知，在正弦交流电路中，功率因数 $\cos\varphi$ 定义为：

$$\cos\varphi=\frac{\text{有功功率}P}{\text{视在功率}S}=\frac{UI\cos\varphi}{UI} \tag{2-4-3}$$

由于电力机车电路与一般交流电路不同，在电力机车交流电网中流过的是非正弦电流，而交流电压一般可以近似地认为是正弦波，因此在变压器一次侧电流中就包括有与电源电压相同频率的基波成分以及多种高次谐波成分，其中只有与电压同频率的基波电流产生有功功率，其他高次谐波电流与电源电压频率不同，只能产生无功功率。因此，机车的功率因数 PF 定义为：

$$PF=\frac{P}{S} \tag{2-4-4}$$

式中 P——变压器一次侧有功功率，$P=U_{1}I_{(1)}\cos\varphi_{1}$，$I_{(1)}$ 为基波电流有效值；

S——变压器一次侧视在功率，$S=U_{1}I_{T}$，I_{T} 为变压器一次侧电流有效值；

$\cos\varphi_{1}$——基波电压与基波电流之间的功率因数。

则式（2-4-4）为：

$$PF=\frac{U_{1}I_{(1)}\cos\varphi_{1}}{U_{1}I_{T}}=\frac{I_{(1)}}{I_{T}}\cos\varphi_{1}=\lambda\cos\varphi_{1} \tag{2-4-5}$$

式（2-4-5）中 $\dfrac{I_{(1)}}{I_{T}}$ 称为电流波形畸变系数，用 λ 表示，表明电流波形含有高次谐波的程度。λ 越接近于 1，则电流波形越接于正弦波。上式表明交-直型整流器电力机车的功率因数 PF 等于基波功率因数 $\cos\varphi_{1}$ 和电流波形畸变系数 λ 之乘积。要想提高机车的功率因数，就要降低高次谐波，减小基波电压与基波电流之间的相位差。

各种可控整流电路整流输出电压平均值用 U_{d} 表示，不控整流电路的整流输出电压平均值用 U_{d0} 表示，其中 $U_{d0}=0.9U_{2}$，U_{2} 为变压器二次侧电压有效值。图 2-4-5 给出了各种不同整流电路在不同控制角 α 时绘出的 $PF=f(U_{d}/U_{d0})$ 曲线，曲线Ⅰ为不控整流电路的功率因数曲线，在整个调速过程中保持常数为 0.9；曲线Ⅱ为全控桥式整流电路功率因数曲线，在低电压时功率因数是很低的；曲线Ⅲ为半控桥式整流电路功率因数曲线，比全控桥式整流电路功率因数的平均值有所提高；曲线Ⅳ为半控二段桥整流电路的功率因数曲线，曲线Ⅴ为三段不等分半控桥整流电路的功率因数曲线。曲线Ⅵ为四段经济半控桥整流电路的功率因数曲线。由曲线知，可控整流电路的段数越多，其功率因数越高。但是段数越多，控制越复杂，所以现在多用三段桥，一般不超过四段。

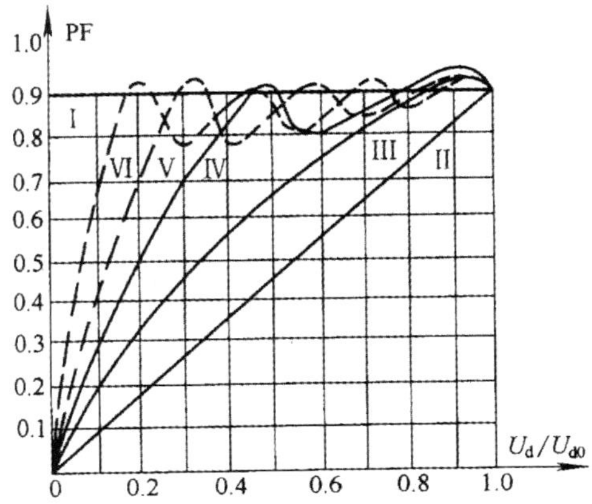

图 2-4-5　不同整流电路功率因数 PF

相控调压可通过平滑无级地调节晶闸管的触发相位来调节整流电路的输出电压，从而达到对电力机车进行无级调速的目的。无级调速可以减少调压过程中的电流冲击，使牵引电动机的力矩变化平缓，从而减少牵引力冲击与摆动，充分利用机车黏着重量，发挥较大的牵引力进行平稳操纵。另外，无级调速不需要转换主电路，也不需要设置专用的调压开关，使机车主线路大为简化。但是我们也看到，相控调压的最大缺点是机车功率因数较低，在低电压级位时表现尤为突出；同时由于平波电抗器的作用使变压器一次侧电流畸变为矩形波，产生了较大的高次谐波，对电网造成了较大的谐波干扰。这是采用相控调压的电力机车需要解决的问题。

任务 2.5　交-直型电力机车功率因数的改善

【任务目标】

知识目标	1. 熟悉交-直型电力机车多段桥顺序控制原理。
	2. 了解交-直型电力机车采用功率因数补偿器的原理。
素质目标	1. 培养学生养成严谨认真、精益求精的态度，促使学生职业素养的养成。
	2. 培养学生具有一定分析问题和解决问题的能力。
	3. 能客观、公正地进行学习效果的自我评价。
能力目标	1. 能够根据电路图分析交-直型电力机车多段桥顺序控制原理；
	2. 能够根据机车滤波器工作原理图分析功率因数补偿的原理。

【相关知识】

相控调压有一个重要的性能指标，即功率因数和谐波干扰。采用相控调压的电力机车其功率因数较低，不仅降低了设备的利用率，而且谐波含量高，影响了电网的供电质量，对电网造成严重污染。另外，电力部门和邮电部门都对用户的功率因数和谐波电流有限制。一般晶闸管相控机车的功率因数为 0.78 ~ 0.80，谐波电流为 I_{pmax}>9.2A（等效干扰电流的最大值），远不能满足 $PF = 0.9$、$I_{(3)} = 3.9$、$I_{(5)} = 4.0$ 的限制要求。

根据相控机车的功率因数 $PF = \lambda\cos\varphi_1$ 可知，要想提高机车的功率因数，就要降低高次谐波，减少基波电压与基波电流之间的相位差。因此，改善晶闸管相控机车的功率因数和减少谐波电流的方法，除了采用多段桥顺序控制外，还可以采用功率因数补偿器（PFC）的方法。

2.5.1　多段桥顺序控制

为了改善机车的功率因数，降低谐波干扰，机车上常用的方法之一是应用多段桥顺序控制，即把多段整流桥串联起来供电。常用的有半控二段桥、三段不等分桥、四段经济桥。下面以三段不等分桥为例分析其工作原理。

图 2-5-1 所示为三段不等分桥。变压器二次侧绕组由二段 a_4x_4、a_2x_2 组成，其中一段 a_4x_4 接成中抽式半控桥，另一段 a_2x_2 接成一般半控桥整流电路，因中抽式绕组可看作两段绕组 a_4b_4、b_4x_4，各段绕组的电压分配比例为 $U_{a2x2} : U_{a4b4} : U_{b4x4} = 2:1:1$。$VD_1 \sim VD_4$ 提供直流续流通道。

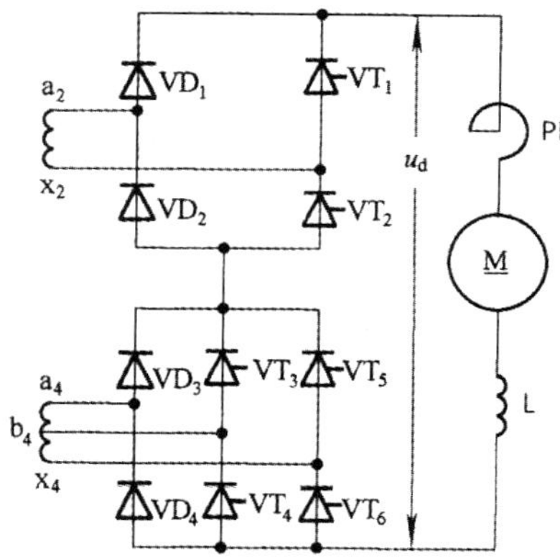

图 2-5-1　三段不等分半控桥

三段不等分半控桥式调压整流电路的升压顺序控制如下：

第Ⅰ段：$a_2x_2 - VT_1VT_2VD_1VD_2$ 工作，大桥调压，晶闸管控制角为 α，$VT_3 \sim VT_6$ 晶闸管封锁，即第Ⅱ段桥晶闸管的控制角 α_2 和第Ⅲ段晶闸管的控制角 α_3 均为 π。负载电流流过 a_2x_2、VT_1VT_2、VD_1VD_2、PK、M、VD_3VD_4。输出电压、电流、变压器绕组中电流的波形如图 2-5-2（a）所示。整流输出电压的平均值为：

$$U_d = 0.9U_{a2x2}\frac{1+\cos a_1}{2} = \frac{1}{2}U_{d0}\frac{(1+\cos a_1)}{2} \quad (0 < \alpha_1 < \pi) \tag{2-5-1}$$

当 $\alpha_1 = \pi$ 时，$U_d = 0$；当 $\alpha_1 = 0$ 时，$U_d = \frac{1}{2}U_{d0}$。

第Ⅱ段：维持 VT_1、VT_2 满开放，即 $\alpha_1 = 0$，$a_4b_4 - VT_3VT_4VD_3VD_4$ 四臂小桥调压。VT_5、VT_6 封锁，即 $\alpha_3 = \pi$，负载电流流过 a_2x_2、VT_1VT_2、VD_1VD_2、PK、M、a_4b_4、VD_3VD_4、VT_3VT_4。此时输出电压、电流及变压器绕组中电流波形如图 2-5-2（b）所示。整流输出电压平均值为：

$$U_d = \frac{1}{2}U_{d0} + 0.9U_{a4x4}\frac{1+\cos a_2}{2} = \frac{1}{8}U_{d0}(5+\cos a_2) \quad (0 < \alpha_2 < \pi) \tag{2-5-2}$$

当 $\alpha_2 = \pi$ 时，$U_d = \frac{1}{2}U_{d0}$；当 $\alpha_2 = 0$ 时，$U_d = \frac{3}{4}U_{d0}$。

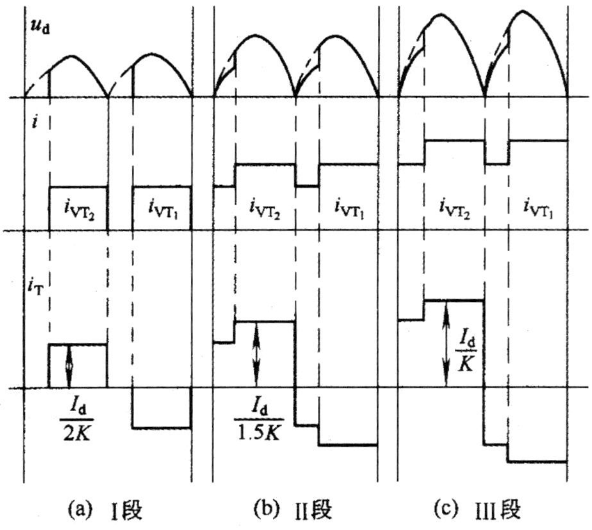

图 2-5-2　三段不等分桥分段调压波形图

第Ⅲ段：维持 $VT_1 \sim VT_4$ 满开放，即 $\alpha_1 = 0$，$\alpha_2 = 0$，$b_4x_4 - VT_5VT_6VD_3VD_4$ 调压桥调压，负载电流流过三段变压器绕组和三段半控桥。电压、电流波形如图 2-5-2（c）所示。此时整流电压平均值为：

$$U_d = \frac{3}{4}U_{d0} + 0.9U_{b4x4}\frac{1+\cos\alpha_3}{2} = \frac{1}{8}U_{d0}(7+\cos\alpha_3) \quad (0 < \alpha_3 < \pi) \tag{2-5-3}$$

当 $\alpha_3 = \pi$ 时，$U_d = \frac{3}{4}U_{d0}$；当 $\alpha_3 = 0$ 时，$U_d = U_{d0}$。

三段不等分桥的功率因数曲线见图 2-4-5 中的曲线Ⅴ，基本在 0.9 上下波动，图 2-5-2 显示波形畸变也变小了，由阶梯波取代了矩形波，波形更加逼近正弦波。此种整流调压方案被广泛应用在整流器电力机车上，国产 SS_4 改、SS_8、SS_{3B}、SS_9 等系列电力机车均采用此种调压方案。

多段桥顺序控制与单桥整流电路相比，机车的功率因数有所提高，但是采用多段桥顺序控制会使变压器抽头数增加，整流装置复杂，在一定程度上会降低机车运行的可靠性。因此干线电力机车的多段桥控制一般不超过四段。

2.5.2 功率因数补偿

功率因数补偿装置兼作滤波器，简称 PFC 装置，一般常用形式为 LC、RC、RLC，并跨接于机车主变压器二次侧绕组的两端，如图 2-5-3 所示。其工作原理可用图 2-5-4 说明：在理想情况下，无 PFC 时，由于整流电路的作用，整流装置交流侧电流 i_2 为一方波，造成接触网中电流波形发生畸变，即产生高次谐波电流，谐波电流主要是 3、5、7 次谐波。而整流装置的负载——平波电抗器和牵引电动机均为感性负载，加之整流装置本身的晶闸管相位控制（α）的作用，使电流 i_2 的相位滞后于电网电压 u_C，即产生了一个感性无功电流，使机车功率因数降低。加上功补装置后，就是把 L、R、C 连接成某一频率的谐振电路（一般在靠近 3 次或 5 次谐波频率处）。在基波网压的作用下对基波呈容性，提供容性无功电流，减少相控整流机车滞后的负载电流，从而提高功率因数；同时对 3 次或 5 次谐波呈低阻性，使通过功率补偿装置的绝大部分 3 次或 5 次谐波电流被吸收掉，减少了流向电网的 3 次或 5 次谐波电流，也减少了等效干扰电流。

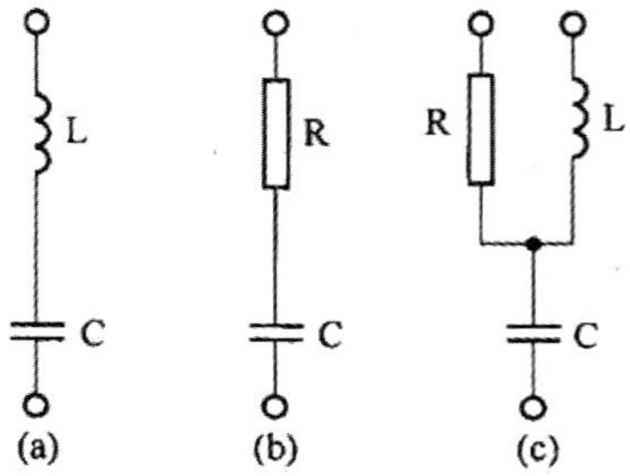

图 2-5-3　滤波电路

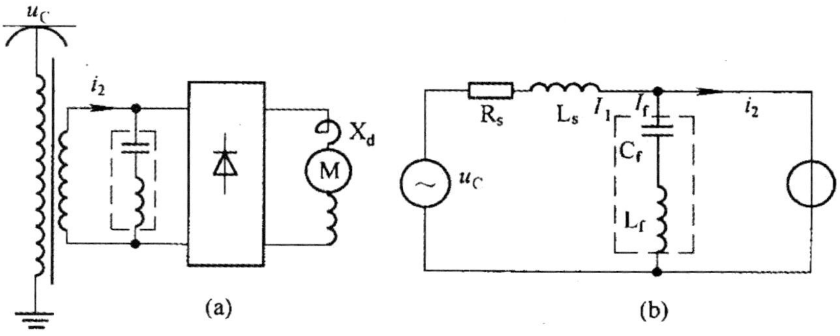

图 2-5-4　机车滤波器工作原理

试验表明，相控机车安装了一定容量的 PFC 之后，就无须采用多段桥。机车加装功率因数补偿装置后，提高了机车的功率因数，降低了接触网和机车主变压器的损耗，同时也减少了接触网对沿线通信线路的干扰，从而大大简化了机车主电路的结构，使整流装置的桥段数减少。例如 SS_6 机车就采用了二段桥带 PFC 的主电路；引进的 6K、8K 机车，当 PFC 全部投入时 $PF > 0.9$。由于受机车重量与总体布置上的限制，于是又在地面牵引变电所和接触网上设置功率因数补偿装置，即车下补偿。试验表明，车上、车下补偿各有效果，两者侧重不同。

任务 2.6　交-直型电力机车的起动及控制方式

【任务目标】

知识目标	1. 熟悉交-直型电力机车的起动要求。
	2. 掌握交-直型电力机车的起动方式。
	3. 熟悉交-直型电力机车运行控制方式。
素质目标	1. 培养学生养成严谨认真、精益求精的态度，促使学生职业素养的养成。
	2. 培养学生具有一定分析问题和解决问题的能力。
	3. 能客观、公正地进行学习效果的自我评价。
能力目标	1. 能够根据交-直型电力机车的起动要求，采用合理的起动方式。
	2. 能够分析交-直型电力机车不同的起动运行方式的特点。

【相关知识】

电力机车的起动是机车运行中最先实现的工作状态。电力机车在其起动牵引力作用下，克服列车静止时所受的阻力并产生加速度，最终运行在机车的自然特性上，这一过程称为机车的起动过程。机车起动过程实质是调速的一种特殊方式。因此，前述调速的基本原理对起动都是适用的。

2.6.1　对起动的要求

对机车起动的基本要求是：起动快和起动平稳。机车起动快可以减少起动时间，提高平均运行速度，对铁路运输有很大的意义，特别对起动频繁的电动车组来说，意义更为重大。为了使机车起动得快，就要求机车有较大的起动电流，产生较大的起动牵引力。

机车起动平稳可以使机车内部设备免受电流冲击，机车和列车免受机械冲击，因此希望列车速度变化平滑。为此，要求起动时应尽量减少起动电流、起动牵引力的摆动。

起动电流过大，会使电机安全整流受到破坏；起动牵引力过大，会超出线路黏着条件，使轮对发生空转，结果反而丧失了牵引力。不同形式的电力机车，所受限制因素的主次也不同。对于采用直流（脉流）牵引电动机的电力机车，由于牵引电动机的不断发展和完善，已能保证在黏着条件许可范围内牵引电动机有良好的换向，其主要限制条件就是线路的黏着条件。采用交流牵引电动机的电力机车，由于电机不存在换向问题，仅受线路黏着条件的限制。

此外，在机车起动过程中，不应有附加的能量损耗，若有也应尽量减小。

在机车起动操纵时，对于有级调压电力机车，要求司机逐级调压，禁用快速升级，防止牵引电机电流一次性摆动过大造成机车起动失败。

2.6.2 起动方式

机车在起动时处于静止状态，对牵引电机施加电压时，由于其反电势为零，因此，电机电枢电流仅由端电压及电机回路的阻抗来决定，即：

$$I_a = \frac{U_D}{Z} \tag{2-6-1}$$

显然，由于电机回路阻抗值很小，必然产生很大的电流，以致破坏牵引电机的安全换向，超越线路黏着条件限制，而且这么大的电流必然会产生很大的电流冲击和机械冲击，使机车和列车都受到损伤。因此，机车的起动必须采用适当的起动方法来限制起动电流和起动牵引力。

1. 变阻起动

电力机车起动时，在牵引电动机回路中串入起动电阻，以减小起动电流，随着起动过程的进行逐步切除起动电阻，待起动电阻全部切除后，起动过程结束。这种方法称为变阻起动。变阻起动一般是有级起动，在起动过程中起动电阻有一定的能耗，因此是不经济的。

2. 降压起动

在电力机车起动时，降低加在牵引电动机上的电压，这种方法为降压起动。采用直流斩波器的直-直型电力机车、采用整流器的交-直型电力机车及交-直-交型异步牵引电动机电力机车均可采用此种方法。其起动原理与调速原理相同，起动过程与调速过程之间无严格的界限。

采用有级调压的整流器电力机车，起动过程是有级的。采用晶闸管移相调压的整流器电力机车和采用斩波器调压的直流电力机车，由于调速是平滑的，其起动过程也是平滑的，可以使起动电流沿着黏着限制条件平滑地变化或维持一定值，因此机车不仅起动平稳，而且起动牵引力也可以在满足黏着条件要求下维持较大数值。但是，启动时机车的功率因数大为降低，整流电流的脉动也将增加。

2.6.3 启动电流和启动牵引力的限制

机车启动时，轮对发生空转前所能发挥的最大牵引力称为启动牵引力。机车启动牵引力受线路黏着条件的限制。启动牵引力应满足下列条件：

$$F_{st} \leqslant P_j \mu_j g \ (\text{kN}) \tag{2-6-2}$$

式中 P_j——机车黏着重量（整备重量）(t)；

μ_j——机车牵引黏着系数；

$P_j\mu_j$——机车黏着牵引力（kN）。

机车黏着系数并不是一个恒定值，它随线路条件、轨面情况、机车启动方式等因素而变化，是一个范围值。因此黏着限制曲线也非一条，而是一个限制带。为使机车启动时有较大的启动牵引力，就应有效、充分地利用机车的黏着条件，即机车启动时，启动牵引力应尽可能靠近黏着限制线。

启动牵引力对应着的牵引电动机的电枢电流称为最大启动电流 $I_{st,\,max}$，显然，这一电流应小于电机本身的最大允许温升电流。对于整流器电力机车来说，随着牵引电动机设计、制造水平的不断提高，已经能够保证在黏着条件的许可范围内电机安全换向，故 $I_{st,\,max}<I_{a,\,max}$。

实际上在机车的启动调速过程中，除了要注意启动电流不超过黏着条件外，牵引电动机的端电压也应受到一定的限制，即 $U_{D,\,max} = 1.1U_N$，这是为了保证电机安全工作，要求在整个运行过程中，牵引电机端电压 U_D 均不能超过 $U_{D,\,max}$，电机电枢电流 I_a 不能长时间超过额定值 I_N。

2.6.4 机车的控制方式与机车特性

1. 控制方式

电力机车为了获得良好的启动性能，最大限度地利用机车的黏着条件，在运行过程中，不仅希望机车特性适合于牵引，做到调速范围广，还希望机车具有良好的再黏着性能和防空转性能。单纯依靠牵引电动机的牛马特性和硬特性进行调速已不能满足机车运行尤其是高速运行的要求，因此就需要对机车的运行方式加以控制，以保证机车有良好的牵引性能，充分利用机车的黏着功率，提高机车运行的可靠性和运输效率。

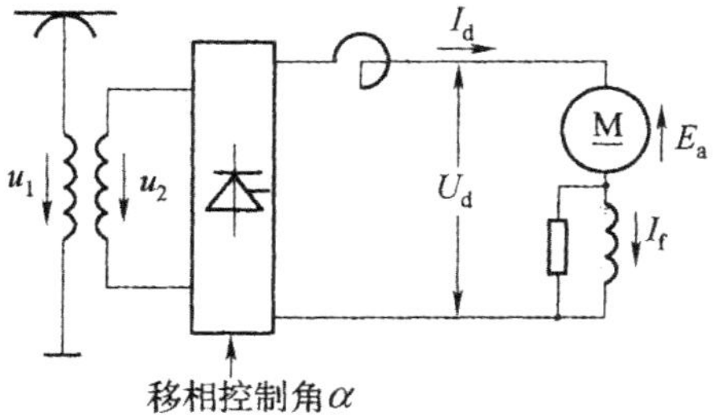

图 2-6-1 相控整流电路原理图

相控机车通过对晶闸管的相位控制来改变整流电压的大小，图 2-6-1 表示的是一般相控整流电路的原理图。若采用反馈控制，就可以构成自动调节系统。随反馈信号的不同，就构成所谓恒流控制、恒压控制、恒速控制，但这些只能在没有达到满电压前才有可能（尚有调节余量）。当达到满电压后，电压只能按整流器输出的外特性变化。

1）恒流控制

所谓恒流控制是指机车运行中，维持电动机电枢电流按某一指令值保持不变的控制。它常常用于机车启动加速过程。由于电动机电枢电流是由整流器提供的，因此实际上是对整流电流 I_d 进行恒流控制。

当整流器向单台电机供电时，整流电流 I_d 即是电机的电枢电流 I_a，由电压平衡方程式可得电流 I_d 的表达式：

$$I_d = \frac{U_d - E_a}{R_m} = \frac{U_d - C_e \Phi n}{R_m} \qquad (2\text{-}6\text{-}3)$$

由式（2-6-3）可知，如果随着电动机转速 n 的变化，控制整流电压 U_d，使整流电流 I_d 不变，就能达到恒流控制的目的。恒流控制的原理图如图 2-6-2 所示。

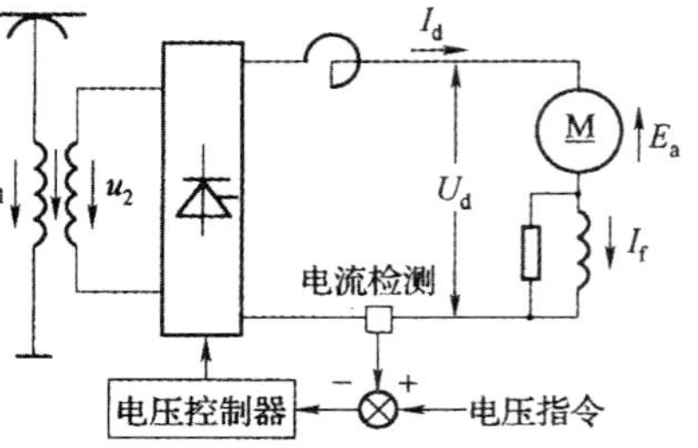

图 2-6-2　恒流控制原理图

牵引电动机输出轴上的转矩为：

$$T_a = T - T_0 = C_e \Phi I_d - T_0 \qquad (2\text{-}6\text{-}4)$$

通常电机铁耗和机械损耗产生的空载转矩 T_0 约为额定转矩的 1.5%。对于串励电机来说，电枢电流与主极磁通有一定的比例关系。所以当恒流控制时，机车的牵引力也是恒定的。

相控机车在起动过程中，无一例外均采用恒流起动的方式。因为在起动过程中没有牵引力的波动，所以平均起动牵引力大，可以最大限度地接近黏着限制。国产 SS_3 型电力机车就是采用的恒流控制方式。

恒流起动时，司机控制器的级位是牵引电机电枢电流的给定值 I_{ag}，恒流控制系统根据该指令自动调节晶闸管的触发相位，来调节牵引电动机的电流 I_A，使 I_A 值对应于或接近于 I_{ag} 指令的要求。随着机车速度的提高，为了维持牵引电动机的电流 I_A 不变，整流装置输出电压 U_d 不断上升，直到机车整流桥全部开放，电机电压上升到最大限制电压。相应的机车以牵引力 F_A 起动加速到速度 v_A，此时列车沿自然特性 I 运行。若列车阻力为 W_1 曲线，工作点沿曲线 I 下降，达到 I 与 W_1 之交点 A_1 时稳定运行，此时电流降至 I_{A1}，速度升至 v_{A1}，$I_{A1}<I_A$。恒流控制牵引特性如图 2-6-3 所示。

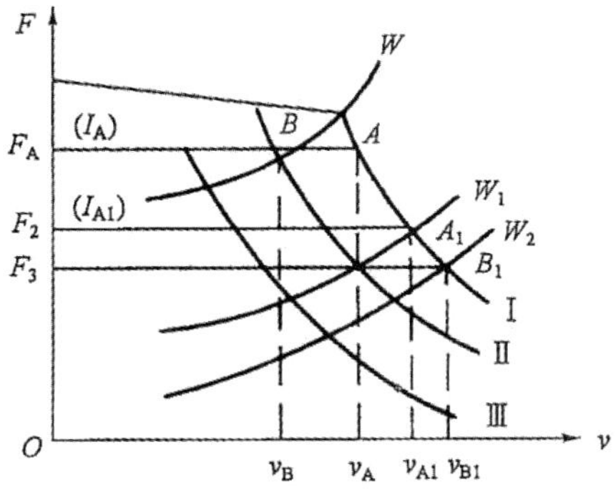

图 2-6-3　恒流控制牵引特性

采用恒流控制方式的机车在起动或坡道上运行时，系统将始终维持给定的牵引电机电流或牵引力不变。一旦电机发生空转，电流将减小，系统为了维持电流不变，必将增加电压，使空转电机的转速进一步上升，从而加剧空转。因此采用恒流控制方式的机车再黏着能力差。

具有串励电动机的电力机车从特性曲线上看牵引特性较软，低速时可以获得较大的牵引力，牵引力小时可获得高速度，调速范围较广，这正是串励电动机特别适合于牵引的原因。但是这种软特性不利的一面就是当轮对黏着破坏发生空转时，再黏着性能差。因为此时空转轮对的牵引力不能随着机车速度的提高而迅速下降，这样该空转轮对的牵引力就很难与降低了的黏着力相平衡，若机车没有防空转保护，则这种软特性会加剧该轮对的空转。为了克服恒流控制形成的持续空转，这时必须由空转保护装置发出信号，终止恒流控制，甚至减载运行以恢复黏着。如果机车的牵引特性较硬，则当轮对发生空转时，牵引力能迅速下降，有利于实现机车的再黏着而制止空转的进一步发展。采用恒速控制方式可以使机车具有所要求的硬牵引特性，以有利于机车实现再黏着。

2）恒速控制

恒速控制是指恒流启动，恒速运行方式。恒速控制的原理如图 2-6-4 所示，机车的速度信号可以从反应机车速度的任一环节取得，例如轮对、大小齿轮、电机轴等。恒速控制通过电机电压的控制和磁场削弱（仅当采用无级磁削时）来达到。图 2-6-5 绘出了恒流启动、恒速调节系统的牵引特性。从牵引特性曲线上看，调节过程为：司机给出速度指令 v_1，机车沿 AB 段恒流启动，沿最高电压 U_1 下的自然特性曲线运行，加速到与阻力 W_1 相平衡点 C，若此点的速度恰好是给定速度 v_1，则机车在此速度下稳定运行；若阻力减小，则沿 CD 恒速线变化，减小牵引力以保持速度为恒值；若阻力增加，则运行点从 C 点沿自然特性上升，此时列车实际速度将小于给定速度。可见恒速控制方式特性很硬，因而防空转性能好，有利于机车再黏着；但由于特性过陡，当阻力发生变化时，牵引力波动大，将使车钩承受过大的冲击力。

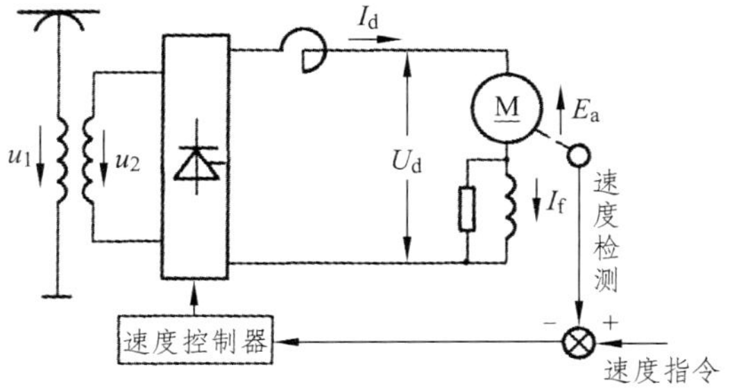

图 2-6-4　恒速控制原理图

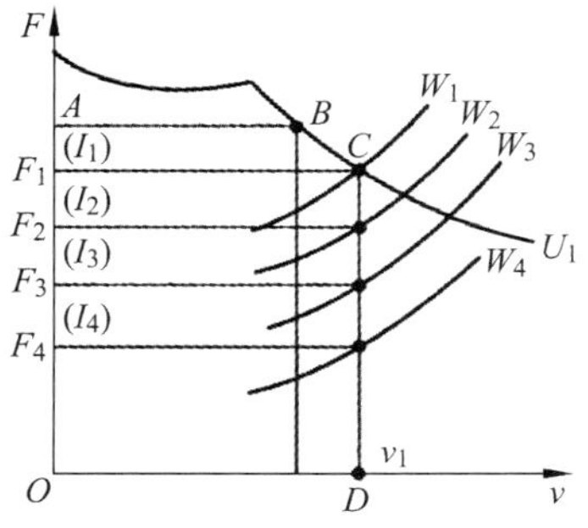

图 2-6-5　恒流启动恒速调节系统牵引特性

3）特性控制

特性控制是指机车按恒流方式启动，启动完毕按理想的牵引特性曲线运行。理想的牵引特性曲线是介于机车自然特性曲线与恒速特性曲线之间的斜线，也叫准恒速特性曲线，见图 2-6-6。它是恒流控制和准恒速控制的结合，即使机车牵引特性具有恒流启动和准恒速运行的双重性能。特性控制曲线也叫人工特性曲线，人工特性曲线与机车的自然特性曲线并不矛盾，而是一致的。所不同的是机车的自然特性是指在额定状态下由牵引电动机自身参数决定的机车基本特性，没有人工干预。而人工特性则是指通过外加调节装置人为改变牵引电机运行条件，例如保持机车启动过程中电机电枢电流不变的恒流控制等，目的是更好地满足机车牵引要求。

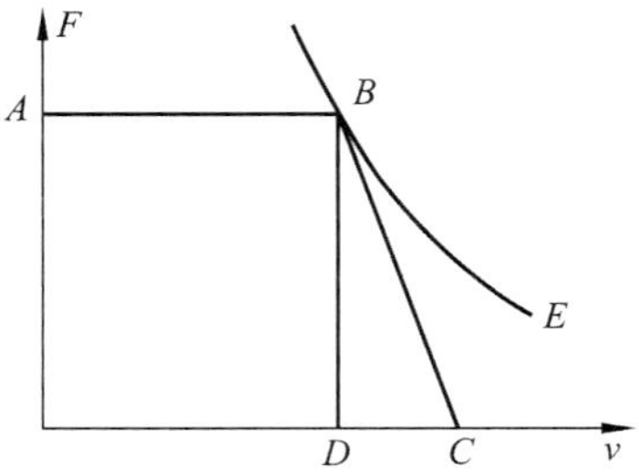

图 2-6-6　恒速牵引特性、自然牵引特性、特性控制牵引特性曲线的比较

在此要说明的一点是，较先进的相控机车一般采用微机控制，采用汇编语言编程，以便满足晶闸管实时控制的需要。

2.6.5　SS_4 改型电力机车牵引特性控制

机车采用无级调压、三级磁场削弱和超压运行方式，以恒流准恒速特性控制实现机车牵引特性。机车牵引特性曲线如图 2-6-7 所示，图中 *QN* 为启动阶段，*NM* 为恒功区，*MR* 为自然特性区。

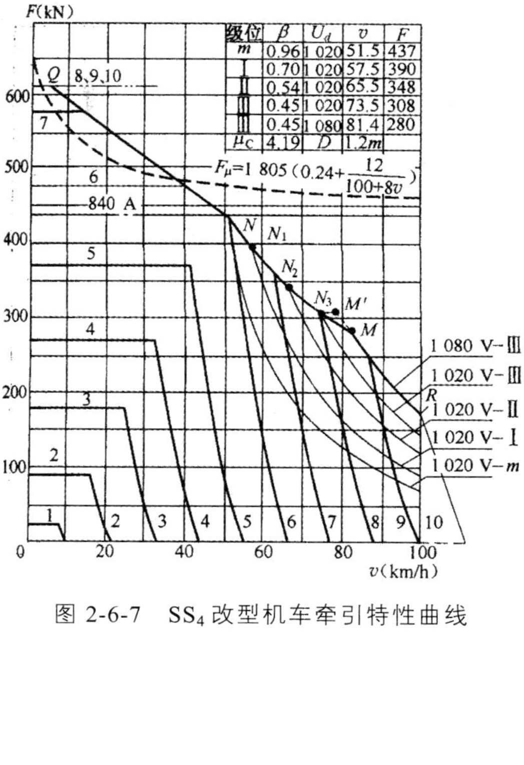

图 2-6-7　SS_4 改型机车牵引特性曲线

复习思考题

1. 简述整流器电力机车的工作原理及特点。
2. 交-直型电力机车整流电流的脉动对机车有什么影响？
3. 如何改善交-直型电力机车整流电路的电流脉动？
4. 简述交-直型电力机车平波电抗器的作用。
5. 电力机车对调速的基本要求是什么？
6. 说明交-直型整流器电力机车有哪些调速方法？并比较它们的优缺点。
7. 什么是磁场削弱系数？说明磁场削弱系数的物理意义。
8. 简述电阻分路法磁削的原理及确定β的方法。
9. 磁感应分路法与电阻分路法有何不同？为什么？
10. 简述晶闸管分路法磁削的原理及确定β的方法。
11. 机车在调速过程中实施磁削的条件是什么？
12. 是否磁削越深越好？为什么？
13. 何谓移相调压？移相调压的特点有哪些？
14. 多段桥顺序控制的目的是什么？
15. 功率因数补偿装置有什么作用？核心元件是什么？
16. 简述功率因数补偿装置的补偿原理。
17. 对机车起动的基本要求是什么？
18. 何谓变阻起动、降压起动？
19. 目前交-直型电力机车采用何种起动方式？
20. 何谓恒流控制？恒速控制？特性控制？

项目 3

交-直-交型电力机车调速控制分析

项目描述

直流电动机结构复杂，存在电刷接触式的换向器，它不仅工艺复杂，体积及重量大，耗铜，价格昂贵，而且在运行中很容易产生换向火花甚至发生环火现象，故障率高，不便于维护。由于换向及环火这一类问题的存在，所以电动机换向片之间的电压不能过高，因而使得直流电动机的设计容量和高速时的利用功率受到限制，远远不能适应机车向高速、大功率方向发展的要求。

三相交流电动机，特别是鼠笼式异步电动机，其转子上既没有换向器，也没有带绝缘的绕组，根本不存在换向火花及环火等问题，因此结构简单、运行可靠，能以更高的转速运转。随着电力电子器件和微电子技术的发展，以及现代控制理论和控制技术的应用，交流传动技术取得了突破性的进展并日趋成熟，在各种机车、动车上获得了广泛运用。

鉴于目前交流传动机车绝大多数采用交-直-交型电力机车，因此本项目将重点学习交-直-交型电力机车的调速方式、电压型脉冲整流器和牵引逆变器的工作原理，讨论交-直-交型电力机车调速控制策略等问题。

任务 3.1　交-直-交型电力机车工作原理认知

【任务目标】

知识目标	1. 熟悉交-直-交型电力机车工作原理。
	2. 了解交-直-交型电力机车工作特点。
素质目标	1. 培养学生学习新知识、新技术的意识。
	2. 培养学生具有一定分析问题和解决问题的能力。
	3. 能客观、公正地进行学习效果的自我评价。
能力目标	1. 能够分析交-直-交型电力机车工作原理。
	2. 能够总结交-直-交型电力机车工作特点。

【相关知识】

3.1.1 交-直-交型电力机车系统结构

所谓交-直-交型电力机车是指由交流接触网供电，单相交流电经牵引变压器降压、整流器整流为直流电（中间直流环节），再经逆变器将直流电转换为可调压、变频的三相交流电，向交流异步或同步电动机供电的电力机车或电动车组。交-直-交型电力机车的系统结构如图 3-1-1 所示。

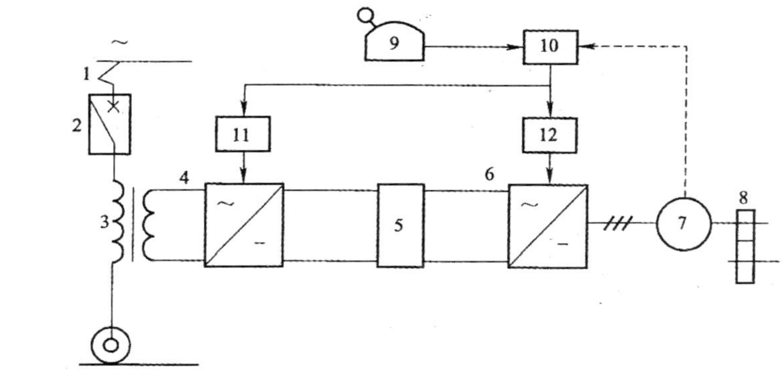

1—受电弓；2—主断路器；3—牵引变压器；4—整流器（网侧）；5—中间回路；
6—逆变器（电动机侧）；7—交流牵引电动机；8—传动齿轮；9—司机控制器；
10—电子控制装置；11、12—触发脉冲发生器。

图 3-1-1 交-直-交型电力机车的系统结构

电力牵引用变流器的基本功能是，把来自接触网的电压变换为可调频率和可调幅值的电压或电流，供给牵引电动机。变流器按是否带中间回路，分为交-直-交变流器和交-交变流器两类；交-直-交变流器按中间回路选择元件的不同，又分为电压型系统、电流型系统两种基本结构。因此电力牵引领域的交流传动机车基本上有两类：电流型变流器供电的同步或笼型异步电动机机车和电压型变流器供电的笼型异步电动机机车，其传动系统类型如图 3-1-2 所示。

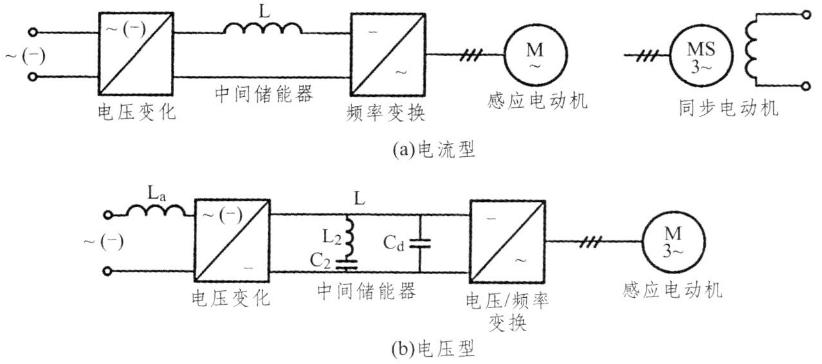

图 3-1-2 电力牵引交流传动系统类型

3.1.2 交-直-交型电力机车工作原理

交-直-交型电力机车工作原理

下面以电压型变流器供电的笼型异步电动机系统为例进行分析，其工作原理如图 3-1-3 所示。机车在工作时，来自接触网的单相交流电经受电弓引入机车牵引变压器一次侧绕组，经变压器二次侧绕组降压后送入①环节的整流电路，将交流电转换为脉动直流电，经②环节的中间回路平滑 A 处的脉动，送入③环节的逆变器，将直流电逆变为电压和频率可调的三相交流电，经④环节的电抗器，降低电机、电缆中的高频成分后供给⑤环节的三相异步牵引电动机，实现牵引运行。在这个系统中，机车先将电网的交流能量转换为直流能量，然后进一步转换成电压和频率可调的交流能量。各环节的作用分述如下：

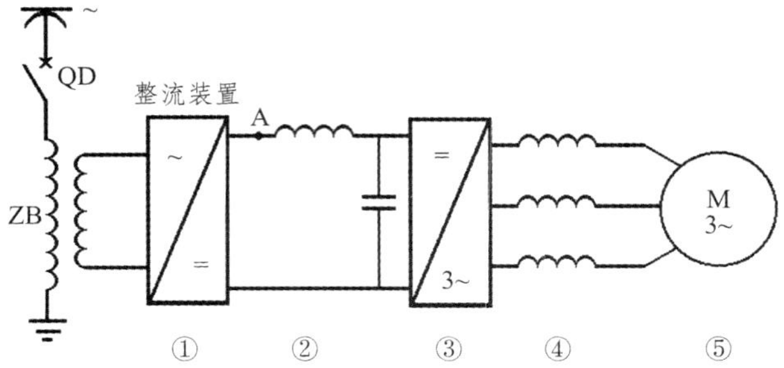

1—电源变流器；2—中间回路；3—电动机侧逆变器；4—电抗器；5—牵引电机。

图 3-1-3　电压型变流器供电的笼型异步电动机系统工作原理图

① 环节——电源变流器（入端变流器）。

入端变流器是整流器，其作用是把单相交流电整流成为直流电。牵引时作整流器，再生制动时作逆变器。为了减少转矩脉动，迄今开发的交流传动电力机车上，网侧变流器几乎全是采用四象限脉冲整流器。

② 环节——中间回路。

由于在电源侧和负载侧都有变流器，都要产生谐波，同时每一瞬间电源侧输入的能量和电机侧输出的能量又不相等，因此为了能量的平衡和滤波的需要，在直流环节中必须加入有一定容量的储能和滤波元件。

③ 环节——电动机侧逆变器（负载端变流器）。

负载端变流器为逆变器，用于将直流电转换为三相交流电，同时为了机车调速的需要，它具有较宽的调频范围和调压范围，向牵引电动机输出频率和幅值可变的三相电压。一般采用正弦波脉宽调制（PWM）技术或采用电压相量（VVCPWM）控制技术，以降低电机损耗，减少网压波动的影响。

④ 环节——电抗器。

电抗器主要有两个作用：其一，降低电机、电缆中的高频成分，控制噪声的传播，抑制电机启动过程中的谐波分量；其二，保证频繁断开电机电路时不损坏变频器。

⑤ 环节——牵引电动机。

交流三相笼型异步电动机进行机电能量转换，实现牵引和制动功能。

由于电压型变流器供电的笼型异步电动机机车的转矩脉动以及对电网的反作用小，适合于较大功率的机车，因此干线交流传动电力机车绝大部分都采用这种系统。

3.1.3 交-直-交型电力机车工作特点

交流传动技术是一门综合技术，但其本质的特点是牵引电动机采用了交流异步电动机，其一系列的优点都由此而表现出来。交流传动机车之所以成为现代机车发展的方向，正是由异步牵引电动机的特点所决定的。其主要特点如下：

1. 构造简单，动力学性能好

异步电动机是所有电机中结构最简单的电动机，除轴承外，没有其他机械接触部分，电机转速可超过 4 000 r/min，试验转速甚至可达 6 000 r/min，这是直流电机望尘莫及的，直流电机转速因受换向条件及机械强度的限制，只能达到 2 500 r/min 左右。异步电动机由于结构紧凑、重量轻，同时采用特殊的悬挂装置，簧下重量小，对轨面的冲击力小，使机车具有良好的动力学性能。

2. 功率大，牵引力大

异步牵引电动机结构简单、转速高，所以能够做到功率大、重量轻，其单位重量（kW/kg）是直流电机的 2 ~ 3 倍。在机车结构所提供的空间条件下，异步牵引电动机功率可达 1 400 ~ 2 000 kW。正因为如此，才可使机车的牵引功率大大提高，从而可获得大的牵引力，再加上黏着性能好，所以能充分发挥机车的牵引能力。

3. 黏着性能好

由于异步电机具有很硬的机械特性，所以当某台电机发生空转时，随着转速的上升（上升值不大），转矩很快降低，具有很强的恢复黏着的能力。当进行黏着控制时，根据检测有关黏着控制的信号，准确、迅速地改变逆变器输出的电压和频率，寻求最佳工作点，使驱动系统既不发生空转，又能充分发挥最大的牵引力，实现最大可能的黏着利用。交流传动可实现各轴单独控制，当某台电机发生空转时，可调节某台电机，这样能充分利用机车的黏着性能；而在交-直传动系统中，由于数台牵引电动机全并联，当某轴空转时，则需要使所有各轴电机卸载，这样就大大降低了机车牵引力。正是由于异步电机具有上述特性和良好的控制功能，交流传动系统的黏着系数可以利用得很高。

4. 可靠性高、维修简便

交流异步牵引电动机无换向器、无电刷装置，除轴承外，无摩擦部件；密封性好，防潮、防尘、防雪性能好，绝缘性能和耐热性好。因此故障率低，可靠性高。控制装置是模块结构，故障率也很低。电路系统中几乎全由无触点的电子元件组成，所以不存在传统系统中经常发生的触点磨损、黏结、接触不良、机械卡滞等问题。此外，交流传动机车配有完备的微机监视系统和故障诊断系统，可随时监视系统的技术状态，进行故障诊断。综上所述，可知交流传动系统的可靠性是很高的，维修量很小，且维修简便，维修费用大大降低。

5. 效率高、利用率高、使用灵活性强

交流传动系统的总效率约为 0.9，而交-直流传动系统的总效率约为 0.86。有关测量数据表明，采用交流传动的内燃机车与直流传动相比较，在发挥相同功率时节省燃料 10%~25%。可靠性、耐久性和易于维修的结合，使交流传动机车的利用率显著提高。从铁路运营管理的角度来说，可减少机务段的备用机车数量以节省投资。交流传动机车所显示的高启动牵引力、大持续功率和宽恒功率区的特点，使其具有很强的使用灵活性，它既可以满足货运列车对大的启动牵引力的要求，又可以满足客运列车对高速度的要求，因此对客、货列车编组来说，是名副其实的“通用机车”。

任务 3.2　交-直-交型电力机车调速方式分析

【任务目标】

知识目标	1. 熟悉三相异步电动机调速方式。
	2. 熟悉三相异步电动机调速的特点。
素质目标	1. 培养学生学习新知识、新技术的意识。
	2. 培养学生具有一定的分析问题和解决问题的能力。
	3. 能客观、公正地进行学习效果的自我评价。
能力目标	1. 能够根据三相异步牵引电动机转速公式分析其调速方式。
	2. 能够评价三相异步牵引电动机几种转速调节方法的特点。

【相关知识】

交-直-交型电力机车属于交流传动电力机车，交流传动技术是一门综合技术，但其本质的特点是牵引电动机采用了交流异步电动机，交流异步牵引电机在制造、性能、功能、体积、质量、成本及可靠性等方面比直流电机优越得多。交流异步牵引电机之所以迟迟不能在电力机车上应用，主要原因是调速比较困难。改变端电压不能使这种电机在较大范围内改变速度，只有改变电源的频率才能达到目的。因此，只有当电力电子技术和大功率半导体器件得到迅速发展的今天，才能生产出交-直-交型电力机车。

交-直-交型电力机车采用三相异步牵引电动机，其转速公式为：

$$n = (1-s)\frac{60f_1}{p} \tag{3-2-1}$$

式中 n——牵引电动机转子转速；

s——异步电动机的转差率$\left(s=\frac{n_1-n}{n_1}, n_1=\frac{60f_1}{p}\right)$；

p——定子极对数；

f_1——供电电源频率。

根据式（3-2-1）可见，异步电动机可通过改变定子极对数 p、改变转差率 s 和改变电源频率 f_1 进行调速。

3.2.1 改变定子极对数 p 调速

也称为变极调速，如果电源频率 f_1 固定不变，只要改变电机绕组的极对数 p，则同步转速 n_1 和转子转速 n 也会随着改变。而且，电机的同步转速 n_1 与极对数 p 成反比变化，例如当 $f_1=50$ Hz 时，把极对数从 $p=1$ 变到 $p=2$，得到的同步转速将为 $n_1=3\ 000$ r/min 和 $n_1=1\ 500$ r/min 两种。

在电源频率保持不变时，改变定子极对数可以调节电机的转速。一般是把定子绕组分成若干独立分段，通过改变各分段引出线的连接方式达到改变极对数的目的。这种做法使得异步电机结构复杂且换接电路过于复杂，以致丧失了运用的可靠性。

3.2.2 改变转差率 s 调速

改变转差率 s 调速包括转子串电阻调速、串级调速和定子调压调速。

在转子回路中串电阻调速，这种方法只适用于绕线转子异步电动机，而且在转子回路中接入附加电阻后，将使转子铜耗增加，从而降低了电动机效率。

串级调速是在转子回路中串入附加电势进行调速，这种调速只适合绕线型电动机。而目前绝大多数国家的电力牵引交流传动系统中都是采用结构简单的鼠笼式异步电动机作牵引电动机，这种电机的转子绕组是“短路绕组”，因而无法再在转子上采取串级调速的措施。

定子调压调速的调速范围很小，无法实现宽广的调速范围。

3.2.3 改变异步电动机的供电电源频率 f_1 调速

改变异步电动机供电电源的频率调速即所谓的变频调速。旋转磁场的转速（同步转速）与输入电源的频率成正比，如果改变电源的频率，则同步转速随之改变，也即改变了转子的转速，这就是异步电动机变频调速的实质。

但是对于异步电机，调压与调频是相互联系的，输出电压应随着输出频率的改变而改变。随着电力电子技术的发展及大功率半导体器件的开发应用，近代交-直-交型电力机车已很好地解决了变频问题，使得交流机车的调速具有平滑无级的特性。

任务 3.3　电压型四象限脉冲整流器认知

【任务目标】

知识目标	1. 了解脉冲整流器基本原理与分类。
	2. 了解电压型脉冲整流器的工作原理。
	3. 熟悉电压型脉冲整流器的基本能量转换关系。
素质目标	1. 培养学生学习新知识、新技术的意识。
	2. 培养学生具有一定的分析问题和解决问题的能力。
	3. 能客观、公正地进行学习效果的自我评价。
能力目标	1. 能够分析电压型脉冲整流器的工作原理。
	2. 能够分析电压型脉冲整流器的基本能量转换关系。

【相关知识】

从交-直-交型电力机车的工作原理中我们知道，网侧电源变流器的主要功能是将电网的单相交流电转变为直流电，那么就要求网侧变流器能输出稳定的直流电以便电机侧逆变器能稳定工作；同时要求变流器的功率因数应接近于 1，使输入的电网电流接近于正弦波，以降低对电网的影响及干扰；还应对能量的双向流动进行控制，以便进行再生制动。四象限脉冲整流器能较好地满足上述要求，因而在交流传动机车上得到了广泛应用。

3.3.1　脉冲整流器的基本原理与分类

脉冲整流器是应用脉宽调制技术（PWM）发展而来的一种新型电源变流器，相对直流斩波器来说，它可称为交流斩波器。

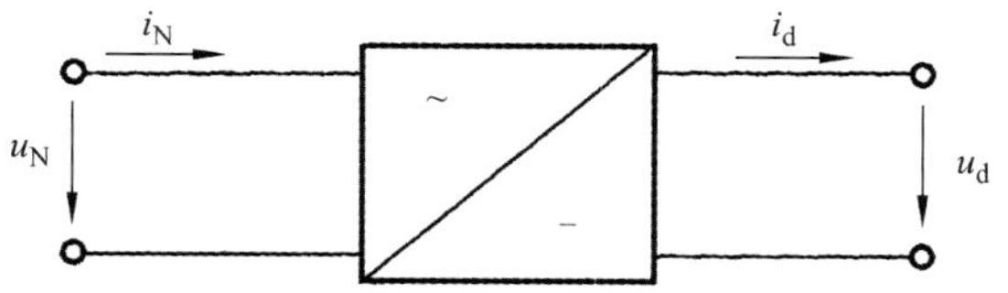

图 3-3-1　理想脉冲整流器的输入与输出

引入脉冲整流器的目的是提高功率因数、降低对电网的污染，对图 3-3-1 所示的理想脉冲整流器，假定它从交流电网吸取跟网压同相位的正弦电流，即输入端为

$$u_N = \sqrt{2} U_N \sin \omega t \tag{3-3-1}$$

$$i_N = \sqrt{2} I_N \sin \omega t \tag{3-3-2}$$

所谓理想情况，可以认为所有元件均无损耗，则输入功率 p_N 应等于输出功率 p_d，即

$$p_N = i_N u_N = U_N I_N (1 - \cos 2\omega t) = p_d = i_d u_d \tag{3-3-3}$$

由此看出，电网的输入功率 p_N 的频率脉动是电网频率脉动的 2 倍。

脉冲整流器按输出情况可以分为电压型与电流型两类。电压型是输出电压恒定，即 $u_d = U_d$，且 $U_d \geqslant \sqrt{2} U_N$，称电压型四象限脉冲整流器。此时其输出电流为

$$i_d = \frac{i_N u_N}{u_d} = \frac{I_N U_N}{U_d}(1 - \cos 2\omega t) \tag{3-3-4}$$

可见，输出电流 i_d 的频率脉动与电网输入功率一样，也是以 2 倍于网频脉动的。另一类是输出电流恒定，即 $i_d = I_d$，且 $I_d \geqslant \sqrt{2} I_N$，称电流型脉冲整流器，其输出电压为

$$u_d = \frac{i_N u_N}{i_d} = \frac{I_N U_N}{I_d}(1 - \cos 2\omega t) \tag{3-3-5}$$

输出电压 u_d 的频率脉动也是网频脉动的输出电压的 2 倍。

对于这种理想脉冲整流器，如果想在直流负载上得到恒定的电压与电流，则必须在脉冲整流器直流侧与负载之间接入一个由电感电容组成的滤波器，以平衡 2 倍于网频脉动的能量。此外，在理想脉冲整流器中假定 PWM 的脉冲频率 f_p 是无穷大，但实际上功率半导体器件的开关频率都有一定的限制，为此在脉冲整流器交流侧与电网之间也需要接入相应的滤波器。电压型和电流型脉冲整流器有各自的滤波器结构，如图 3-3-2 所示。

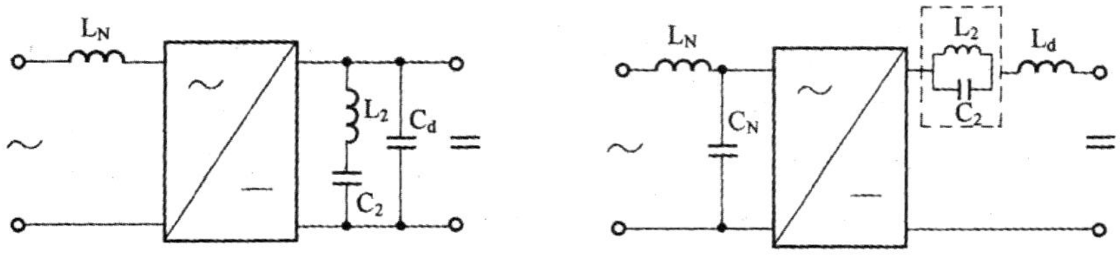

（a）电压型基本结构　　（b）电流型基本结构

图 3-3-2　滤波器结构

图 3-3-2（a）中电压型脉冲整流器直流侧的滤波器，由支撑电容 C_d 和吸收二次谐波电流的串联型谐振滤波器 L_2-C_2 组成，交流侧需要电感 L_N 滤波器。图 3-3-2（b）为电流型脉冲整流器，它的直流侧由平波电感 L_d 和串联于负载的并联型谐振滤波器 L_2-C_2 组成。后者用来抑制二次谐波电压，交流侧需要电容 C_N 滤波器。图 3-3-2（a）和（b）

中 L_N 可以看作电网或变压器的漏感。由于电流型脉冲整流器往往允许直流侧电流 I_d 中含有一定主要为二次谐波分量的脉动，于是常常省去上述的 L_2-C_2 滤波器。

由于脉冲整流器采用了脉宽调制（PWM）技术，当由晶闸管（半控型器件）构成脉冲整流器主电路时，必须考虑与设计对晶闸管实现强迫换流（或称换向）的 L_C 换流电路。由于电力电子器件的迅速发展，各类自关断器件（全控型器件），如 BJT、MOSFET、IGBT 和 GTO 等研制成功与开发应用，因而在需要强迫换流的应用场合，大都采用自关断器件来替代晶闸管以省去复杂的换流电路，使主电路大为简化，减小装置体积，并消除换流电路中的损耗。

牵引逆变器大多采用电压型逆变器，相应的脉冲整流器也应采用电压型，因此下面仅讨论电压型脉冲整流器。

3.3.2 电压型脉冲整流器

根据变流器输出交流侧相电压的可能取值，将电压型网侧变流器分为二点式和三点式。在交流传动领域，当中间电路直流电压在 2.7 ~ 2.8 kV 时，主电路通常采用二点式结构；当直流电压大于 3.6 kV 时，宜采用三点式结构。下面仅以二点式电路为例进行分析。

二点式电压型四象限脉冲整流器结构上由整流器和与负载并联的储能器构成。图 3-3-3 所示为以 GTO 元件为例构成的电压型脉冲整流器主电路的原理图。图中 u_N 是电网的正弦波电压，U_d 是输出的恒定直流电压，u_s 是脉冲整流器的输入电压，这是 PWM 控制下的脉冲波电压，i_N 是从电网流入脉冲整流器的电流。VT_1 ~ VT_4 是可关断的晶闸管（GTO），VD_1 ~ VD_4 是整流二极管。对 4 个 GTO 元件进行合适的 PWM 控制，一方面保证 U_d 恒定，另一方面使网侧电流 i_N 与网侧电压 u_N 相位同相，脉冲频率 f_p 越高，网侧电流 i_N 波形也就越接近正弦波。

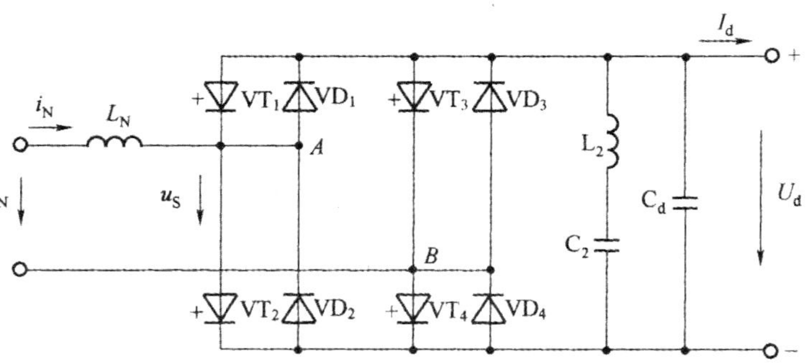

图 3-3-3 二点式电压型四象限脉冲整流器构成原理

由于加在储能器上的电压是一个纯直流电压，而输出的电流是一脉动电流，因此要想减小负载电流的脉动，储能器应是一个具有 2 倍网频的电容器和电抗器组成的串联谐振电路，从而使得二次谐波从谐振电路中流过。除了由 L_2-C_2 的串联谐振电路组成的并联储能器外，还有一个包括电容器 C_d 的附加储能器，这个电容的电容量要选得足够大，使它既能够参与储能器与变压器漏抗的功率交换，又能够支撑直流回路电压，使其保持稳定。我们把这种由变流器和并联储能器构成，并按照 PWM 方式工作，把交流能量变换为直流能量的装置，称为脉冲整流装置。电压型脉冲整流器在保证电源电流不发生畸变并与电源电压保持同相位的同时，其输出端提供恒定的平整的直流电压，而输出直流电流的大小与负载特性有关。

由于电源侧存在变压器漏抗（L_N），因而可使中间直流电压高于整流输出的最大电压，例如当 $u_s>0$ 时，触发 VT_2，则变压器二次侧绕组将通过 VT_2、VD_4 短接，由于变压器具有足够大的短路阻抗，因此短路电流上升率有限。若此时关断 VT_2，则变压器二次侧电流经 VD_1、VD_4 流入中间回路，显然 $u_N+u_{LN}=U_d$，是一种升压斩波，从而在较低的变压器二次侧电压下能够获得较高的中间回路直流电压。同理，负半周也一样。说明四象限脉冲整流器不同于一般的整流电路，它是一种交直斩波升压电路。

3.3.3 脉宽调制（PWM）原理

这里结合脉冲整流器的 PWM 控制方式介绍其基本原理。在图 3-3-3 中，若 VT_1、VT_4 和 VT_2、VT_3 交替导通，当 i_N 与 u_N 同相位时，脉冲整流器可以从电网获取能量，将交流整流为直流；当 i_N 与 u_N 反相位时，可将负载侧的直流逆变为交流，将能量反馈给电网。而脉宽调制（PWM）方式就是指如何控制 $VT_1\sim VT_4$ 的导通或关断的时间，以调节反馈量的大小，或者调节获取能量的数值。下面介绍一种正弦脉宽调制（称 SPWM）方式。

SPWM 法是指由正弦调制参照电压 u_R 与三角载波电压 u_T 两者交点处决定的 PWM 的脉冲模式，如图 3-3-4 所示。参照电压 u_R 的频率 f_R 等于网压 u_N 的频率 f_N，即 $f_R=f_N$，而三角波电压 u_T 的频率 f_T 是网频 f_N 的整数倍，可表示为 $f_T=nf_N$（式中 $n=1,2,3\cdots\cdots$）。

整流器每个桥臂电路的通断控制由三角载波和正弦调制波的交点来决定桥臂中上下两个元件的换流时刻，两个桥臂的正弦调制波相位差 180°。在图 3-3-4（a）中，有两个相位相反的正弦调制参照电压 u_R 和 $-u_R$ 分别与同一三角载波电压 u_T 比较，由它们的交点决定主管 VT_3 与 VT_4 或 VT_1 与 VT_2 的导通时刻。当 $u_R>u_T$ 时，VT_4 导通，结合主电路图 3-3-3，此时图中 B 点的电位为零；当 $u_R<u_T$ 时，VT_3 导通，B 点电位为 U_d。所以 B 点电位波形 u_B 如图 3-3-4（c）所示。

同理，当 $-u_R>u_T$ 时，VT_1 导通，A 点电位为零，而当 $-u_R<u_T$ 时，VT_2 导通，A 点电位为 U_d。由此得主电路中点 A 的电位波形 u_A，如图 3-3-4（b）所示。脉冲整流器交流侧的输入电压 u_s 为

$$u_s=u_A-u_B \tag{3-3-6}$$

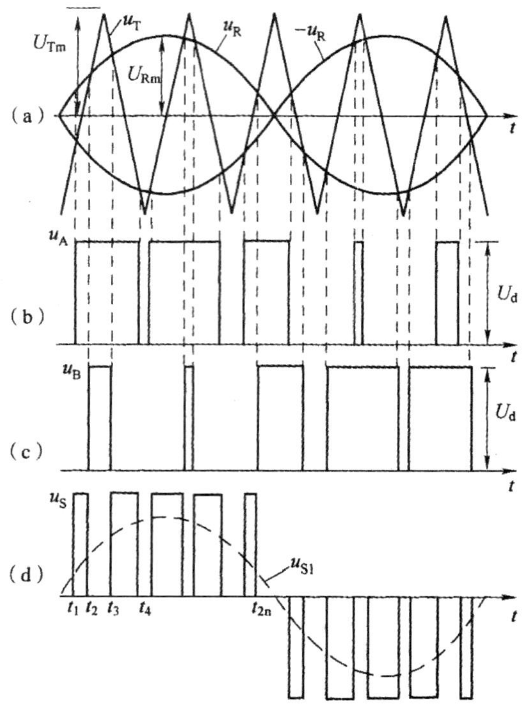

图 3-3-4　正弦脉宽调制波形

如图 3-3-4（d）所示就是按正弦脉宽调制（SPWM）得到的双极性脉冲电压 u_s。由图可见，u_s 的脉冲频率为各主管（VT_1 ~ VT_4）开关频率的 2 倍。

当三角载波幅值 U_{Tm} 恒定时，改变参照波电压幅值 U_{Rm}，就可以线性地调节脉冲电压 u_{s1} 的幅值 u_{s1m}，u_{s1} 是脉冲电压 u_s 的基波分量。同样，改变参照波 u_R 与网压 u_N 之间的相位，也可以调节脉冲电压基波分量 u_{s1} 与网压 u_N 之间的相位，从而可使网流 i_N 与网压 u_N 同相位。

由此可见，采用正弦脉宽调制时，改变参照波 U_R 电压幅值可以调节脉冲电压基波 u_{s1} 的幅值；改变参照波 u_R 与网压 u_N 之间的相位，可使网流 i_N 与网压 u_N 达到同相位；载波频率越高，网流 i_N 波形越接近正弦波。所以采用脉冲整流器后，对电网的污染可减至最小限度。

3.3.4　基本能量转换

由图 3-3-3 可知，通过构成桥式整流的整流二极管 VD_1 ~ VD_4，可以将电网交流电能变为直流，供给中间储能回路或负载；也可经 GTO 管 VT_1 ~ VT_4 将中间储能回路或负载方面的直流能量逆变为交流，反馈给电网。所以脉冲整流器的能量变换或传递是可逆的，而能量传递的总趋势或者说脉冲整流器工作在整流还是逆变工况，与 VT_1 ~ VT_4 的脉宽调制（PWM）方式有关。

在图 3-3-3 进行 PWM 脉宽调制的过程中，控制各开关支路的导通或关断，实现脉宽调制和能量变换，除 4 个整流二极管 $VD_1 \sim VD_4$ 和 4 个 GTO 管 $VT_1 \sim VT_4$ 分别构成整流和逆变工况外，还存在着 1 个二极管和 1 个 GTO 管两者同时导通，构成脉冲整流器对电网短路的工况，此时脉冲整流器输入电压 u_s 应等于零。所以图 3-3-3 中主电路的 $VT_1 \sim VT_4$ 和 $VD_1 \sim VD_4$ 共有 8 种导通组合，构成整流、逆变和电网被短路的三种工况。从能量的传递来看，形成 6 种能量传递情况。为了清楚起见，列出表 3-3-1，它给出脉冲整流器的能量传递关系及主元件的导通组合。从表 3-3-1 中所列的工作模式上看，当网压 u_N 和网流 i_N 方向一致时为整流状态，网压 u_N 和网流 i_N 方向相反时为逆变状态。虽然整流状态有 4 个，但实际机车上只要Ⅰ、Ⅲ象限的整流状态和Ⅱ、Ⅳ象限的逆变状态。在整流状态，能量传递的总趋势是由电网向直流中间环节（或负载）传递；在逆变状态，能量传递的总趋势是由直流中间环节（或负载）向电网传递。这是由脉宽调制（PWM）方式所决定的，其中主要由参照电压 u_R 和网压 u_N 之间的相位所决定。

表 3-3-1　电压型四象限脉冲整流器的工作模式

u_N	i_N	u_s	u_{LN}	导通条件	i_N 的变化	工作模式	能量传递	机车状态
>0	>0	0	u_N	VD_1、VT_3/VT_2、VD_4	↑	电源短接	$u_N \to u_{LN}$	牵引
		$+U_d$	$u_N - U_d$	VD_1、VD_4	↓	整流	$u_N + u_{LN} \to U_d$	
		$-U_d$	$u_N + U_d$	VT_3、VT_2	↑	反馈	$u_N + U_d \to u_{LN}$	
	<0	0	u_N	VT_1、VD_3/VD_2、VT_4	↓	电源短接	$u_{LN} \to u_N$	制动
		$+U_d$	$u_N - U_d$	VT_1、VT_4	↑	反馈	$U_d \to u_N + u_{LN}$	
		$-U_d$	$u_N + U_d$	VD_2、VD_3	↓	整流	$u_{LN} \to u_N + U_d$	
<0	>0	0	u_N	VD_1、VT_3/VT_2、VD_4	↓	电源短接	$u_{LN} \to u_N$	制动
		$+U_d$	$u_N + U_d$	VD_1、VD_4	↓	整流	$u_{LN} \to u_N + U_d$	
			$u_N - U_d$	VT_3、VT_2	↑	反馈	$U_d \to u_N + u_{LN}$	
	<0	0	u_N	VT_1、VD_3/VD_2、VT_4	↑	电源短接	$u_N \to u_{LN}$	牵引
		$+U_d$	$u_N + U_d$	VT_1、VT_4	↑	反馈	$u_N + U_d \to u_{LN}$	
		$-U_d$	$u_N - U_d$	VD_2、VD_3	↓	整流	$u_N + u_{LN} \to U_d$	

通过原理分析可以看出，能量变换中参与整流的可以看成是不控桥整流，因此功率因数较高；参与逆变的（即再生制动）是全控桥逆变，因此可以实现能量的回馈。电路能在两个方向导通电流，而与所施加的电压极性无关，因而能够方便地实现牵引与再生制动的转换。

采用（PWM）脉宽调制，通过控制调制率来控制各支路元件的导通和关断等措施，可使直流电压在整流器的输入端产生工频交流正弦电压，且使二次侧电流与变压器二次侧电压同相位，波形畸变变小，这样就可使功率因数接近于 1。

任务 3.4　电压型牵引逆变器认知

【任务目标】

知识目标	1. 熟悉电压型牵引逆变器的基本构成。
	2. 熟悉电压型牵引逆变器 PWM 控制的基本原理。
素质目标	1. 培养学生学习新知识、新技术的意识。
	2. 培养学生具有一定的分析问题和解决问题的能力。
	3. 能客观、公正地进行学习效果的自我评价。
能力目标	1. 能够分析电压型逆变器 180°导通型工作原理。
	2. 能够分析电压型逆变器 PWM 控制的基本原理。

【相关知识】

在交-直-交变压变频装置中逆变器是极为重要的部分，由它输出三相变压变频的交流电去控制异步牵引电动机转速及转矩，在机车上被称为牵引逆变器。由于电压型逆变器供电的笼型异步电动机机车的转矩脉动以及对电网的反作用小，适合于较大功率的机车，下面重点介绍电压型逆变器的基本原理及相关技术。

3.4.1　电压型三相桥式逆变器

在交直交变压变频装置中，整流装置一般是不可控的，用半导体二极管组成三相桥式整流电路；逆变器是将直流电逆变成交流电，同时还对输出的交流电进行变频、变压调节，以满足异步电动机进行变频调速的要求。由此可见，逆变器在交直交电力传动系统中起着重要作用。逆变器一般接成三相桥式电路，以便输出三相交流变频电源。图 3-4-1 为采用可关断晶闸管（GTO）$VT_1 \sim VT_6$ 与分别并联的续流二极管 $VD_1 \sim VD_6$ 所构成的三相逆变电路原理图。图中负载为三相星型对称负载：$Z_U = Z_V = Z_W$，U_d 为逆变器输入侧直流电压。在每个周期中，控制各个可关断晶闸管轮流导通和关断，可使输出端得到三相交流电压，改变可关断晶闸管导通和关断的时间，即可得到不同的输出频率。在某一瞬间，控制一个可关断晶闸管导通，同时迫使另一个可关断晶闸管关断，在两管之间实现换相。按照换相顺序的不同，三相桥式逆变器分为 180°导通型和 120°导通型两种工作方式。其中常用的为 180°导通型。下面就 180°导通型进行分析。

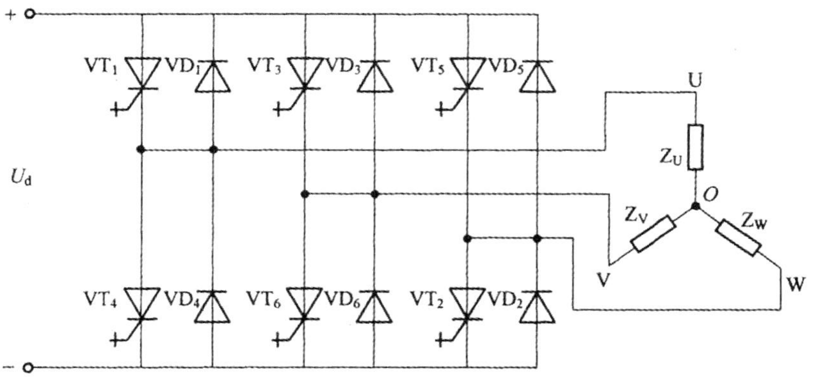

图 3-4-1　电压型逆变器基本工作原理

在 180°导通型中，同一相上下两个可关断晶闸管交替导通，每个可关断晶闸管在一个周期中导通 180°电角，在任何时刻都有三个可关断晶闸管导通。在一个周期内，6 个可关断晶闸管导通的组合顺序为 VT_5-VT_6-VT_1、VT_6-VT_1-VT_2、VT_1-VT_2-VT_3、VT_2-VT_3-VT_4、VT_3-VT_4-VT_5、VT_4-VT_5-VT_6，每种组合工作 60°电角。

经计算 180°导电型三相逆变器各个工作状态下的相电压和线电压如表 3-4-1 所示，逆变器输出电压波形如图 3-4-2 所示。

表 3-4-1　180°导通型三相逆变器的相电压和线电压

工作状态		0 ~ 60°	60° ~ 120°	120° ~ 180°	180° ~ 240°	240° ~ 300°	300° ~ 360°
导通管号		VT_5-VT_6-VT_1	VT_6-VT_1-VT_2	VT_1-VT_2-VT_3	VT_2-VT_3-VT_4	VT_3-VT_4-VT_5	VT_4-VT_5-VT_6
等效电路		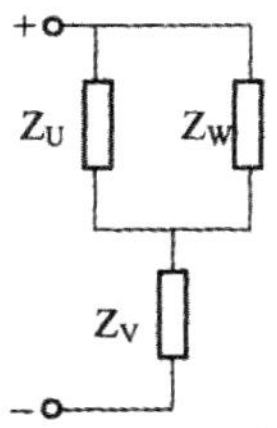	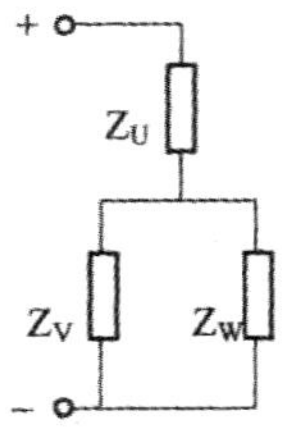	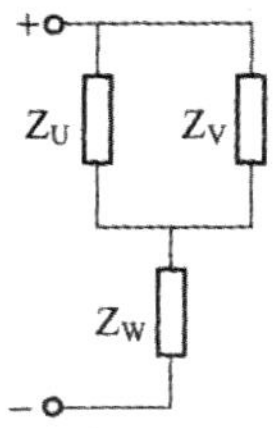	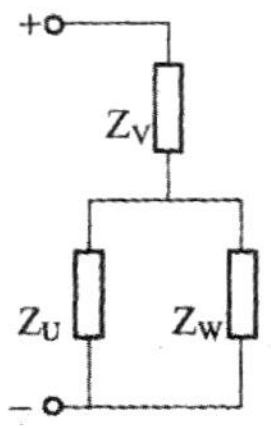	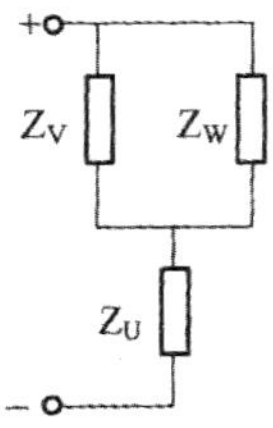	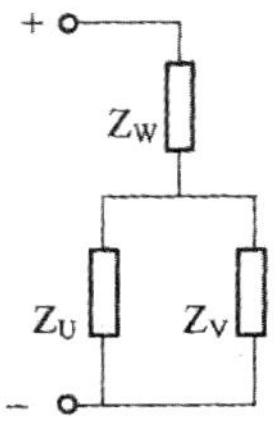
相电压	u_{UO}	$U_d/3$	$2U_d/3$	$U_d/3$	$-U_d/3$	$-2U_d/3$	$-U_d/3$
	u_{VO}	$-2U_d/3$	$-U_d/3$	$U_d/3$	$2U_d/3$	$U_d/3$	$-U_d/3$
	u_{WO}	$U_d/3$	$-U_d/3$	$-2U_d/3$	$-U_d/3$	$U_d/3$	$2U_d/3$
线电压	u_{UV}	U_d	U_d	0	$-U_d$	$-U_d$	0
	u_{VW}	$-U_d$	0	U_d	U_d	0	$-U_d$
	u_{WU}	0	$-U_d$	$-U_d$	0	U_d	U_d

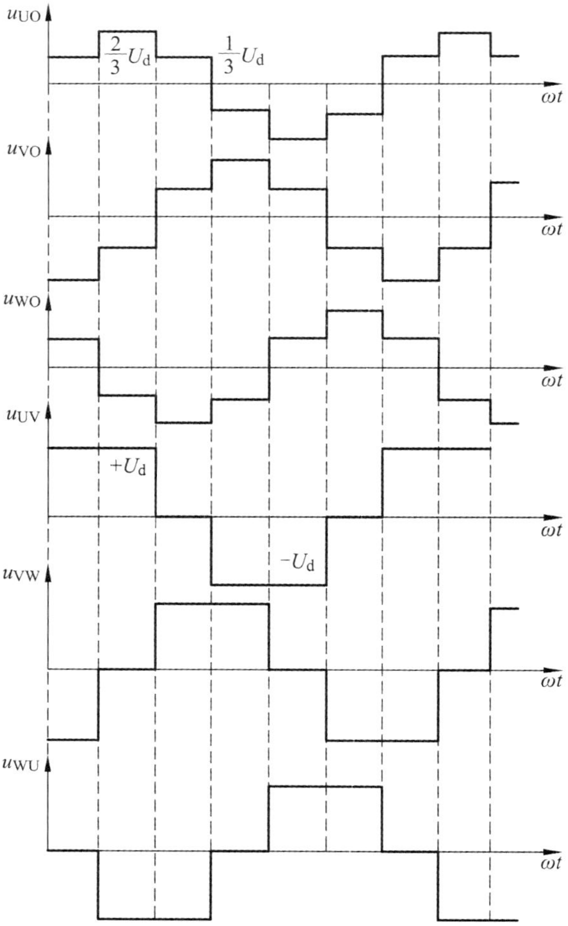

图 3-4-2　180°导通型三相逆变器的相电压和线电压波形图

由图 3-4-2 可见，在每个周期内，相电压波形由 6 个阶梯状波形组成（常称六阶波），线电压为矩形波。这种波形是可关断晶闸管元件按 180°宽的矩形波的条件下得到的。因此，常称这种逆变器是按矩形波法控制，以和后面将要讨论的脉宽调制（PWM）法控制相区别。

当电压源逆变器按矩形波法控制时，所得到的相电压为六阶波，线电压为矩形波，都不是正弦波，不能完全满足异步电动机对正弦波电源的要求，这是要注意的一个问题。但是，影响异步电动机性能的关键是相电压波形，而相电压波形是六阶波，已接近于正弦波。所以在一定条件下，按矩形波法控制的电压源逆变器可以适于对异步电动机供电。

逆变器的负载是异步电动机，属电感性负载，而直接影响电机运行的是电流波形。当逆变器以六阶波电压对电机供电时，其电流波形在负载电感的作用下将趋于平滑，电流波形的平滑程度将与六阶波电压的频率有关。当频率较高时，异步电动机定子绕组电感对电流的滞后作用相对突出（与相电压中每个阶梯电压所占的时间相比），因此将获得接近正弦波形的电流波形，如图 3-4-3（a）所示。这样便可大大消除阶梯状电压波形带来的不利影响，可使异步电动机正常运行。而当电压频率较低时，六阶波电压波形延续时间相对变长，绕组电感只能在电压阶跃变化的一个较短暂时间内对电流起滞后作用，电流波形将与电压波形接近，如图 3-4-3（b）所示。频率越低，电流波形也越接近六阶波，其中的高次谐波电流成分也越多，必将增大异步电动机的附加脉动转矩，恶化异步电动机的运转性能，同时还将引起电机附加损耗增加，使绕组发热，高次谐波电流引起的电磁波还会对通讯发生干扰。所以在低频时（这是机车起动加速阶段，尤其在机车开始起动时，电源频率要低到零点几赫兹至 1 Hz），若按六阶波形对异步电动机供电已不能满足牵引性能要求，只能另行解决供电方式。

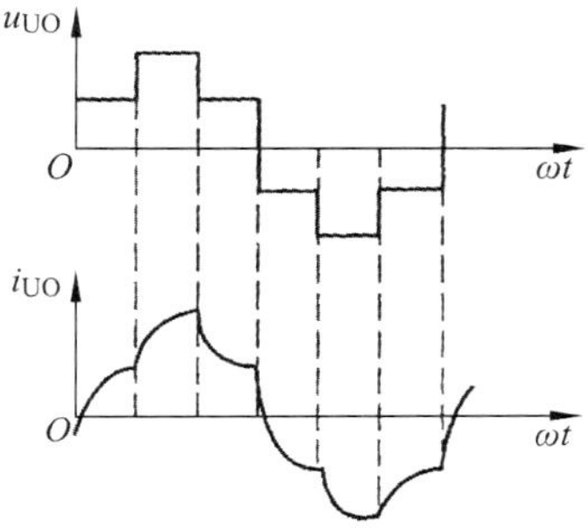

（a）高频时的电流波形

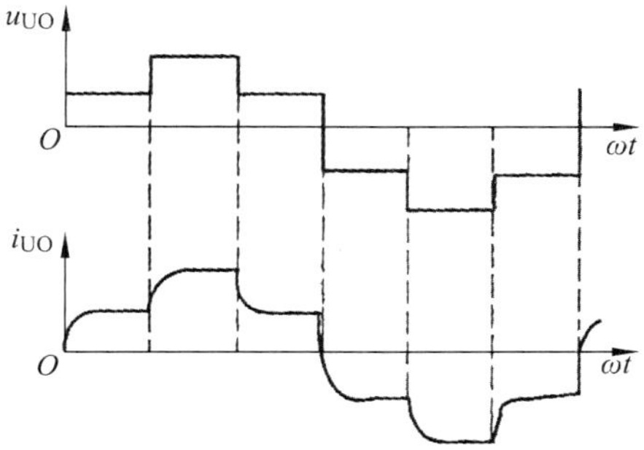

（b）低频时的电流波形

图 3-4-3　六阶波电压下的电流波形

3.4.2　脉宽调制（PWM）控制

1. PWM 控制的基本原理

如前所述，在以往的交-直-交变压变频调速系统中为了获得变频调速所要求的电压频率协调控制，交一直流整流器必须是可控的，且在调速时须同时控制整流器和逆变器，如此就带来了一系列的问题。主要是：

（1）主电路有两个须控制的功率环节，相对来说比较复杂。

（2）由于中间直流环节有滤波电容或电抗器等大惯性储能元件存在，使系统的动态响应缓慢。

（3）由于整流器为可控的，使供电电源的功率因数随变频装置输出的频率的降低、电压的降低而变差。

（4）逆变器输出为六阶波交流电压，致使交流电动机中的电流形成较多交流谐波成分，从而产生较大的脉动转矩，影响电机的稳定工作，低速时尤为严重。

因此，由传统的变流技术所组成的逆变器已不能适应近代交流调速系统对变频电源的需要。随着现代电力电子器件（如 GTO、GTR、P-MOSFET、IGBT 等）的出现以及微电子技术的发展，变频器输出电压调节靠调节电压幅度（PAM）的控制方式已让位于输出电压调宽不调幅（PWM）的控制方式。

1964 年，德国的 A · Schonung 等人率先提出了脉宽调制变频的思想，他们把通信系统中的调制技术推广应用于交流变频器，用这种技术构成的 PWM 逆变器可获得比六阶波更接近正弦波的输出电流波形，变压变频在同一环节实现，与中间储能元件无关，变频器的动态响应加快，能有效抑制或消除低次谐波，因而转矩脉动小，大大扩展了传动系统的调速范围（特别是低速区），提高了系统的性能。

为能将中间直流环节储存的直流电逆变成频率可调的交流电，同时能有效地抑制或消除低次谐波，实现接近正弦波形输出的交流电压波形，目前广泛使用正弦脉宽调制法（SPWM）。所谓的正弦脉宽调制（SPWM）波形，就是与正弦波等效的一系列等幅不等宽的矩形脉冲波形，如图 3-4-4 所示。等效的原则是两波形每一对应区间的面积相等：即可以把一个正弦半波分作 n 等分[在图 3-4-4（a）中 $n = 12$]，然后把每一等分的正弦曲线与横轴所包围的面积都用与此面积相等的矩形脉冲来代替，矩形脉冲的幅值不变，各脉冲的中点与正弦波每一等分的中点相重合[图 3-4-4（b）这样，由 n 个等幅不等宽的矩形脉冲所组成的波形就与正弦波的半周等效，称作 SPWM 波形。同样，正弦波的负半周也可用相同的方法与一系列负矩形脉冲波等效。这种正弦波正、负半周分别用正、负矩形脉冲等效的 SPWM 波形称作单极式 SPWM。

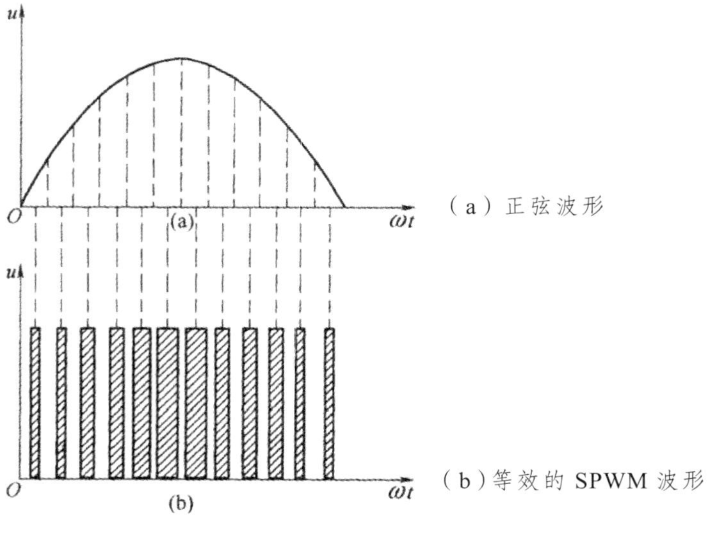

图 3-4-4　与正弦波等效的等幅不等宽矩形脉冲序列波

2. 单极式 SPWM 控制

图 3-4-5 绘出 SPWM 变压变频器主电路的原理图，图中 $VT_1 \sim VT_6$ 是逆变器的六个功率开关器件，各有一个续流二极管反并连接，整个逆变器由三相不可控整流器供

电，所提供的直流恒定电压为U_d。若异步电动机定子绕组为 Y 联结，其中点 O 与整流器输出端滤波电容器的中点 O'相连，因而当逆变器任一相导通时，电机绕组上所获得的相电压为$\frac{U_d}{2}$。

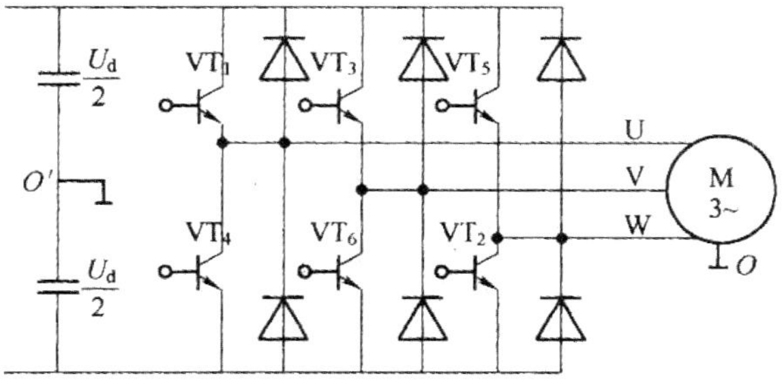

图 3-4-5　SPWM 变压变频器主电路原理图

如图 3-4-6 所示为单极式 SPWM 波形，它是由逆变器上桥臂中一个功率开关器件反复导通和关断形成的。其等效正弦波为$U_m \sin \omega_1 t$，而 SPWM 脉冲序列波的幅值为$\frac{U_d}{2}$，各脉冲宽度不等，但中心间距相同，都等于$\frac{\pi}{n}$，n 为正弦波半个周期内的脉冲数。与半个周期正弦波等效的 SPWM 波是两侧窄、中间宽，脉冲宽度正弦规律逐渐变化的序列脉冲波形。

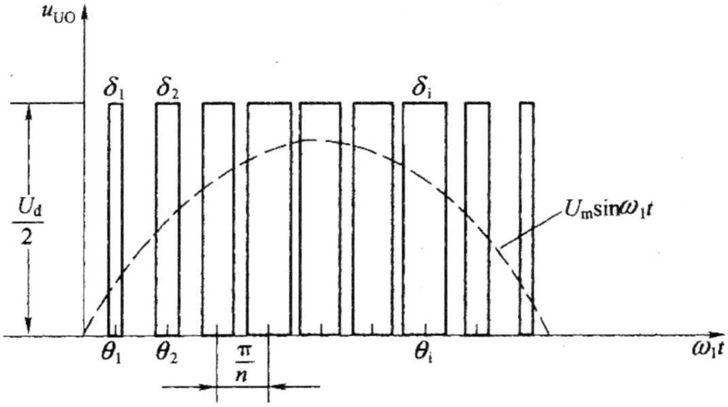

图 3-4-6　单极式 SPWM 电压波形

SPWM 脉冲波形的宽度可以严格地用计算方法求得，作为控制逆变器中各开关器件通断的依据，但计算法很繁琐，当正弦波的频率、幅值等变化时，结果都要变化。在实际应用中，通常的办法是引用通信技术中的“调制”这一概念，将所期望的正弦波形作为基准的调制波（Modulatlon Wave），而受它调制的信号称为载波（CarrierWave）。在 SPWM 中常用等腰三角波作为载波。当调制波与载波相交时[图 3-4-7（a）所示]，由它们的交点时刻控制逆变器开关器件的通断，即可在逆变器的输出端得到一组等幅而脉冲宽度正比于正弦函数值的矩形脉冲，这就是正弦脉宽调制技术（简称 SPWM）。

具体的控制方法是，当 U 相的参考电压 u_{ru} 高于载波电压 u_t 时，相应比较器的输出电压 u_{du} 为“正”电平；该电平控制逆变器开关器件 VT_1 导通，输出正的脉冲电压[图 3-4-7（b）所示]；当 u_{ru} 低于 u_t 时，比较器输出电压 u_{du} 为“零”电平，则使 VT_1 关断，输出电压为零。在 u_{ru} 的负半周，可用类似的方法控制下桥臂的 VT_4，输出负的脉冲电压序列。改变参考电压的频率时，逆变器输出电压基波的频率也随之改变；降低参考电压的幅值时，如 u'_{ru}，各段脉冲的宽度都将变窄，从而使输出电压基波的幅值也相应减小；反之则增加。

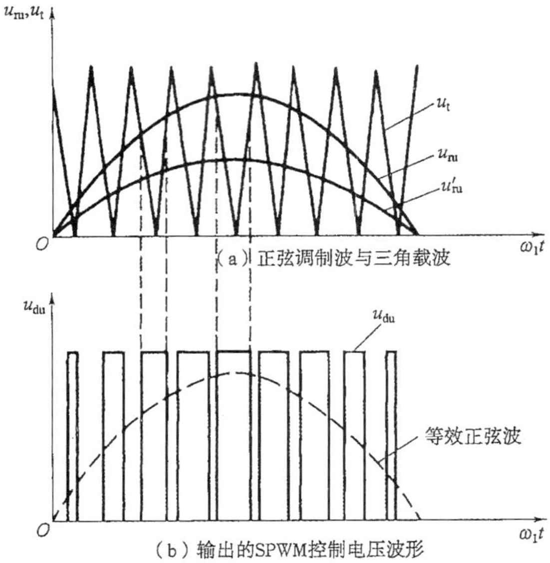

图 3-4-7　单极式脉宽调制波的形成

前已述及，直接影响异步电动机运行的是电流波形。由于异步电动机属电感性负载，当逆变器输出 SPWM 电压向电机供电时，其电流波形如图 3-4-8 所示。比较六阶波电压供电，SPWM 电流波形更接近正弦波形，特别是在正弦波低频范围，只要每个周期内的脉冲数足够多，就可满足对正弦基波电流的要求，大大减少谐波电流带来的不利影响。

决定每个正弦周期内脉冲数的是三角载波频率。当正弦调制波频率一定时，三角载波频率低脉冲数就少，三角载波频率高则脉冲数就多，如图 3-4-9 所示。由图可见，载波频率较低的电流波形有较大的“毛刺”，谐波电流较多；载波频率较高的电流波形“毛刺”较小，电流波形较平滑，谐波电流较少。说明提高三角载波频率，可使电机电流更接近正弦波，从而减小电流的高次谐波分量。

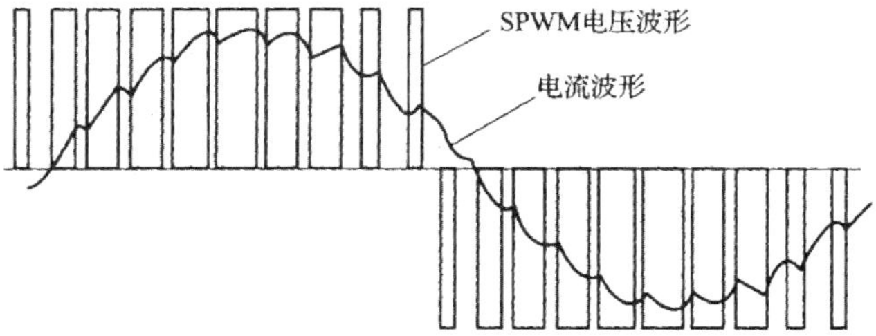

图 3-4-8　SPWM 电压波形及电流波形

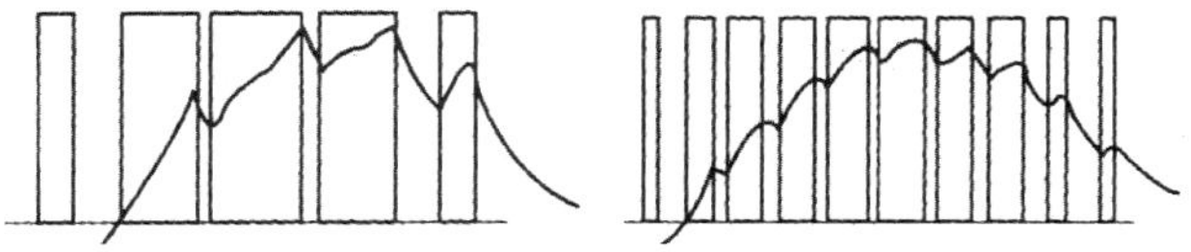

（a）载波频率较低　　（b）载波频率较高

图 3-4-9　不同载波频率下的 SPWM 电流波形

3. 双极式 SPWM 控制

上述的单极式 SPWM 波形在半周内的脉冲电压只在“正”（或“负”）和“零”之间变化，主电路每相只有一个开关器件反复通断。如果让同一桥臂上、下两个开关器件交替地通断，处于互补工作方式，则输出脉冲就在“正”和“负”之间变化，从而得到双极式的 SPWM 波形。如图 3-4-10 所示为三相双极式的正弦脉宽调制波形，其调制方法和单极式相似，只是输出脉冲电压的极性不同。当 U 相调制波参考电压 $u_{ru} > u_t$ 时，VT_1 导通，V T_4 关断，使负载上得到的相电压 $u_{UO} = +\frac{U_d}{2}$；当 $u_{ru} < u_t$ 时，VT_1 关断而 VT_4 导通，则 $u_{UO} = -\frac{U_d}{2}$。所以 U 相电压 $u_{UO} = f(t)$，是以 $+\frac{U_d}{2}$ 和 $-\frac{U_d}{2}$ 为幅值作正、负跳变的脉冲波形。同理，u_{VO} 波形是由 VT_3 和 VT_6 交替导通得到；u_{WO} 波形是由 VT_5 和 VT_2 交替导通得到。由 u_{UV} 和 u_{VO} 相减，可得到逆变器输出的线电压波形 $u_{UV} = f(t)$，如图 3-4-10（e）所示，其脉冲幅值为 $+U_d$ 和 $-U_d$。

双极性 SPWM 和单极性 SPWM 方法一样，对输出交流电压的大小调节要靠改变控制波的幅值来实现，而对输出交流电压的频率调节则要靠改变控制波的频率来实现。

比较单极式和双极式 SPWM 电压波形可知，单极式输出的脉冲电压在“正”（或“负”）和“零”之间变化，称为“三电平”；双极式输出的脉冲电压在“正”和“负”之间变化，称为“二电平”。实现三电平输出的称为“三点式逆变器”，无论是 SPWM 波输出还是矩形波输出，可以获得更接近正弦波的电流波形，但三电平逆变器的电路结构较为复杂，使用的开关器件较多，控制也较为复杂。实现二电平输出的称为“二点式逆变器”，其电路结构相对简单，使用的开关器件较袋，控制也相对容易。上述的逆变器原理图均是表示的二点式结构，图 3-4-5 也仅表示出具有“0”电平的示意图，有关三点式逆变器的结构及原理参看有关资料。

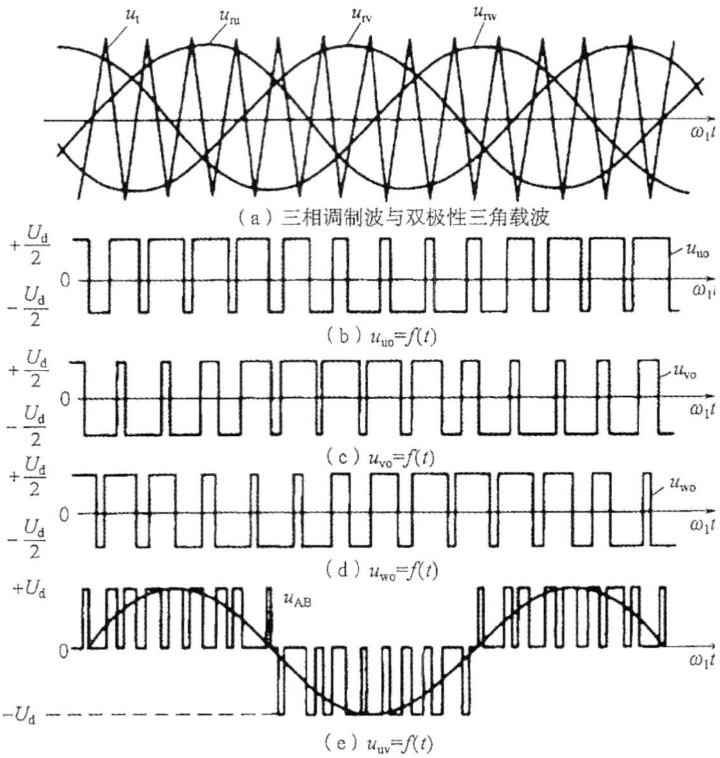

图 3-4-10　三相双极式 SPWM 波形

4. SPWM 控制电路

实现 SPWM 的控制电路框图如图 3-4-11 所示。一组三相对称的正弦参考电压信号调制波 u_{RU}、u_{RV}、u_{RW} 由信号发生器提供，其频率决定逆变器输出的基波频率，应在所要求的输出范围内可调，且参考电压信号的幅值在一定范围内变化，以决定逆变器输出电压的大小。三角波载信号由三角波发生器产生，为三相正弦参考电压信号共用，分别与每相参考电压比较后，给出“正”或“零”的输出，产生 SPWM 脉冲序列波 u_{du}、u_{dv}、u_{dw}，作为逆变器功率开关器件的驱动控制信号。

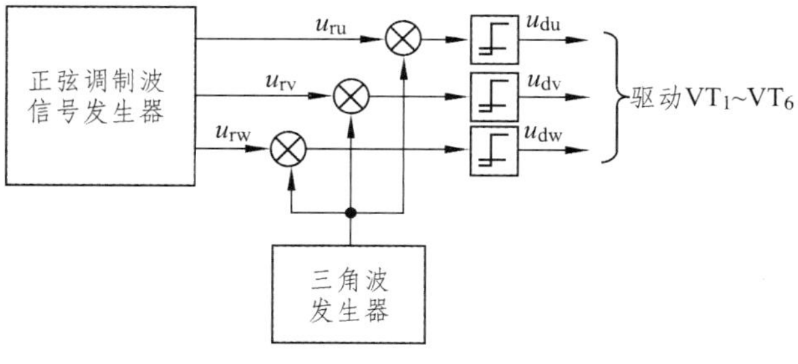

图 3-4-11　SPWM 控制电路框图

生成 PWM 控制脉冲的方法有很多，除了可以完全由模拟电路生成，还可以由专用集成芯片生成，也可以利用单片机完全通过软件编程实现。

任务 3.5　交-直-交型电力机车牵引特性控制分析

【任务目标】

知识目标	1. 了解电力机车起动和运行时牵引特性的要求。
	2. 熟悉交流异步电动机的变频调速控制过程。
	3. 了解三种交-直-交变频调速控制策略。
素质目标	1. 培养学生学习新知识、新技术的意识。
	2. 培养学生具有一定的分析问题和解决问题的能力。
	3. 能客观、公正地进行学习效果的自我评价。
能力目标	1. 能够分析交流异步电动机的变频调速控制过程。
	2. 能够区分三种交-直-交变频调速控制策略特点。

【相关知识】

交-直-交型电力机车的调速实质上是交流异步电动机的调速控制，由于交流异步电动机具有较硬的机械特性，对于电力机车而言，改变电动机供电电源频率，仅能实现机车的调速，却不能满足机车牵引特性的要求，即平稳起动、足够大的起动牵引力、调速范围尽可能宽、有较大的高速利用功率、能进行动力制动并能较好地抑制空转和滑行。因此，异步电动机作为交流传动电力机车的牵引电动机，在调速的同时还要满足机车牵引性能要求，因为机车的调频与调压是相联系的，所以输出电压应随着输出频率的改变而改变。

3.5.1　机车牵引运行的调节区域

在机车起动加速阶段，一般要求牵引力尽可能接近黏着牵引力，以获得大而稳定的起动牵引力，这时异步动机应按恒转矩要求进行变频调节；起动后，随着速度的提高，牵引电动机输出功率也不断增大，起动过程结束，则希望牵引电动机按在各种运行速度下保持恒功率输出的要求进行变频调节。为了满足电力机车起动和运行时牵引特性的要求，需要在调节频率的同时相应调节牵引电动机的电压。下面简要分析异步牵引电动机工作在不同运行区的变频调节规律。

3.5.2 交流异步电动机的牵引特性

为适应牵引运行的要求，需要采用适当的控制方式对交流异步电动机的运行加以控制，通常将整个调频调速范围分为 3 个运行调节区：起动加速区、恒功率区、自然特性区，交-直-交型电力机车牵引运行特性如图 3-5-1 所示。

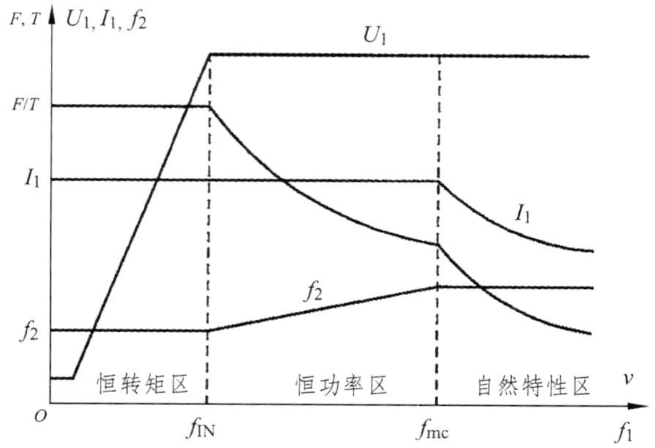

f_2—转差频率，($f_2 = f_1 - f$)；U_1—电机的输入电压；I_1—定子电流；T—电机转矩。

图 3-5-1　交-直-交型电力机车牵引运行特性

1. 起动加速区

为了使机车能尽快起动和加速，应保证一定数值的牵引力。考虑到起动期间轮轨之间黏着特性的限制，通常要求牵引电动机能发出 1.2 ~ 1.5 倍的额定转矩。起动时，控制系统应使转差频率 f_2 保持不变。由于异步电动机最大转矩正比于 $(U_1 / f_1)^2$，U_1 与 f_1 之比通常称为“伏赫比”，所以，在机车起动过程中，要使机车获得恒定的起动转矩，电动机必须保持伏赫比不变，即电动机的端电压随频率的提高而成正比例增加。这时，电动机的气隙磁通也近似不变。这就是机车起动加速区异步电动机恒磁通恒转矩变频调节规律。

恒磁通运行时，在 U_1 / f_1 不变时，无任 f_1 如何变化，定子电流 I_1 维持不变，这时变频器在恒电流下运行，可以充分利用变频装置的容量，使变频装置的设计更为经济。

2. 恒功率区

在恒转矩运行中，随着电动机转速的上升和电压 U_1 的提高，电机输出功率增大。由于电压 U_1 的提高事实上受到牵引电动机电压或逆变器输出电压的限制，当电压达到一定值后将维持不变。在恒电压下供电频率的增加使牵引电动机产生磁场削弱的效果，此时牵引力随机车速度（供电频率）的增加反而下降，类似于直流串励电动机的转矩特性。

恒功率运行时，牵引电动机的输出功率不变，即

$$Tf_1 = K\left(\frac{U_1^2}{f_1}\right)f_2 = 常数 \tag{3-5-1}$$

式中 T—— 电机电磁转矩。

对于结构一定的电机，有

$$K = \frac{mp}{2\pi R_2'} = 常数 \tag{3-5-2}$$

不难看出，式（3-5-1）的左端是以一定比例关系代表着电动机的电磁功率。

当电压 U_1 不变时，有

$$K\frac{f_2}{f_1} = 常数 \tag{3-5-3}$$

显然，在电压不变的情况下，电动机输出功率恒定的条件是：

$$\frac{f_2}{f_1} = 常数 \tag{3-5-4}$$

由式（3-5-4）可见，在恒功率恒电压条件下，频率调节的规律是：随着电源频率 f_1 的增加，相应的转差频率 f_2 也正比增加。

由于这种调节方式下逆变器输出电压恒定，所以转速增加时，电动机实际上随 f_1 的增加，维持在磁场削弱工况下运行，使定子电流不致下降（恒定），以保持电动机输出的功率不变。在恒功率特性区，电机转矩 T 与逆变器频率 f_1 成反比降低。

3. 自然特性区

由于转差频率的使用范围有一个限制，当逆变器输出频率超出最高控制频率 f_{mc} 以后，若牵引电机定子端电压 U_1 和转差频率 f_2 均维持不变，机车将运行在自然特性区，可进一步提高机车运行速度。在自然特性区，电机转矩 T 与逆变器频率 f_1 的平方成反比降低。

为了满足上述 3 个区段的运行要求，应对牵引电动机作出相应的性能调节。机车运行过程中，要求不断的，迅速地加速或减速，由于牵引电机机械惯性极大，当为了加、减速度而改变定子频率时，可能会因定子频率和电机的实际旋转频率相差过多而超出临界转差频率的范围，从而导致运行的不稳定。因此，车上需要一个有着快速响应的闭环系统对转差频率 f_2 进行精确控制。闭环系统直接控制的参数可以是电压 U_1 和转差频率 f_2，也可以是定子电流 I_1 和转差频率 f_2，通常称为转差控制。

3.5.3 交-直-交变频调速控制策略

众所周知，直流电机的控制可以对励磁电流和电枢电流分别进行独立控制，比较容易实现。因为当气隙磁通恒定时，电动机的转矩与电枢电流成正比。但是，对于交流异步电动机来说，事情就没有那么简单了。交流异步电动机是一个复杂、非线性、多变量控制对象，它属于感应式电机，其转子上的电流是通过与旋转磁场作用感应而来，特别在鼠笼结构中无法直接检测转子电流，而在定子电流中既包含激磁电流又包含负载电流（决定于转子电流），属于一种强耦合的被控对象。因此，交流传动不像直流电动机传动系统那样，有一种标准的控制结构，而是先后开发出各种各样的方法。根据异步电动机转矩生成的物理机理和数学表达式，除了直接采用转矩作为反馈信号进行直接转矩控制外，还可以结合与转矩相关的气隙磁通、转差频率或定子电流的控制环，实现间接转矩控制。应当注意的是，无论控制结构如何复杂，或采用什么样的反馈环和反馈量，逆变器只有两个控制变量，即电压和频率，故一般通称为 VVVF（变压变频）逆变器。

目前，在交流传动机车和动车组上，比较普遍采用的电动机控制策略有 3 种：转差频率控制、矢量变换控制和直接转矩控制。转差频率控制方法应用时间较长，基本能满足控制系统的要求，静态性能较好，但动态性能不太理想。随着变频调速理论的发展和计算机控制技术的成熟，矢量变换控制和直接转矩控制技术应运而生，大大提高了变频调速的控制性能。

1）转差频率控制

转差频率控制是一种标量控制，是基于交流异步电机的转矩公式进行控制。应用转差频率调速的控制规律为：按满足转矩公式控制的定子电流，以保持气隙磁通恒定；在转差角频率小于最大转差角频率范围内，转矩基本上与转差角频率成正比。转差频率的控制比较容易实现，但是交流电机内在的耦合效应会导致系统响应缓慢，并且容易使系统失稳。

2）矢量变化控制

矢量变化控制又称为磁场定向控制（或解耦控制），其基本思想是把异步电动机经坐标变换等效成他励直流电动机，然后仿照直流电机的控制方法，求得直流电机的控制。再经过响应的反变换来控制交流电机。矢量控制可以应用于异步电动机或同步电动机系统。有趋势表明，矢量控制将淘汰标量控制而成为交流电机传动系统的工业标准控制技术。

3）直接转矩控制

直接转矩控制的思路是把电机和逆变器作为一个整体来考虑，采用空间电压矢量分析，直接在定子坐标系中进行磁通、转矩计算，通过 PWM 逆变器的开关状态直接控制转矩，而无需对定子电流进行解耦，使控制系统结构简单，控制性能优良。

由于交流传动电力机车是一个非常复杂的系统，故其控制也比较复杂，控制手段目前牵引传动习题主要还是采用微处理器、数字信号处理器的计算机控制系统，采用C语言编程，串行处理方式。

3.5.4 HXD_3型电力机车牵引特性

HXD_3 型电力机车的牵引特性采用了恒牵引力、准恒速特性控制方式，司机控制器调速手柄在牵引模式下级位设定为 13 级，级间能够进行平滑调节。

25 t 轴重时，牵引力限制及牵引特性控制函数关系见式（3-5-5）。

$$F=\begin{cases}570\\600.9-3.09v\\\dfrac{26\,000}{v}\\640N-64v\\80N\end{cases}\text{(kN)，取最小值作为输出}\tag{3-5-5}$$

式中 F——机车轮缘牵引力；

v——机车速度（km/h）；

N——司机控制器手柄级位。

式（3-5-5）中前三项为机车的牵引力限制曲线，当机车速度小于等于 10 km/h 时，机车最大牵引力限制为 570 kN；当机车速度大于 10 km/h 小于等于 65 km/h 时，机车最大牵引力限制按线段 $F=600.9-3.09v$ 线性限制，机车进入加速区；当机车速度大于 65 km/h 时，机车最大牵引力限制按曲线 $F=26\,000/v$ 进行限制，直到机车速度达到 120 km/h 限制为止，此区段为机车功率限制区。

式（3-5-5）中后两项为机车特性控制曲线，包括恒牵引力起动阶段和准恒速运行阶段。

1. 恒牵引力起动阶段

机车司机控制器每个级位的牵引力变化设定为 80 kN。机车按 $F=80$ N 关系起动，输出牵引力与级位成正比例关系，当级位增加到 7 级以上时，输出牵引力受最大牵引力限制只输出 570 kN。

2. 准恒速运行阶段

机车运行按 $F=640$ N $-$ $64v$ 关系运行，牵引力随着速度的增加线性下降，但牵引力不能为负值。当机车速度为 10 倍级位时，机车牵引力将降为零，机车每级速度变化范围在 10 km/h 以内。25 t 轴重时牵引力限制及牵引特性控制曲线如图 3-5-2 所示。

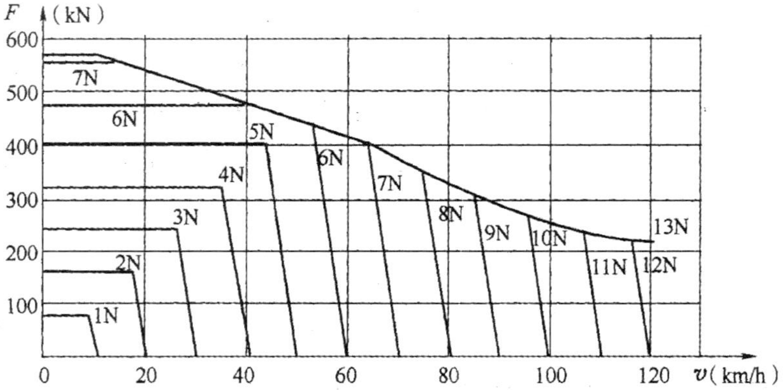

图 3-5-2　HXD_3 型电力机车牵引控制特性曲线（25 t 轴重）

复习思考题

1. 简述交-直-交型异步电力机车的工作原理，说明各环节的作用。
2. 简述交-直-交型电力机车工作特点。
3. 交流传动的电力机车调速方式有哪些？各有何特点？
4. 交流传动电力机车牵引变流器由哪几部分组成？各部分作用是什么？
5. 为什么说采用脉宽调制技术（PWM）能使变流器的功率因数接近于 1？
6. 为什么说二点式电压型四象限脉冲整流器是升压变压器？
7. 分析 180°导通型逆变器的基本原理及其输出波形。
8. 逆变器为什么要采用脉宽调制（PWM）技术？试分析 PWM 逆变器的工作原理。
9. 什么是单极式 SPWM？什么是双极式 SPWM？各有何特点？
10. 绘图说明交-直-交型电力机车调速控制方式。

项目 4
电力机车电气制动分析

项目描述

列车在起动加速过程中，机车要对列车实施牵引；列车在进站减速直至停车的过程中，机车要对列车实施制动；列车在运行途中，根据线路条件、负载的变化、运行速度的要求，机车的牵引工况和制动工况随时要进行切换。因此，制动也是调速的一种形式，它是机车牵引列车运行过程中的一个极为重要的工况，从某种意义上来讲，它还关系到列车运行的安全性。随着铁路运输业的发展，行车速度越来越高，对机车的制动性能也相应地提出了更高的要求。显然，为了保证列车安全可靠地运行，任何机车在提高其运行速度时，除了在结构上采取措施使之能适应高速度要求外，另一个重要的前提条件则是必须有可靠而有效的制动系统，以确保列车高速运行时能迅速安全可靠地进行制动。

长期以来，列车制动主要采用机械制动（即机车、车辆的空气制动系统，也称空气制动），它属于一种机械摩擦式制动。随着列车速度的提高，空气制动系统的能力受到了限制，因此在电传动内燃机车和电力机车上除了设置空气制动装置外，通常都配有电气制动系统。

本项目将分析各种电气制动的基本原理、电气制动的形式、电气制动的特性及其控制方式。

任务 4.1 交-直型电力机车电阻制动分析

【任务目标】

知识目标	1. 了解串励电机电阻制动原理。
	2. 熟悉他励电机电阻制动原理。
素质目标	1. 培养学生养成严谨认真、精益求精的态度，促使学生职业素养的养成。
	2. 培养学生具有一定的分析问题和解决问题的能力。
	3. 能客观、公正地进行学习效果的自我评价。
能力目标	1. 能够分析串励电机电阻制动原理。
	2. 能够分析他励电机电阻制动原理。

【相关知识】

电阻制动是利用电机的可逆性原理。电力机车在牵引工况时，牵引电机做电动机运行，将电网的电能转变为机械能，轴上输出牵引转矩以驱动列车运行。电力机车在电阻制动时，列车的惯性力带动牵引电机，此时牵引电机将做发电机运行，将列车动能转变为电能，输出制动电流的同时，在牵引电机轴上产生反转矩并作用于轮对，形成制动力使列车减速或在下坡道上限速，同时将牵引电机作为发电机运行时所产生的电能，全部消耗在制动电阻上，然后以热能的形式耗散到大气中，所以电阻制动也称能耗制动。电阻制动技术相对简单，但制动的能量没有得到有效的利用。

电力机车在牵引工况时，牵引电机将电能转变成机械能，产生牵引力，驱动列车。在电阻制动工况时，牵引电机吸收列车的动能作发电机运转，所产生的电能消耗在制动电阻上，同时产生与机车运行方向相反的制动力，对列车实施制动。

4.1.1 电阻制动基本电路

采用直流电机的电阻制动的励磁方式有串励和他励两种方式。

1. 采用串励电机的电阻制动

采用串励牵引电机的电力机车在进行电阻制动时，必须首先切断牵引电机电枢与电网的连接，使电机电枢与制动电阻接成回路，其工作原理如图 4-1-1 所示。

由于串励发电机的激磁建立是依靠电机的剩磁，比较图 4-1-1（a）、（b）可知，在牵引工况和制动工况时，通过牵引电机电枢的电流方向相反，因此必须设法使电机励磁绕组的磁势与剩磁方向相同，通常采用改换励磁绕组的接法来实现，如图 4-1-1（b）所示。

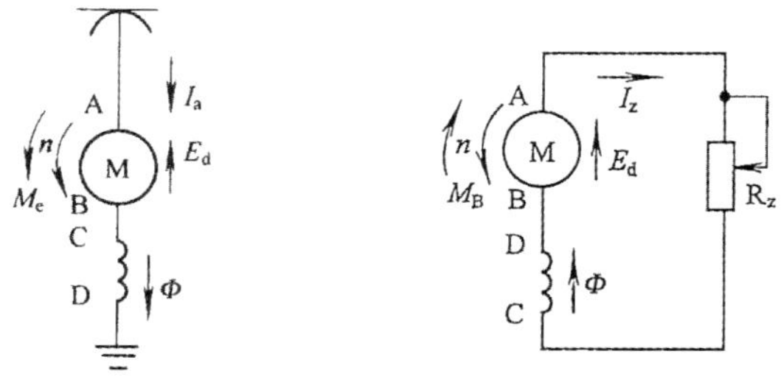

（a）牵引工况　　（b）制动工况

n—电机转速；Φ—电机主极磁通；R_z—制动电阻；E_d—电机电枢绕组中产生的感应电势；
I_a 一电机电枢电流（制动时为 I_z 制动电流）。

图 4-1-1　串励牵引电机电阻制动原理

串励式电阻制动不需要额外的励磁电压，用改变制动电阻 R_z 的大小来调节制动电流和制动力。在高压大电流情况下，制动电阻要求有许多抽头和相应的开关电器，造成线路复杂，设备增多，且调节是有级的。同时制动电阻不能取值过大，否则会使电机不能自激。当多台电机并联共用一个制动电阻时，还会出现不稳定状态。所以在整流器电力机车上使用电阻制动时，一般不采用串励式电阻制动，而采用他励式电阻制动，用改变励磁电流的方式来调节机车的制动电流和制动力，以控制机车的运行速度。

2. 采用他励电机的电阻制动

采用他励电机电阻制动时，即机车在某一速度下从牵引工况迅速过渡到电阻制动工况时，主电路必须进行转换，即：切断牵引电动机电源，各牵引电动机电枢回路中分别接入制动电阻 R_z，将各牵引电动机的励磁绕组串联后与励磁电源连接，励磁电源是半控整流电路，一般由主变压器的辅助绕组供电。制动电流 $I_z=\dfrac{E_d}{R_z}$，由于这时的电流方向与牵引状态下的电流方向反向，因此其转矩与电机的转速方向相反，形成制动转矩。这样，可以在较大范围内，均匀地调节制动力，便于控制机车的运行速度。其工作原理如图 4-1-2 所示。

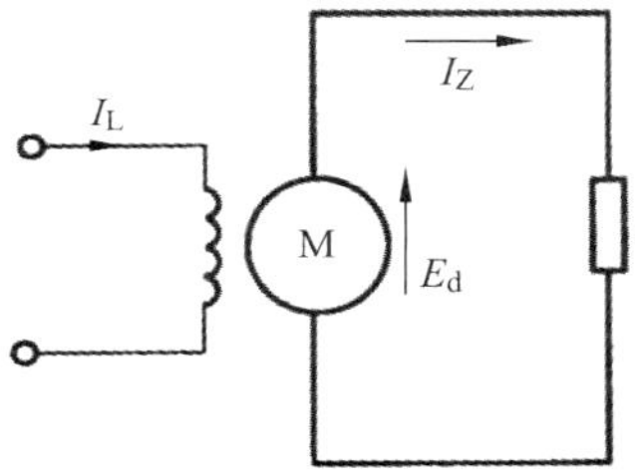

R_z—制动电阻；I_z—电机制动电流；E_d—电机发电电势。

图 4-1-2　他励电阻制动原理电路

4.1.2　他励电阻制动的控制方式

他励电阻制动的控制方式有 3 种，即恒磁通控制、恒电流控制、恒速控制。

1. 恒磁通控制

恒磁通控制是指他励电机的励磁电流固定，制动力的调节靠调节制动电阻的大小来进行。

对于某一固定的励磁电流（即 Φ 数值恒定），制动力与速度成正比关系，并且 I_L 越大，特性曲线越陡，如图 4-1-3 所示，图中 $I_{L4}>I_{L3}>I_{L2}>I_{L1}$。这就是说他励电阻制动具有机械稳定性，即随着机车速度的增加其电制动力也增加。但是保持励磁电流为常量时，在低速下实行电阻制动，制动力较小，因此电阻制动一般不能用于机车制停。这种控制方式因有级、电路复杂，在现代电力机车上不单独使用，而是作为一种弥补手段，在低速区制动力明显不足时，为提高机车制动力短接一部分制动电阻进行制动分级。

2. 恒电流控制

恒电流控制是指保持制动电流不变，制动力调节靠调节他励电流实现。

在 $I_z = C$ 情况下，机车电制动力与机车速度成反比关系，特性曲线为一双曲线，此种方式能充分利用机车的制动功率，如图 4-1-3 所示，图中 $I_{z3}>I_{z2}>I_{z1}$。另外当制动电流保持恒定时，制动力在很宽的范围内随速度的升高而降低，机械稳定性差，使工作特性使用范围受限。相控机车在高速区一般采用此种控制方式。

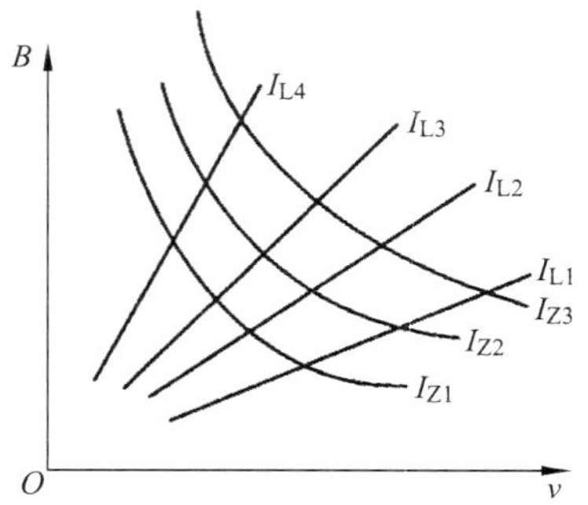

图 4-1-3　电阻制动的制动特性曲线

3. 恒速控制

恒速控制是指随着外界加速力的变化相应调节他励电机的励磁电流，使机车在制动时保持速度恒定不变。例如机车在长大下坡道上运行时，给定机车速度为某恒定值，若机车速度因加速力增大而超过给定值时，则加大励磁电流使机车制动力增加，迫使机车速度下降；当机车速度低于给定值时，减小励磁电流使机车制动力减小，机车速度又自动上升。如此根据机车速度的变化趋势，不断调节励磁电流，使其制动力自动与加速力相平衡，保持机车以给定的速度恒速下坡。图 4-1-4 所示为恒速制动特性曲线，图中每条近似垂直的直线，为每一给定速度值时的制动特性曲线。显然，恒速制动是一种较为理想的制动特性，对稳定列车下坡速度，提高列车平均速度都十分有利。采用它励电阻制动的相控机车通过对励磁电流的调节可以做到平滑连续，且调节功率小，易于实现自动控制。

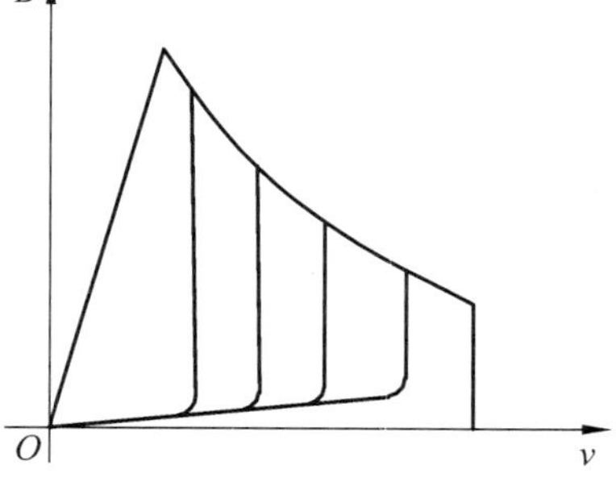

图 4-1-4　恒速制动特性

4.1.3 电阻制动的工作范围

列车在制动时，由于受牵引电机、机车本身、制动电阻等因素的限制，只允许在一定范围内使用电阻制动，他励电阻制动的限制线如图 4-1-5 所示。

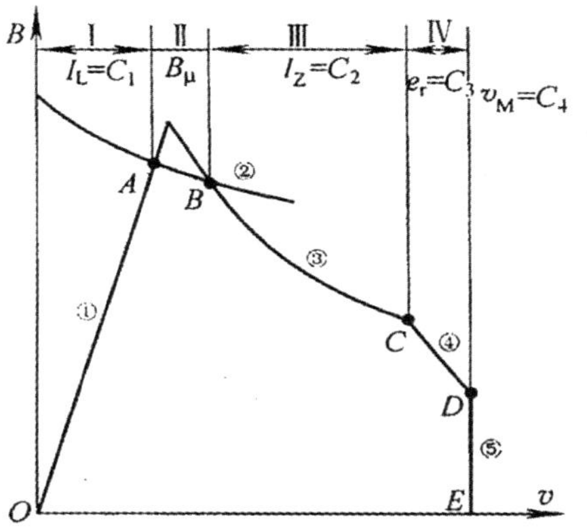

图 4-1-5 他励电阻制动的限制线

（1）最大励磁电流限制——曲线①I_{Lmax}。若超过此限制则励磁绕组发热会烧损绕组，另一方面磁路饱和，磁通增加有限，效果不明显。

（2）黏着力限制——曲线② B_{Umax} 。若机车制动力大于此限制会造成滑行。应当说明根据牵规规定，计算制动时的黏着系数 U_j 应比牵引时低 20%，因此，此黏着力限制小于牵引黏着力限制。

（3）最大制动电流限制——曲线③$I_{z,\,max}$。此值取决于电机电枢绕组的运行温升，一般不超过牵引工况时的持续电流，但因受机车通风条件、制动电阻功率限制，此值根据制动电阻的允许发热而定。电力机车的制动功率为了充分发挥制动效果，一般等于或小于机车小时功率，该限制亦表示最大制动功率限制。

（4）牵引电机安全换向限制——曲线④。牵引电机安全换向取决于电抗电势 e_r，因 $e_r \propto VI_z$，所以要维持 e_r 在一定允许值时，必须随着机车速度的提高，相应地减小制动电流。否则主极磁通畸变严重，可能发生火花甚至环火。

（5）机车构造速度限制——曲线⑤。它受机车机械运行部分强度的限制，实际在线路复杂的区段它可能受到线路允许速度的限制。

以上制动范围 $OABCDE$ 所限定的面积等于制动功率，即正比于 Bv 。在制动的过程中，若能按曲线⑤→①这五条包络线来调节制动力，即可获得电阻制动的最佳效果。SS_8 型电力机车即采用微机控制实现了电阻制动按包络线进行最大制动力的调节。

4.1.4 电阻制动的不足及克服方法

电阻制动除前述的优越性以外，因为电阻制动时控制电路比较简单，制动力调节十分方便，因而易于实现制动力的自动控制，使电阻制动的性能得以充分发挥，但是电阻制动的最大缺点，从特性曲线上看是低速时制动力直线下降，制动效果不明显。目前一般采用 2 种方法加以克服。

（1）分级电阻制动。利用改变制动电阻阻值来改变制动特性，即将制动电阻分成两级或三级。低速时由于发电机电势随速度的降低而呈正比地降低，对于一定的制动电阻，制动电流亦正比减小，因而不能维持一定制动力时所需电流，若将制动电阻短接（减小）一部分，则尽管由于机车速度的降低使发电机电势下降了，但由于制动电阻减小了，制动电流仍能保持较大的值，以维持低速时有较大的制动力。例如国产 SS_3、SS_4 型电力机车制动电阻分成 1.005 2 Ω和 0.60 Ω两级。

（2）加馈电阻制动。又称“补足”电阻制动，电阻制动在低速时由于制动电流减小而制动力下降。为了维持制动电流不变，克服机车制动力在低速区减小的状况，在制动回路外接附加制动电源来补足。图 4-1-6 所示为相控机车加馈电阻制动原理，根据原理图 4-1-6（b）写出回路方程式为：

$$U_j + E_d = I_z R_z \tag{4-1-1}$$

所以制动电流为

$$I_z = \frac{U_j + E_d}{R_z} \tag{4-1-2}$$

因需要根据实际制动电流及时补足减少部分，故要求附加制动电源连续可调。一般相控机车上不另设加馈电源，而是使用牵引时的整流调压电路在制动工况作为加馈电源，如图 4-1-6（a）所示。

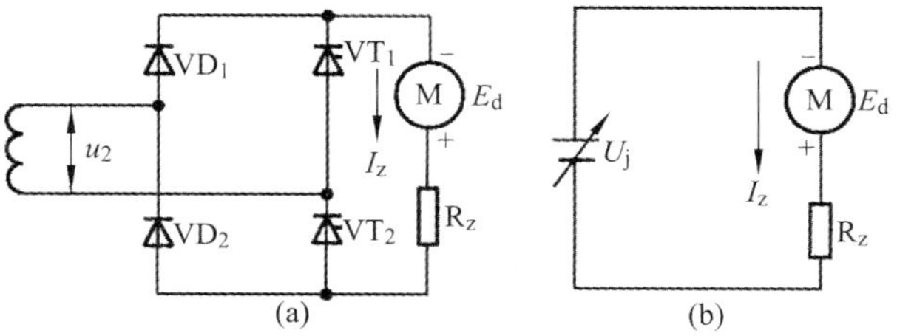

图 4-1-6　加馈电阻制动原理

根据图 4-1-6（a）电路，公式（4-1-2）又可改写为

$$I_z = \frac{0.9U_2 \dfrac{1+\cos\alpha}{2} + E_d}{R_z} \tag{4-1-3}$$

根据式（4-1-3），随着速度的降低，牵引电机的电动势 E_d 也随之降低，此时需提高加馈电源的电压才能维持一定的制动电流，这时只需调节半控整流电路中晶闸管的移相角 α，即可调节加馈电源输出，及时补足制动电流的减小部分，使制动电流维持不变，制动力也维持不变。

从理论上讲，加馈电阻制动可使机车制停。而实际上由于牵引电机整流器不允许静止不动长时间流过额定电流，以防整流器过热而烧损。故在机车速度低于一定值时，将切除加馈制动，改用空气制动使机车停车。国产 SS_{3B}、SS_4 改、SS_9 等机车均采用此种电阻制动方式。

4.1.5　SS_4 改型能力机车电制动特性

SS_4 改型电力机车采用加馈电阻制动方式。在高速区，在保证制动电流不超过规定值的前提下，机车控制系统根据机车速度自动调节励磁电流来调节制动力。在低速区，在励磁电流达到最大值后，机车进入加馈制动，通过调节电枢电压来维持制动电流。机车电制动特性曲线如图 4-1-7 所示，图中 *RM* 受最大励磁电流限制，*MN* 受最大制动力限制，*NP* 受最大制动电流限制，*PQ* 受牵引电机安全换向限制。

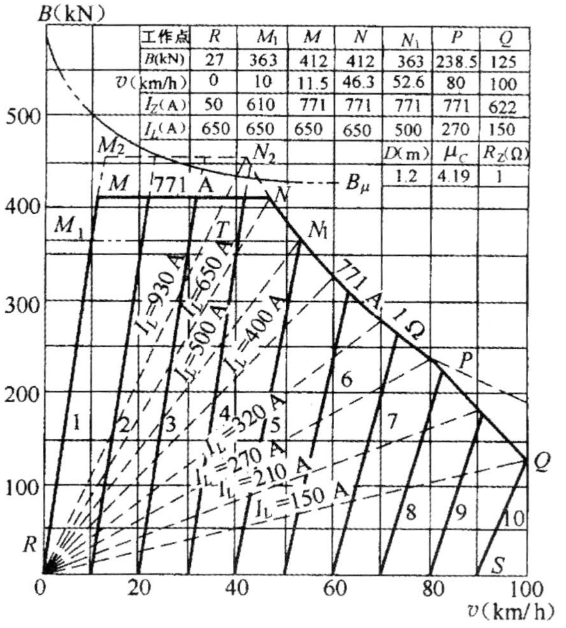

图 4-1-7　SS_4 改型机车电制动特性曲线

任务 4.2　交-直型电力机车再生制动分析

【任务目标】

知识目标	1. 熟悉交-直型电力机车再生制动原理。
	2. 了解有源逆变的相关知识。
素质目标	1. 培养学生养成严谨认真、精益求精的态度，促使学生职业素养的养成。
	2. 培养学生具有一定的分析问题和解决问题的能力。
	3. 能客观、公正地进行学习效果的自我评价。
能力目标	1. 能够分析交-直型电力机车再生制动原理。
	2. 能够总结交-直型电力机车再生制动的满足条件。

【相关知识】

再生制动是将制动所产生的电能回馈到接触网，供给区段内其他电力机车用电，或者再经牵引变电所回送到一次电力系统中去（可称能量再生）。从能量的综合利用来说，再生制动是一种比较理想的制动方式，但技术要求较高。显然，电传动内燃机车只能采用电阻制动，而电力机车既可以采用电阻制动又可以采用再生制动。

交-直型整流器式电力机车采用晶闸管整流电路把电网的交流电变换成电机可用的直流电，同样，利用晶闸管也可以把直流电变换成交流电，这种电路称之为逆变电路。电力机车的再生制动就是将制动时电机所产生的直流电能回送到交流电网中，因此再生制动的关键问题就是有源逆变问题。

4.2.1　再生制动的基本原理

有源逆变电路的交流侧已由电网建立起了正弦交流电，因此逆变电路只是把直流电源的能量馈送到交流电网中去。在现代整流器电力机车上多数采用他励系统，即将牵引工况下作串励电动机运行的电路，通过转换开关在电气制动工况下转接成他励的发电机电路。这种励磁方式不但能保证外部电气稳定性，同时也能保证并联发电机之间的内部电气稳定性。

图 4-2-1 是理想单相全控桥式整流电路。若设变压器二次侧的交流电压为 $u_2=\sqrt{2}U_2\cos\omega t$，则在晶闸管移相角为 α 时，整流电压平均值 U_d 为：

$$U_d=\frac{2\sqrt{2}}{\pi}U_2\cos a=0.9U_2\cos\alpha \tag{4-2-1}$$

即全控桥整流电路的平均电压是空载整流电压和移相角 α 的余弦的乘积。

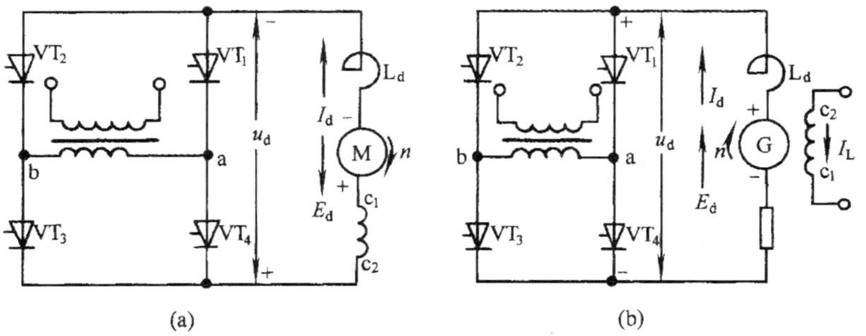

图 4-2-1　单相全控桥式整流电路

控制角α在 $0\sim\dfrac{\pi}{2}$ 进行调节，当触发晶闸管导通时，单相全控整流电路直流侧输出电压平均值 $U_d>0$，如图 4-2-1（a）所示，整流电流从电机正端流入，电机吸收能量，此时电机工作在电动机状态，即机车工作在牵引工况。

当 $\alpha=\dfrac{\pi}{2}$ 时，整流电压的波形中正负两部分面积相等，故其平均值 $U_d=0$，这时电机既不从电网吸收能量也不向电网输出能量，这种状态为从整流状态向逆变状态过渡的中间状态。

在控制角 $\alpha>\dfrac{\pi}{2}$ 时触发晶闸管，从电路的工作原理、整流电压波形图和整流输出电压平均值 U_d 的表达式（4-2-1）都不难看出，整流电路将有负的电压输出，即 $U_d<0$，极性发生了改变，如图 4-2-1（b）所示，从而有可能工作于有源逆变状态。单相全控桥式电路在不同控制角α下的整流电压、电流、变压器电流的波形如图 4-2-2 所示。

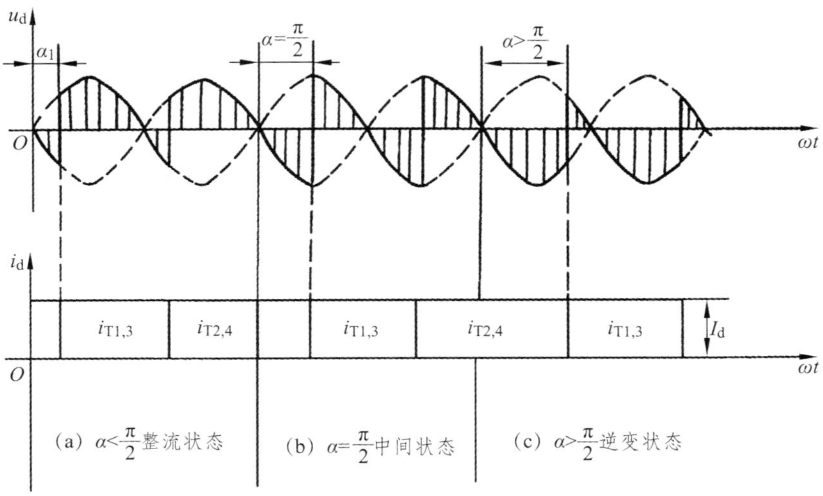

图 4-2-2　单相全控桥式电路整流和逆变波形

整流电路在逆变工作状态下，由于整流桥中晶闸管元件中的电流不能反向，故牵引电机的电枢电流（此时称为制动电流）仍然保持牵引时的电流方向，而且电机的转动方向也未改变（机车运行方向未变），因此在实施再生制动时要求牵引电机电动势 E_{d} 的极性应反向（上正下负），且电机电势 E_{d} 略高于整流电压平均值 U_d，则回路电流的方向不变，电流是从电机电势正极端流出，电机输出能量，即电机此时工作在发电机状态；而对变压器绕组而言，当 $\alpha > \frac{\pi}{2}$ 触发晶闸管，电流流过变压器绕组的方向总是与电势实际方向相反，即变压器电势在逆变电路中起一反电势作用，故发电机通过变压器二次侧绕组向电网输送电能，电网吸收能量，实现了逆变。

由于电路内电阻很小，逆变时，电流 I_{d} 的大小取决于 E_{d} 与 U_{d}，励磁电流或整流桥电压少量的变化，都会引起制动电流即制动力很大的波动，而 E_{d} 由电机的转速决定，U_{d} 可以调节控制角改变其大小。为了防止过电流，应满足 $E_{\mathrm{d}} \approx U_{\mathrm{d}}$ 的条件。另外也采取在制动电路内设有附加的稳定电阻 R_{W} 来限制制动电流的变化，提高系统的稳定性。但稳定电阻却使制动时再生反馈电能减少，制动效率下降。因此，稳定电阻 $\mathrm{R_W}$ 的阻值应从制动效率和稳定性两方面折中考虑。

在逆变工作状态下，虽然控制角 α 在 $\frac{\pi}{2}$ □ π 之间变化，晶闸管的阳极电位大部分处于交流电压的负半周期，但由于有外接直流电动势 E_{d} 的存在，使晶闸管仍能承受正向电压导通。

有源逆变的条件：

（1）一定要有直流电动势 E_{d}，其极性必须与晶闸管的导通方向一致，其值应稍大于变流器直流侧的平均电压 U_{d}。

（2）变流器必须工作在 $\alpha > \frac{\pi}{2}$ 的区域内，使 $U_{\mathrm{d}} < 0$。

由上述分析可见，整流与逆变的转换对变流器而言，只是移相角 α 的改变，即有负电压输出。对直流侧电源而言，电压的极性必须随着改变，否则直流侧的电能便无法反馈到电网中去。而对于半控桥整流电路，由于任一导通的晶闸管桥臂在电源电压反向时，晶闸管截止，与负载电路串联的整流二极管桥臂自然转入续流状态（此时负载电压为零），不会输出负的电压，这一点从 $U_{\mathrm{d}} = U_{\mathrm{d0}}\frac{1+\cos\alpha}{2}$ 表达式亦可明显看出。所以，单相半控桥式整流电路不可能实现有源逆变。

4.2.2 逆变颠覆

在整流电路中，如果晶闸管触发电路出现故障，使触发脉冲消失或者移相超出允许的移相范围，其后果是没有输出电压。而在逆变电路中若晶闸管触发脉冲丢失或移相角（逆变角）超出允许范围，发电机电势就与变压器电势串联叠加而造成严重的短路，这种现象称之为逆变颠覆，逆变颠覆将产生非常大的短路电流。

此外，电力机车实施再生制动时，若受电弓脱离接触网导线，交流电压消失，此时发电机电势将经变压器二次侧绕组及导通的晶闸管元件而发生失压短路。

无论是叠加短路还是失压短路，其结果都将引起逆变颠覆（再生颠覆），短路电流将烧损电气设备，因此再生制动必须对晶闸管及其触发电路提出很高的要求。同时为防止失压短路，要求机车双弓运行。

4.2.3 调节过程及调节方式

再生制动时，制动电流

$$I_z = \frac{E_d - |U_d|}{R_w + \sum R} = \frac{C_e \Phi n - |0.9U_2 \cos\alpha|}{R_w + \sum R} \qquad (4\text{-}2\text{-}2)$$

从公式可见，要调节制动电阻 I_z，可采用调节磁通 Φ，即励磁电流，或者调节逆变器电压 U_d，即调节控制角 α 的方法来实现。

再生制动在整个调节过程中，大致可分三个阶段如图 4-2-3 所示。

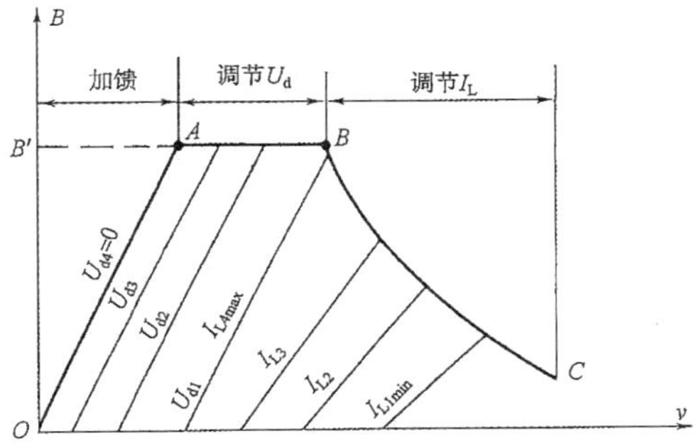

图 4-2-3　再生制动三个区域的特性

（1）调节励磁电流 I_L。机车在高速时进行再生制动，为了提高功率因数，可维持逆变器电压 U_d 为最大，且基本为恒定。通过调节励磁电流来调节制动电流，如图 4-2-3 中 BC 段，随着机车运行速度 v 的下降，相应增加励磁电流，直至额定值为止。励磁电流最小值受电机安全换向限制。励磁调节的优点是调节功率小，调节平滑，缺点是机车速度的下限受到磁饱和的限制，高速时受电机安全换向的限制。制动力受制动功率的限制，随着机车速度增加，制动力要相应减小。

（2）调节逆变器电压 U_d。在励磁电流调节到额定值之后维持常数不变，调节控制角 α，改变逆变器电压 U_d。减小 U_d 可维持制动电流为常数，维持制动力不变，如图 4-2-3 中 AB 段所示，直到 $U_d = 0$ 为止。一般采用不对称触发方式，α 范围为 $0 \sim (\pi - \beta)$。

（3）加馈电阻制动。此种工况下逆变器变为整流工况运行，电压 U_d 改变极性，此时制动电流由发电机电势和整流电压共同产生，可保持低速时制动力不变，如图 4-2-3

中 $B'A$ 虚线所示。如前所述 OA 的斜率取决于制动电阻的大小，制动电阻越小，斜率越大，A 点速度越低。该电阻值一般小于电阻制动机车的制动电阻。

4.2.4 再生制动工作范围

再生制动时，由于受牵引电机、机车本身、再生系统稳定工作等因素的限制，只允许在一定范围内使用，再生制动的工作范围如图 4-2-4 所示。

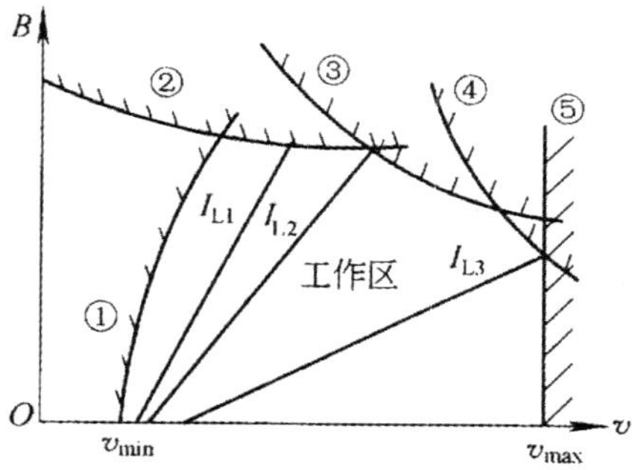

图 4-2-4　再生制动机车制动特性及限界

①——最大励磁电流限制线，即电机最大主磁通限制线；
②——黏着条件限制线；
③——最大电枢电流限制线；
④——安全换向限制线；
⑤——最大构造速度限制线。

故机车再生制动时的工作范围在上述五条限制线限定的范围内。

4.2.5 再生制动的特点

（1）再生制动时回馈的电能可供其他电力机车牵引使用，因此是一种更具有经济效益的电气制动方式。

（2）再生制动具有调速范围大，防滑性能好，减少了闸瓦与车轮磨耗。

（3）再生制动的控制系统较为复杂。由于再生制动时系统的稳定性差，制动力的调节一般有两种方法，既可以通过调节电机的他励电流来实现，也可通过调节逆变器的电压来进行。因此控制复杂且精确度要求高，同时为了提高系统的稳定性，在制动电路中增设附加的稳定电阻 R_w，以限制制动电流的变化。

（4）再生制动的机车必须采用全控桥。因此机车功率因数低，谐波含量高，同时对触发系统可靠性要求高。

再生制动的上述缺点限制了其应用的范围，但是随着电力电子技术的发展，再生制动的不足已得到改善。例如通过加装滤波器、采用多段桥不对称控制等都较好地改善了机车的功率因数。

从国外进口的 8K 型电力机车及国产 SS_7 型电力机车均采用了再生制动。

4.2.6 SS_7 型电力机车电制动特性

SS_7 型电力机车采用再生制动方式，将机车制动时产生的部分有功电能通过有源逆变装置反馈给电网。再生制动调节过程大致可分为三个阶段，SS_7 型电力机车再生制动特性曲线如图 4-2-5 所示。

1）调节励磁电流 I_f

机车在高速区，为了得到较高的功率因数，维持最大的逆变电压 U_d（负值）；这区域靠改变励磁电流来调节制动电流 I_z（如图 4-2-5 中 *BC* 段所示）。随着机车速度下降，相应增加励磁电流，直到最大值 250 A。励磁电流最小值受到牵引电动机高速换向限制，机车速度大于 80 km/h，按 $I_f = 0.14I_z$ 控制，随着机车速度增加，制动力要相应减少。

2）调节逆变电压 U_d

在励磁电流调到最大值 250 A 时，维持励磁不变，调节控制角 α 改变逆变电压 U_d、减小 $|U_d|$ 来维持制动电流 760 A 不变，即制动力不变（如图 4-2-5 中 AB 段），直到 $U_d = 0$ 为止。

3）加馈制动

低于 A 点（18 km/h）的速度区域，$U_d = 0$，仍不能维持制动电流 $I_z = 760$ A，此时 U_d 改变极性（从逆变的负值变为正值），而变流器则变为整流工况运行；整流电压 U_d 和牵引电机电势 *E* 叠加，维持制动电流不变。此时发电机和电网共同提供电能消耗在稳定电阻上，以维持机车制动力不变（如图 4-2-5 中 *AA'* 段）。SS_7 型机车在 0 ~ 10 km/h 区域有一条制动电流控制线，速度为零时，停止加馈制动，制动力为零。

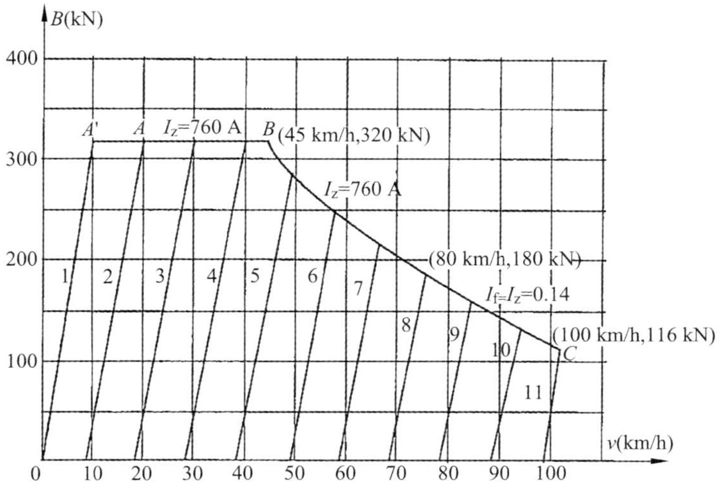

图 4-2-5　SS_7 型机车再生制动特性曲线

任务 4.3　交-直-交型电力机车再生制动分析

【任务目标】

知识目标	1. 熟悉交-直-交型电力机车再生制动原理。
	2. 了解三相异步电机如何实现从电动机状态到发电机状态的转变。
素质目标	1. 培养学生养成严谨认真、精益求精的态度，促使学生职业素养的养成。
	2. 培养学生具有一定的分析问题和解决问题的能力。
	3. 能客观、公正地进行学习效果的自我评价。
能力目标	1. 能够分析交-直-交型电力机车再生制动原理。
	2. 能够分析三相异步电机如何实现从电动机状态到发电机状态的转变。

【相关知识】

4.3.1　交流异步电动机的电气制动

交流传动机车一般采用异步牵引电动机，与直流电机一样，异步电机运行也是可逆的，它既可工作于电动机状态来实施牵引，又可工作于发电机状态来实施电气制动。

我们也可以用电机的机械特性曲线来说明交流异步电动机的电气制动原理。如图 4-3-1 所示，在定子频率为 f_1 时，电动机工作在特性曲线第 1 象限的 A 点，这时电机输出正转矩为牵引状态。如果降低定子供电频率为 f_1'（ $f_1' < f_1$ ），由于车辆惯性，电机转速不能发生突变，电机工作点转移到第 4 象限 f_1' 曲线上的 B 点。在这个象限中电机进入发电状态，电磁转矩为负值，并在负载转矩作用下沿 f_1' 曲线减速。这就是异步电动机的制动工况，若不断地按照某种规律降低定子供电频率，即可获得预定的制动特性。

另外一种情况也可以使交流异步电动机进入电气制动状态。电机运行中由于外力作用迫使转子加速，电机工作点 A 沿着定子供电频率 f_1 特性曲线进入第 4 象限（例如达到 C 点），这时电机的转速 $n_1' > n_1$，电磁转矩为负，电机为发电制动状态。

于是我们也可以这样来说明交流异步电动机电气制动的原理：当交流异步电动机的转子转速大于定子磁场转速时，s 为负值，这时电动机输出负转矩，即阻力矩。由于相对速度的方向倒转，转子电流和转子电势的方向也已倒转，这时定子电流中用以抵消转子电流的磁化作用的分量也就跟着倒转。于是定子电流 I_1 中的有功分量 I_{1a} 与 U_1 相反，即电网提供的有功功率为负值，也就是说由电机向电网输出一有功功率。但是异步电动机这时仍然从电源吸取无功功率，即吸取无功感性电流，也就是异步电动机的励磁电流。

由此可见，交流异步电动机的电气制动也是利用电机的机械特性，实现交流异步电动机的可逆运行。交流异步电动机的工作状态转换平稳，且状态过渡方便。

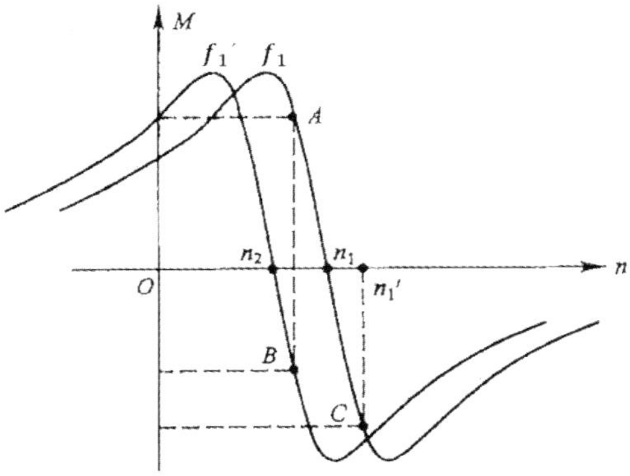

图 4-3-1　交流异步电动机的机械特性曲线

4.3.2　交-直-交型电力机车再生制动原理

交流传动机车的电机采用三相异步电机，相同速度下发电机电势要高于直流电机，转换效率及经济性明显好于直流传动电力机车，根据制动能量的吸收方式，交流传动机车的电气制动也分为电阻制动和再生制动。交流传动内燃机车只能采用电阻制动，交流传动的电力机车一般采用再生制动。

我们已经知道，交-直型电力机车在进行电气制动时，对直流牵引电动机要通过触点电器进行复杂的电路转换，由串励电动机状态转变为他励发电机状态。而在交-直-交型电力机车上，异步电机由电动机状态进入发电机状态是很容易的，不需要复杂的触点电路转换，而是通过牵引逆变器控制转差频率 $f_2(f_2 = f_1 - f)$ 即可实现两种工作状态的转换。

当机车由牵引工况转换为电制动工况时，通过降低牵引电机定子的供电频率 f_1，使 $f_1 < f$ 即 $f_2 < 0$ 时，异步电机就处于发电机状态，三相定子绕组切割旋转磁场产生三相交流电，经逆变器整流成直流电送入中间直流环节。此时转子绕组中的感应电势反向，电流也反向，使电机转矩反向成为制动转矩。对制动转矩和转速的控制仍然是通过牵引逆变器直接进行的，从而实现机车制动特性的控制。由于异步机产生的是三相交流电，因此反馈的能量远大于直流传动机车的电能。

再生制动时，牵引变流器工作状态发生改变，逆变器仅有每个主逆变元件上并联的二极管组成三相桥式不控整流电路，将三相异步电机的发电电能整成直流，逆变器工作在整流状态，输出直流电给中间环节，再由四象限脉冲整流器（此时工作在逆变状态），将中间环节储存的直流电能逆变为单相 50 Hz 交流电反馈回电网。在四象限速度控制系统中，电机速度可以通过再生发电制动减到零。交流传动机车再生制动电路原理如图 4-3-2 所示。

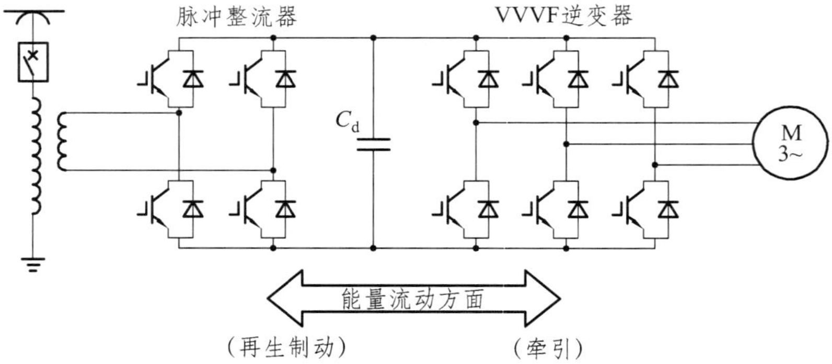

图 4-3-2　交流传动机车再生制动电路原理图

为了解决交-直传动电力机车采用相控整流器进行再生制动时出现的一系列问题，目前交流传动电力机车的网侧变流器大多采用四象限脉冲整流器。其工作原理如图 4-3-3 所示。四象限脉冲整流器是一个脉宽调制变流器，通过控制调制比的相位、幅值及载波频率，它不仅能很方便进行整流（牵引工况）和逆变（再生工况）两种状态的转变，而且能使网侧电流接近正弦波形，其基波电流 i_{N1} 与网侧电压 u_N 同相（整流）或反相（逆变），使功率因数接近于 1，谐波电流含量大大减少。

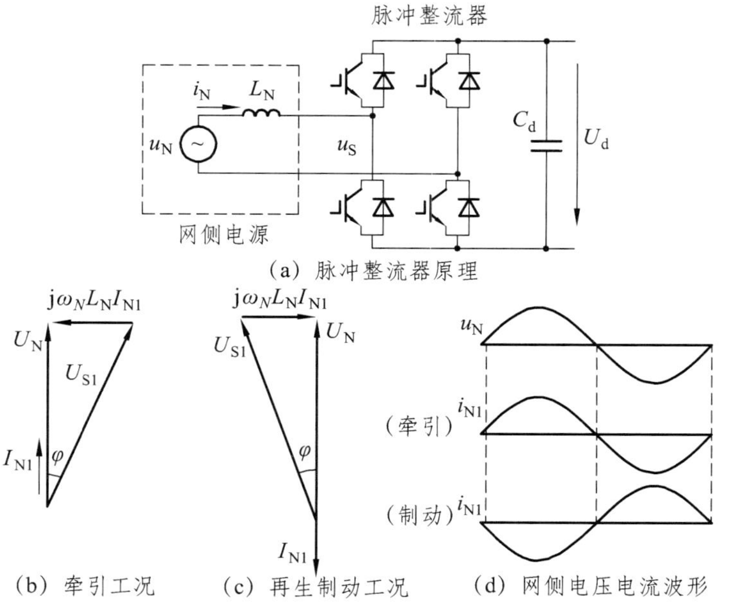

图 4-3-3　四象限脉冲整流器矢量及波形图

在牵引工况，四象限脉冲整流器交流侧的网侧电压 u_N 和网侧电流 i_N 在第Ⅰ或第Ⅲ象限，即 u_N 与 i_N 同极性，四象限脉冲整流器处于整流状态，电能从整流器的交流侧传送到直流侧；在再生制动工况，四象限脉冲整流器交流侧的网侧电压 u_N 和网侧电流 i_N

在第Ⅱ或第Ⅳ象限，即 u_N 与 i_N 极性相反，四象限脉冲整流器处于逆变状态，电能从整流器的直流侧传送到交流侧。

国产“和谐”系列大功率电力机车均采用了再生制动方式。

4.3.3 HXD_3 型电力机车电制动特性

HXD_3 型电力机车的制动控制采用了恒制动力、准恒速特性控制方式，司机控制器调速手柄在制动模式下级位设定为 12 级，级间能够进行平滑调节，每级速度变化 $\Delta v = 10$ km/h。

25 t 轴重时，制动力限制及制动特性控制函数关系见式（4-3-1）。

$$B=\begin{cases}400\\36.4v-145.6\\\dfrac{26\,000}{v}\\36.4v-364(N-1)\end{cases}\text{(kN)，取最小值作为输出} \tag{4-3-1}$$

式中　B——机车轮缘制动力；

v——机车速度（km/h）；

N——司机控制器手柄级位。

式（4-3-1）中前三项为机车的制动力限制曲线，当机车速度小于等于 65 km/h 时，机车最大制动力限制为 400 kN；司控器手柄级位为 1 时，机车电制动力进入低速限制区，机车速度从 15 km/h 按 $B = 36.4v - 145.6$ 限制线性下降，当机车速度小于 4 km/h 时，机车将无制动力输出；当机车速度大于 65 km/h 时，机车最大制动力按曲线 $B = 26\,000/v$ 进行限制，此区段为机车功率限制区。

式（4-3-1）中最后一项为制动特性控制函数，机车制动力在上述限制曲线范围内按 $B = 36.4v - 364(N - 1)$ 函数关系进行控制，制动力随着速度的下降线性下降，但制动力不得为负值。25 t 轴重时制动力限制及制动特性控制曲线如图 4-3-4 所示。

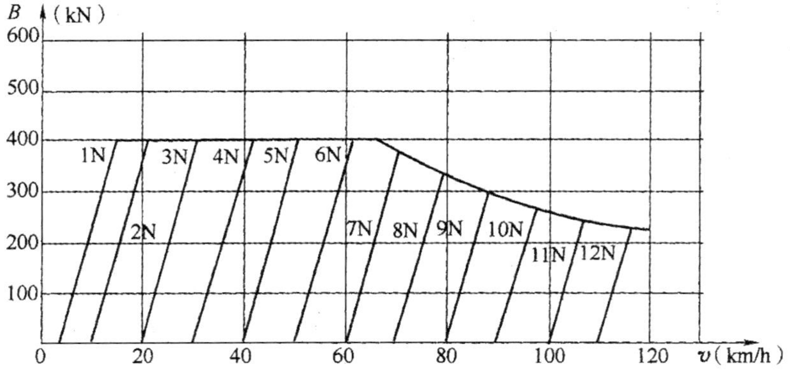

图 4-3-4　HXD_3 型电力机车制动控制特性曲线（25 t 轴重）

复习思考题

1. 电力机车电气制动的基本原理是什么？
2. 何谓电阻制动？何谓再生制动？各有何特点？
3. 绘出他励电阻制动原理图。
4. 他励电阻制动的调节方式有几种？
5. 他励电阻制动为什么不用于机车制停？
6. 加馈电阻制动实施的条件是什么？使用加馈电阻制动能否制停？为什么？
7. 电阻制动的工作范围受到哪些因素的限制？绘出电阻制动的特性范围。
8. 何谓恒速控制？分析它对于利用机车制动功率有何意义？
9. 绘图说明交-直型电力机车再生制动工作范围的限界条件。
10. 交-直传动机车电阻制动在低速时，可采用什么方法来克服制动力的不足？
11. 说明交-直-交传动电力机车如何实现从牵引状态到制动状态的改变。

项目 5

SS_4改型电力机车电气线路分析

项目描述

SS_4改型电力机车是八轴重载货运机车，额定功率 6 400 kW，最大速度 100 km/h，由两节完全相同的四轴机车用车钩与连挂风挡联结组成。其间设有电气系统高压连接器和重联控制电缆，以及空气制动系统重联控制风管，可在其中任一节的司机室对全车进行统一控制。两节车亦可分开，作为一台四轴机车独立运用，但只有一个司机室。另外，在机车两端还设有重联装置，可与一台或数台机车联结，进行重联运行。

本项目重点学习 SS_4改型电力机车主电路、辅助电路、控制电路的组成，并对上述电路进行工作过程分析。

任务 5.1　SS_4改型电力机车主电路分析

【任务目标】

知识目标	1. 熟悉 SS_4改型电力机车主电路构成。
	2. 熟悉 SS_4改型电力机车主电路原理。
	3. 熟悉 SS_4改型电力机车主电路保护方式。
素质目标	1. 培养学生勇于创新、开拓进取的意识。
	2. 培养学生具有一定的分析问题和解决问题的能力。
	3. 能客观、公正地进行学习效果的自我评价。
能力目标	1. 能够分析 SS_4改型电力机车主电路原理。
	2. 能够判断 SS_4改型电力机车主电路的工作状态。

【相关知识】

主电路是指牵引电机及其相关的电气设备用导线或铜排连接起来所组成的电路，该电路具有电压高、电流大的特点，因此亦称高压电路或牵引电路。

SS_4改型电力机车主电路分为网侧高压电路（原边电路）、整流调压电路、牵引电机电路、电气制动电路及保护电路。主电路的结构将直接影响机车运行性能的好坏、投资的多少、维修费用的高低等重要经济指标。SS_4改型电力机车主电路如图 5-1-1 所示。

5.1.1 SS_4改型电力机车主电路特点

（1）采用传统的交-直传动形式，使用传统的串励式脉流牵引电机。

（2）采用转向架独立供电方式，全车四台两轴转向架，具有相应的四台独立的相控式主整流器。这种供电方式的优点：一是能够充分提高黏着利用，因为可对一节车前后两台转向架进行电气式轴重补偿；二是一台主整流器故障时，可以只切除一台转向架，而保留 3/4 的牵引能力。

（3）机车主整流器采用大功率晶闸管与二极管组成的三段不等分半控桥式整流电路。用先进的功率电子装置，在牵引或制动工况下，对机车进行准恒速恒流限压控制。为充分利用黏着，克服机车牵引时由于颠覆力矩造成轴重转移的不利影响，设有轴重转移的电气补偿环节。此外，机车还具有防空转防滑功能，装有功率因数补偿装置。

（4）机车采用加馈电阻制动。每节车四台牵引电机主极绕组串联，由一台励磁半控桥式整流器供电，使机车低速时制动力得以提高。

（5）机车全部采用霍尔传感器检测直流电流、电压信号，以利司机安全，并可提高系统的控制精度。

（6）机车采用双接地继电保护，每一台转向架电气回路单元各接一台主接地继电器，以利于查找接地故障。

（7）为提高机车功率因数和改善通信干扰，机车增加了 PFC 装置。

5.1.2 对机车主电路要求

根据机车的运行情况，对机车主电路提出了各种要求，以满足机车安全运行的需要。

（1）由于主电路是高压电路，因此在升弓带电情况下，要保证工作人员与高压带电部分隔离。

（2）能快速接通与断开电路。

（3）在网压波动的允许范围内能可靠地工作，具有一定的过载能力，对地有良好的绝缘。

（4）能改变机车的运行方向，能进行起动和调速。

（5）尽可能做到起动平稳、调速平滑、减少冲击。

（6）有充分的保护，在故障情况下有维持运行的故障线路。

（7）保证牵引电动机的转矩和转速都可作独立的调节，而且要有宽广的调节范围。

（8）有电气制动的机车应能可靠地进行牵引/制动转换，并保证电气制动的电气稳定性和机械稳定性。

（9）机车主电路应满足机车起动、调速及制动三个基本工作状态的要求。

（10）应有使机车入库的低压电源入库线路。

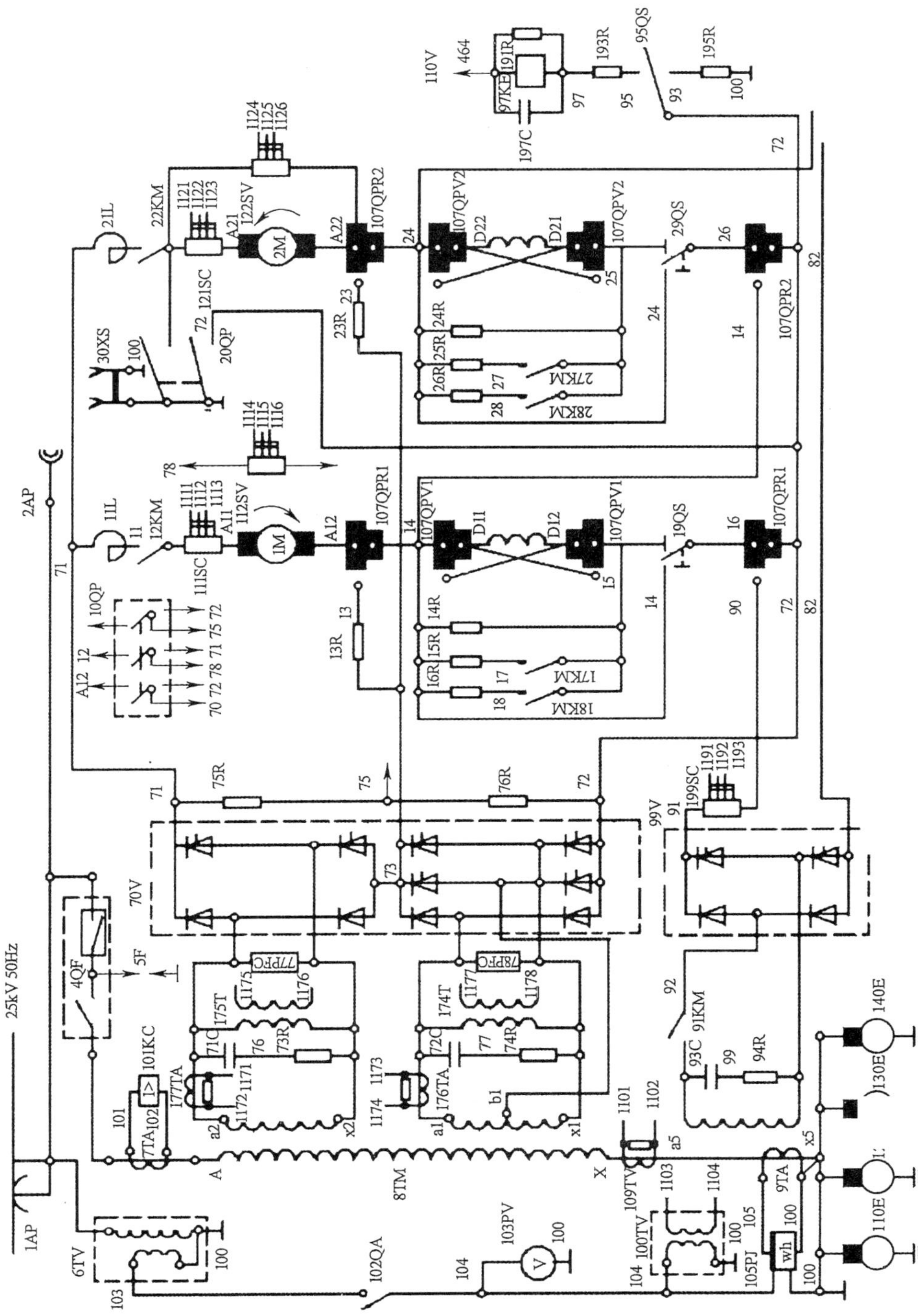

图 5-1-1　SS_4 改型电力机车主电路原理图

5.1.3 SS_4 改型电力机车主电路识图

（1）各电气设备在电气线路图中应画出相应的电气符号，还应在符号旁注明电气设备在线路中的代号。

（2）导线是电气线路图中的一部分，一些重要的导线在线路中应标明导线代号。SS_4 改型机车主电路导线的线号编制，除与电子柜接口导线线号全部采用四位数字（千位数字为“1”）外，其余导线线号为 1 ~ 199。

（3）常开联锁、常闭联锁（也称正联锁、反联锁）是指电器的工作线圈未通电时，电器处于释放状态时的联锁位置。若其联锁是打开的则为常开联锁（正联锁），是闭合的则为常闭联锁（反联锁）。国产机车的画法是上开下闭、左开右闭。

（4）某些组合电器的联锁没有常开、常闭的概念。这类联锁除标明所属电器的代号外，还应标明该联锁在何位置接通。如主断、两位置开关属于位置联锁。

（5）对于凸轮或鼓形控制器，在线路图中是将触头闭合顺序展开为一个平面的触头闭合线路图，称为展开图。在某工作位置若导线对应的点是接通的，则在该位置相应的导线下方以黑点表示。

（6）线路中所示的触头、联锁位置，一般是假定一个工作状态的情况下画出来的。如主电路表示牵引状态，机车向 I 端方向运行、主断路器断开、各按键开关处于水平位置、自动开关处于断开位置、故障隔离开关在运行位时的开闭情况，继电器、接触器的工作线圈在失电状态下的开闭位置。

5.1.4 SS_4 改型电力机车主电路工作原理

SS_4 改型电力机车主电路

1. 网侧高压电路（25 kV 电路）

网侧高压电路包括两部分：变压器原边的牵引电流电路及低压测量电路，如图 5-1-2 所示。

主要设备有受电弓 1AP、空气断路器 4QF、高压电压互感器 6TV、高压电流互感器 7TA、避雷器 5F、主变压器 8TM 的高压绕组 AX、PFC 用电流互感器 109TA，以及 2 节车之间的母线用高压连接器 2AP。

低压部分有自动开关 102QA、网压表 103PV、电度表 105PJ、PFC 用电压互感器 100TV，以及接地电刷 110E、120E、130E 和 140E。这些电气设备所组成的电路主要用于检测机车网压和提供电度表用的电压信号。

网侧电流从接触网流入升起的受电弓 1AP 以及 25 kV 车顶母线，分两路：一路为本节车，经主断路器 4QF、主变压器 8TM 的高压（原边）绕组 AX→车体→车体与转向架间软线→轴箱电刷→车轮→钢轨流回牵引变电所；另一路经车顶高压连接器 2AP 到另一节车的车顶母线。

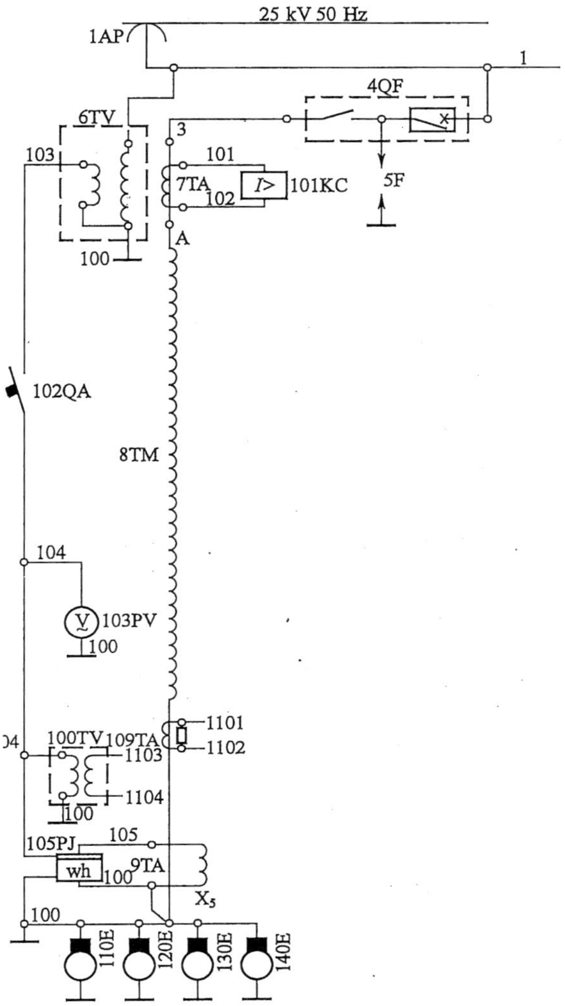

图 5-1-2　网侧高压电路

2. **整流调压电路**

采用转向架独立供电方式，每节车由两套独立的整流调压电路，分别向相应的转向架供电。牵引绕组 $a_1-b_1-x_1$ 和 a_2-x_2 供电给主整流器 70V，组成前转向架供电单元；牵引绕组 $a_3-b_3-x_3$ 和 a_4-x_4 供电给主整流器 80V，组成后转向架供电单元。

图 5-1-3 为前转向架供电单元整流调压简化电路，图中所示整流电路为三段不等分整流调压电路。其中各段绕组的电压关系为：

$$U_{a2x2}=U_{a1x1}=2U_{a1b1}=2U_{b1x1}$$

三段不等分整流桥的工作顺序如下所述。

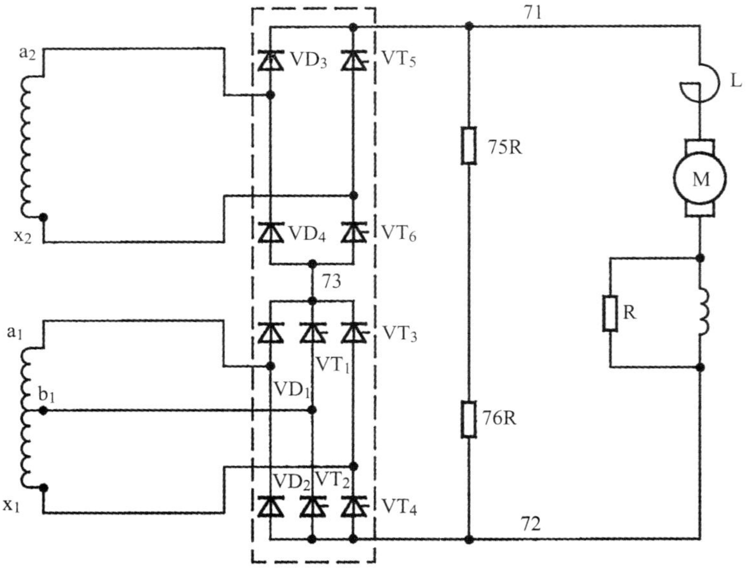

图 5-1-3　前转向架供电单元整流调压电路简化图

第一段：首先投入四臂桥，即触发 VT_5、VT_6，投入 a_2x_2 绕组。VT_5、VT_6、VD_3、VD_4 顺序移相，整流电压由零逐渐增加至 $\frac{1}{2}U_d$（U_d 为总整流电压），VD_1 和 VD_2 起续流作用。在正半周时，电流经 a_2→VD_3→71 号母线→平波电抗器→电动机→72 号母线→VD_2→VD_1→VT_6→x_2；在负半周时，电流经 x_2→VT_5→71 号母线→平波电抗器→电动机→72 号母线→VD_2→VD_1→VD_4→a_2。

当 VT_5 和 VT_6 满开放时进入第二段，维持 VT_5 和 VT_6 满开放，触发 VT_1 和 VT_2，绕组 a_1b_1 投入。在正半周时，电流经 a_2→VD_3→71 号母线→平波电抗器→电动机→72 号母线→VT_2→b_1a_1→VD_1→VT_6→x_2；在负半周时，电流经 x_2→VT_5→71 号母线→平波电抗器→电动机→72 号母线→VD_2→a_1b_1→VT_1→VD_4→a_2。此时整流电压在 $\frac{1}{2}U_d$ □ $\frac{3}{4}U_d$ 之间调节。

当 VT_1 和 VT_2 满开放后进入第三段，VT_1、VT_2、VT_5 和 VT_6 维持满开放，并触发 VT_3 和 VT_4，b_2x_2 绕组再投入。VT_3 和 VT_4 顺序移相，整流电压在 $\frac{3}{4}U_d$ □ U_d 之间调节。在正半周时，电流经 a_2→VD_3→71 号母线→平波电抗器→电动机→72 号母线→VT_4→x_1a_1→VD_1→VT_6→x_2；在负半周时，电流经 x_2→VT_5→71 号母线→平波电抗器→电动机→72 号母线→VD_2→a_1x_1→VT_3→VD_4→a_2。

由于牵引电动机的额定电压为 1 020 V，故第三段桥并未达到满开放，而是维持在牵引电动机的最大限制电压 1 120 V 左右。

在整流器的输出端还分别并联了两个电阻 75R 和 76R，其作用有两个：一是机车高压空载做限压试验时，作整流器的负载，起续流作用；二是正常运行时，吸收部分过电压。

3. 牵引电路

机车的牵引电路即机车主电路的直流电路部分，机车牵引电路简化图如图 5-1-4 所示。

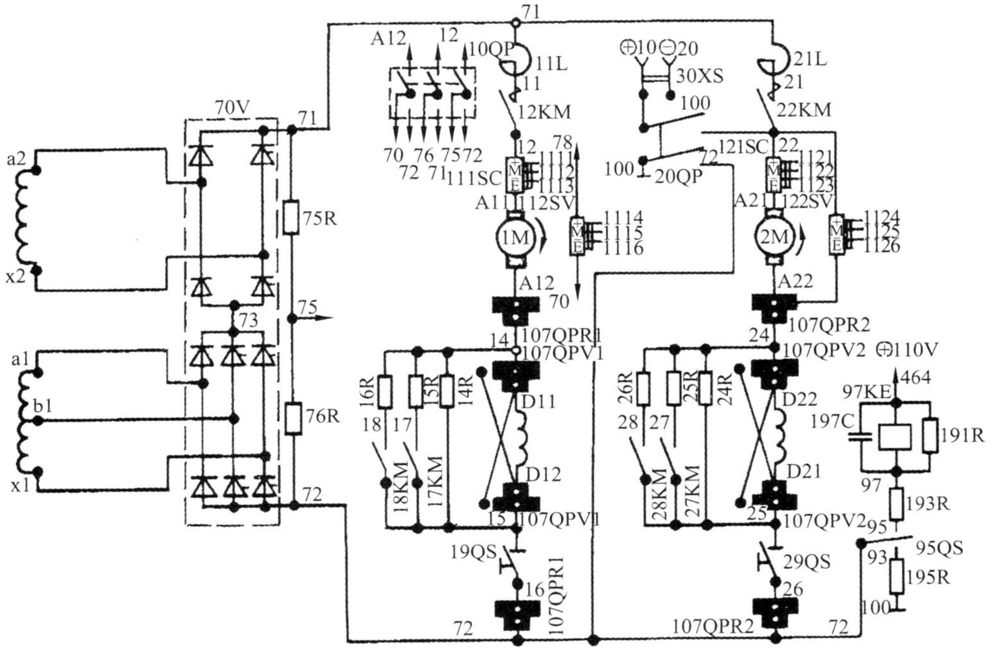

图 5-1-4　机车牵引电路简化图

1）电路构成

机车牵引电路采用转向架独立供电方式。第一转向架的第一台牵引电动机 1M 与第二台牵引电动机 2M 并联，由主整流器 70 V 供电；第二转向架的第三台牵引动电机 3M 与第四台牵引电动机 4M 并联，由主整流器 80 V 供电。两组供电电路完全相同且完全独立。

每一牵引电动机支路的电流路径基本相同，现以第一牵引电动机支路为例加以说明，其电流路径为：正极母线 71→平波电抗器 11L→线路接触器 12KM→电流传感器 111SC→电机电枢绕组→位置转换开关的牵制鼓 107QPR1→位置转换开关的前后鼓 107QPV1→主极磁场绕组→107QPV1→牵引电动机隔离开关 19QS→107QPR1→负极母线 72。

与主极绕组并联的有固定分路电阻 14R、一级磁削电阻 15R 和接触器 17KM、二级磁削电阻 16R 和接触器 18KM。14R 与主极绕组并联后，实现机车的固定磁削级，其磁削系数为 0.96。15R 通过接触器 17KM 的闭合投入，实现机车的Ⅰ级磁削级，其磁削系数为 0.70。16R 通过接触器 18KM 投入，实现机车的Ⅱ级磁削级，其磁削系数为 0.54。当 17KM 和 18KM 同时闭合时，15R 和 16R 同时投入，实现机车的Ⅲ级磁削级，其磁削系数为 0.45。

2）电动机接线

为均衡轴重、减少轴重转移，两转向架上两台牵引电动机为背向布置，故其相对旋转方向应相反。以第一转向架前进方向为例，从 1M 电动机非整流子侧看去，电枢旋转方向应为顺时针方向；从 2M 电动机非整流子侧看去，电枢旋转方向应为逆时针方向。同样，第二转向架 3M 电动机为顺时针方向，4M 电动机为逆时针方向。由此，各牵引电动机的电枢与主极绕组的相对接线方式是

1M：A11A12→D11D12

2M：A21A22→D22D21

3M：A31A32→D31D32

4M：A41A42→D42D41

3）各开关作用

牵引电动机故障隔离开关 19QS、29QS、39QS 和 49QS 均为单刀双投开关，有上、中、下三个位置。上为运行位，中为牵引工况故障位，下为制动工况故障位。当牵引电动机之一故障时，将相应牵引电动机故障隔离开关置中间位，断开线路接触器，该电动机支路便与供电电路完全隔离。若误将牵引电动机隔离开关置向下位，则由于线路接触器已打开，虽然无电流，但导线 14 与 16 或 24 与 26 或 34 与 44 与 46 之一相连，故障电动机在电位上不能与主电路隔离；若为接地故障，则仍会引起接地继电器动作。

库用开关 20QP 和 50QP 为双刀双投开关。在正常运行位时，其主刀与主电路隔离，其相应辅助联锁接通受电弓升弓电磁阀，方可升弓；在库用位时，其主刀将库用插座 30XS 或 40XS 的库用电源分别与 2M 电机或 3M 电机的电枢正极引线 22 或 32 及总负极 72 或 82 连接，其辅助联锁断开受电弓升弓电磁阀的电源线，使其在库用位时不能升弓。只要 20QP 或 50QP 之一在库用位，即可在库内动车。同时，通过相应的联锁可分别接通 12KM 和 22KM 或 32KM 和 42KM，从而使 1M 或 4M 通电，以便于工厂或机务段出厂试验时测试电机转向、出入库及旋轮。

空载试验转换开关 10QP 和 60QP 为三刀双投开关。当机车处于正常运行位时，10QP 和 60QP 将 1 位和 4 位电压传感器 112SV 和 142SV 分别与 1M 和 4M 的电枢相连，其相应辅助联锁接通 12KM、22KM、32KM 和 42KM 的电空阀；当机车处于空载试验位时，10QP 和 60QP 将 112SV 和 142SV 分别与主整流器 70 V 和 80 V 的输出端相连，同时短接 76R 和 86R，其相应辅助联锁断开线路接触器 12KM、22KM、32KM 和 42KM 的电空阀电源线，使 10QP 或 60QP 置于试验位时电机与整流器脱开，确保空载试验时的安全性，此时电压传感器检测的是整流装置的输出电压。

每一台牵引电动机设有一台直流电流传感器和一台直流电压传感器，其作用除提供电子控制的电动机电流与电压反馈信号外，还通过电子柜处理之后，作为司机台电流表与电压表显示时的信号检测。

4. 加馈电阻制动电路

SS_4改型电力机车采用加馈电阻制动电路，主要优点是能够获得较好的制动特性，特别是低速制动特性。图 5-1-5 为机车加馈电阻制动工况时的简化电路图。

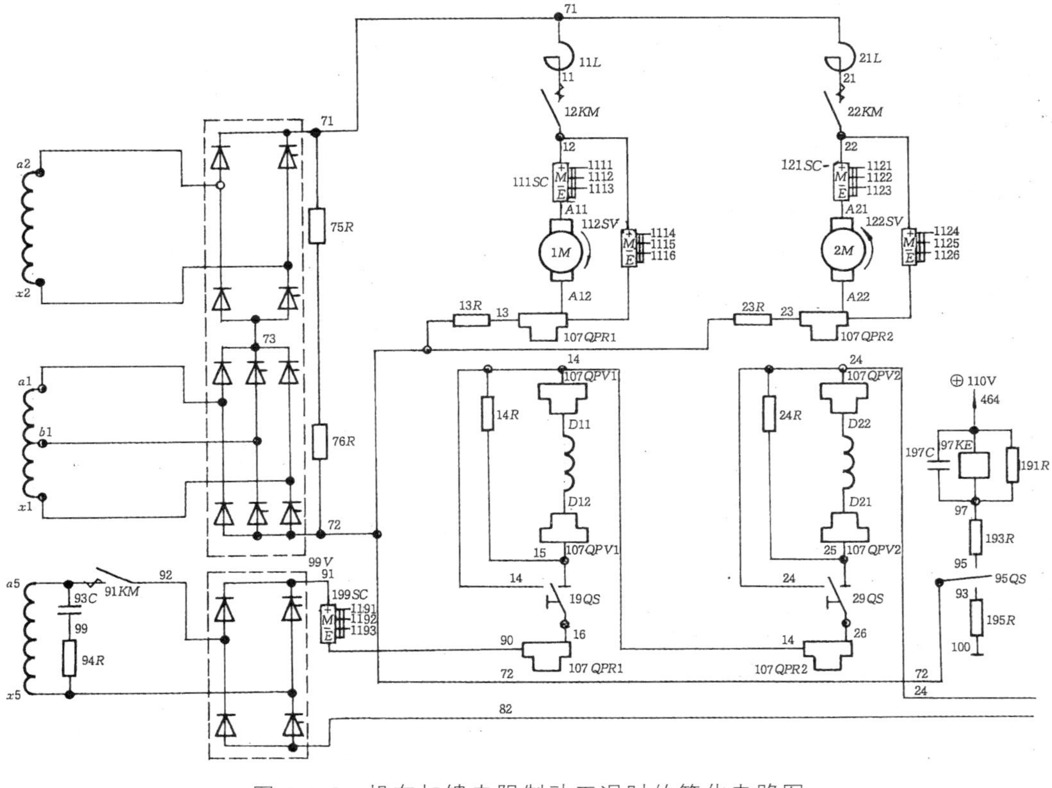

图 5-1-5　机车加馈电阻制动工况时的简化电路图

加馈电阻制动是在常规电阻制动的基础上发展而来的一种能耗制动技术。在常规的电阻制动中，制动电流 I_z 随着机车速度的减小而减小。因此，机车轮周制动力也随着机车速度的变化而变化。为了克服机车轮周制动力在机车低速区域减小的状况，加馈电阻制动从电网中吸收电能，并将该电能补足到 I_z 中去，以此获得理想的轮周制动力。

机车处于加馈电阻制动时，经位置转换开关转换到制动位，牵引电机电枢与主极绕组脱离，与制动电阻串联，且同一转向架的两台电机电枢支路并联之后，与主整流器串联构成回路。此时，每节车四台电机的主极绕组串联连接，经励磁接触器、励磁整流器构成回路，由主变压器励磁绕组供电。

现以 1M 电动机为例，叙述一下电路电流的路径。

（1）当机车速度高于 33 km/h 时，机车处于全电阻制动状态。其制动电流路径为：71 母线→平波电抗器 11L→12KM 线路接触器→111SC 电流传感器→1M 电动机电枢绕组→107QPR1 位置转换开关牵制鼓（制动位）→13R 制动电阻→72 号母线→VD_2→VD_1→VD_4→D_3—71 母线。

（2）当机车速度低于 33 km/h，机车处于加馈电阻制动状态。

当电源处于正半周时，其制动电流路径为：a_2→VD_3→71 号母线→平波电抗器 11L→12KM 线路接触器→111SC 电流传感器→1M 电动机电枢绕组→107QPR1 位置转换开关牵制鼓（制动位）→13R 制动电阻→72 号母线→VD_2→VD_1→VT_6→x_2。

当电源处于负半周时，其制动电流路径为：x_2→VT_5→71 号导线→11L 平波电抗器→12KM 线路接触器→111SC 电流传感器→1M 电动机电枢→107QPRI 位置转换开关牵制鼓→13R 制动电阻→72 号导线→VD_2→VD_1→VD_4→a_2。

加馈电阻制动时，主变压器的励磁绕组 a_5-x_5 经励磁接触器 91KM 向励磁整流器 99 V 供电，并与 1M～4M 电动机主极绕组串联，且励磁电流方向与牵引时相反，由下往上。

负极母线 82 为主整流器 80V 与励磁整流器 99 V 的公共点，由此形成两个独立的接地保护电路系统。第一转向架牵引电动机 1M 和 2M 电枢、制动电阻及主整流器 70V，主接地继电器 97KE，组成第一转向架主接地保护系统；第二转向架牵引电动机 3M 和 4M 电枢、制动电阻及主整流器 80V，励磁整流器 99V，主接地继电器 98KE，组成第二转向架主接地保护系统。

制动工况时，当一台牵引电机制动电阻故障后，应将相应隔离开关置向下故障位，则线路接触器打开，电枢回路被甩开，主极绕组无电流，但有电位。

为了能在静止状况下检查加馈制动系统是否正常，机车在静止时，系统仍能给出 50 A 的加馈制动电流（此时励磁电流达到最大值 930 A）。

5. 功率因数补偿电路（PFC 电路）

SS_4 改型电力机车主电路设置有四组完全相同的 PFC 装置，其电路结构如图 5-1-6 所示。

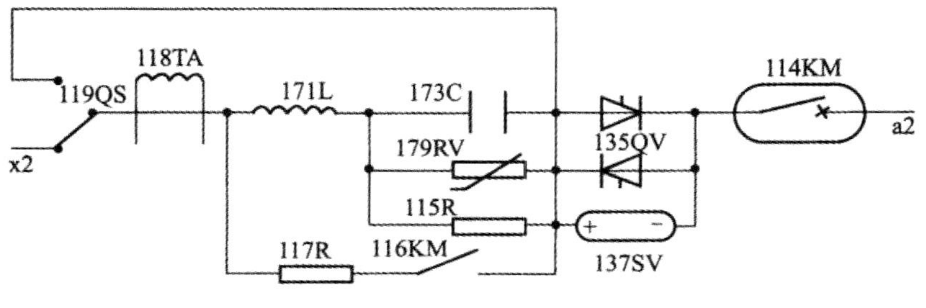

图 5-1-6　功率因数补偿电路

该装置是通过滤波电容和滤波电抗的串联谐振，以降低机车的三次谐波含量，提高机车的功率因数。它主要由真空接触器（电磁式）、无触点晶闸管开关、滤波电容、滤波电抗和故障隔离开关等电器组成。

PFC 电路中设置有故障隔离开关，在 PFC 电路出现接地时做隔离处理用。当故障隔离开关处于故障位时，一方面使 PFC 电路与机车主变压器的牵引绕组完全隔离；另一方面，通过其辅助联锁控制真空接触器主触头分断。同时，其主闸刀还将对电容器进行放电。

为确保人身安全，当司机取出司机钥匙时，因在每组 PFC 电路中的滤波电容和滤波电抗上并联了一个低阻（800 Ω），使得滤波电容上的电压能够快速放电。该电阻的投入是靠一高压继电器（116KM、126 KM、156 KM 和 166KM）来实现的。

6. 保护电路

SS_4 改型电力机车主电路保护包括：短路、过流、过电压及主接地保护等四个方面。

SS_4 改型电力机车主电路保护电路

1）短路保护

当网侧出现短路时，通过网侧电流互感器 7TA→原边过流继电器 101KC，使主断路器 4QF 动作，实现保护。其整定值为 320 A。

当次边出现短路时，经次边电流互感器 176TA、177TA、186TA 及 187TA→电子柜过流保护环节，使主断路器 4QF 动作，实现保护。其整定值为 3 000（1 ± 5%）A。

在整流器的每一晶闸管上各串联一个快速熔断器，实现元件击穿短路保护。

2）过流保护

考虑到牵引工况和制动工况时牵引电机的状况不同，牵引电机过流保护的整定值和保护方式设置也不同。

在牵引工况时，牵引电机的过流保护通过直流电流传感器 111SC、121SC、131SC 和 141SC→电子柜→主断路器来实现，其整定值为 1 300（1 ± 5%）A。

在制动工况时，牵引电机的过流保护通过直流电流传感器 111SC、121SC、131SC 和 141SC→电子柜→励磁过流中间继电器 559KA→励磁接触器 91KM 来实现，其整定值为 1 000（1 ± 5%）A。

在制动工况时，设有励磁绕组的过流保护，通过直流电流传感器 199SC→电子柜→励磁过流中间继电器 559KA→励磁接触器 91KM 来实现，其整定值为 1 150（1 ± 5%）A。

3）过电压保护

机车的过电压包括大气过电压、操作过电压、整流器换向过电压和调整过电压等。大气过电压的保护主要采用两种方式：一是在网侧设置新型金属氧化物避雷器 5F；二是在主变压器的各二次侧绕组上设置 RC 吸收器。牵引绕组上的 RC 吸收器由 71C 与 73R、72C 与 74R、81C 与 83R、82C 与 84R 构成；励磁绕组上的 RC 吸收器由 93C 与 94R 构成；辅助绕组上的 RC 吸收器由 255C 与 260R 构成。

当机车主断路器 4QF 打开或接通主变压器空载电流时，机车会产生操作过电压，通过网侧避雷器 5F 和牵引绕组上的 RC 吸收器，能够对此操作过电压进行限制。

机车的主整流器 70V 和 80V、励磁整流器 99V 的每一晶闸管及二极管上均并联有 RC 吸收器，以抑制整流器的换向过电压。

另外，牵引电机的电压由主整流器进行限压控制，其限制值为 1 020（1 ± 5%）V。

4）接地保护

牵引工况下，每“转向架供电单元”设一套接地保护系统，除网侧电路外，主电路任一点接地时，接地继电器均动作。接地继电器动作之后，通过其联锁使主断路器动作，实现保护。

制动工况下，具有两套独立回路，励磁回路属于第二回路。为消除“死区”，回路各电势均为相加关系。为此，励磁电流方向与牵引时相反，改为由下而上，故电枢电势方向亦相反，改为下正上负。当制动工况发生接地故障时，接地继电器动作，通过其联锁使主断路器动作，实现保护。

第 1 转向架供电单元的接地保护系统由接地继电器 97KE、限流电阻 193R、接地电阻 195R、隔离开关 95QS、电阻 191R 和电容 197 C 组成；第 2 转向架供电单元的接地保护系统由接地继电器 98KE、限流电阻 194R 和接地电阻 196R、隔离开关 96QS、电阻 192R 和电容 198C 组成。其中 191R 与 197C、192R 与 198C 是为了抑止 97KE 或 98KE 动作线圈两端因接地故障引起的尖峰过电压而设置的。9SQS 和 96QS 的作用在于当接地故障不能排除，但仍需维持故障运行时，通过将其置故障位，使接地保护系统与主电路隔离，接地继电器不再动作而跳主断路器。此时，195R 或 196R 与主电路相连，接地电流经此流至“地”。

任务 5.2　SS_4 改型电力机车辅助电路分析

【任务目标】

知识目标	1. 熟悉 SS_4 改型电力机车辅助电路构成。
	2. 熟悉 SS_4 改型电力机车辅助电路原理。
	3. 熟悉 SS_4 改型电力机车辅助电路保护方式。
素质目标	1. 培养学生勇于创新、开拓进取的意识。
	2. 培养学生具有一定的分析问题和解决问题的能力。
	3. 能客观、公正地进行学习效果的自我评价。
能力目标	1. 能够分析 SS_4 改型电力机车辅助电路原理。
	2. 能够判断 SS_4 改型电力机车辅助电路的工作状态。

【相关知识】

辅助电路是由机车的辅助设备及与其相关的电气设备连接而组成的电路。该电路专向各辅助机组供电，它是保证主电路发挥功率和实现性能必不可少的电路。其工作电压视辅助设备类型而定，一般为交流 380 V、220 V 或直流几百伏。

5.2.1 SS_4 改型电力机车的辅助设备

1. SS_4 改型电力机车辅助设备的作用

SS_4 改型电力机车辅助设备是为了保证机车主电路中各电气设备的正常工作而设置的。辅助电路中的各个辅机的工作状态直接影响着机车的正常运行。

电力机车辅助电路中的主要设备有分相设备、空气压缩机组、通风机组、油泵及其他采暖通风设备等。

1）分相设备

国产电力机车采用旋转劈相机作为分相设备，其作用是将机车主变压器提供的单相交流电转变为其他辅助机组需要的三相交流电。

劈相机可以看成是一台单相异步电动机和三相异步发电机的结合体。在劈相机的启动过程中，可以看成是一台单相异步电动机的启动。我们知道，单相异步电动机接入单相电源后，其气隙中产生的是一单相脉振磁场，这个单相脉振磁场可以分解为两个大小相等、方向相反的旋转磁场，在这两个旋转磁场的作用下，单相异步电动机会产生两个大小相等、方向相反的转矩，而合成转矩为零。因此，单相异步电动机不能自己启动，必须采用一定的启动方式使电机转动起来。对于单相异步电动机而言，向空间上有一定角度差别的两相绕组中通入时间上有一定相位差的两相电流，则电机的内部会产生一个旋转磁场，在该磁场的作用下，单相异步电动机就可以启动。劈相机就是采用分相启动电阻的方式完成启动的，其启动原理如图 5-2-1 所示。

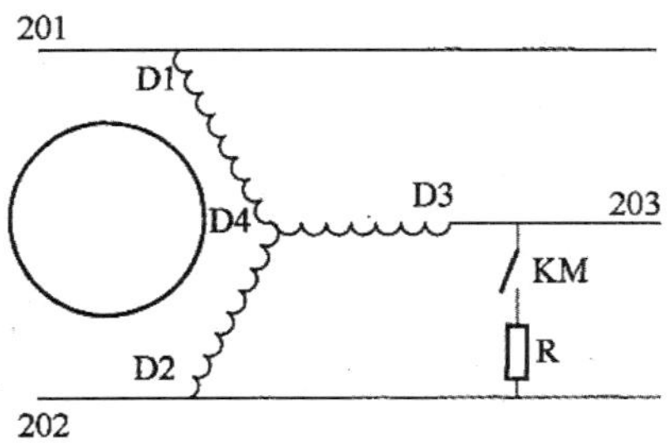

图 5-2-1 劈相机分相启动原理

劈相机的三相绕组之间彼此在空间上有一定角度差。电源接入之前，首先闭合开关 KM，将电阻 R 接入 D3-D4-D2 之间。当 201，202 线间输入单相交流电后，由于流入 D1-D4-D2 相绕组和流入 D1-D4-D3 相绕组的电流彼此间有相位差，会在劈相机内部气隙中产生旋转磁场，使劈相机的转子转动起来，同时劈相机的三相绕组切割此旋转磁场产生感应电动势，D1-D4、D2-D4 相绕组产生的感应电动势为反电势，从电网吸收电能，D4-D3 相绕组产生的感应电动势输出使 203 号线有电，后面的三相负载就得到了 201、202、203 线提供的三相交流电源。劈相机启动后，当转速达到一定的数值使转矩达到最大时，就要及时地把开关 KM 断开，将启动电阻 R 切除，否则会使劈相机的启动转矩下降，烧坏启动电阻，甚至会造成劈相机启动失败。

SS_4 改型机车每一节都设置了一台劈相机（MG），正常工作时，由本节车的劈相机工作，为本节车的辅助电机提供三相电源。当本节车劈相机发生故障时，可以用本节车的第一台牵引通风机（3MA）代替劈相机运行。

2）空气压缩机及其驱动电机（简称压缩机组）

空气压缩机的作用是产生电力机车用的压缩空气（也称风源），其压缩空气不仅要提供机车上所有风动电器（如受电弓、主断路器、两位置转换开关、电空接触器、各种阀等）的操纵控制，更重要的是作为空气制动系统的动力源，故电力机车上设置有两台空气压缩机，有一定储备以保证系统工作的可靠性，从而保证行车的安全。SS_4 改型机车每一节车设置了一台空气压缩机（2MA），两节车重联运行时两台空气压缩机都可投入工作。

3）通风机及其驱动电机（简称通风机组）

通风机用以冷却牵引电动机、整流硅机组、牵引变压器散热器、平波电抗器、制动电阻及其他设备。

SS_4 改型机车每节机车设置了两台牵引通风机（3MA、4MA），用来给牵引电动机进行通风冷却；两台制动风机（ 5MA、6MA），电阻制动时用来冷却制动电阻柜；一台变压器风机（7MA），用来冷却主变压器油散热器。

4）循环油泵

循环油泵用来使牵引变压器的冷却油进行强迫循环，保证变压器的内部冷却。SS_4 改型机车每节车设置了一台油泵（8MA），安装在主变压器油箱的油管路中。

5）其他辅助设备

为了改善机车乘务人员的工作条件，SS_4 改型机车上还设置了壁炉和脚炉（265R、267R、269R、271R）、电热玻璃（273EH、274EH）、空调（280EV）、电炉（258R）等设备。

电力机车采用标准化司机室后，辅助设备增加了司机室空调、微波炉等。

2. 辅助机组的启动

电力机车的辅助机组一般不需要调速，因此采用直接启动方式，但是直接启动时启动电流较大，若所有辅机同时启动，将会因为从电网取用电流过大而使网压过分降低，严重时会导致辅机启动失败。所以，辅助机组常用分别启动的方式解决电机同时启动带来的电流冲击问题，分别启动不致使网压过分降低。也有的机车采用电阻降压的启动方式启动辅助电机，以减小启动电流，但缺点是增加了附加设备。

鉴于机车辅助电机的工作条件一般都较差，因而对电机的要求也较高，在选用电机时应有一定的裕量。另外，在实际运用中，辅助线路的故障也不少，为了能在发生故障的情况下使机车维持运行，保证铁路运输畅通，在辅助线路中也应设置故障运行线路。

3. 设备代号及线号

SS_4 改型电力机车辅助电路设备代号分两部分，即流水号与文字符号相结合，前部为数字流水号，后部为英文符号。

辅助电路线号及设备代号的流水数码部分均为“2”字头的 3 位数流水号；线号“200”为地线，与机车车体连通。

SS_4 改型电力机车辅助电路

5.2.2 SS_4 改型电力机车辅助电路工作原理

SS_4 改型电力机车辅助电路（图 5-2-2）采用传统的单-三相供电系统，辅机均采用三相异步电动机拖动。电源来自主变压器的辅助绕组 a_6-b_6-x_6，其中 a_6-x_6 的额定电压为 399.86 V，b_6-x_6 的额定电压为 226 V。单相交流电源从 a_6-x_6 经库用转换刀开关 235QS 至导线 201、202，给各辅机及窗加热、取暖设备供电。机车在库内可通过辅助电路库用插座 294XS 引入 380 V 单相或三相电源，将 235QS 投向库用位，辅助电路设备即可由库内电源供电。

1. 单-三相供电系统

1）劈相机分相启动

劈相机是单相电动机与三相发电机的组合，提供辅助电路的三相电源，如图 5-2-3 所示。

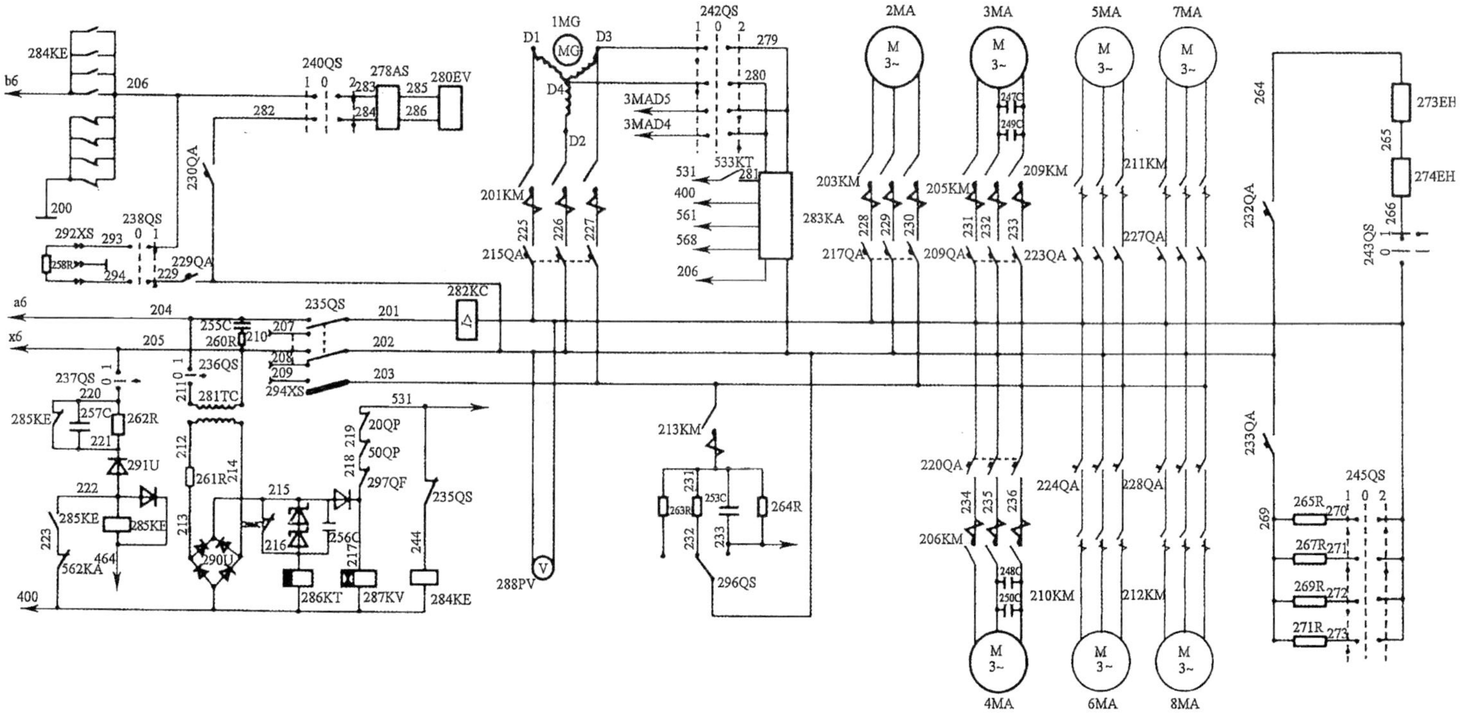

图 5-2-2　SS_4 改型电力机车辅助电路原理图

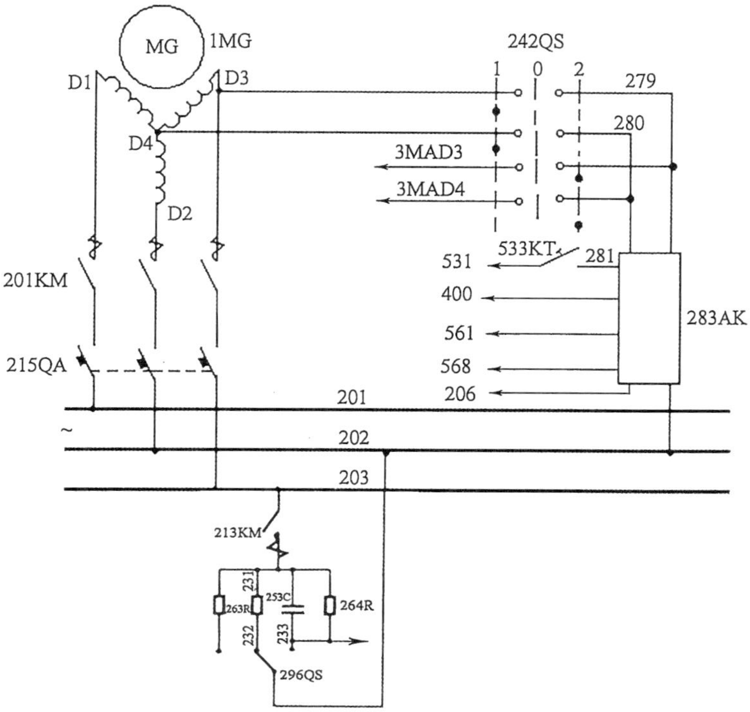

图 5-2-3　劈相机启动示意图

劈相机的运转与停止通过接触器 201KM 控制。劈相机启动时，在第二电动相绕组与发电相绕组间接入启动电阻 263R 进行分相启动，启动电阻的接通与开断由接触器 213KM 来执行。劈相机启动继电器 283AK 监测启动过程并控制启动电阻回路的开断，其工作电源（DC 110 V）从导线 531 经 533KT 常开联锁由导线 281 引入。当按下劈相机按键开关后，接触器 213KM 闭合，启动电阻投入，201KM 闭合，劈相机开始启动，这时劈相机启动继电器监测劈相机发电相电压（由导线 279、280 引入，间接反映劈相机的转速），当劈相机转速达到约 $0.9n_N$，也即 283AK 测得其发电相电压接近比较电压（额定网压下，该电压值为 220 V，由导线 202、206 引入）时，283AK 动作，其常开联锁闭合，导线 561、568 连通，则劈相机启动中间继电器 566KA 得电，使 213KM 及劈相机启动延时时间继电器 533KT 失电，213KM 主触头打开，开断了启动电阻回路，劈相机启动完成。同时，533KT 常开联锁开断了导线 531 与 281 通路，使 283AK 失去工作电源处于闲置状态。劈相机启动电阻有三个抽头，有两组备用，当一组烧损要换另一组时，只须把导线 232 接至另一抽头即可。

2）通风机电动机电容分相启动

第一台牵引通风机电机 3MA 的电容分相启动电路是为劈相机发生故障而特设的电路。在机车运行中，劈相机一旦发生故障，为保证其他辅机继续工作，即可切除劈相机，而以启动电容 253C 对通风机电机 3MA 直接进行分相启动。这时，要把劈相机故障转换开关 242QS 打向 2QS 位，即把 283AK 监测劈相机发电相电压的引入线转接到 3MA 的第三相上，同时必须把闸刀开关 296QS 倒向启动电容位。启动过程由启动继电器 283AK 控制，启动完成后 283AK 常开联锁闭合，使 213KM 线圈失电，其主触头打开，切除启动电容。

在使用 3MA 替代劈相机做电容分相启动时，司机操纵与使用劈相机时相同，由于两节车的辅助电路未重联，因此可以一节车做劈相机电阻分相启动，另一节车（劈相机故障）做 3MA 电容分相启动。必须强调的是，采用电容分相启动通风机电动机时，网压不得低于 22 kV，且必须在劈相机故障状态下进行。

2. 三相负载电路

当劈相机启动完毕后，辅助回路导线 201、202、203 即可提供三相不对称电源，这时，各辅机可依次投入工作。电气原理如图 5-2-4 所示。

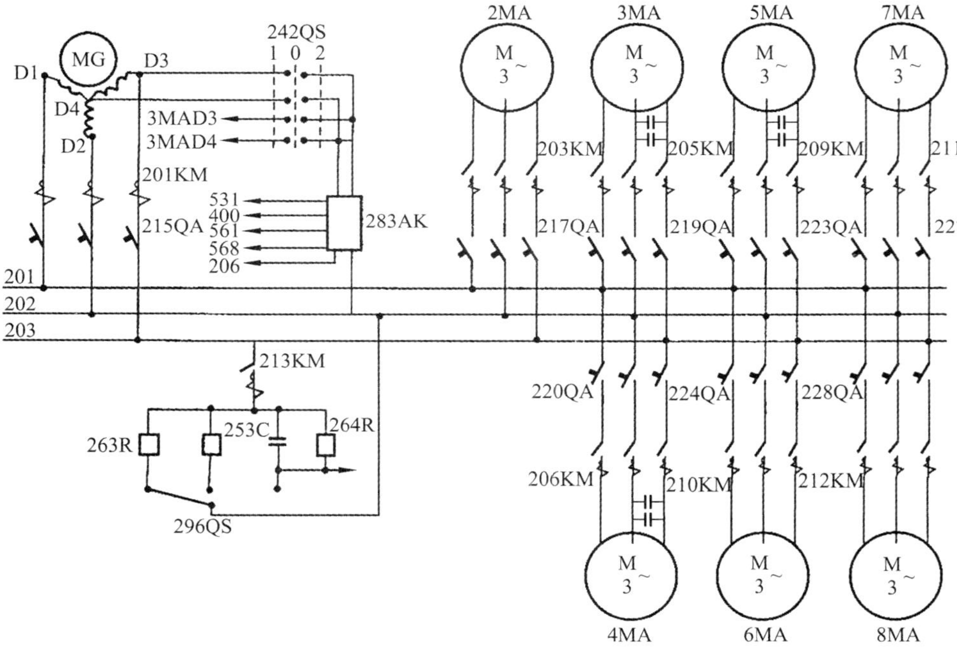

图 5-2-4　辅助电路三相负载电路

SS_4 改型电力机车三相负载有：压缩机电动机 2MA 一台，牵引通风机电机 3MA、4MA 两台，制动风机电动机 5MA、6MA 两台，变压器风机电动机 7MA 一台，变压器油泵电动机 8MA 一台。各辅助电动机均通过其相应的交流接触器进行分合控制。

为了改善劈相机供电系统的三相电源对称性，在 3MA～5MA 电动机的 D2、D3 之间接入移相电容 247C～252C，随电动机作负载投入而投入。

235QS 为库用转换刀开关，机车在电网下，235QS 倒向“运行”位，则主变压器辅助绕组 a_6-x_6 通过导线 204、205 经 235QS 与导线 201、202 连接，从而给辅助电路提供 380 V 单相电源。当机车处在库内时，235QS 须倒向“库用”位，此时可使用的库内电源有两种：

1）库内三相电源

使用库内三相电源时，一般不启劈相机。把库内三相电源接到库用插座 294XS 的 207、208、209 三点上，通过 235QS 及导线 203 与 209 之间的连接母线直接为辅助电路提供三相电源。

2）库内单相电源

单相电源送至库用插座 294XS 的 207、208 两点上，经 235QS 给辅助电路提供单相电源，此时须使用劈相机实现单-三相电源的转换。

若只使用库内单相电源，也可拆开导线 203 与 209 之间的连接母线，这样做有两个目的：一是从安全角度考虑，使库用插座上的第三点（209 点）不带电；二是当电源线误接至接点 208、209 上时，避免劈相机不能正常启动而受损。

3. 单相负载电路

SS_4 改型电力机车单相负载电路包括 380 V 单相负载和 220 V 单相负载，如图 5-2-5 所示。

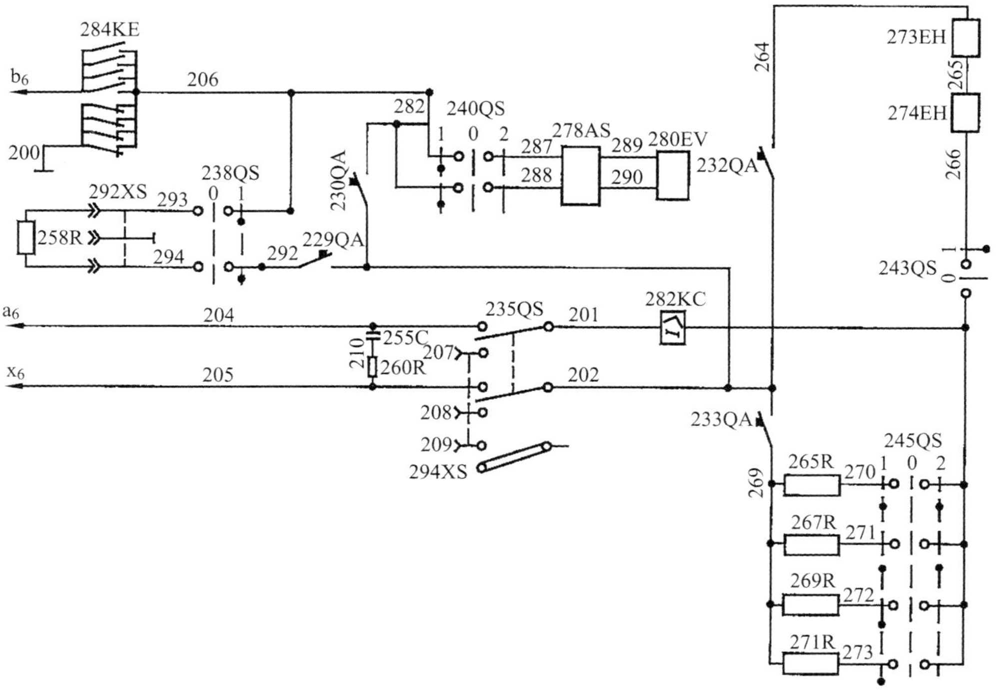

图 5-2-5　辅助电路单相负载电路

1）380 V 单相负载电路

由导线 201、202 供电，一路经自动开关 232QA 至导线 264，给窗加热玻璃 273EH、274EH 提供 380 V 单相交流电源；另一路经自动开关 233QA 至导线 269，给壁炉 265R、267R 及脚炉 269R、271R 提供单相 380 V 电源。243QS 为窗加热开关，245QS 为取暖开关，取暖开关有三个位置：“0”位为关断，“1”位为脚炉、壁炉同时开，“2”位为关脚炉、开壁炉。自动开关 232QA、233QA 分别做电路的过载保护用。

2）220 V 单相负载电路

该电路负载包括司机室空调及热饭电炉。电源由导线 202、206 引入，一路经转换开关 240QS、空调稳压器 278AS 供空调机 280EV 使用，自动开关 230QA 作该电路的过载保护；另一路经转换开关 238QS 至 220 V 电源插座 292XS，该插座亦可供热饭电炉使用，自动开关 229QA 作该电路的过载保护。中间继电器 284KE 所起的作用是：机车由电网供电时，连通导线 206-b_6 而接通 220 V 电源回路；机车在使用库内电源时，连通导线 206-200（地线），使机车在库内亦可获得 220 V 电源。

SS_4 改型电力机车辅助电路的保护

4. 保护电路

SS_4 改型电力机车辅助电路设置有以下几种保护：过电压保护、辅助电路过电流保护、辅接地保护、辅机过载保护及零压保护等。

1）过电压保护

采用跨接在辅助绕组 a6-x6 两端间的 RC 过电压保护电路，由电阻 260R、电容 255C 组成，吸收过电压。

2）辅助电路过流保护

在辅助绕组短路或其他原因造成辅助电路短路，其电流超过 2 800 A 时，进行辅助电路过电流保护，过电流继电器 282KC 吸合动作使机车主断路器分闸，并显示辅助过流信号。

3）辅接地保护

在变压器辅助绕组的 x6 端与地之间设有辅助电路接地保护电路，如图 5-2-6 所示。这个装置由辅接地继电器 285KE、整流元件 291U、限流电阻 262R、电容 257C、辅接地故障开关 237QS 组成。辅接地保护属有源保护装置，支路经 110 V 控制电源后接地。当辅助电路某点接地时，辅接地保护系统形成回路，285KE 动作吸合，其辅助联锁使主断路器分闸线圈得电跳闸，司机台辅接地信号显示。

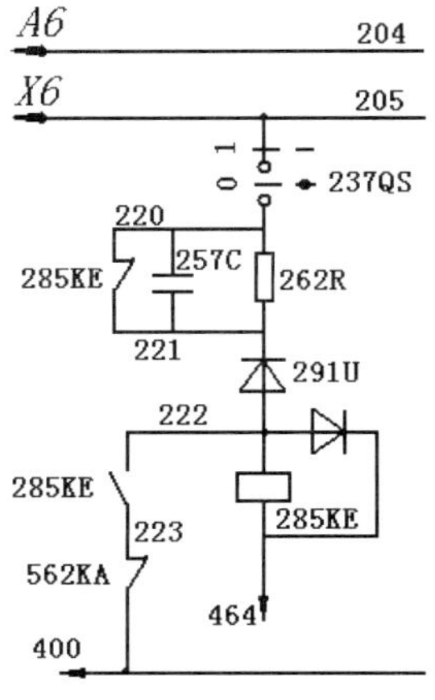

图 5-2-6　辅接地保护电路图

此时 285KE 常闭联锁开断，回路串入电阻 262R 以免出现大电流而烧损接地继电器。同时经由 285KE 自身联锁和恢复中间继电器 562KA 联锁接通“自锁”回路，保持信号记忆。故障解除后，借助主断路器合闸操作，562KA 常闭联锁断开使 285KE 恢复，信号消失。在限流电阻 262R 两端并接电容 257C，是为了使 285KE 动作时能可靠吸合，以提高保护系统的可靠性。

237QS 是辅接地保护故障隔离开关，当确定辅助电路有一点接地且不能排除时，可切断保护电路，使机车做故障运行，此时要严密监视各辅机工作状态，以确保行车安全。

4）辅机过载保护

SS_4 改型电力机车的辅机保护采用了两种保护形式：一种是电子式辅机过流保护装置（159～344 号机车）；另一种为自动开关过流保护（344 号以后机车）。

电子式辅机过流保护装置的特点是：保护装置设有一次保护跳接触器、二次保护跳主断路器的执行功能，因此在辅机发生故障过流时能可靠动作，具备阻止辅机故障扩大的能力。

其不足之处在于本身只是控制装置而非执行器械，保护功能则需接触器或主断路器来完成，因此当辅机发生短路或单相堵转故障时，接触器将开断故障电流，而这种大电流的开断可能使接触器主触头烧损，甚至造成触头烧焊，极易影响接触器的寿命。此外，该装置还存在人为隔离的因素，亦使辅机保护的可靠性打了折扣。

自动开关保护具有两种保护功能，即瞬时电磁脱扣的短路保护功能和热脱扣动作的过载保护功能。该保护的特点是：分断能力较高，当电路发生过载、短路等故障时，能自动切断故障电路，有效地保护串接在它后面的辅机，过载保护具有反时限特性。不足之处在于自动开关是系列产品，其保护特性与辅机特性的匹配问题给选型增加了难度，且其保护特性具有分散性，因此其保护特性的整定和校核是关键。

5）零压保护

零压保护是接触网供电的失压保护，由接在主变压器绕组 a6-x6 两端的零压变压器 281TC、电阻 261R、整流装置 290U、电容 256C 及零压时间继电器 286KT 组成，其电路如图 5-2-7 所示。

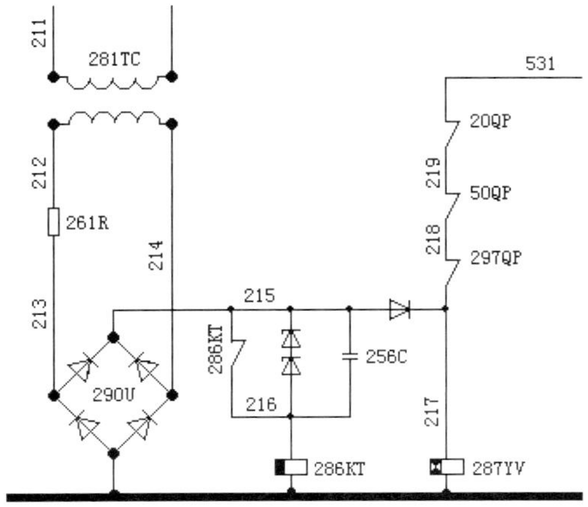

图 5-2-7　零压保护电路图

当电网正常供电时，286KT 吸合；当电网失压时 286KT 失电动作，其常闭联锁闭合，经 563KA 零压中间继电器接通主断路器的分闸电路，并显示信号。

因电网失压后，变压器辅助绕组两端电压不是突变至零，而是随时间衰减的，所以在此电路中串有两个稳压管，截止电压 50 V，主要作用是使零压时间继电器 286KT 在电网失压后能在 2 s 的时间内动作，以达到保护的准确性及必要性（供电网故障重合闸为 2 s），排除电网失电后重合闸时劈相机处于单相堵转合闸及短暂脱弓乱跳闸。在稳压管两端并接有电容 256C，其作用主要是在零压时间继电器 286KT 吸合过程中，在 286KT 常闭联锁打开的瞬间，利用电容的反突变特性，使加在 286KT 线圈上的电压有一衰减过程（使 286KT 吸合的电流不是突然变小，而是随时间衰减）。所以，并接电容 256C 就是为了帮助零压时间继电器能可靠吸合，避免在此过程中出现“衔铁振荡”现象。

零压保护电路同时还起到保护阀 287YV 的交流保护作用，即保护阀 287YV 由两路送电：一路从控制电路电源线 531 经主电路入库转换开关 20QP、50QP 联锁，车顶门行程开关 297QP 联锁送至 287YV 线圈；另一路由零压保护电路给 287YV 供电，由此构成保护阀的双电源送电状态。即使出现控制电路切断而机车高压供电依然存在的情况，287YV 仍得电，门联锁锁闭，各室门打不开，以达到确保人身安全的目的。

任务 5.3　SS_4 改型电力机车控制电路分析

【任务目标】

知识目标	1. 熟悉 SS_4 改型电力机车控制电路构成。
	2. 熟悉 SS_4 改型电力机车控制电路原理。
	3. 熟悉 SS_4 改型电力机车控制电路保护方式。
素质目标	1. 培养学生勇于创新、开拓进取的意识。
	2. 培养学生具有一定的分析问题和解决问题的能力。
	3. 能客观、公正地进行学习效果的自我评价。
能力目标	1. 能够分析 SS_4 改型电力机车控制电路原理。
	2. 能够判断 SS_4 改型电力机车控制电路的工作状态。

【相关知识】

控制电路是由控制电源、主令电器及控制电气设备组成的电路。就其功能而言，控制电路就是主令电路，司机通过主令电路发出指令来间接控制机车主电路及辅助电路，以完成各种工况的操作。电力机车控制电路是机车的三大电路中最为复杂的电路，是一种逻辑电路，属于低压直流小功率电路。目前，我国电力机车控制电路电压为直流 110 V。

SS_4 改机车控制电路是由司机控制器、低压电器、主电路与辅助电路中的各电器电磁线圈及各电器的触头联锁、开关等组成的有接点控制电路及电子电路。控制电路可以控制主电路和辅助电路中的各电器动作，并通过司机控制台上的各按键开关和司机控制手柄位置操作，使机车按照司机的意图运行。

5.3.1 控制电路认知

1. 对控制电路的要求

由于主电路和辅助电路中各电器动作要求均由控制电路控制，因此控制应满足下列要求：

（1）能改变机车的运行状态，如运行方向的改变、牵引与制动的转换。

（2）能对牵引力、制动力及速度进行调节。

（3）有控制各辅机组启动、运行的电路，有控制其他辅助设备的电路。

（4）有保证主电路、辅助电路可靠工作的控制电路，如避免重合闸，避免由于误操作引起的不良影响等。

（5）能保证各电器按一定的次序动作，动作结果与司机发出的指令一致，动作过程中没有灭弧装置的电器不应该产生电弧。

（6）设有照明电路和信号电路。

（7）设有故障电路，在机车发生某一故障又不能及时处理时，组成故障电路或切断故障电路部分，使机车维持运行。

（8）当机车重联运行时，若一台机车故障，要求不影响另一台机车运行。

（9）在保护电器动作引起主断路器跳闸后，应有零位联锁，即重新合闸时，机车各电器须处于启动前状态。

（10）要求电气制动与机械制动之间有一定的安全联锁。

（11）要求控制电路在满足要求的前提下尽量简单，操纵部分简单易记、便于操作。

总之，控制电路系统要保证行车的安全，利于操作、运用、维修，尽量节省电气设备，以达到最佳的经济指标。

正因为控制电路是机车电路最复杂的部分，就机车运行中出现的故障而言，控制电路中故障也较多。因此，熟练掌握控制电路原理，就能在平时对机车进行全面保养，在发生故障时能迅速准确地进行分析与处理，这对确保行车安全是非常重要的。

2. 电力机车的控制方法及其特点

电力机车的控制方法视机车的类别不同而不同。对电压不高、功率不大的直流电力机车，可采用直接控制的方法，即采用手动的方法直接控制机车主电路而使机车运行，这种机车其控制电路就包括在主电路之中。这种方法使机车电路简单、故障率低，但只能适用于一些城市电车及工矿用小功率电力机车。

对于高电压大电流的大功率机车，直接控制显然是不能满足要求的，而且具有极大的危险性，所以必须选用间接控制的方法。所谓间接控制，就是通过司机控制器及各按键开关来控制一些低压电器，再通过这些低压电器来控制高压大电流设备。这种方法使弱电得以控制强电，操作轻巧简单，而且很好地将操作者与高压部分隔离。

采用间接控制的方法有利于机车向自动化方向发展。随着科学技术的发展，电力机车也得到不断的发展，电力机车的自动化水平越来越高，自动控制环节越来越完善。电力电子技术的发展及新型电器、仪表的出现，为机车的自动控制提供了广阔的基础，使机车向全自动化方向发展成为可能，同时也使机车的控制系统日趋复杂，必然对控制系统提出更高的要求。

3. 电力机车通用符号及说明

由于电力机车电气线路中电气设备种类繁多，电路本身就较复杂，尤其控制电路更复杂，为了读图方便起见，我们将电力机车电路中通用的符号按新国标总结。

（1）各电气设备在电气线路图中编制原则是采用流水和文字符号相结合的方式。例如，在接触器线圈旁注明 97KM 表示 97 号励磁接触器，且在所有 97 号励磁接触器各联锁触头旁边也注明 97KM，说明是同一电器在电路中不同位置的控制关系。

（2）导线也是电气线路图中的一部分，特别是一些重要的导线在电路图中应标明导线的代号，不同类型和不同作用的导线可用字母表示不同。

（3）常开联锁、常闭联锁（也称正联锁、反联锁）是指在电器的工作线圈未通电、电器处于释放状态的联锁位置而言，若其联锁触头是打开的即为常开联锁（正联锁），若其联锁触头是闭合的即为常闭联锁（反联锁）。当电器工作线圈通电而电器动作后，常开联锁闭合，常闭联锁打开。在韶山系列电力机车电气线路中，联锁位置采用了通用的上开下闭、左开右闭的画法，即将常开联锁动节点画在导线的左边和上边，将常闭联锁动节点画在导线的右边和下边。

（4）应当指出的是，并不是所有的电器都有常开、常闭的概念。对于某些组合电器（如位置转换开关）的触头联锁，这类联锁除标明其所属电器的代号外，还应标明该联锁在哪个位置接通。

（5）对于凸轮控制器或鼓形控制器，在电路图中将这类圆形的触头闭合次序沿轴向展开为一个平面的触头闭合电路图，简称展开图。在某些工作位置，若某些导线对应的联锁是接通的，则在该位置相应的导线下方以黑点表示；在某些工作位置，若某些导线对应的联锁是断开的，则在该位置相应的导线下方无黑点。

（6）有些比较复杂的电器，在电路中不易标出工作位置和触头闭合次序，一般采用在电路旁附上工作位置的图表，如调压开关等组合电器的触头闭合表。

（7）国产电力机车电路图中所示的接触元件和联锁触头的开、闭位置表示原则和操作位如下：司机控制器在零位，位置转换开关在机车Ⅰ端向前、牵引位；各按键开关在非工作位；空气断路器在开断位；各刀开关在运行位；各保护自动开关在开断位。

4. 联锁方法与重联电路

1）常用联锁方法

机车控制电路必须满足主电路和辅助电路的控制要求，如电器按一定次序动作，司机按一定顺序操作，因此必须设置一些联锁来满足控制电路的逻辑要求。

在设置控制电路的联锁时，首先必须满足电路的控制要求，在此前提下应尽量减少联锁数目。另外，对于需要有故障运行电路，同样要在控制电路中做相应考虑。对于可能由于错误操作造成事故的现象，也应在电路中予以避免或设法补救。因此在设置控制电路的联锁时应统筹考虑，权衡处理。

机车上常用的联锁方法有两大类，即机械联锁与电气联锁。

（1）机械联锁。

为避免司机的误操作造成人身及设备不安全，需设置一些机械联锁来保证。目前采用的机械联锁主要有：

① 司机控制器换向手柄和调速手轮间的机械联锁。

② 司机台上的按键开关与电钥匙的联锁。

③ 换向手柄、电钥匙与钥匙箱的联锁。

（2）电气联锁。

① 串联联锁。

在某电器的工作线圈前串联若干其他电器的联锁，这些联锁称为串联联锁。串联联锁是由多个条件来使一个电器通电，而其中任意条件的消失均会使电器线圈失电，在电路中凡要求满足多个条件才能接通另一电路的环节一般采用串联联锁电路。但串联联锁越多，可靠性越低，因此，应尽量减少串联联锁的数量。串联联锁如图 5-3-1 所示。

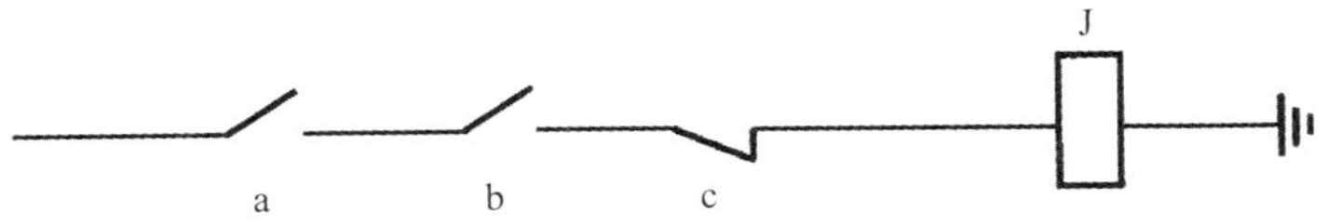

图 5-3-1　串联联锁

② 并联联锁。

在某个电器工作线圈前并联其他电器的联锁，这些联锁称为并联联锁。并联联锁是多个条件中的任一条件满足则该电器工作线圈得电，而只有全部条件消失该电器线圈才能失电，这种联锁方法对电器动作顺序没有固定要求，电路中常采用这种联锁作为双重供电电路以保证重要电路供电的可靠性。另外，对于保护电器及显示电器也采用这种方法。并联联锁如图 5-3-2 所示。

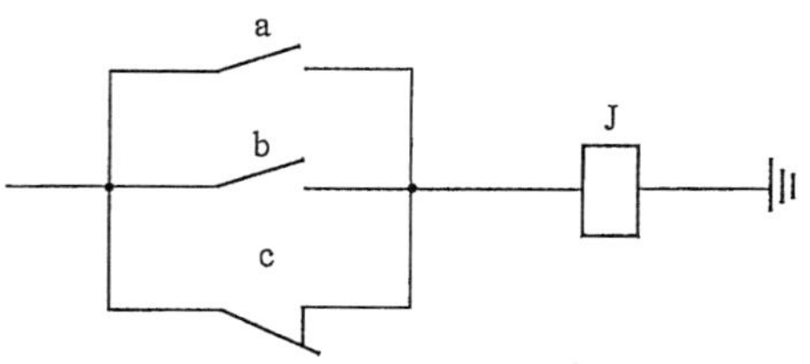

图 5-3-2 并联联锁

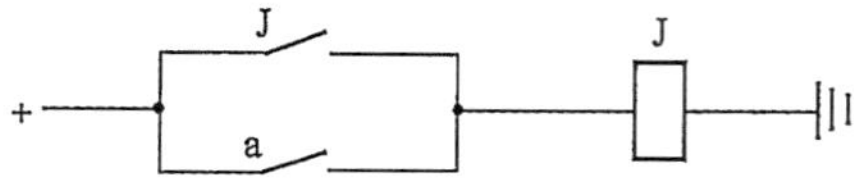

图 5-3-3 自持联锁

③ 自持联锁。

在某些电器工作线圈前的电路中并联该电器本身的常开联锁，这个联锁称为自持联锁。

自持联锁常用于电器工作的条件构成后可能又消失，但又需要在构成条件消失后，必须保持该电器持续工作的场合，如电力机车劈相机启动中间继电器的联锁及劈相机电源接触器的联锁即为自持联锁。自持联锁如图 5-3-3 所示。

④ 延时联锁。

延时联锁是指电器的线圈得失电与其联锁动作不同步，其实现方法有多种，如采用在电器铁心上加装短路铜套，或在继电器本身某些联锁上加装钟表机构，二者的不同之处在于前者的所有联锁都具有延时性，后者仅有钟表机构的联锁有延时而其他联锁不具有延时。在要求有短暂延时时，也可以在要求滞后动作的电器线路中，多串联一个要求先动作电器的常开联锁实现，如在电器的工作线圈旁并联一电容，在线圈断电后，由于电容可通过电器线圈放电，因此使线圈延时失电，从而使电器延时释放，如图 5-3-4 所示。延时联锁有 4 种，如图 5-3-5 所示。

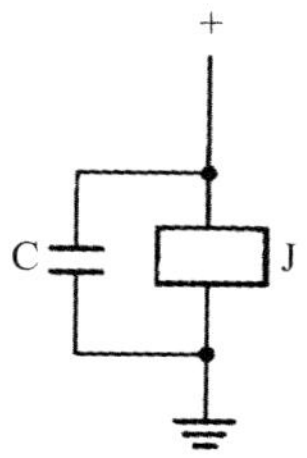

图 5-3-4 并联电容的延时作用图

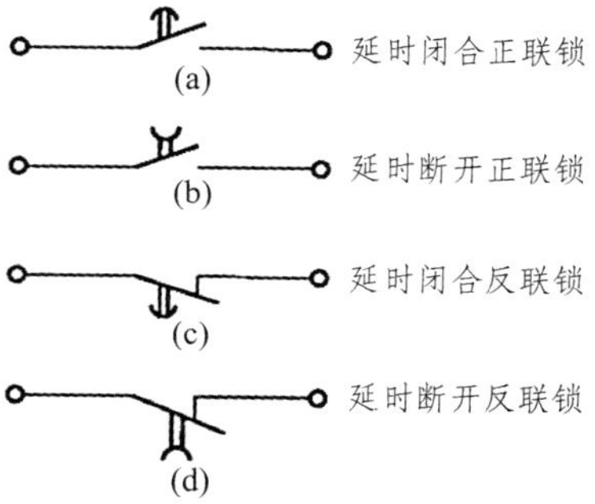

图 5-3-5 延时联锁的种类

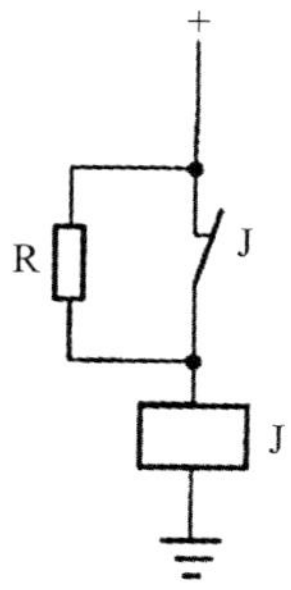

图 5-3-6 经济电阻电路

⑤ 经济电阻线路。

在某些电路中，为了使接触器或继电器可靠吸合，同时又提高本身的返回系数，即提高电器动作的灵敏度，可在电器工作线圈的控制电路中接入一电阻，组成经济电阻电路，如图 5-3-6 所示。在继电器闭合瞬间，电阻被继电器本身的常闭联锁短路，使继电器的安匝数得以提高，继电器能够可靠吸合。继电器吸合后，常闭联锁打开，电阻接入电路中，使流过继电器的电流减小，从而使继电器返回系数有所提高。

2）迂电电路及其保护

某一电器或支路在某一时刻不应该有电，但却通过其他支路“串电”到该支路，这种串电电路称为迂电电路。迂电电路会引起电器的误动作，破坏电器动作的逻辑关系，造成电路工作的紊乱。迂电电路产生的原因主要是设计时考虑不周，在多条控制电路组合时产生。在机车运用或检修中，接错线也会形成迂电电路。

防止迂电电路的主要方法是在电路中串入防迂电二极管，利用二极管的单向导电性来满足要求，但在日常检查中需注意二极管是否击穿。

3）重联及重联电路

随着铁路运输的不断发展，在铁路干线电力牵引运行中，一台机车牵引有时往往不能满足运输要求，就需要多机牵引。采用多机可以使线路的通过能力大大增加，提高铁路的运输经济指标。

在干线上使用多机牵引时，可以由几名司机各操纵一台机车相互配合，也可以将各台机车通过机车两端的多芯电缆插头使其电气线路连接起来，实现由一名司机操纵多台机车。我们称后一种运行方式为机车的重联运行。司机操纵的那台机车称为本务机车，非操纵机车称为重联机车。

重联机车由于在电路上与本务机车相互连接，因此它们应该具有相同的电路，这样才能达到同步运行、减少内耗的目的，也就是说同型机车重联最为方便。

在重联机车的电路中，必须防止由于一台机车的电器动作而影响另一台机车的电器动作的情况。如图 5-3-7 所示，若司机在第一台机车上操纵，当按键按下时，两台机车的继电器 J 均吸合，而在接触器 A 吸合后，两个继电器 J 均失电释放。但在图 5-3-7（a）所示的线路中，若第一台机车的接触器 A 因故障不能闭合，则两台机车的继电器 J 均不能打开，这就将第一台机车中的故障也转移到第二台机车上去了；反之，若第二台机车的接触器 A 故障不能吸合，则两台机车的继电器仍能正常工作，这就掩盖了第二台机车中存在的故障，所以这种线路的设计是不合理的。为了防止上述情况，可将线路适当改变，按图 5-3-7（b）的方式连接。

有些机车的电路在单机运行时是可靠的，但在重联时可能引起迂电电路，这也是需要在考虑电路重联时予以注意的。此外，由于电力机车的司机室有两个，分为Ⅰ端和Ⅱ端，对于同一端的司机室而言，两台机车重联时可能是顺向连挂，也可能是反向连挂，因此，从两台机车的反向器电路上应保证无论什么连接方式，两台机车的行驶方向总是一致的。重联机车发生故障时，应在本务机车上有信号显示。

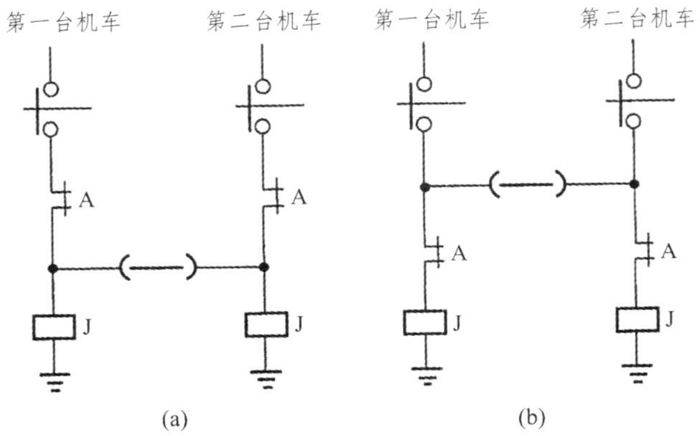

图 5-3-7　机车重联电路

机车采用重联运行显然可以减少乘务人员，在电动车组中一般乘务人员操纵一台机车即可。在干线电力机车上，一般是两台机车重联，由于重联机车较少，因而一台机车故障后，会对整列列车运行产生较大影响，所以除一组乘务人员操纵本务机车外，在重联机车上可设专人进行监视，发现故障时予以及时处理。这样既可减少乘务人员，又减轻了乘务人员的劳动强度，相应地提高了生产效率。

多机牵引中各台机车均单独操纵时，虽然不能达到同步运转，但只要各位司机技术熟练，配合默契，仍可以得到较好的效果。特别是采用补机在列车尾部推进的方式，既可以减轻车钩拉力，在通过无电区时又能分别断开，从而保持一台机车的牵引力，对列车运行也是有利的。而采用重联的运行方式，正常运行时两台机车同步运转，能够较好地发挥机车功率，特别是在启动时，牵引力能够较大地发挥。但是，若在运行中一台机车因故障跳闸，在故障消除后机车恢复，有时必须使另一台机车也要退回启动初始状态，才能使故障机车恢复，这样就使全部机车都丧失了牵引力。因此，机车部件质量不高及工作不可靠的机车不宜进行重联运行。

5. SS_4 改型电力机车控制电路组成

SS_4 改型电力机车控制电路根据各环节作用的不同，可分为以下几部分：

（1）控制电源：控制电源为机车控制电路提供直流 110 V 稳压电源。

（2）整备控制电路：整备控制电路完成机车动车前的各项准备性操作，主要由司机控制器的换向手柄及按键开关送出控制主令。

（3）调速控制电路：调速控制电路完成机车的动车及调速控制，主要由司机控制器的调速手轮送出控制主令。

（4）保护控制电路：保护控制电路完成与主电路、辅助电路有关的保护的执行控制，根据机车的使用情况和可能产生故障的严重程度，其保护结果有两种：一是跳主断路器，二是跳接触器。

（5）信号控制电路：信号控制电路完成机车整车或某些部件的工作状态的显示。

（6）照明控制电路：照明控制电路完成机车的内外照明及标志显示。

SS_4改型电力机车控制电源

5.3.2　SS_4改型电力机车控制电源分析

1. 控制电源作用及特点

机车上的 110 V 控制电源（图 5-3-8）由 110 V 电源柜及蓄电池组构成。机车正常运行时，主要由 110 V 整流电路提供稳压电源，蓄电池起稳压等作用；降弓情况下，蓄电池供机车作低压试验、辅助压缩机打风及照明用电。运行中电源柜故障时，蓄电池作维持机车故障运行的控制电源。

110 V 电源柜具有恒压、限流特点。主要技术参数如下：

输入电源……………………………………………… $396(1^{+25\%}_{-30\%})$ 单相交流 50 Hz

输出额定电压……………………………… 直流 110 (1 ± 5) V（与蓄电池组并联）

输出额定电流…………………………………………………………………直流 50 A

限流保护整定值……………………………………………………………… 55(1 ± 5%) A

静态电压脉动有效值 …………………………… < 5 V（与蓄电池组并联）

2. 电路原理

1）主电路控制原理

电源取自辅助绕组 a_6-x_6，经 235QS 送至 201、202 线，再经 600QA 接至控制电源变压器 670TC（396 V/220 V）降压后送至控制电源硅机组 669 VC，通过半控桥整流输出后再经滤波电抗器 671L 和滤波电容器 663C 滤波，电压变得平滑。通过整流输出闸刀（机车上叫蓄电池闸刀）666QS 与蓄电池组并联（同时也兼起滤波作用），经负载闸刀 667QS 输出，向机车控制电路提供 110 V 电源。同时两节车的控制电源经重联闸刀 668QS 重联。

由公式 $U_d = 0.45U_2(1+\cos\alpha)$ 可知，整流电压的平均值 U_d 与整流桥的输入电压 U_2 和晶闸管的移相角 α 有关，当 U_2 随网压变化时，可通过自动调节 α 角达到稳压的目的。当出现过电流时，也可以通过自动调节 α 角降低 U_d 来达到限流的目的。

控制电源的保护均设在控制电源电路中。交流电源和蓄电池的短路保护采用自动开关；过电压保护采用阻容吸收电路，包括整流装置输入端和各个整流臂。控制电源各支路均由单极自动开关进行短路与过流保护。在直流输出的负端接有由自动开关、中间继电器和接地电阻组成的接地保护。

导线 464 为电源正端、导线 400 和导线 600 为电源负端，但控制电源的负端 400 线不直接接地，而是通过 630R、554KA、616QA 接地，通常 616QA 处于闭合位，一旦出现负载接地故障，自动开关 616QA 过流而断开，由 630R 限制接地电流，保护蓄电池，并维持 110 V 电源故障运行，同时 554KA 吸合，常开联锁闭合，司机台上显示控制电路接地信号。故障排除后，合上 616QA，恢复正常运行。

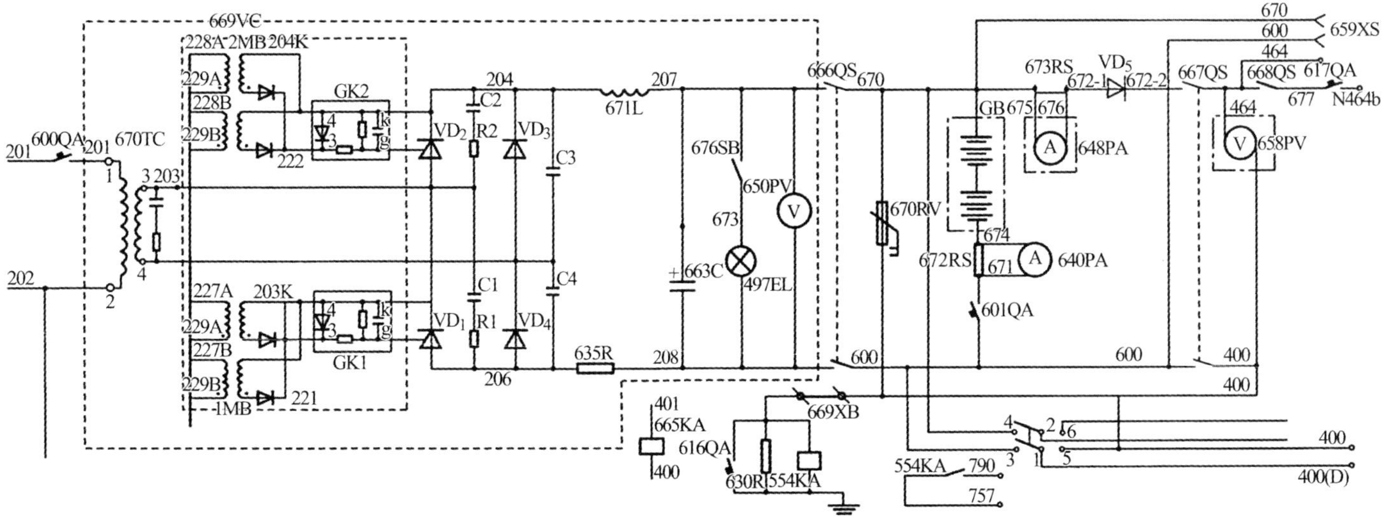

图 5-3-8　SS_4 改型电力机车控制电源电路原理图

在控制电源主电路设有 2 个双刀（单投）刀开关：整流输出开关，即整流桥输出与蓄电池相连接的开关；负载开关控制 110 V 电路的负载，可同时切断负载的正、负两端，避免负载单线带电的可能。

控制电源的输出电压由装在电源柜上的 650PV 与在副司机台上的 658PV 分别测量。控制电路中的电流由 640PA、648PA 测量，其中 640PA 通过分流器 672RS 安装在电源柜上检测放电电流，648PA 通过分流器 673RS 安装于副司机台上指示控制电路的总负载电流值。

另外，110 V 直流电源经电源插件产生 + 15 V、 + 24 V、 + 48 V 电源，分别供给机车司机台信号（ + 15 V）、仪表照明（ + 24 V）及机车自动信号（ + 48 V）使用。

2）电子控制电路原理

110 V 电源电子控制方框图如图 5-3-9 所示。晶闸管 VT_1、VT_2 的导通由 674AC 的“稳压触发”插件控制，当网压波动和负载变化时，由 203、205 线引入的电压值间接反映网压变化，电流反馈信号由反馈电阻 635R 上的压降通过 206 线提供，207 线引入的正极性电压反馈负载端电压变化。根据这些反馈参数的变化，电压给定值与 110 V 电源的反馈信号（经电阻分压器分压）在电压调节器输入端进行比较；电流给定值与 110 V 电源的反馈信号在电流调节器输入端进行比较。当系统工作后，未达到电流限制值前，移相触发角的前移与后移（也就是直流电压的增加和减少）将由电压调节器来控制。只要电压给定恒定不变，直流输出电压就始终保持在 110（1 ± 5%）V。当负载电流达到电流限制值时，电流调节器的输出值将取代电压调节器输出值来控制移相触发角后移，减少输出电压值，维持最大负载电流不超过最大电流限制值 55（1 ± 10%）A。

所以 110 V 稳压电源具有恒压、限流的特点，输出电压稳定为 110（1 ± 5%）V，输出电流在短路情况下被限制在 55（1 ± 10%）A（此时不再稳压）。

110 V 电源的外特性如图 5-3-10 所示。

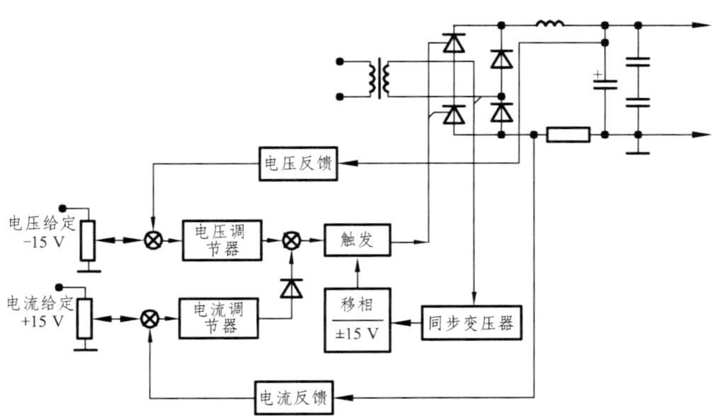

图 5-3-9　110 V 电源电子控制方框图

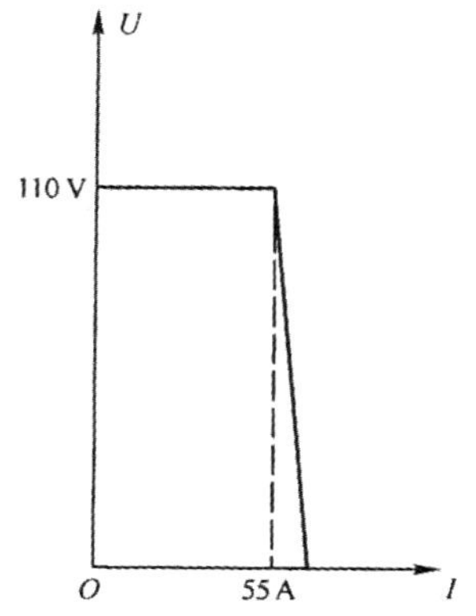

图 5-3-10　110 V 电源外特性

5.3.3 SS$_4$改型电力机车整备控制电路分析

整备控制是指机车动车前的各项准备性操作，包括升受电弓，合主断，启动劈相机、压缩机、通风机，完成机车向前或向后、牵引或制动的操作。

SS$_4$改型电力机车受电弓控制电路

1. 受电弓控制

受电弓的升起是由压缩空气进入升弓气缸，推动气缸内的活塞而产生的。受电弓的升起受气路和电路两方面的控制。受电弓气路控制如图 5-3-11 所示，受电弓电路控制如图 5-3-12 所示。

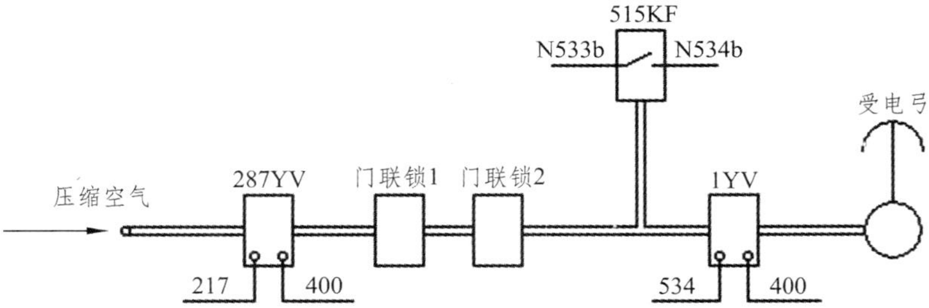

图 5-3-11 受电弓气路控制示意图

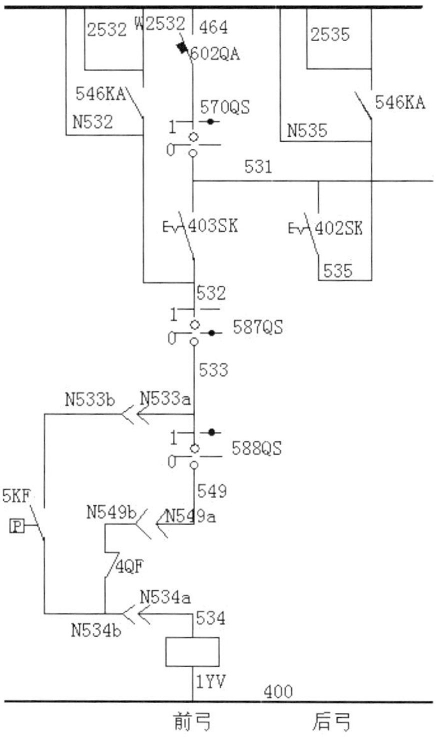

图 5-3-12 受电弓控制电路原理图

压缩空气的开通与关闭受电空阀 1YV 控制，具体控制过程如下：

（1）电源由 602QA 自动开关提供，经主台按键开关的电钥匙联锁 570QS，使导线 531 有电。一路经 20QP、50QP、297QP 使保护阀 287YV 得电动作，开通通向高压室门联锁阀的气路。若此时门联锁已正常关闭，则门联锁阀动作，使高压室门闭锁，并开通通向受电弓升弓电空阀的气路，为升弓做好准备；另一路经“前受电弓”按键开关 403SK 及受电弓隔离开关 587QS，使导线 533 有电。

选择机车重联牵引时，此时 588QS 在“重联”（“0”）位，导线 533 经内重联插头后，使另一节车的 N533b 有电，再经另一节车的受电弓风压继电器 515KF 和内重联插头，使本车的 534 导线有电，前受电弓电空阀 1YV 得电，受电弓升起。从而实现了只有当重联的两节车的高压室门都关好后，受电弓才能升起的设想，达到了保证人身安全的目的。

当选择机车单机牵引时，此时 588QS 在“单机”（“1”）位。导线 533 经 588QS 使导线 549 有电，再由导线 549 送入 B 节车，经 B 节车主断路器的辅助联锁 4QF，使导线 N534b 有电，然后返送到 A 节车，A 节车的 1YV 得电，受电弓升起。此处增加了对另一节车主断路器的控制限制，体现在送入另一节车的信号被“主断故障转换开关”控制，当选择机车单机牵引时，另节车主断不会合闸；而选择机车重联牵引时，才能使另节车的主断正常运行。即：当 B 节车的 515KF 失效或因其他原因，只需 A 节车工作时，可以通过操作 588QS，使其工作在单机位。同时 588QS 的另一组联锁打开，切断控制 B 节车主断路器的合闸回路，使下一步合闸操作时，B 节车的主断路器合不上，即 B 节车内无高压，以确保安全。若 B 节车的主断路器本身就处于闭合位，则主断路器的辅助联锁 4QF 常闭处于打开位，导线 534 无电，受电弓升不起，可确保安全。

（2）两台车重联时，导线 532 经重联中间继电器 546KA，使导线 W2532 有电，经外重联电缆后，使另一台车的 W2532 有电，另一台车的受电弓升起。

（3）升后弓时，闭合“后受电弓”按键开关 402SK，导线 531 经 402SK 使导线 535 有电，经内重联线的交叉重联，使另一节车的 N532 导线有电，促使另一车的受电弓升起。交叉重联线的连接方式如图 5-3-13 所示。

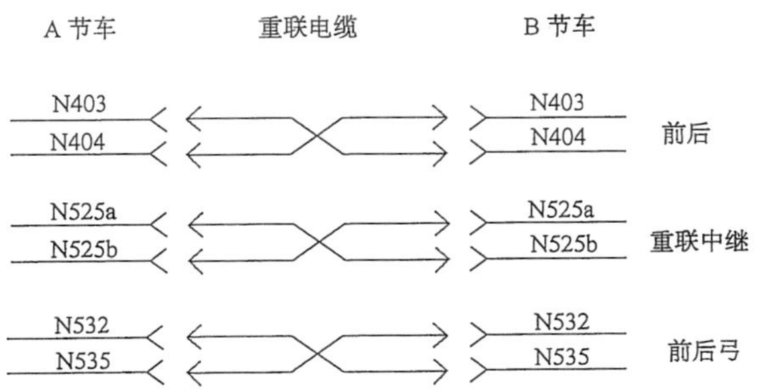

图 5-3-13　受电弓重联环节

2. **主断路器的控制**

主断路器控制电路如图 5-3-14 所示。

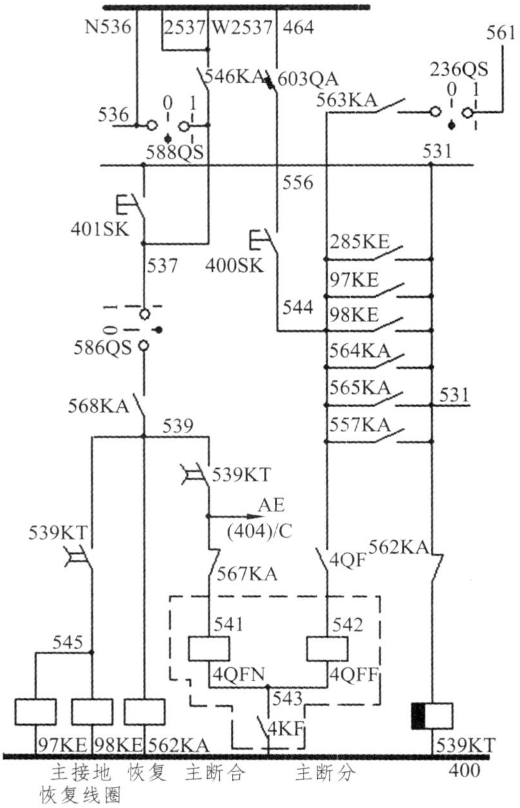

图 5-3-14　主断路器控制电路原理图

SS_4改型电力机车
主断路器合闸
控制电路

1）主断路器的合闸控制

539KT 是主断路器控制延时继电器，操作主断路器合闸前，导线 531 经 562KA 的常闭联锁，使 539KT 得电动作，其常开联锁闭合；

586QS 是主断路器的隔离开关，正常操作时置“正常”位；

568KA 是零位中间继电器，当全车所有司机控制器处于零位时，568KA 得电动作，其常开联锁闭合；

567KA 是劈相机中间继电器，操作启动劈相机前，567KA 处于失电状态，其常闭联锁闭合；

4KF 为压力开关，当主断路器的风缸风压大于 450 kPa 时动作，其接点闭合。

前述条件都具备的情况下，主断路器合闸线路构成。

当按下“主断合”按键开关 401SK 后，110 V 控制电源由导线 531 经 401SK、586QS、568KA、539KT、567KA、4KF 使主断路器的合闸线圈 4QFN 得电动作，主断路器的动作机构在压缩空气推力的作用下合闸，从而完成主断路器的合闸操作。

主断路器合闸动作执行后，由于转动瓷瓶的动作，使联锁开关的状态变化，接在分闸控制回路中的 4QF 联锁闭合，为主断路器分闸做好准备。

在主断路器控制电路中，567KA 常闭联锁的设置是为了避免过无电区后，由于不关闭“劈相机”按键，使劈相机处于单相合闸而堵转；539KT 在合闸操作时，由 562KA 得电动作控制其常闭联锁打开，539KT 失电，延时 1 s 后，其常开联锁打开，切除合闸供电回路，避免主断路器合闸线圈 4QFN 及主接地继电器 97KE、98KE 恢复线圈长时间通电烧损，同时还可避免由于机车故障而可能产生的主断路器重合闸现象。

2）主断路器的分闸控制

（1）人工分断：当按下“主断分”按键开关 400SK 时，导线 556 经 400SK、4QF 常开联锁，使导线 542 有电，主断路器分闸线圈 4QFF 得电动作，促使主断路器分断。

（2）故障自动分断：主断路器除具有人工分断功能外，还具有当机车某些部件或系统发生故障后，自动使主断路器分断的功能。其工作原理将在保护电路环节进行介绍。

3. 劈相机的控制

劈相机的控制是完成其他辅机控制的先决条件。通过方式选择开关 591QS，可以选择手动启动和自动启动两种方式，“0”位为手动位，“1”位为自动位。其控制电路如图 5-3-15 所示。

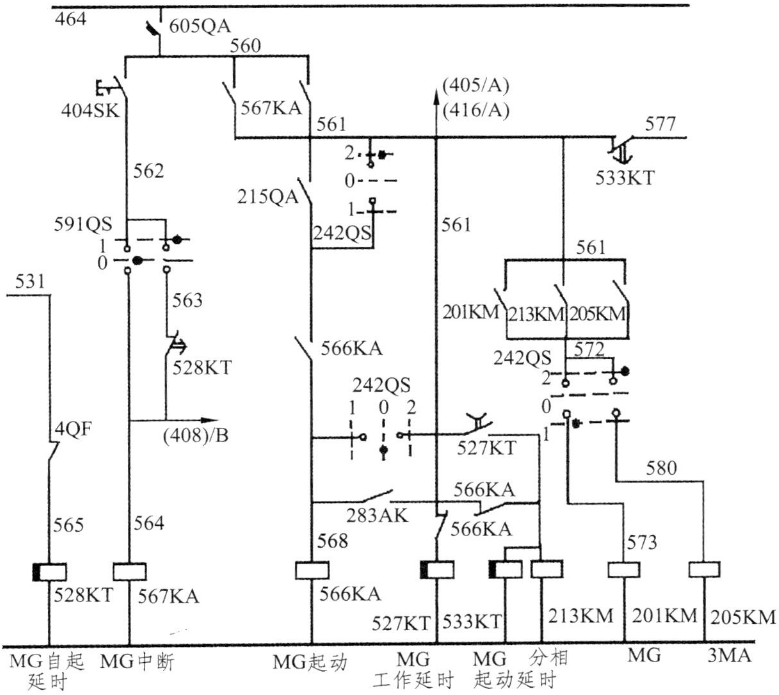

图 5-3-15　劈相机控制电路图

SS_4改型电力机车劈相机手动控制电路

1）手动控制

按下“劈相机”按键开关404SK，导线560经404SK与591QS，使导线564有电，劈相机中间继电器567KA得电动作，其常开联锁闭合。导线560经567KA的常开联锁，使导线561有电。以后分成几条支路：

① 导线561经劈相机启动中间继电器566KA的常闭联锁，使启动电阻接触器213KM和劈相机启动延时继电器533KT得电动作，同时导线561经566KA另一常闭联锁使劈相机延时继电器527KT得电动作，527KT常开联锁闭合，为劈相机接触器201KM闭合做好了准备。

② 导线561经213KM的辅助联锁，使导线572有电，经劈相机故障隔离开关242QS使201KM得电动作，劈相机的主回路沟通，开始启动；若启动正常，则劈相机的启动继电器283AK动作，其常开联锁闭合。

③ 导线561经283AK，使导线568有电，劈相机启动中间继电器566KA得电动作，其常闭联锁打开，527KT失电，延时1 s后，527KT正联锁断开，切断213KM和533KT的供电回路，甩掉劈相机启动电阻，使劈相机进入正常工作状态，同时，566KA的常开联锁闭合。

④ 导线561经566KA的常开联锁，使566KA继续得电自锁。

⑤ 导线561经533KT的常闭联锁，使导线577有电，为其他辅机正常工作做好准备。

至此，劈相机的控制顺利完成。当两节车重联时，通过重联线N564使另一节车的567KA得电动作，启动另一节车的劈相机。

当283AK动作时，其正联锁闭合，使566KA得电，566KA反联锁断开，527KT线圈立即失电，527KT正联锁延时1 s断开，使533KT和213KM延时1 s失电，分相启动电阻比不采用527KT时多了1 s工作时间，保证劈相机能够完全启动，改善了劈相机启动性能。

2）自动控制

所谓自动控制是指司机操作主断路器合闸后，劈相机自动启动，无须人为操作劈相机以及其他辅机的按键开关。这一功能主要用于机车过分相区时，减少司机的操作步骤。

当主断路器闭合后，其辅助联锁的常闭联锁打开，导线565失电，劈相机自启延时继电器528KT失电，延时1 s后其常闭联锁闭合，导线562经591QS和528KT的常闭联锁，使567KA得电动作，劈相机开始启动。以后的过程与手动控制完全一样。

3）劈相机故障时的控制

若劈相机故障，则将242QS打到“2”位，也就是用通风机1代替劈相机，此时，通风机1通过分相电容启动后代替劈相机的功能，使其他辅机依旧能正常工作。具体控制过程如下：

将 242QS 打到“2”位，将 296QS 打到电容位，随后的操作过程与启动劈相机相似。

4）“低压试验”控制及库内辅助电路三相电源试验

机车“低压试验”时，将 242QS 打在“0”（“试验”）位，闭合按键 404SK，则 567KA、566KA 得电闭合，533KT 失电打开，其常闭联锁闭合，577 有电，即可进行其他辅机接触器操作试验。此时劈相机接触器 201KM 被切断。因此，可将辅助电路库用插座接上三相 380 V 电压，直接启动压缩机和各通风机，而无须启动劈相机。

4. 压缩机的控制

SS_4 改型机车安装有两种压缩机：一种是主压缩机，供应全车所需的高压用风；另一种是辅助压缩机，只在全车无风而需要升受电弓、合主断路器时使用，给辅助风缸和控制风缸泵风。现分别说明如下。

SS_4 改型电力机车压缩机控制电路

1）主压缩机控制

主空气压缩机控制电路如图 5-3-16 所示。导线 561 当劈相机启动时有电，其经过压缩机故障隔离开关 579QS 及压缩机接触器 203KM 的常闭联锁使 523KT 线圈得电。523KT 常开联锁闭合，导线供电给压缩机启动电空阀 247YV，使压缩机做好无负荷启动的准备。

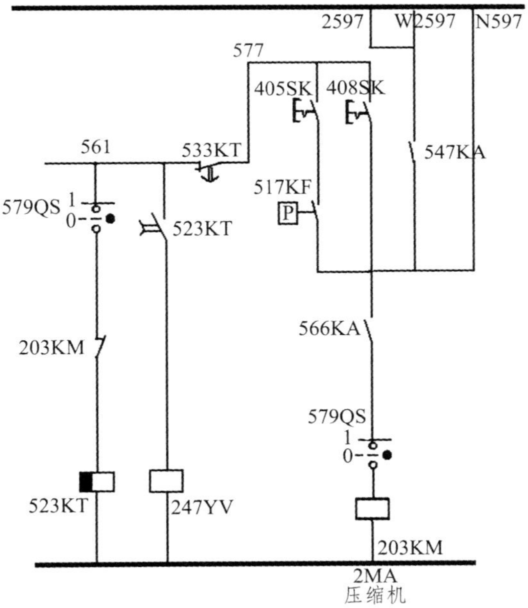

图 5-3-16 主压缩机控制电路图

按下“压缩机”按键开关 405SK，导线 577 经 405SK、517KF（压力调节器，风压低于 750 kPa 时闭合，风压高于 900 kPa 时断开）、566KA、579QS，使压缩机接触器 203KM 得电动作，压缩机开始启动。

此时，203KM 的常闭联锁切断 523KT 线圈的供电，使压缩机启动电空阀 247YV 失电，压缩机开始打风。机车运行过程中，压缩机自动接通电源进行打风。

若不想经风压调节器调节，则可按下“强泵”按键开关 408SK，导线 577 直接经 408SK 使导线 597 得电，压缩机一直处于工作状态。这时，操作人员必须注意监听安全阀在 1 000 kPa 整定动作的冒气声，以便及时停止强泵工作。

如果压缩机故障，只要把 579QS 打到故障位即可。

当两节车重联时，另一节车的压缩机就通过重联线 N597 进行控制，此时，起作用的调节器是操纵节车上的调节器，非操纵节车上的调节器不再起作用。

当两台车重联时，通过外重联线 W2597 对另一台车上的压缩机进行控制，以实现四台压缩机同时工作。

2）辅助压缩机控制

机车升弓前，若总风缸或控制风缸中已无压缩空气储存，则需利用升弓压缩机（辅助压缩机）向辅助风缸和控制风缸泵风，供机车升受电弓和主断路器合闸使用。其电源由 610QA 自动开关提供，导线 680 经 596SB1 或 596SB2，使 442KM 得电动作，其主触头闭合，导线 680 经 442KM 的主触头使升弓压缩机 447MD 得电工作，开始泵风。辅助空气压缩机的控制电路如图 5-3-17 所示。

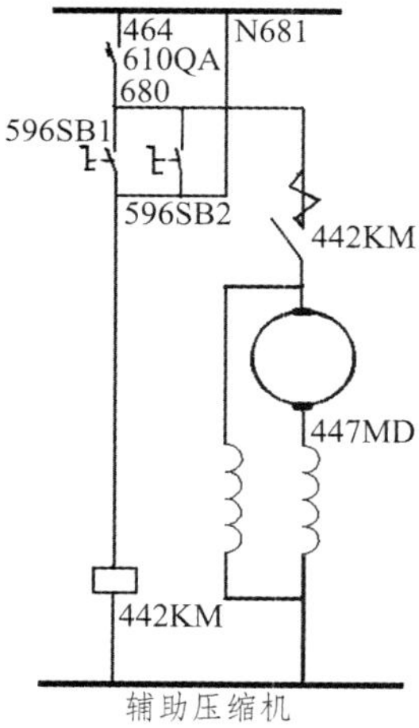

图 5-3-17　辅助空气压缩机的控制

5. 牵引通风机的控制

SS_4 改型机车的通风机控制除了正常的手动控制外，还有自动启动的控制环节。其控制原理如图 5-3-18 所示。

SS_4 改型电力机车牵引通风机控制电路

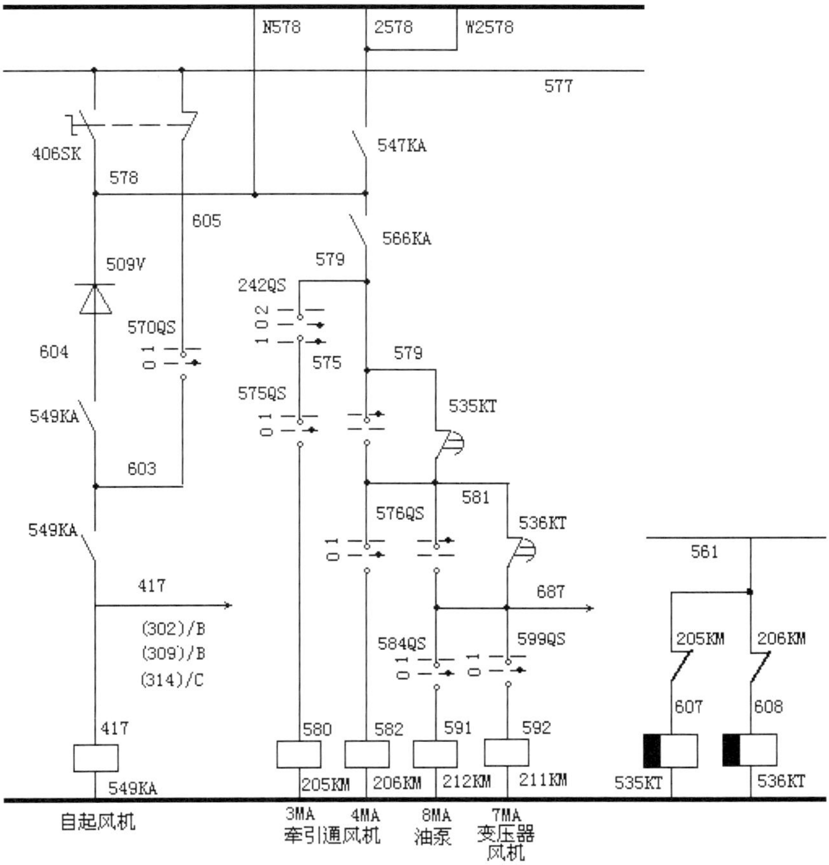

图 5-3-18 牵引通风机控制电路图

1）手动控制

按下“通风机”按键开关 406SK，导线 577 经 406SK 使导线 578 有电，再经 566KA、242QS、通风机 1 隔离开关 575QS，使通风机 1 接触器 205KM 得电动作，通风机 1 开始启动。同时，205KM 的辅助常闭联锁打开，使 535KT 失电，延时 3 s 后，535KT 的常闭联锁闭合，则导线 579 经 535KT、通风机 2 的隔离开关 576QS，使通风机 2 的接触器 206KM 得电动作，通风机 2 开始启动。同时，206KM 的常闭联锁打开，536KT 失电，延时 3 s 后，536KT 的常闭联锁闭合，导线 581 经 536KT，使导线 678 有电，然后，分别经 584QS 和 599QS，使 212KM 和 211KM 同时得电动作，即油泵和变压器风机同时开始启动，直至正常工作。

2）自动控制

所谓自动控制，是指司机的调速手轮转到 1.5 级以上时，通风机能够自动地启动，投入正常工作。

当调速手轮转到 1.5 级以上时，导线 417 得电，自启风机中间继电器 549KA 得电动作，此时，570QS 在“1”位，406SK 在非按下位。所以，导线 577 经 406SK 的常闭联锁以及 570QS、549KA 的常开联锁，为 549KA 提供电源，使其自锁。同时，导线 603 经 549KA 的另一对常开联锁和 509 V，使导线 578 有电，接下来的控制过程与手动控制完全一样。

当司机控制器调速手轮退到“0”位时，导线 417 不再从司机控制器中得电，而是通过自锁电路从导线 577 得电。所以，调速手轮回到“0”位时，通风机并不自动关闭。若要关闭通风机，必须操作一下 406SK，切除 549KA 的供电回路，使其解锁，然后再断开 406SK，这样就关闭了通风机。此环节的设计可避免通风机频繁启动。

当两节车重联时，通过内重联线 N578 去控制另一节车的通风机工作。

当两台车重联时，通过外重联线 W2578 去控制另一台车的通风机工作，以便实现所有机车的通风机同步工作。

6. 制动风机的控制

制动风机控制电路如图 5-3-19 所示。

SS_4 改型电力机车
制动风机控制电路

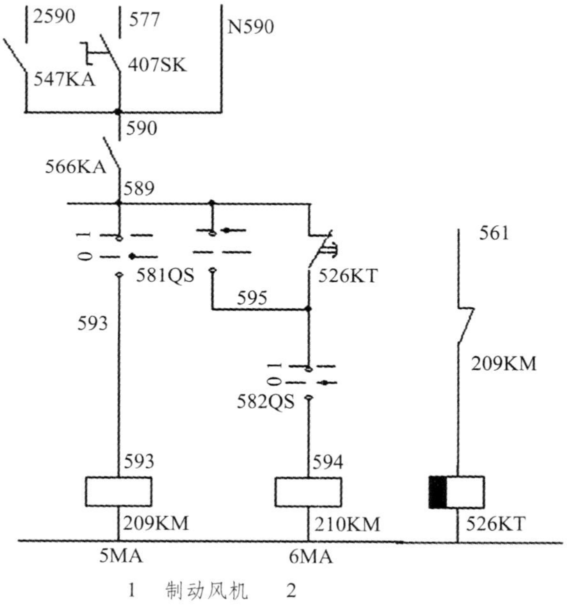

图 5-3-19 制动风机控制电路图

按下“制动风机”按键开关 407SK，导线 577 经 407SK、566KA 及 581QS，使制动风机 1 的接触器 209KM 得电动作，制动风机 1 开始启动。其中，566KA 是劈相机启动中间继电器，581QS 是制动风机 1 的隔离开关。当制动风机 1 故障或因其他原因需要切除时，可以将 581QS 打到故障位。在制动风机 1 接触器 209KM 得电动作后，受其常闭辅助联锁控制的 526KT 因 209KM 的常闭辅助联锁打开而失电，延时 3 s 后，

526KT 的常闭联锁闭合，导线 589 经 526KT 的常闭联锁、制动风机 2 的隔离开关 582QS，使制动风机 2 的接触器 210KM 得电动作，制动风机 2 开始启动，并进入正常工作状态。两台制动风机控制完毕。

当两节机车重联时，通过内重联线 N590 控制另一节车的制动风机。当两台车重联时，通过外重联线 W2590 控制另一台车的制动风机。

SS_4 改型电力机车
牵引控制电路

7. **牵引控制**

牵引控制有两种情况：一种是牵引向前，另一种是牵引向后。由司机控制器控制两位置转换开关进行转换。下面以主司机控制器控制为例分别加以说明，主司机控制器的凸轮展开如图 5-3-20 所示。

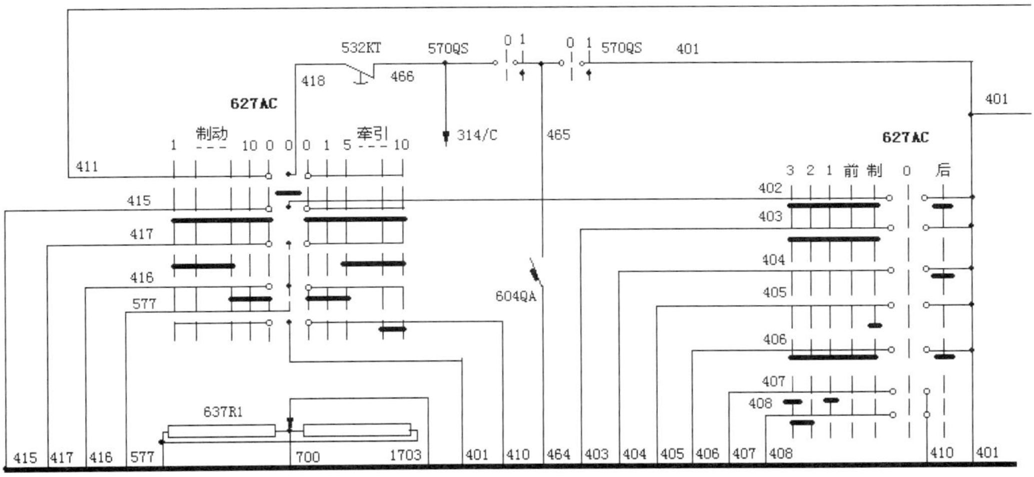

图 5-3-20 主司机控制器凸轮展开图

司机控制器的控制电源取自机车 110 V 控制电源。由导线 464 经 604QA 使导线 465 得电，司机给上电钥匙后导线 401 得电，并将电源送至司机控制器。

1）牵引向前

导线 466 经线路接触器辅助联锁 12KM、22KM、32KM、42KM 或 20QP、50QP 常开联锁，使线路接触器中间继电器 558KA 线圈得电，为两位置转换开关的动作做好准备。其中，要求线路接触器处于断开状态，以确保位置转换开关无电转换（两位置触头无灭弧装置，严禁带电操作）。线路接触器中间继电器 558KA 的控制电路如图 5-3-21 所示。

当主司机控制器 627AC 的换向手柄置“前”位时，导线 402、403、406 有电。其中导线 402 为调速手轮的电源线，导线 403 为向前位得电线，导线 406 为牵引位得电线。

导线 403 经 558KA，使 107YVF 和 108YVF 两个电磁阀得电，两位置转换开关方向鼓转换到“向前”位。

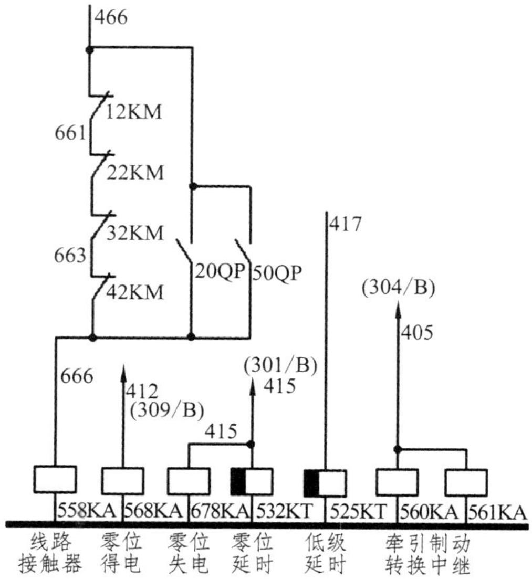

图 5-3-21 线路接触器中间继电器 558KA 的控制电路

导线 406 经 558KA、560KA、92KM，使 107YVT、108YVT 两个电磁阀得电，两位置转换开关工况鼓转换到“牵引”位。从而完成了牵引向前的转换控制。位置转换开关的控制电路如图 5-3-22 所示。

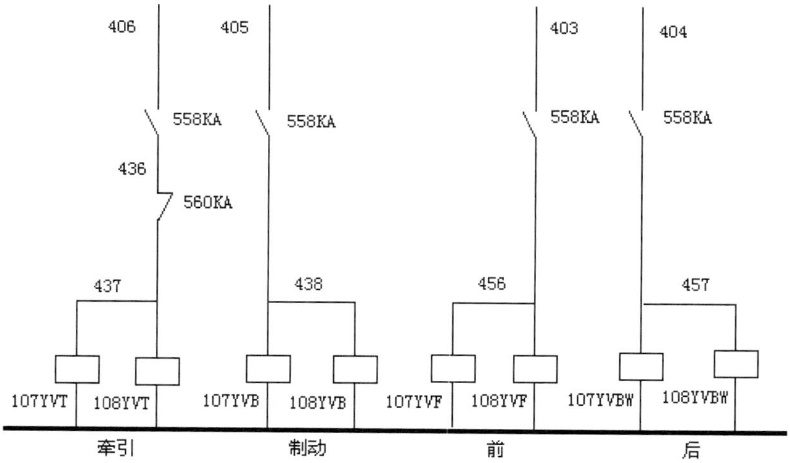

图 5-3-22 位置转换开关控制电路图

当两节车重联时，通过内重联线 N406 控制另一节车的两位置完成牵引转换。通过本车的 N403 经内重联电缆的交叉重联，作用于另一节车的 N404，使另一节车的两位置完成向后转换，以保证全车牵引向前。当两台车重联时，通过外重联线 W2406 控制另一台车的两位置完成牵引转换。通过本车的 N2403 经外重联电缆的交叉重联，最终作用于另一台车的 W2403，使另一台车完成向前转换，以确保两台机车方向一致。

2）牵引向后

当主司机控制器 627AC 的转换手柄置“后”位时，导线 402、404、406 有电。其中导线 402、406 的作用与牵引向前时相同，导线 404 是向后得电线。

导线 404 经 558KA，使 107YVBW 和 108YVBW 两个电磁阀得电，两位置转换开关方向鼓转换到“向后”位，从而完成牵引向后的转换控制。其中，107YVBW 负责 1 号高压柜两位置转换开关完成向后转换；108YVBW 负责 2 号高压柜两位置转换开关完成向后转换。

当两节车重联时，通过内重联线 N404 经内重联电缆交叉重联，作用于另一节车的 N403，使另一节车的两位置开关向前转换，以确保全车向后。当两台车重联时，通过外重联线 W2404 经外重联电缆交叉重联，作用于另一台车的 W2404，使另一台车完成向后转换，保证两台车方向一致。

SS_4 改型电力机车
制动控制电路

8. 制动控制

当主司机控制器换向手柄置“制动”位时，导线 402、403、405 有电。其中导线 402 的作用与牵引时相同；导线 403 的作用只是给空气管路部分提供机车向前的信号，对控制电路无特别含义；导线 405 制动位得电线。

导线 405 经 558KA，使 107YVB 和 108YVB 两个电磁阀得电，两位置转换开关工况鼓转换到“制动”位，从而完成向前制动的转换控制。

当两节车重联时，通过内重联线 N405，使另一节车的两位置开关转到“制动”位，保证两节车同步工作。当两台车重联时，通过外重联线 W2405，使另一台车的两位置开关转到“制动”位，保证两台机车同步工作。

SS_4 改型电力机车
风速延时控制电路

9. 风速延时控制

当通风机正常工作后，安装在风道中的风速继电器就会动作，具体控制过程为：导线 561 经 519KF（牵引风速继电器 1）使牵引风速 1 中间继电器 550KA 得电动作；导线 561 经 520KF（牵引风速继电器 2）使牵引风速 2 中间继电器 551KA 得电动作；同样，导线 561 经制动风速继电器 1（511KF）和制动风速继电器 2（512KF）分别使制动风速 1 中间继电器 541KA 和制动风速 2 中间继电器 542KA 得电动作。风速延时控制环节如图 5-3-23 所示。

（1）牵引时，导线 406 有电，经 560 反联锁使导线 518 有电，再经 219QA 和 550KA，使导线 516 有电。然后，经 551KA 和 220QA 使导线 514 有电，风速延时时间继电器 530KT 得电动作，其正联锁闭合。

在这一环节里面，550KA 和 551KA 两端分别并有 573QS 和 574QS 的联锁，573QS 和 574QS 分别是牵引风速 1 和牵引风速 2 隔离开关。当牵引风速继电器 1 或 2 动作不良时，将 573QS 或 574QS 打到故障位，短接 550KA 或 551KA 联锁，以便机车继续运行。此时，219QA 和 220QA 继续担任保护任务，在风机发生故障、辅机自动开关保护动作预备失败时，确保牵引无电流。除此之外，575QS 和 576QS 分别是牵引风机 1 和牵引风机 2 隔离开关，当某一牵引风机故障时，将相应的隔离开关打到故障位，在切除故障风机的同时，也短接相应的风速环节。

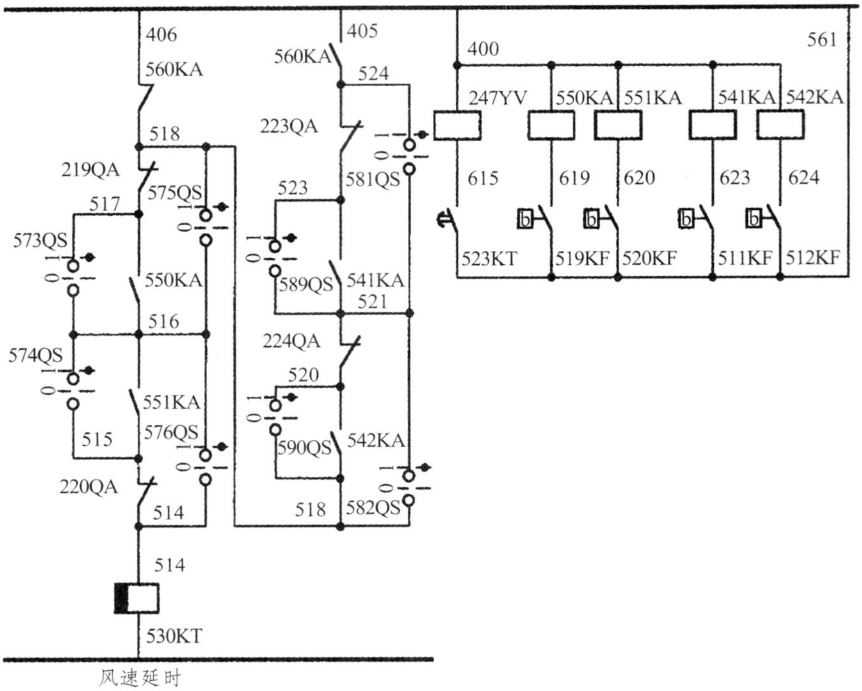

图 5-3-23　风速延时控制环节

（2）制动时，导线 405 有电，560KA 线圈得电，560KA 常开联锁闭合。导线 465 经 560KA 常开联锁使导线 524 有电，再经 223QA 和 54IKA 使导线 521 有电，然后，经 224QA 和 542KA 使导线 518 有电。518 线得电后，530KT 线圈控制电路与牵引时相同。其中，223QA 和 224QA 分别是制动风机 1 和制动风机 2 自动开关保护联锁。并联在 54IKA 和 542KA 联锁两端的隔离开关 589QS 和 590QS，分别是制动风速 1 和制动风速 2 隔离开关；58IQS 和 582QS 分别是制动风机 1 和制动风机 2 隔离开关。当某一制动风机故障时，将相应的隔离开关置故障位，一方面切除了故障风机，另一方面短接了相应的风速环节，使机车能继续维持运行。

10. **预备环节控制**

当全车整备电路控制完成时，最终产生的结果是预备中间继电器 556KA 得电动作。预备中间继电器控制电路如图 5-3-24 所示。

SS_4 改型电力机车
预备环节控制

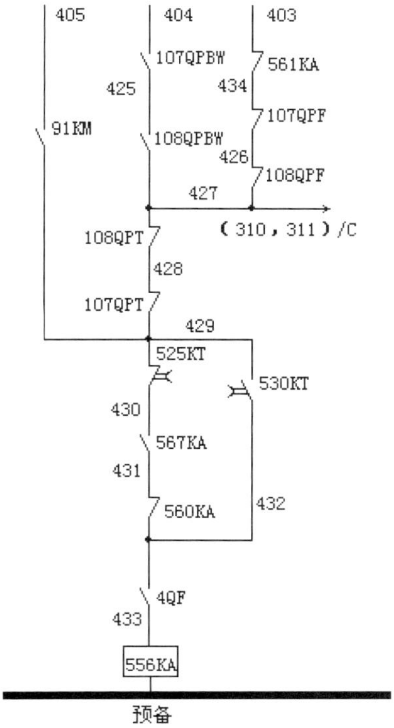

图 5-3-24　预备中间继电器控制电路图

1）牵引工况

牵引向前时，导线 403 经 561KA 反联锁、107QPF（向前时闭合）、108QPF（向前时闭合）使导线 427 有电，经 108QPT（牵引时闭合）、107QPT（牵引时闭合）使导线 429 有电。

当司机控制器调速手轮处于低级位时（1.5 级以下），525KT 一直处于常闭状态，所以，导线 429 经 525KT、567KA（此时劈相机已工作，该联锁已闭合）和 560KA，使导线 432 有电，再经 4QF 联锁使 556KA 得电动作；当司机控制器调速手轮处于高级位时（1.5 级以上），延时 25 s，525KT 反联锁打开，导线 429 必须经 530KT 联锁使导线 432 有电，然后，经 4QF 使 556KA 得电动作。556KA 得电标志预备完成。

牵引向后时，导线 404 经 107QPBW（向后时闭合）和 108QPBW（向后时闭合）使导线 427 有电，以后的环节与牵引向前时完全一样。

由此可以看出，牵引时要使 556KA 得电动作，必须具备以下几个条件：

① 司机操作电钥匙合上，即 570QS 置“1”位；

② 两位置转换开关转换到位；

③ 主断路器闭合；

④ 劈相机工作；

⑤ 高级位时，风速延时完成。

2）制动工况

制动时，导线 404 无电，405 有电，403 虽有电但不起作用，所以，起作用的只是 405 导线。它一路经 209KM、21OKM、91KM 的辅助常开联锁使 429 有电，再经 530KT 和 4QF 使 556KA 得电动作。其中 91KM 是受线路接触器的辅助联锁控制，线路接触器又受零位延时时间继电器的控制，所以制动时，要使 556KA 动作，司机控制器的调速手轮必须离开“0”位。另一路直接使牵/制转换中间继电器 560KA、561KA 得电，525KT 支路串联 560KA 常闭联锁打开，低位延时不起作用。

5.3.4 SS_4 改型电力机车调速控制电路分析

当机车整备（预备）完毕，机车状态信号一切正常时，就可以进行调速控制。调速控制是通过司机控制器的调速手轮来完成的。下面分几个环节加以介绍。

1. 零位控制

SS_4 改型电力机车由完全相同的两节机车重联而成，每节机车只有一个司机室，每个司机室内装有主、辅司机控制器各一只，所以，一台机车总共有 4 个司机控制器。每节机车都有自己独立的零位得电中间继电器 568KA、零位失电中间继电器 678KA 和零位延时时间继电器 532KT。

司机控制器在各位的电路如图 5-3-25 所示。

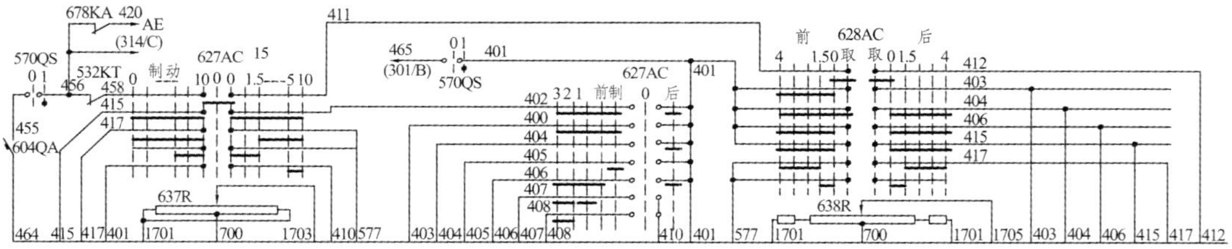

418—主司机控制手柄置“0”位时送电给辅司机控制手柄；415—送电给零位失电中间继电器和零位延时时间继电器；417—低级位不启通风机组；410—只在牵引高级位（7～10 级）有电，才能接通磁削。

图 5-3-25 司机控制器在各位的电路

（1）单节车时，控制过程如下：导线 464 经 604QA，使导线 465 有电，再经 570QS 和 532KT 的常闭联锁，使导线 418 有电，并送入司机控制器调速手轮的第一层接点上；若此时调速手轮处于 0 位，则导线 418 经 627AC 使导线 411 有电，再经辅助司机控制器 628AC 使导线 412 有电，568KA 得电动作。当主司机调速手轮离开“0”位时，导线 415 得电，零位延时时间继电器 532KT 得电吸合，其常闭联锁打开，导线 418 无电，进一步保证 568KA 失电。零位时间继电器控制电路如图 5-3-26 所示。

（2）两节车重联时，通过 N415 去控制另一节车的 532KT，通过 N418 去控制另一节车的 568KA，达到两节机车零位同步控制的目的。如非操纵节司机控制器不在“0”位，且 570QS 已合上，则通过 N415 重联线使操纵节 532KT 吸合，操纵节虽在“0”位，因 532KT 常闭联锁打开导致全车 568KA 不能吸合。

（3）两台机车重联时，通过 W2415 和 W2418 分别控制另一台车的 532KT 和 568KA，以达到所有重联机车零位同步控制的目的。

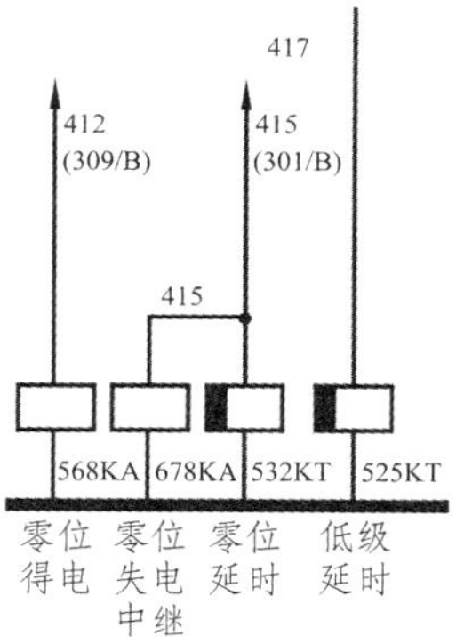

图 5-3-26　零位时间继电器控制电路图

SS$_4$改型电力机车线路接触器控制

2. **低级位延时控制**

当 627AC 调速手轮转到 1.5 级以上时，导线 417 有电，525KT 得电并开始延时，25 s 后，其反联锁打开。525KT 是低级位延时时间继电器，得电后延时主要用于在机车低级位时免开通风机、进行调车作业以及在启动通风机的过程中快速启动机车，并具有防止机车因信号不正常而引起“串车”的作用。

3. **线路接触器控制**

线路接触器是沟通牵引电机主回路的主要电器，控制电路如图 5-3-27 所示。

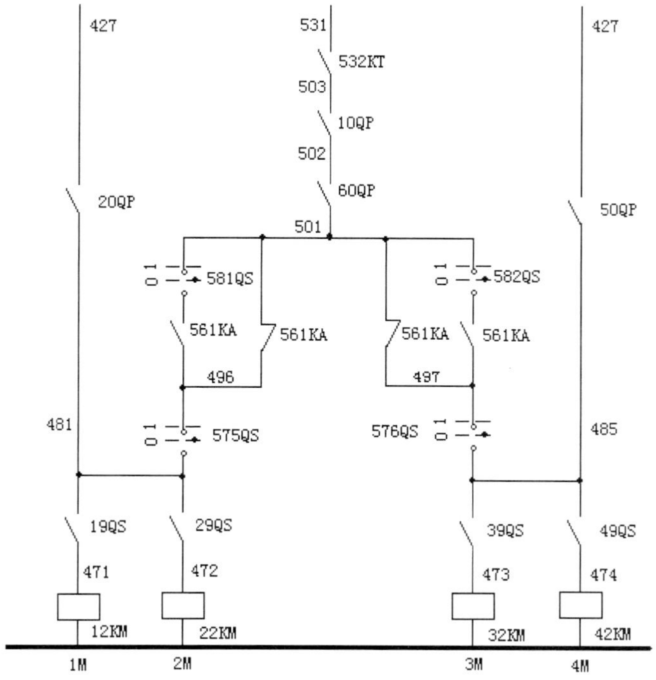

图 5-3-27　线路接触器控制电路图

导线 531 经 532KT（要求司机控制器调速手轮离开“0”位，532KT 得电，其常开联锁闭合）、10QP、60QP，使导线 501 有电。其中，10QP、60QP 是空载试验转换开关的辅助联锁，打到运行位时，常开联锁闭合。

当机车处于牵引状态时，导线 501 经 561KA 的两对常闭联锁，分别使导线 496 和 497 有电，导线 496 经 575QS 使导线 481 有电，然后，分别经 19QS、29QS，使线路接触器 12KM 和 22KM 得电动作；而导线 497 经 576QS，使导线 485 有电，然后，分别经 39QS 和 49QS，使线路接触器 32KM 和 42KM 得电动作，此时，牵引状态的电机主回路构成。19QS ~ 49QS 分别是牵引电机 1 ~ 4 的隔离开关的辅助联锁。575QS 与 576QS 为牵引风机隔离开关，当某一牵引风机故障时，在隔离相应风机的同时，也隔离了牵引电机，避免牵引电机无风烧损。

当机车处于制动状态时，导线 501 一路经 581QS、561KA 常开联锁（制动时，其常开联锁闭合），使导线 496 有电；另一路经 582QS、561KA 的常开联锁，使导线 497 有电，接下来的环节与牵引时相同。581QS 和 582QS 分别是制动风机 1 和制动风机 2 的隔离开关，当某一制动风机故障时，在隔离相应风机的同时，也隔离了牵引电机，避免烧坏制动电阻。

4. 调速控制

SS_4 改型机车是相控无级调速机车，它的调速控制主要是由无接点控制电路（电子控制电路）来完成，在此，仅对与调速有关的有接点控制电路进行介绍。

1）调速信号给定

机车的速度给定信号由司机控制器通过电位器输出，当司机转动调速手轮时，速度给定信号及相应电流给定信号也随之改变，以达到控制机车速度的目的。主司机控制器 627AC 输出的速度给定信号通过电位器 637R 完成。这一环节中，1701 是从电子柜送出来的 + 15 V 电源线，700 是地线，1703 是速度给定信号线，送入电子柜内，电子柜根据这一信号大小，对机车速度及电机电流实施控制。

2）磁场削弱的控制

机车的速度给定信号由司机控制器通过电位器输出，当司机转动调速手轮时，速度给定信号及相应电流给定信号也随之改变，信号送入电子柜内，电子柜根据这一信号大小，对机车速度及电机电流实施控制，以达到控制机车速度的目的。磁场削弱控制电路如图 5-3-28 所示。

SS_4 改型电力机车磁场削弱控制

当机车电机端电压基本达到额定电压，而牵引电流还未达到额定电流时，如需进一步提高运行速度，可以实施磁场削弱。

SS_4 改型机车的磁削只有当调速手轮转到六级以上时才起作用，这是根据机车的牵引特性和磁削的基本原理而设置的一个环节。

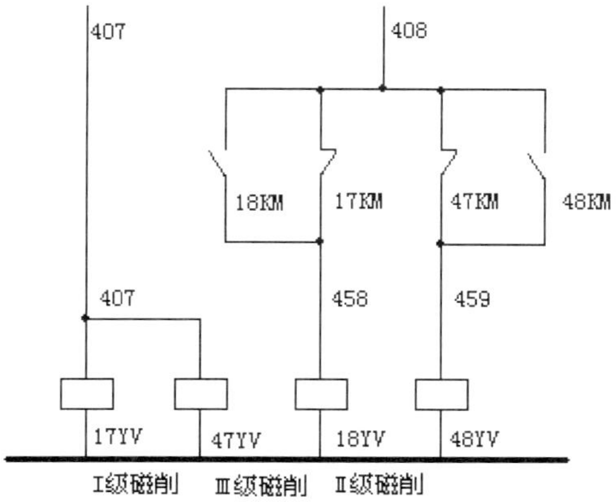

图 5-3-28 磁场削弱控制电路图

当调速手轮转到六级以上时，导线 401 经 627AC 使导线 410 有电，此时，把 627AC 的转换手把打到Ⅰ级削弱位，导线 407 有电，Ⅰ级磁削的两个电磁阀 17YV 和 47YV 得电动作，受其控制的相应接触器闭合，电机完成Ⅰ级削弱；若此时把 627AC 的转换手把打到Ⅱ级，则导线 408 有电，而 407 失电。导线 408 分别经 17KM 和 47KM，使导线 458 和 459 有电，Ⅱ级磁削的两个电磁阀 18YV 和 48YV 得电动作，相应的接触器闭合，电机完成Ⅱ级削弱；若把 627AC 的转换手把打到Ⅲ级位，则导线 407 和 408 得电，17YV、47YV、18YV、48YV 都得电动作，磁削的所有接触器都闭合，电机完成Ⅲ级磁削。

5. 励磁接触器控制

SS_4 改型电力机车励磁接触器控制

励磁接触器控制电路如图 5-3-29 所示。当司机控制器的转换手把打到“制动位”时，导线 405 有电，经 516KF（制动缸压力继电器，低于 150 kPa 闭合）、12KM、22KM、32KM、42KM 以及 107QPB 和 108QPB，使导线 439 有电。一路使 92KM 得电动作；另一路经 559KA（励磁过流中间继电器）使导线 454 有电，91KM 由此得电动作，两个励磁接触器都闭合，这是正常工作时的情况。当某一台牵引电机故障时，需要将相应的电机隔离开关打到故障位，这样，就断开了主回路中故障牵引电机的工作回路。在控制回路中，用相应隔离开关的辅助联锁短接线路接触器的联锁，以牵引电机 1 为例，当牵引电机 1 故障时，需要把 19QS 打到故障位，则 12KM 失电打开，19QS 的常闭联锁短接 12KM 的常开联锁。那么，导线 405 经 516KF 后，经 19QS、22KM、32KM、42KM 等，最后使 91KM 和 92KM 得电动作。当制动风机 1 故障时，需要把 581QS 打到故障位，12KM 和 22KM 都失电，导线 405 经 516KF 后，经 581QS、575QS、560KA 使导线 447 有电。以后的情况与前文相同。当牵引风机 1 故障时，需要把 575QS 打到故障位。此时，若还想使用电制动，必须将 19QS 和 29QS 隔离开关打到故障位。在牵引电机 1 和 2 退出主回路的同时，用 19QS 和 29QS 的常闭联锁，使导线 447 有电。以后情况与前文相同。

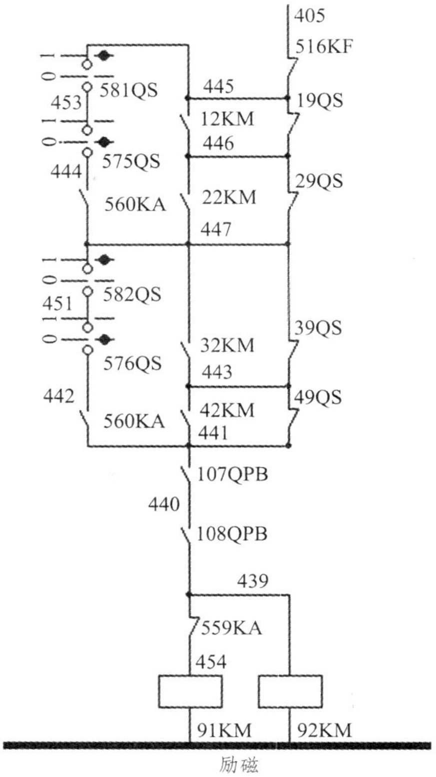

图 5-3-29　励磁接触器控制

SS$_4$ 改型电力机车功补接触器控制

6. 功补接触器控制

导线 531 经功补故障隔离开关 572QS，使导线 494 有电，经 55KA（功补过流中间继电器）、4QF，使导线 492 有电，一路经 126KM、129QS 及 166QS 分别使 124KM 及 164KM 得电动作。其中，126KM 和 166KM 是功补电容的放电接触器，129QS 和 169QS 分别是 78PFC、88PFC 主隔离开关的辅助联锁；另一路经 116KM、119QS 及 156KM、159QS，分别使 114KM、154KM 得电动作，其中，116KM、156KM 是功补电容的放电接触器，119QS、159QS 是 77PFC、87PFC 的主隔离开关的辅助联锁。

这样，四个功补接触器都闭合，为功补投入做好了准备。在上述支路里，加 4QF 环节是为了满足先合主断后投功补的要求。功补电容的放电接触器 116KM、126KM、156KM、166KM 受导线 531 控制，当司机拿掉钥匙，即 570QS 处于“0”位（非工作位）时，导线 531 失电，则 116KM、126KM、156KM、166KM 都失电，它们的放电接触器联锁闭合，对电容放电；同时，它们的辅助常开联锁都打开，分别使 114KM、124KM、154KM、164KM 失电，功补退出主回路。功补接触器控制电路如图 5-3-30 所示。

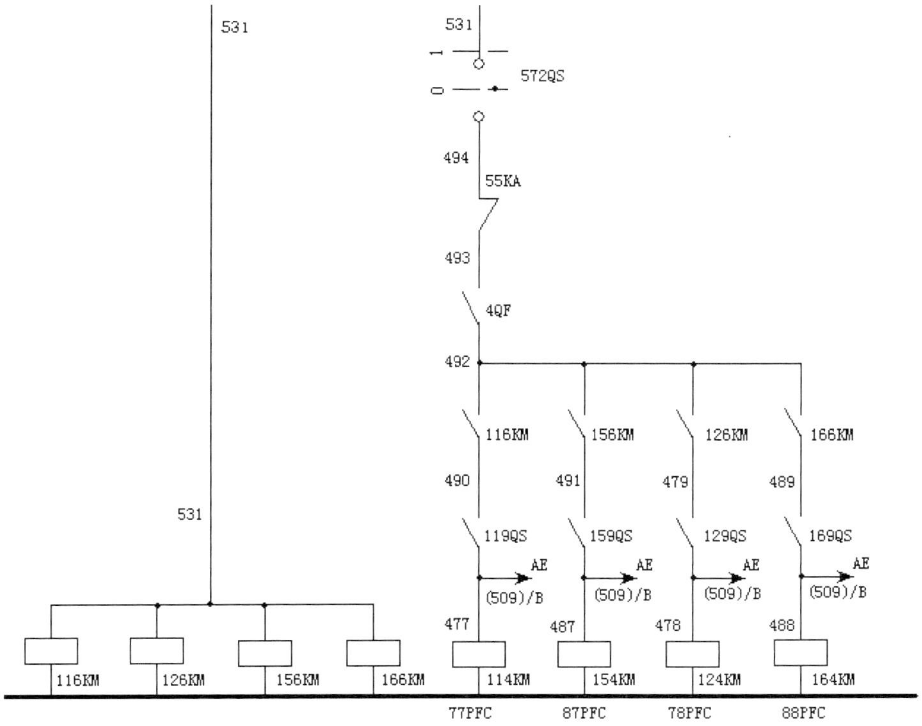

图 5-3-30　功补接触器控制

7. 重联中间继电器控制

当两台机车重联时，电路如图 5-3-31 所示，除 400 线以外的所有重联控制信号都经过重联中间继电器的联锁，以便发生意外时及时切断重联控制信号。每一节机车上分别装有四个重联中间继电器，受一个隔离开关的控制。导线 531 经 570QS，使导线 525 有电，经 592QS 使导线 526 有电，545KA ~ 548KA 四个中间继电器都得电，接通重联控制信号。当两节车重联时，通过内重联线 N526，使另一节车的 526 得电，另一节车的 545KA ~ 548KA 得电动作，接通了后一节车的外重联控制信号。当两台车重联（外重联）时，其控制环节如图 5-3-32 所示。假设 1 号车的 A 节车为操纵端，则 1 号车的 A 节车的电钥匙 570QS 打到“1”位（工作位），导线 525（1 号 A 节车）有电，通过内重联 N525a 送入 B 节车的 N525b，到达中央端子板，然后，从中央端子板出来，线号变成 W525b，到 B 节车车头的外重联插座内，通过外重联电缆的交叉重联，使 2 号车 A 节车的 W525a 即 525 线得电，此时，若 2 号车 A 节的 592QS 打到“1”位（重联位），则 2 号车的 2 组 545KA ~ 548KA（共八只中间继电器）得电动作，接收从 1 号车送来的重联控制信号，完成两台车重联同步操作所必须做的第一步工作。所以，对被重联车来说，只是在与操纵端同一方向的司机室内的重联选择开关才起作用，其他司机室内的重联选择开关不起作用。

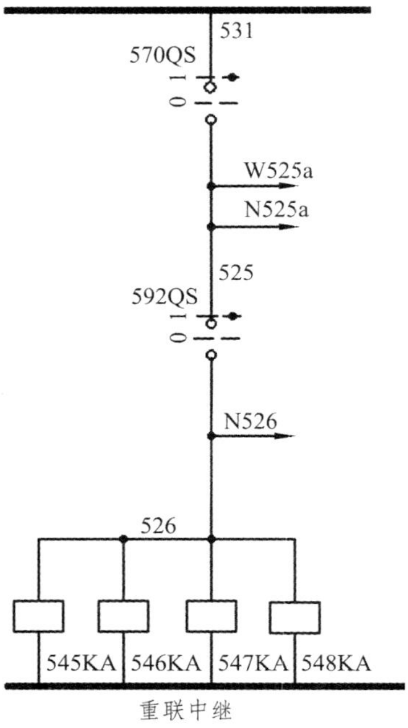

图 5-3-31　重联中继控制

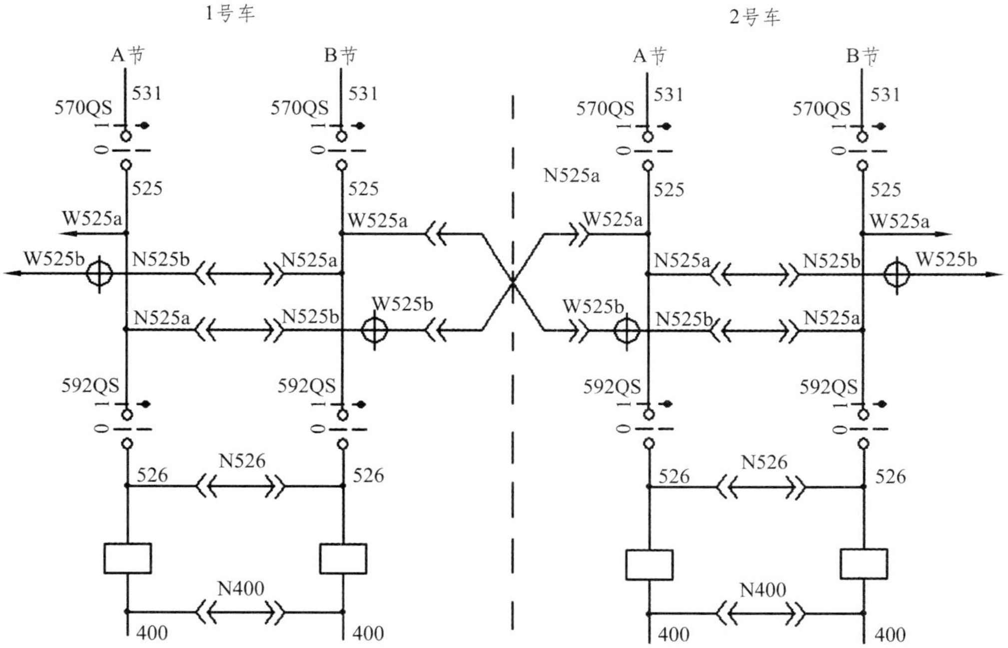

图 5-3-32　机车外重联环节

8. **司机钥匙互锁控制**

为了防止一台车的两个司机室内都使用了钥匙开关而造成机车窜车的现象，在 SS_4改型机车上加装了钥匙互锁环节。控制过程如图 5-3-33 所示。

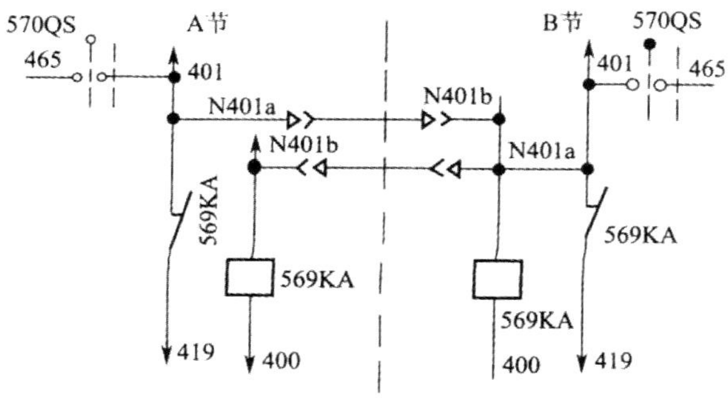

图 5-3-33 钥匙互锁控制

当 A 节为操纵端时，B 节应该是非操纵端，即 B 节车的 570QS 应处于“0”位（非工作位），所以，A 节车的 401 有电，B 节车的 401 无电。A 节车的 401 通过内重联线 N401a 送入 B 节车的 N401b，作用于 B 节车的 569KA，使 569KA 得电动作，其常闭联锁打开，进一步确保非操纵端送入电子柜的操纵端信号 419 无电，使非操纵端的电子柜始终处于接收调制信号。若在 A 节车给上钥匙的情况下，B 节车也给上了钥匙，则两节车的 401 都有电，两节车的 569KA 都得电，即两节车的 419 都无电，两个电子柜都处于接收状态，结果牵引无电流。

5.3.5 SS_4改型电力机车保护控制电路分析

保护控制是指保护与主电路、辅助电路有关的执行控制。根据机车的使用情况和可能产生故障的严重程度，其保护结果有两种：一是跳主断路器；二是跳接触器。跳主断路器有以下几种情况：原边过流（网侧过流）、次边过流（二次侧过流）、牵引电机过流、辅助系统过流、主电路接地、辅助回路接地、零电压及紧急制动。跳接触器只有两种情况：励磁过流和功补过流。事实上，还有一些辅助保护环节，如：风速保护环节、辅机保护环节、风压保护环节等。这些环节有的已经在前面做了介绍，有的将在电子部分做介绍，在此，只对跳主断路器和跳接触器的保护环节详细介绍，如图 5-3-34 所示。

1. **原边过流**

当原边过流继电器 101KC 检测到原边过流而动作时，导线 1780 经 101KC，使导线 552 有电，565KA（原边过流中间继电器）得电动作，其常开联锁闭合并自锁，导线 531 经 565KA 的常开联锁，使导线 544 有电，促使主断路器分断。

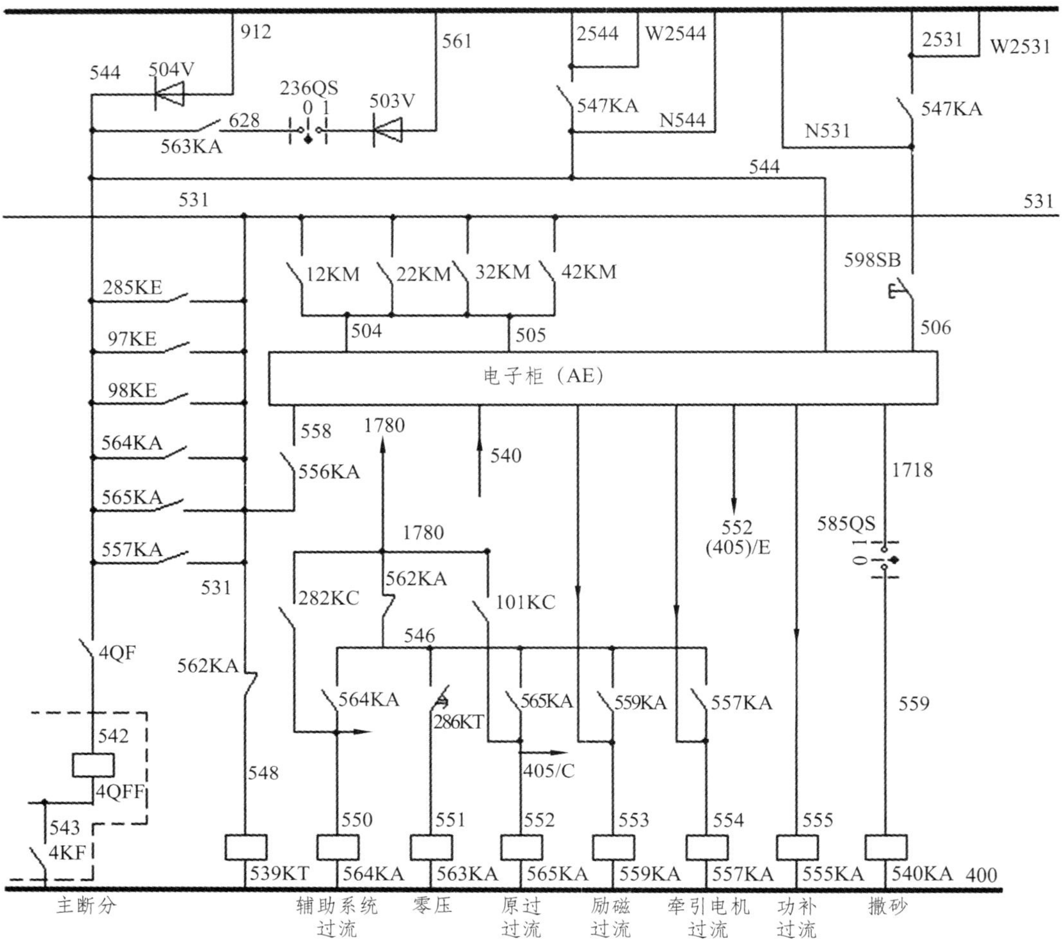

图 5-3-34　保护控制

2. 次边过流

次边过流的检测信号送到电子柜，当电子柜判断出次边过流时，送出 + 110 V 的电压信号，这一信号直接作用于 565KA，使 565KA 得电动作自锁，最后使主断路器分断。这一信号的标注线号是 552（与原边过流执行信号共用）。

3. 牵引电机过流

检测牵引电机的电流信号，直接送入电子柜，由电子柜来判断电机是否过流及哪一台过流。若一旦判断出某台电机过流，则电子柜送出 + 110 V 的电压信号，这一信号直接作用于牵引电机过流中间继电器 557KA，使 557KA 得电动作。557KA 得电后一方面通过其本身的常开联锁自锁，另一方面导线 531 通过它的另一对触点使导线 544 有电，促使主断路器分断。

4. 主电路接地

SS_4 改型机车的主电路是分转向架独立供电，每一转向架的主电路上设有一个接地继电器。当某一接地继电器动作时，其联锁接通了 531 与 544 之间的电路，使导线 544 有电，主断路器分断。如 97KE 或 98KE 动作，导线 531 通过 97KE 或 98KE 的常开联锁，使导线 544 有电。

5. 辅助系统过流

辅助系统过流是通过辅助系统过流继电器 282KC 来检测。当 282KC 检测到辅助系统过流时本身动作，其常开联锁闭合，接通辅助系统过流中间继电器 564KA 的供电回路，导线 550 得电，564KA 得电动作并自锁，导线 531 经 564KA 的常开联锁使导线 544 有电，促使主断路器分断。

6. 辅助回路接地

当辅助回路接地时，辅助回路接地继电器 285KE 得电动作，导线 531 经 285KE，使导线 544 有电，促使主断路器分断。

7. 零电压（失压）

检测机车是否处于零电压（失压）状态，是通过零电压继电器 286KT 来检测的，检测环节见图 5-2-7。当机车处于零电压或机车失压超过 2 s 时，286KT 失电，其常闭联锁恢复到闭合位，导线 546 经 286KT 的常闭联锁，使导线 551 有电，零压中间继电器 563KA 得电动作，其常开联锁闭合，导线 561 经隔离二极管 503 V、零压隔离开关 236QS 及 563KA 的常开联锁，使导线 544 有电，促使主断路器分断。其中导线 561 受劈相机中间继电器 567KA 的控制，所以，零压保护只有当劈相机投入工作时才起作用。

8. 紧急制动

紧急制动的控制信号来自信号柜和紧急制动按钮，这一信号的标号是 912。导线 912 经隔离二极管 504 V，使导线 544 有电，促使主断路器分断。

9. 励磁过流

与牵引电机过流相似，励磁过流的检测信号也直接送入电子柜，由电子柜来判断励磁是否过流，若励磁过流，电子柜送出一个 + 110 V 的电压信号，直接作用于励磁过流中间继电器 559KA，这一信号的线号是 553。559KA 得电后，通过其本身的一对常开联锁点自锁，而另一对常开联锁切除 91KM 的供电电路使励磁无流，从而保护励磁电路。

10. 功补过流

功补过流也由电子柜来判断。当功补过流时，功补过流中间继电器 555KA 接收到电子柜送来的 + 110 V 电压信号，得电动作。555KA 的一对常闭联锁打开，切除了功补接触器 114KM、124KM、154KM、164KM 的供电电路，使功补退出主电路。

11. **故障保护的恢复控制**

上述各种故障保护，其自锁的中间继电器，由恢复中间继电器 562KA 的常闭联锁（1780-546 之间）维持。故障消除后，闭合主断路器的同时，562KA 线圈失电，所有保护中间继电器失电打开，故障及相应信号恢复到保护前的状态。

5.3.6 SS_4 改型电力机车照明和信号电路分析

照明控制电路如图 5-3-35 所示。

1. **前照明控制电路**

电源由 464 经“前照灯”自动开关 606QA 提供，按下主、副台“前照灯”按键开关 410SK、418SK，前照灯接触器 440KM 得电吸合，前照灯 449EL 点亮。

2. **副照明灯控制**

副照明灯电源由 464 经 607QA 提供。

当按下副前照灯按键开关 417SK，经限流电阻 633R，接通 468EL1、469EL1，副前照灯投入工作。当按下副后照灯按键开关 409SK，经限流电阻 634R 接通 468EL2，副后照灯投入工作。限流电阻的作用是限制灯泡冷态启动电流，提高灯泡使用寿命。

当按下前标志灯按键开关 415SK，前标志灯 465EL1 投入工作。当按下后标志灯按键开关 416SK，后标志灯 464EL2 投入工作。

3. **各室照明控制**

各室照明电源由 464 经 608QA 提供。

司机室照明灯 448EL1、449EL1 受副台按键开关 442SK 控制。

各室照明灯 460EL、461EL、462EL 受副台按键开关 420SK 控制。

走廊照明灯 452EL1 ~ 456EL1、452EL2 ~ 456EL2、457EL 受副台按键开关 421SK 与走廊开关 571QS 交叉控制通断。

4. **仪表照明控制**

仪表照明为电源 24 V，其电源由 464 经 614QA、逆变器 426 VC 至 780 提供，通过副台仪表照明按键开关 419SK 控制。

5.3.7 SS_4 改型电力机车信号控制电路分析

SS_4 改型机车的司机室内，安装有主显示屏和辅显示屏各一块，采用 LED 式发光二极管作光源，用 + 15 V 电源（线号 790）供电。主、辅显示屏的外形及显示的数目完全相同，都是 32 个信号。主显示屏显示的是机车的主要状态及主要故障，辅显示屏显示的是对主显示屏显示内容的补充说明。

1. **主显示屏的显示**

主显示屏显示电路如图 5-3-36 所示。

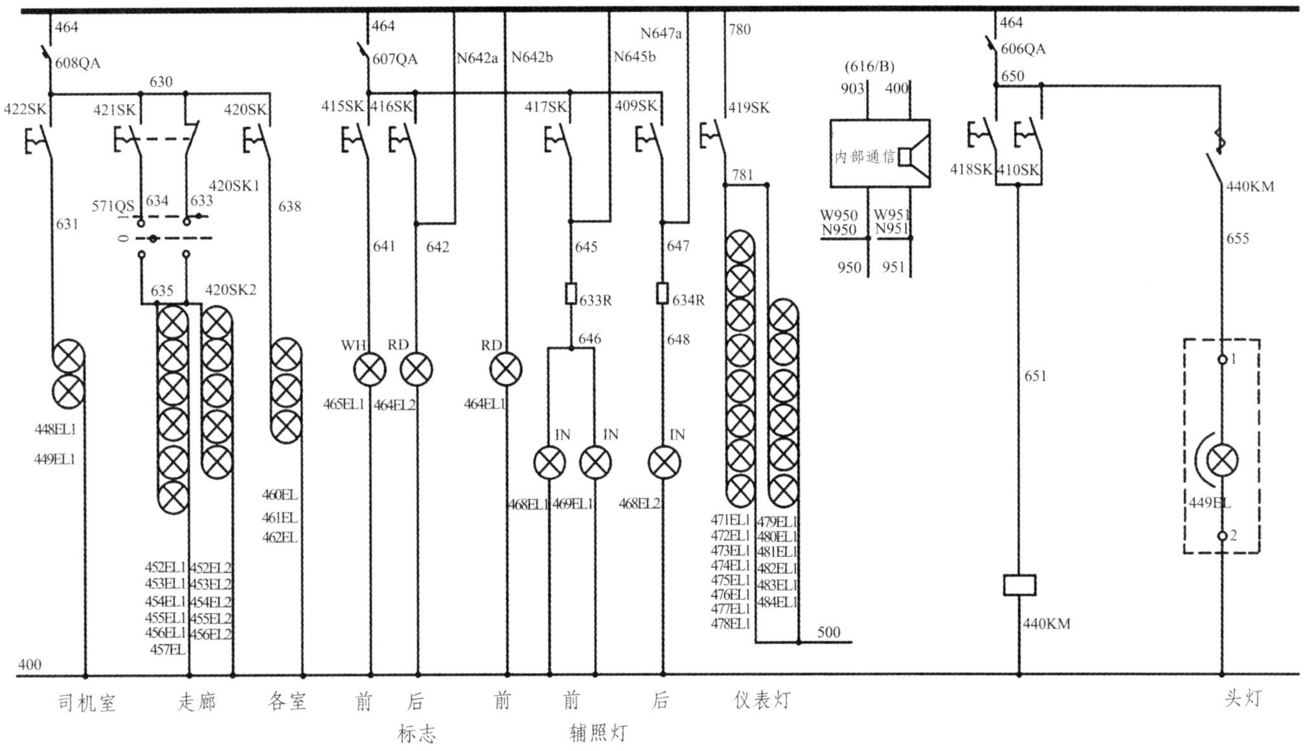
464
608QA
630
422SK
421SK
420SK
420SK1
571QS
634
633
631
638
635
420SK2
448EL1
449EL1
452EL1 453EL1 454EL1 455EL1 456EL1 457EL
452EL2 453EL2 454EL2 455EL2 456EL2
460EL 461EL 462EL
400
607QA
415SK
416SK
N642a
N642b
N645b
N647a
417SK
409SK
641
642
645
647
633R
634R
646
648
WH
RD
IN
465EL1
464EL2
464EL1
468EL1
469EL1
468EL2
780
419SK
781
471EL1 472EL1 473EL1 474EL1 475EL1 476EL1 477EL1 478EL1
479EL1 480EL1 481EL1 482EL1 483EL1 484EL1
500
(616/B)
903
内部通信
W950
N950
W951
N951
950
951
606QA
650
418SK
410SK
651
440KM
655
449EL
1
2
司机室
走廊
各室
前
后
标志
辅照灯
仪表灯
头灯

图 5-3-35 照明电路

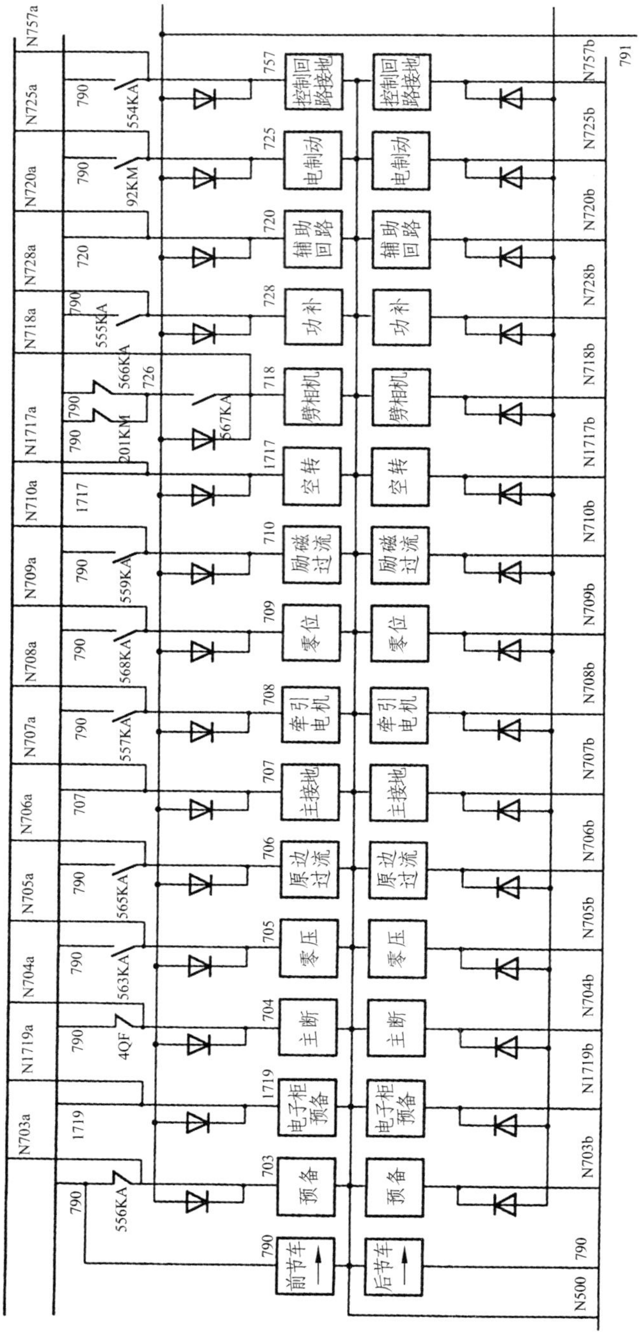

图 5-3-36　主显示屏显示电路

（1）“前节车”——该信号说明信号显示的内容是前节车，即操纵端所在的一节机车。颜色是绿色，常亮。

（2）“后节车”——表示显示的内容是后节车，即非操纵端所在的一节机车，颜色是绿色，常亮。

（3）“预备”——该信号受预备中间继电器 556KA 的反联锁控制。当机车预备完后，556KA 得电动作，其反联锁打开，导线 703 无电，“预备”信号灯灭，表示机车预备完毕。

（4）“电子柜预备”——当电子柜 A、B 组转换开关打在工作位，电子柜电源板工作正常时，导线 1719 失电，“电子柜预备”信号灯灭，表示电子柜可以开始工作。

（5）“主断”——该信号受主断路器的辅助反联锁控制。当主断路器合上时，其反联锁打开，导线 704 失电，“主断”信号灯灭，表示主断路器已合上。

（6）“零压”——当机车处于零电压状态时，零压中间继电器 563KA 得电动作，导线 790 经 563KA 使导线 705 有电，“零压”信号灯亮，表示机车处于零压状态下。

（7）“原边过流”——当原边过流中间继电器 565KA 得电动作时，导线 790 经 565KA 的正联锁，使导线 706 有电，“原边过流”信号灯亮，表示机车变压器原边有过流现象。

（8）“主接地”——当主接地继电器 97KE 或 98KE 动作时，导线 790 经 97KE 或 98KE 使导线 701 或 702 有电，送入辅显示屏，使辅显示屏中的“主接地 1”或“主接地 2”信号灯亮，同时，通过辅显示屏的隔离二极管送出 707 导线到主显示屏内，“主接地”信号灯亮，表明机车处于主接地状态下。

（9）“牵引电机”——当电子柜检测出某台牵引电机过流时，电子柜送出一信号作用于 557KA 使其得电动作，导线 790 经 557KA 的常开联锁，使导线 708 有电，“牵引电机”信号灯亮，表明某台或全部牵引电机过流。

（10）“零位”——当司机控制器的调速手轮处于零位时，其零位中间继电器 568KA 得电动作，导线 790 经 568KA 使导线 709 有电，“零位”信号灯亮，表示机车的调速手轮处于零位状态。

（11）“励磁过流”——当电子柜检测出励磁电路过流时，送出一个信号，使 559KA 得电动作，导线 790 经 559KA 使导线 710 有电，“励磁过流”信号灯亮，表示机车的励磁电路有过流现象。

（12）“空转”——当电子柜检测出机车有空转现象时，送出一个信号，1717 导线得电，“空转”信号灯亮，表示机车有空转现象。

（13）“劈相机”——该信号灯受 201KM、566KA 及 567KA 控制。当劈相机启动时，567KA 得电动作，导线 790 经 566KA 常闭联锁及 567KA 常开联锁使导线 718 有电，“劈相机”信号灯亮。当劈相机启动完毕，566KA 得电动作，其常闭联锁打开，导线 718 失电，“劈相机”信号灯灭。若劈相机启动失败，则劈相机的保护开关 201KM 动作，790 线经 201KM 和 567KA 使导线 718 有电，劈相机信号灯亮，表示劈相机故障。所以，如果劈相机启动正常，其信号灯应该先亮一下，接着就灭，时间 2 s 左右。若点亮时间较长，可能使劈相机启动困难，必须及时关闭。

（14）“功补”——当电子柜检测出功率因数补偿有过流现象时，功补过流继电器 555KA 得电动作。导线 790 经 555KA 使导线 728 有电，“功补”信号灯亮，表示机车功补过流。

（15）“辅助回路”——当辅助电路有过流、接地现象时，从辅显示屏中送出一信号，导线 720 有电，“辅助回路”信号灯亮，表示机车的辅助回路有故障。

（16）“电制动”——当机车进入电制动状态时，司机控制器的换向手柄置“制”位，调速手轮离开“0”位，92KM 得电动作，导线 790 经 92KM 使导线 725 有电，“电制动”信号灯亮，表示机车正处于电制动状态。

（17）“控制电路接地”——当控制电路的高电位发生接地时，控制电路中间继电器 554KA 得电动作，导线 790 经 554KA 使导线 757 有电，“控制电路接地”信号灯亮，表示机车控制电路有接地现象。

以上介绍的是主显示屏的本节机车的状态及故障情况。这些故障及机车状态信号通过内重联线进入另一节机车的主显示屏，所以，司机室内的主显示屏能够反映整台机车的状态及故障情况。

2. 辅显示屏的显示

辅显示屏显示电路如图 5-3-37 所示。

辅显示屏与主显示屏相似，也能反映整机的故障情况，不过，它反映的是故障的细节。对本节机车所显示的内容的控制环节作详细说明如下。

（1）“主接地 1”——当主接地继电器 97KE 得电动作时，导线 790 经 97KE 常开联锁得电，“主接地 1”信号灯亮，表示第一转向架所属的主电路有接地现象。

（2）“主接地 2”——与“主接地 1”相同，该信号灯亮时，表示第二转向架所属的主电路有接地现象。

（3）“牵引电机 1”——当电子柜检测到牵引电机 1 过流时，从内部送出的信号线 1711 有电，“牵引电机 1”信号灯亮，表示“牵引电机 1”过流。

（4）“牵引电机 2”——当电子柜检测到牵引电机 2 过流时，从内部送出的信号线 1712 有电，“牵引电机 2”信号灯亮，表示牵引电机 2 过流。

（5）“牵引电机 3”——当电子柜检测到牵引电机 3 过流时，从内部送出的信号线 1713 有电，“牵引电机 3”信号灯亮，表示牵引电机 3 过流。

（6）“牵引电机 4”——当电子柜检测到牵引电机 4 过流时，从内部送出的信号线 1714 有电，“牵引电机 4”信号灯亮，表示牵引电机 4 过流。

（7）“辅接地”——当辅助电路发生接地时，285KE 得电动作，导线 790 经 285KE 常开联锁使 756 有电，“辅接地”信号灯亮，表示机车的辅助电路有接地现象。

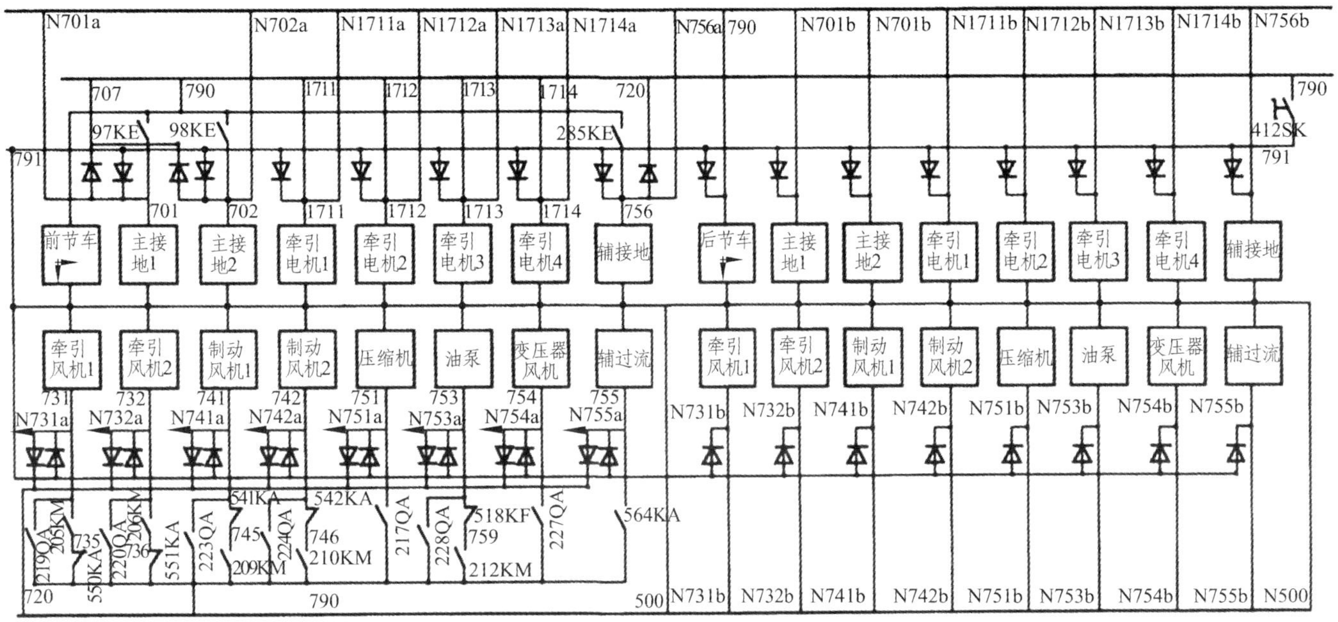

图 5-3-37　辅显示屏显示电路

（8）“牵引风机 1”——该信号灯受 219QA、205KM 及 550KA 的控制。205KM 得电闭合，导线 790 经 550KA 和 205KM 使导线 731 有电，该信号灯亮；当风机加速到一定速度时，风速继电器动作，风机中间继电器 550KA 得电动作，其反联锁打开，导线 731 失电，该信号灯灭，表示牵引风机 1 启动正常。所以，牵引风机 1 从启动到正常工作，其信号灯应该是先亮一下，接着就灭，若信号灯不灭，则可能是风机没有启动或风相反。当过流时，导线 790 经 219QA 反联锁使 731 有电，信号灯亮。

（9）“牵引风机 2”——该信号灯受 220QA、206KM 及 551KA 的控制，控制过程与“牵引风机 1”信号相似。

（10）“制动风机 1”——该信号灯受 223QA、209KM 及 541KA 的控制，控制过程与“牵引风机 1”信号灯灯相似。

（11）“制动风机 2”——该信号灯受 224QA、210KM 及 542KA 的控制，控制过程与“牵引风机 1”信号灯相似。

（12）“压缩机”——该信号灯只受保护开关 217QA 的控制。当 217QA 动作后，导线 790 经 217QA 使导线 751 有电，“压缩机”信号灯亮，表示压缩机电机故障。

（13）“油泵”——该信号灯受 228QA、212KM 以及 518KF 的控制，228QA 和 212KM 分别是油泵的保护自动开关联锁和接触器的辅助联锁，518KF 是油流继电器。当油泵启动时，212KM 得电动作，导线 790 经 212KM 的辅助正联锁和 518KF 的反联锁，使导线 753 有电，“油泵”信号灯亮；当油泵加速到一定程度时，518KF 动作，其反联锁打开，导线 753 失电，“油泵”信号灯灭；若启动失败，228QA 动作，其正联锁闭合，导线 790 经 228QA 使导线 753 有电，“油泵”信号灯常亮，表示油泵故障。当然，若 518KF 故障，也会使该信号灯常亮。

（14）“变压器风机”——该信号灯只受变压器保护开关联锁 227QA 的控制。当 227QA 动作时，导线 790 经 227QA 使导线 754 有电，“变压器风机”信号灯亮，表示变压器风机故障。

（15）“辅过流”——当辅助系统过流时，564KA 得电动作，导线 790 经 564KA 常开联锁使 755 有电，“辅过流”信号灯亮，表示辅助系统过流。

复习思考题

1. SS_4 改电力机车主电路结构有哪些特点？
2. SS_4 改型电力机车主电路保护包含有哪些方面？
3. SS_4 改型电力机车的辅助电路是如何构成的？
4. 辅助机组为什么采用分别启动的方式？
5. 说明 SS_4 改型电力机车零压保护原理。
6. 说明 SS_4 改型机车辅接地保护电路原理。
7. 为什么门联锁保护阀设置双重供电？

8. 简述 110 V 稳压控制电源电路中蓄电池的作用。
9. 根据 SS_4 改型电力机车受电弓升弓的操作，说明其控制原理。
10. SS_4 改型电力机车受电弓控制环节中 515KF 有什么作用？
11. 闭合主断路器的必备条件是什么？
12. 简述 SS_4 改电力机车劈相机手动控制启动过程。
13. 劈相机故障，用通风机代替时需转换哪些电器？
14. 说明 SS_4 改型电力机车通风机手动和自动控制作用原理。
15. 简述 SS_4 改型电力机车制动风机的控制。
16. 简述 SS_4 改型电力机车零位控制环节的作用。
17. 牵引工况，预备环节的完成必须具备哪些条件？
18. 有哪些情况会使 SS_4 改电力机车跳主断路器保护？

项目 6

HXD_{1C}型电力机车电气线路分析

项目描述

HXD_{1C}型电力机车是中车株洲电力机车有限公司自主研发的大功率交流传动六轴7200 kW 电力机车。该机车电气线路关键设备皆采用国内自主研制的产品，电气系统稳定、结构紧凑、故障冗余度高，并具有良好的保护措施，提高了机车的可靠性。HXD_{1C}型电力机车采用三相交流异步牵引电机，直接转矩控制技术，实现了机车牵引的恒力矩、准恒速特性控制和再生制动的恒力矩特性控制。

本项目重点学习 HXD_{1C} 型电力机车主电路、辅助电路、控制电路和监视控制系统的组成，并对上述电路进行工作过程分析。

任务 6.1　HXD_{1C}型电力机车主电路分析

【任务目标】

知识目标	1. 熟悉 HXD_{1C} 型电力机车主电路的组成。
	2. 熟悉 HXD_{1C} 型电力机车主电路原理。
	3. 熟悉 HXD_{1C} 型电力机车主电路保护方式。
素质目标	1. 培养学生学习新知识、新技术的意识。
	2. 培养学生具有一定的分析问题和解决问题的能力。
	3. 能客观、公正地进行学习效果的自我评价。
能力目标	1. 能够分析 HXD_{1C} 型电力机车主电路原理。
	2. 能够判断 HXD_{1C} 型电力机车主电路的工作状态。

【相关知识】

HXD_{1C} 型电力机车主电路采用交-直-交传动形式，转向架独立供电方式，牵引传动系统采用了先进的直接转矩控制技术和再生制动技术。

HXD_{1C} 型电力机车主电路

6.1.1 主电路结构

机车主电路由网侧电路、牵引变压器、牵引变流器、牵引电机和库内动车电路组成，如图 6-1-1 所示。

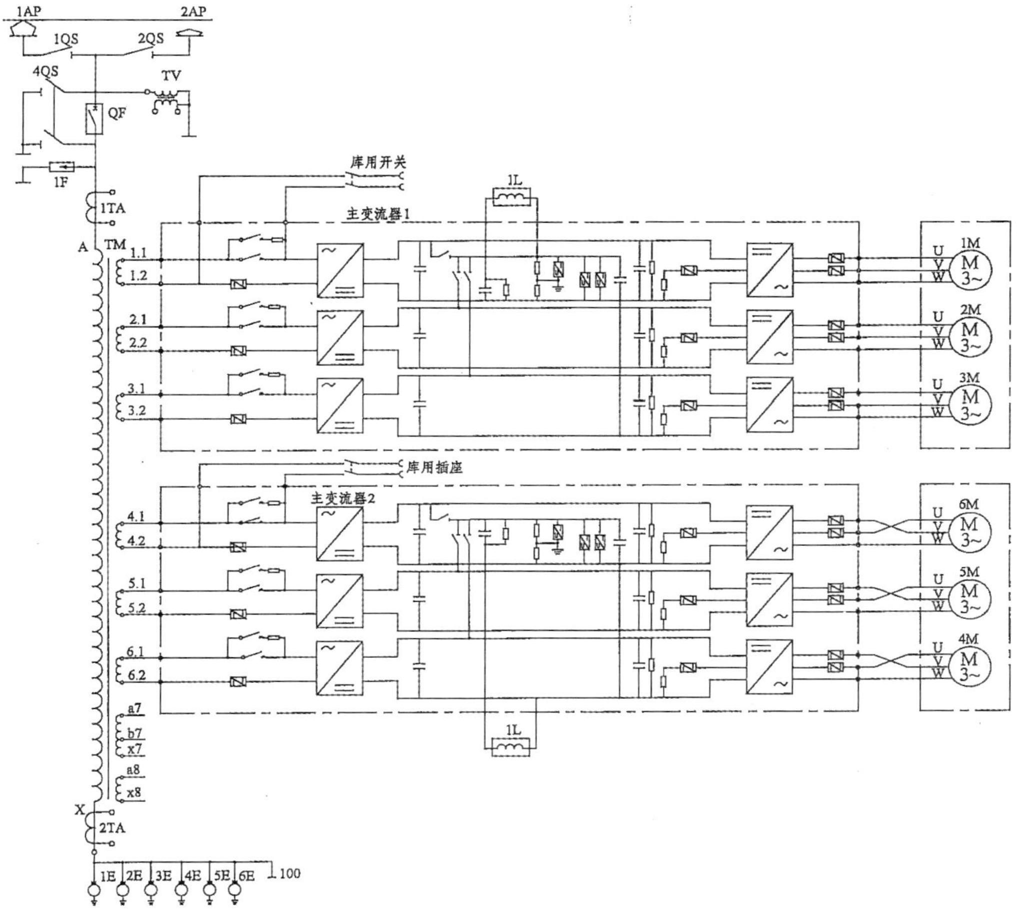

图 6-1-1 HXD$_{1C}$ 型电力机车主电路结构示意图

牵引变流器的 3 个四象限整流器通过隔离开关并联后向 3 个电压型 PWM 逆变器供电。每个牵引逆变器由牵引控制单元单独控制，向 3 台异步牵引电动机供电，从而实现单轴独立控制。制动工况时，能量传递过程相反。

6.1.2 网侧电路

网侧电路由受电弓 1AP、2AP，车顶高压隔离开关 1QS、2QS，主断路器 QF（带接地装置）、避雷器 1F、高压电压互感器 TV、原边电流互感器 1TA、回流电流互感器 2TA、接地装置 1E ~ 6E 和能耗表等组成，如图 6-1-2 所示。

1. 网侧电路组成

按功能的不同，网侧电路可分为网侧受流电路、网侧检测电路和网侧保护电路。

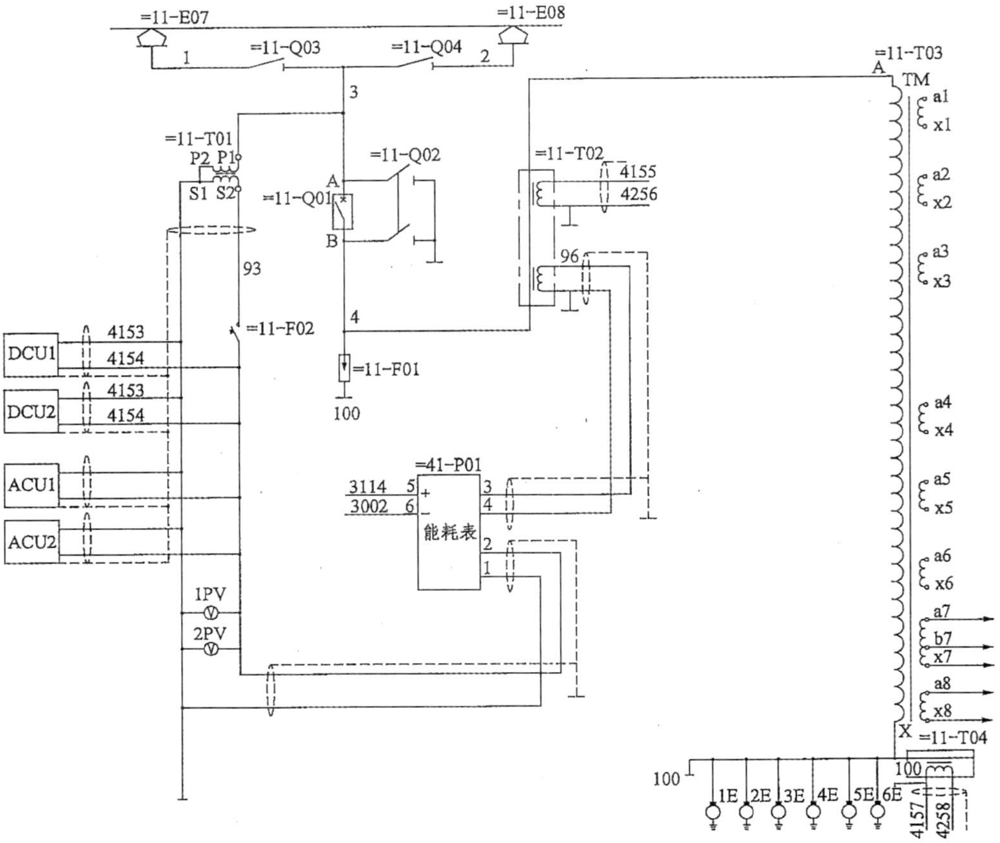

图 6-1-2　HXD$_{1C}$型电力机车网侧电路

1）网侧受流电路

网侧受流电路主要部件有受电弓（=11-E07、=11-E08）、高压隔离开关（=11-Q03、=11-Q04）、主断路器（=11-Q01）和接地装置 1E～6E。网侧受流电路的主要功能是从网侧获取电能，对主变压器的原边供电。

2）网侧检测电路

网侧电路中设置有高压电压互感器（=11-T01）、原边电流互感器（=11-T03）和回流电流互感器（=11-T04）等测量器件，用于向机车的中央控制单元（CCU）、牵引控制单元（CI）和能耗表等提供网侧电压和电流信号。能耗表用于显示机车从电网取得的电能和机车再生制动向电网反馈的电能，同时还可以显示网压。ACU 检测网压用的同步信号是 ACU1、ACU2 原边电压信号。DCU 检测网侧电流用的同步信号是 DCU1、DCU2 原边电流信号。

3）网侧保护电路

当机车出现故障或外部条件异常需要切断网侧电源时，可通过给主断路器分断指令来实现网侧保护。网侧电路中的测量器件将测量的值提供给中央控制单元或牵引控制单元，由 CCU 或 CI 进行判断，并在必要时给出分断主断指令，其保护主要有：

（1）网侧短路、过载保护。

① 网侧短路保护。流经回流电流互感器的电流超过整定值时，主断路器立即分断进行保护，以防止损坏机车电气设备。

② 网侧过载保护。通过原边电流互感器的检测，在电流超过整定值，时间大于 2 s 时，主断路器动作。

（2）网压监测保护。

机车升弓后，通过高压电压互感器（ = 11-T01）检测网压，正常网压应为 17.5 ~ 31 kV。

① 欠电压检测保护。如果网压低于 17 kV 超过 1 s，主断路器（ = 11-Q01）将被分断；只有当网压高于 17.5 kV 超过 1 s 后，主断路器才允许重新闭合。如果主断路器合上之后的 0 ~ 0.6 s 之内网压低于 15 kV，主断路器立即断开并锁定 2 min；如果 30 min 之内发生了 2 次，主断路器将被锁定。

② 超电压检测保护。如果网压高于 31.5 kV 超过 40 s，主断路器将被断开；如果网压高于 32 kV，主断路器立即断开。只有当网压低于 31 kV 超过 20 s，主断路器才允许重新合上。

（3）原边接地保护。

检测原边电流和回流电流的差值，当大于整定值时，判定为原边接地，主断路器进行分断保护。

（4）其他保护。

除网侧保护外，主电路的其他部分、控制电路等出现故障需要保护时，也可以通过分断主断路器来实现。如遇主断路器失效而无法断开时，则采用强行降弓的方式切断网侧的电源。

避雷器和接地开关也是网侧电路中的保护器件。避雷器用于抑制主电路中的操作过电压和运行时的雷击过电压。接地开关用于在需要登车顶或接近其他高压区域时使网侧电路接地，以保证操作人员的安全。

2. 网侧主要电器部件

（1）受电弓。

为了提高机车原边受流的可靠性，HXD_{1C} 型电力机车每台配属两架受电弓，并通过支持绝缘子安装于电力机车车顶。受电弓弓头升起后与接触网导线接触，从接触网上汲取电流，并将其通过车顶母线传送到车内供机车使用。该型受电弓是一种采用气囊驱动升弓的单臂受电弓，主要应用于干线电力机车，配备阻尼器和 ADD 自动降弓装置。

（2）高压隔离开关。

车顶设置了 2 个高压隔离开关，连接在受电弓的后面，属于车顶隔离电器，当受电弓故障时对其进行隔离。通常情况下，高压隔离开关处于闭合状态；当受电弓故障时，相应的高压隔离开关将隔离故障的受电弓。由于车顶高压隔离开关不带灭弧装置，不具有开断电流的能力，因此，它的所有动作都必须在主断路器处于分断状态时进行。高压隔离开关根据驱动方式可以分为手动和气动，HXD_{1C} 型电力机车使用的是手动 THG2B 型高压隔离开关。

（3）主断路器。

HXD_{1C} 型电力机车主断路器为交流真空断路器，安装在电力机车顶盖上。主断路器具有灭弧功能，用于开断、接通机车网侧 25 kV 电源，同时用于机车的过载、短路和接地保护。真空断路器是通过电气控制，压缩空气驱动，利用真空进行灭弧的高压电器，具有绝缘性高、开断容量大、机械寿命长、维护保养简单等特点。为了避免网侧出现电弧，主断路器在升弓之后闭合，并在降弓之前断开。

（4）高压接地开关。

HXD_{1C} 型电力机车装有 BTE25.04D 高压接地开关，其安装在电力机车顶部，与断路器配套使用，主要功能是把牵引机车上的主断路器两侧的电路接地。接地开关保证了牵引机车的安全操作；当工作人员进行机车检查或维护时，消除缺陷或进行修理时，保证了工作人员的人身安全。

（5）高压电压互感器。

TBY1-25 型高压电压互感器安装于机车车顶，为户外式产品。高压电压互感器是一种利用电磁感应原理把一次侧的高电压变换为标准测量电压的特种变压器，主要用于测量接触网电压，该测量电压值用于过压保护，同时也用于机车能耗测量。

（6）高压电流互感器。

LMZ3-0.72 型高压电流互感器为母线式电流互感器，安装在机车机械间侧墙上，套接在牵引变压器原边前端的高压电缆上，主要用于测量牵引变压器高压绕组输入端的线路电流，该测量电流值用于过流保护及短路保护，同时也可用于机车能耗测量。

（7）接地电流互感器。

LM24-0.72 型接地电流互感器是母线式电流互感器，适用于户内交流 50 Hz 或 60 Hz，额定电压为 25 kV 的电力机车电网中作计量或继电保护使用。接地电流互感器安装在变压器的原边末端，用以测量牵引变压器高压绕组输出端的线路电流。

（8）避雷器。

复合外套无间隙金属氧化物避雷器，安装在机车车顶，主要用于保护机车牵引变压器免受大气过电压及操作过电压侵害。避雷器的主体元件采用硅橡胶外套密封，具有优良的耐污性能和防爆性能，且体积小、质量轻。

避雷器元件内装有非线性电阻片（氧化锌阀片），其具有优良的伏安特性，可实现对过电压的限制。当系统出现过电压时，氧化锌电阻片呈现低电阻状态，吸收一定的过电压能量，过电压被限制在允许值以下，从而对电气设备提供可靠的保护。而在避雷器额定电压和系统正常工作电压下，氧化锌电阻片呈现为高电阻状态，使避雷器仅流过很小的泄漏电流，起到与系统绝缘的作用。

（9）高压电缆总成。

高压电缆总成包括 1 个车顶高压套管、1 根高压电缆和 1 个 T 形头，用来将车顶受电弓上的高压电流引到车底的牵引变压器上。为了保证其可靠性，高压电缆与车顶高压套管之间为不可拆卸连接，同时考虑到其可操作性，车顶高压套管采用从下至上的倾斜（30°）安装方式。吊顶盖前后，车顶高压套管均挂在机械间侧墙安装座上，而高压电缆和牵引变压器之间则还是采用传统的 T 形头活动连接，拆装十分方便、简单。

6.1.3 牵引变压器

牵引变压器是将 25 kV 的接触网电压变换为电力机车所需的各种低电压，以满足电力机车各种电机电器的工作需要。HXD_{1C} 型机车采用卧式牵引变压器，变压器次边设有 6 个牵引绕组和 2 个辅助绕组，并且有 1 个辅助绕组带 220 V 电压抽头。6 个牵引绕组用于给两台变流器中的 6 个四象限整流器供电；2 个辅助绕组用于给两台辅助变流器供电；220 V 抽头用于给机车上的单相 220 V 负载供电。

1. 牵引变压器参数

牵引变压器主要电气参数如表 6-1-1 所示。

表 6-1-1　牵引变压器主要电气参数

原边绕组	额定容量/（kV·A）	8 900
	额定电压/kV	25
	额定电流/A	356
牵引绕组	额定输出容量/（kW·A）	6×1 383
	额定电压/V	970
	额定电流/A	6×1 426
	短路阻抗	36%（－5%～10%）
辅助绕组	额定容量/（kV·A）	600
	额定电压/V	470
	额定电流/A	2×638
	短路阻抗	5%
谐振电抗器	电感值/mH	2×0.27（1±10%）
	额定电流/A	1 620
	最大电流/A	1 800
	频率/Hz	100

2. 基本原理

变压器是依据电磁感应原理，将一种电压的交流电能变成同频率的另一种或多种电压的交流电能的静止感应电器。牵引变压器绕组如图 6-1-3 所示。

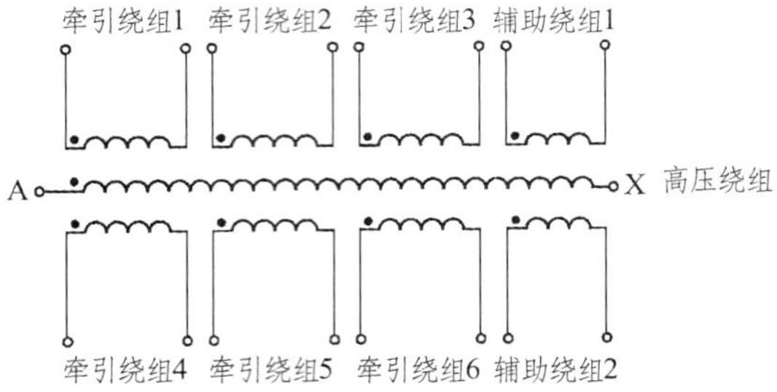

图 6-1-3　牵引变压器绕组

3. 牵引变压器保护

牵引变压器设有油温监控、油流状态监控和压力释放阀监视。微机系统根据监控的情况进行相应的控制和保护。

（1）油温检测及保护。

牵引变压器有两个冷却回路，每一个冷却回路包含 1 个油泵用于驱动变压器油循环，1 个油流继电器用于检测油路的流动。在牵引变压器中安装有 2 个 PT100 温度传感器用于检测油温，油温由传动控制单元 TCU 读入，通过 MVB 网络传送至中央控制单元 CCU，并在微机显示屏 IDU 的主要数据页面上显示。中央控制单元 CCU 的逻辑：将 2 个 PT100 温度传感器最高温度用于控制，当温度达到动作值时（冷却风机已满功率运行），封锁主变流器，主断路器跳闸。

（2）油流检测及保护。

在辅助变流器启动完成 60 s 后，油流继电器开始检测油流。当油温低于 + 10 °C 时，油流继电器并不检测油流信号。当 1 条油路故障时，机车辅助电机采用 60 Hz 通风，相应的故障信息显示在 IDU 上。当 2 条油路同时故障且超过 60 s 时，封锁主变流器，2 min 后断开主断路器。

（3）压力释放阀监视检测及保护。

在牵引变压器油箱上设有压力释放阀，压力释放阀动作后，向控制系统输出信号，中央控制单元 CCU 立即跳主断路器（断开蓄电池可以解除故障），在 IDU 上显示相应的故障信号。

6.1.4　牵引变流器

牵引变流器控制着牵引变压器和牵引电动机之间的能量传输，进而控制牵引电动机以获得所期望的转矩和转速。

1. 牵引变流器参数

牵引变流器主要电气参数如表 6-1-2 所示。

表 6-1-2 牵引变流器主要电气参数

中间直流电压/V	1 800
中间支撑电容/mF	6×4.3
谐振电容/mF	6×1.566
谐振电抗器电感/mH	2×0.27（1±10%）
变流器效率	>0.975

2. 牵引变流器电路

每台机车包含 2 台牵引变流器，牵引变流器输入端与主变压器的次边牵引绕组相连，并通过接触器进行分、合控制。牵引变流器电路主要由三重四象限 PWM 整流器、中间直流回路和 3 个 VVVF 逆变器组成，如图 6-1-4 所示。图中 KM1～KM3 为线路接触器，KM4～KM6 为预充电接触器，R1～R3 为预充电电阻，4QS1～4QS3 为四象限整流器，INV1～INV3 为 PWM 逆变器。

1）四象限整流电路

四象限整流器是一个交-直流电力转换系统，在牵引工况时，进行交-直变换，为中间直流电路提供电能；在制动工况时，通过中间直流电路进行直-交变换，将电能回馈给电网。

每台牵引变流器中有 3 个四象限整流器 4QS1～4QS3。每个四象限整流器通过 1 个预充电电阻和 2 个交流接触器与主变压器的 1 个牵引绕组相连接。3 个四象限整流器将交流电变换成直流电，并联向中间回路供电。四象限整流电路使得中间直流环节的电压保持稳定，并使变压器的功率因数接近于 1。

当牵引变流器投入运行时，首先通过预充电电阻对中间直流电容进行充电，然后再闭合线路接触器 KM1～KM3，以避免大的电流冲击。

2）中间直流回路

中间直流回路由中间支撑电容、二次滤波电路、斩波放电保护电路和接地检测电路组成。

（1）中间支撑电容。中间支撑电容 C_d 作为储能器，起缓冲和平滑中间直流回路电压的作用。因为在一个短的时间周期内输入和输出中间回路的能量不相等，需要支撑电容进行能量解耦。

（2）二次滤波电路。二次滤波电路是一个谐振电路，由谐振电容器和置于主变压器中的谐振电抗器组成，用来过滤中间直流回路中 2 倍于输入电压频率的能量流产生的纹波。它作为一个串联的谐振电路工作，其谐振频率为 2 倍基波频率。为了保证其谐振频率，谐振电容器分为固定电容器和可调电容器两部分。可调电容器可由用户定期调整，以避免频率漂移。

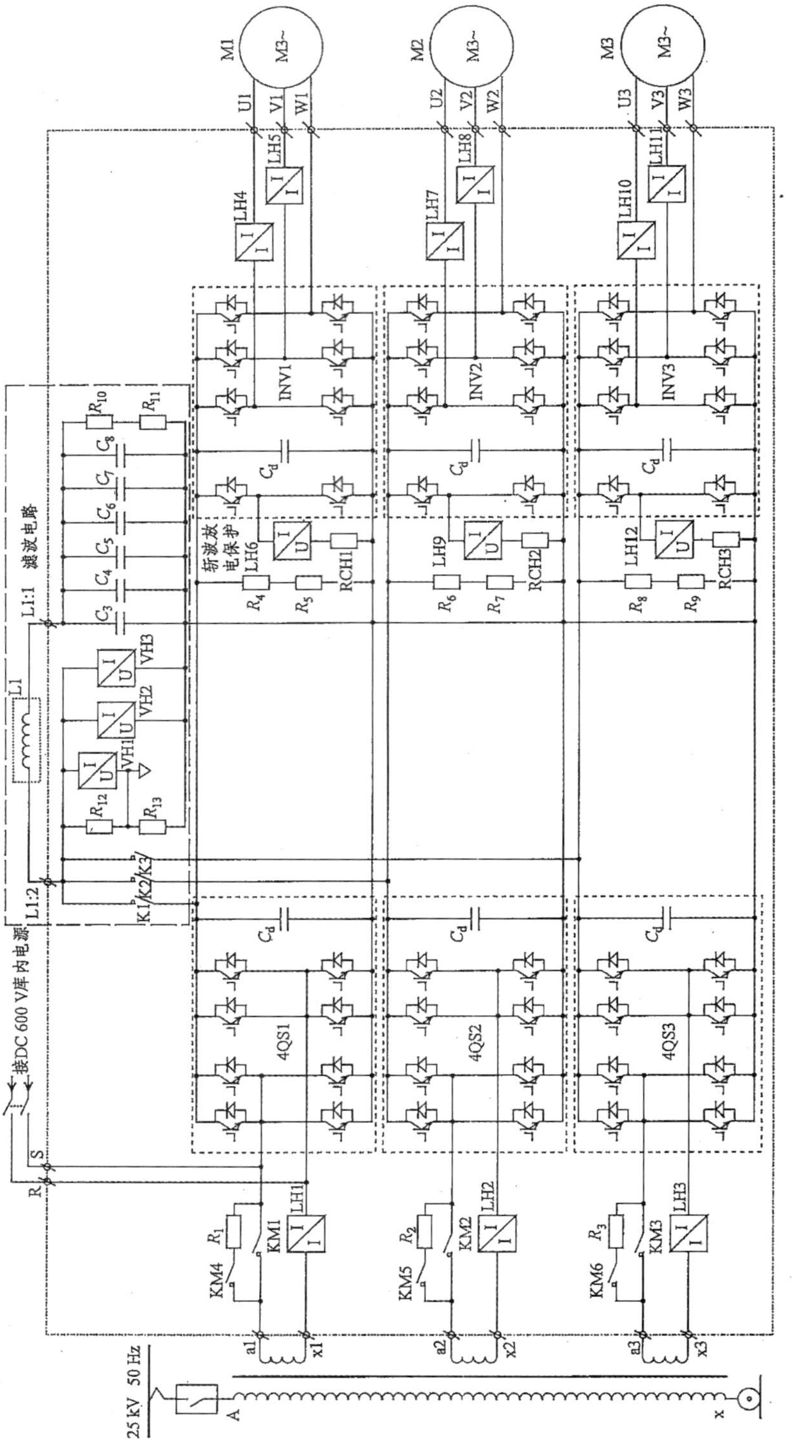

图 6-1-4 牵引变流器电路

3）PWM 逆变电路

PWM 逆变电路根据机车运行要求，将中间直流电压变换为所需要的频率和幅值的三相交流电压，提供给牵引电机。

4）检测及保护电路

（1）接地故障检测电路。接地故障检测电路由分压电路和比较电路组成。分压电阻器的中心抽头接地，监控分压器上的电压。当发生接地故障时，被测电压发生变化，对应的牵引控制单元检测到接地故障信号，主断路器跳闸。

（2）四象限整流电路和 PWM 逆变电路的保护。

过压保护：当直流回路电压大于整定值时，触发斩波放电保护电路。

过流保护：当短路和其他故障导致过流时，在支路电流达到其允许的最大值之前自动封锁相关模块的触发脉冲。

6.1.5 牵引电机

牵引电机根据电压型 PWM 逆变器供电的特点进行设计，以保证在 PWM 逆变器的整个输出电压、频率范围内电机的脉动转矩、损耗和噪声均满足铁路牵引运用要求。牵引电机能承受由于机车运行时所产生的振动和冲击，以及由于突然短路时产生的短路转矩。牵引电机的两端均采用绝缘轴承，以防止电机轴电流的产生。

1. 牵引电机参数

牵引电机主要电气参数如表 6-1-3 所示。

表 6-1-3 牵引电机主要电气参数

额定功率/kW	1 225
额定电压（基波）/V	1 375
额定电流（基波）/A	598
额定转速/（r/min）	1 720
额定效率（基波）	不小于 94.5%
起动转矩/（N/m）	9 717
起动电流（基波）/A	814
最大电压（基波）/V	1 419
最高转速/（r/min）	3 452

2. 牵引电机温度的检测及保护

牵引电机 M1 ~ M3 的温度由 TCU1 检测，牵引电机 M4 ~ M6 的温度由 TCU2 检测，检测到的牵引电机温度用于显示。TCU 在线检测牵引电机定子和转子的最高温度，并以此观测值为依据进行相关保护。如果牵引电机的定子最高温度高于 230 °C，应当降转矩运行，定子最高温度高于 240 °C 时，转矩被降至 0。如果牵引电机的转子最高温度高于 220 °C，应当降转矩运行，转子最高温度高于 230 °C 时，转矩被降至 0。当牵引电机的定子最高温度低于 230 °C 且转子最高温度低于 220 °C 时，转矩不应减小。

3. 牵引电机隔离开关

在机械间安装有牵引电机隔离开关，通过隔离开关可以隔离故障的牵引电机。要隔离某台牵引电机，必须先断开主断路器。牵引电机被隔离后，牵引变流器中相应模块的触发脉冲将被封锁。

6.1.6 库用动车电路

库内动车电路采用在四象限整流电路的输入端施加一个 600 V 的直流电源，该直流电源通过四象限整流器的续流二极管加在中间回路上，同时再通过 PWM 逆变器在牵引电机上产生驱动力矩，驱动机车的一个电机运行。机车中没有设置预充电电路，需要配备专门的直流 600 V 电源，由直流 600 V 电源实现预充电及相关保护功能等。

任务 6.2 HXD_{1C} 型电力机车辅助电路分析

【任务目标】

知识目标	1. 掌握 HXD_{1C} 型电力机车辅助电路的组成。
	2. 熟悉 HXD_{1C} 型电力机车辅助电路的原理。
	3. 熟悉 HXD_{1C} 型电力机车辅助电路保护方式。
素质目标	1. 培养学生学习新知识、新技术的意识。
	2. 培养学生具有一定的分析问题和解决问题的能力。
	3. 能客观、公正地进行学习效果的自我评价。
能力目标	1. 能够分析 HXD_{1C} 型电力机车辅助电路的原理。
	2. 能够判断 HXD_{1C} 型电力机车辅助电路的工作状态。

【相关知识】

HXD_{1C} 型电力机车辅助电路主要为机车主电路提供冷却，为空气制动系统提供风源，改善司乘人员的工作环境。辅助电路正常工作与否直接影响到主电路的工作状态，是机车稳定安全运行的关键。

机车辅助电气系统由辅助变流器、各辅助机组及辅助加热设备等组成。辅助变流器是为通风机和压缩机等辅助机组提供 3 相交流电源的电源装置，根据负载特性的不同，系统具有 VVVF 控制和 CVCF 控制两种功能。为了保证根据机车运行状况而提供实际所需的冷却风量和降低运转噪声，系统中 2 台冷却塔通风机和 6 台牵引电机通风机设定为 VVVF 控制模式，其他负载采用 CVCF 控制模式。

6.2.1 机车主要辅助设备

HXD_{1C} 型电力机车辅助电路主要为机车的辅助设备（如牵引风机、冷却塔风机等）和生活服务设备（如卫生间、冷藏箱等）提供电源。按每个辅助机组/辅助设施的使用要求，辅助电气系统分成 4 个负载组。

（1）辅助逆变器变频变压供电支路，负载包括 6 个牵引通风机组和 2 个冷却塔通风机组。

（2）辅助逆变器恒频恒压供电支路，负载有压缩机、水泵、油泵、空调等。

（3）主变压器辅助绕组供电 220 V/50 Hz 支路，负载包括蓄电池充电机、电炉、前窗玻璃加热器、撒砂加热器等。

（4）蓄电池充电机直流负载供电支路，负载包括照明灯、辅助压缩机、冷藏箱等。

6.2.2 辅助负载电路

HXD_{1C} 型电力机车辅助电路按电压等级分为交流 440 V 电路和交流 220 V 电路。

1. 交流 440 V 电路

交流 440 V 电路的原理结构图如图 6-2-1 所示。交流 440 V 电路设有两组三相辅助电源回路，每组回路由辅助变流器、接触器、自动开关、相序继电器及负载等构成，两组回路中的辅助变流器分别集成在两个柜体中。为了避免辅助变流器电压互相影响，由两个独立的牵引变压器辅助绕阻分别给 2 个辅助变流器供电。

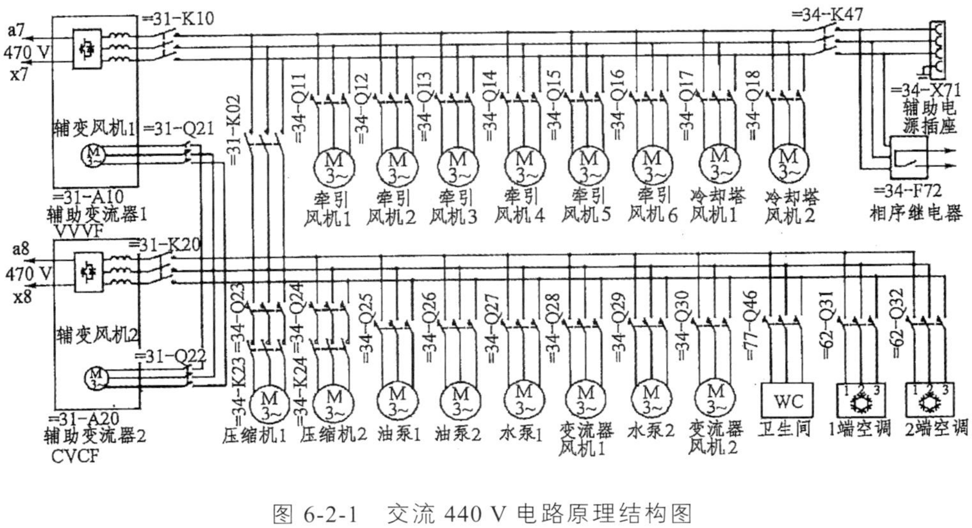

图 6-2-1 交流 440 V 电路原理结构图

出于节能和降噪方面的考虑，一组回路的辅助变流器工作在变压变频（VVVF）模式，为机车上的变压变频负载供电，变压变频的辅助负载包括6个牵引风机和2个冷却塔，控制系统根据各牵引电机的温度、牵引变压器油温和牵引变流器水温给定其工作的电压和频率，从而无级地调节辅机的输出功率。另一组回路的辅助变流器工作在恒压恒频（CVCF）模式，为机车上的其他负载供电。

辅助变流器通过主变压器辅助绕组获取单相交流470 V输入电压，中间直流回路通过一个预充电单元（预充电接触器处于闭合状态时）向两个并联的整流桥臂供电，中间直流回路中包含中间支撑电容、接地检测电路、保护接地电路及中间电容放电回路，通过PWM逆变器，中间直流回路中的电能被转换为VVVF的三相交流电，提供给机车的辅助负载。

两组辅助变流器回路采用冗余设计，当一组电源故障时，另一组电源能维持交流440 V 电路的供电。每个辅助变流器的输出侧设置一个供电接触器，用于在冗余转换时隔离故障的辅助变流器，同时在辅助电路发生故障时参与保护。两个辅助变流器的输出之间设置了一个冗余转换接触器，用于在冗余模式时的负载配置，当一台辅助变流器故障时，由另外一台辅助变流器通过工作在恒频恒压模式下给辅机供电。

交流440 V电路具有较完备的保护功能，每条辅助电源支路的自动开关可对其负载进行缺相、过载和短路保护，两组三相辅助电源回路中辅助变压器都具有自保护功能，包括过压保护、欠压保护、过载保护、过热保护、自身接地保护、输出三相不平衡保护和短路保护等功能，辅助变流器同时还为接在后面的三相负载提供接地检测与保护功能。

交流440 V辅助电路中设置了辅助电源插座、相序继电器和库内供电接触器，用于满足在试验时交流 440 V 辅助电路的电源需求。辅助电源插座安装在机车车体两侧，可以通过选择机车模式，连接三相 380 V 交流电源且相序正确等操作来进行辅机试验。

2. 交流220 V电路

交流220 V电路原理结构图如图6-2-2所示。电路采用在主变压器辅助绕组上加抽头的方法来获得220 V电源。220 V电源除给蓄电池充电机供电外，主要给机车加热负载供电，包括砂箱加热、司机室取暖、前窗加热，并为防寒加热预留接口。

交流220 V电路与交流440 V电路的辅助变流器1电源回路共绕组，由电磁感应原理可知，当440 V回路负载较重或者负载变化时，a7x7绕组产生的磁场对铁心主磁场有增强或削弱效果，导致b7x7抽头的输出感应电压波动较大，220 V回路容易受到交流440 V电路的辅助变流器1电源回路的影响。因此，在b7x7抽头的输出端增加隔离变压器，使一次侧与二次侧的电气完全绝缘，也使该回路隔离，不仅减弱了辅助变流器1回路对电路的影响，还隔离了非线性负载引起的电流波形畸变，同时避免电网中的谐波和干扰信号对负载造成的不良影响。

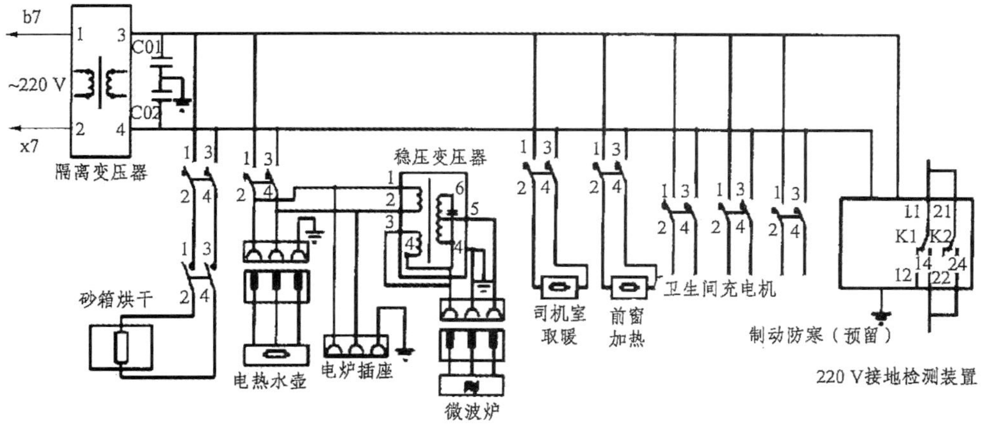

图 6-2-2　交流 220 V 电路原理结构图

机车内部布线复杂，交流 220 V 电路与其他回路之间容易产生分布电容，拉高线路的对地电压，对交流 220 V 电路输出负载产生不良影响，因此在隔离变压器输出端增加两个接地电容，不仅可以降低悬浮电压，还可以旁路部分高次谐波，对电路负载起到很好的保护作用。微波炉作为民用品，很容易受网压波动的影响，为了避免其因输入电压和电流波动导致损坏，在其输入端增加稳压变压器，不仅起到了稳定电压输出的作用，而且减小了输出谐波对微波炉的干扰，提高了微波炉输入电压品质，减小了网压波动的不良影响。

交流 220 V 电源回路具有独立的接地检测装置，起到了电路的接地保护功能，同时每个负载支路的自动开关可对其负载起到过载、短路和缺相的保护功能。

3. 直流 110 V 电源

直流 110 V 电源的作用是给控制系统提供电源，同时转化为直流 24 V 给照明、仪表电路供电。机车控制系统要求一个稳定的 110 V 工作电压。在起动阶段，机车的蓄电池保证了电源供电。每台机车配置一个 96 V 直流供电系统（蓄电池），为机车提供直流电源，蓄电池的容量总计为 170 A・h。

直流 110 V 电源主要有两个功能。一个是为机车内部电器提供控制电压，即充电功能：AC/DC 模块将单相交流 220 V 电源变为直流 110 V 电源，为机车提供 110 V 电源，并为蓄电池组充电，同时电源柜上的 DC/DC 模块将机车上的直流 110 V 电源变为直流 24 V 电源，为应急灯、仪表等设备提供电源。直流 110 V 电源的另一个功能针对 110 V 输出和 24 V 输出进行一定的低压配电。

控制电源主要技术参数如表 6-2-1 所示。

表 6-2-1　控制电源主要技术参数

额定输入电压		AC（220±11）V，50 Hz
额定输出电压	快速充电电压/V	DC 115.2±1.152
	浮充电压/V	DC 108.0±1.08
	直流/V	DC 24±0.48
最大持续输出电流/A		90（DC 110 V），12.5×2（DC 24 V）
蓄电池最大充电电流/A		DC 35

任务 6.3　$\mathrm{HXD_{1C}}$ 型电力机车网络控制系统认知

【任务目标】

知识目标	1. 了解 $\mathrm{HXD_{1C}}$ 型电力机车网络控制系统的结构。
	2. 了解智能显示单元 IDU 及显示界面。
	3. 熟悉 $\mathrm{HXD_{1C}}$ 型电力机车网络控制系统的功能。
素质目标	1. 培养学生学习新知识、新技术的意识。
	2. 培养学生具有一定的分析问题和解决问题的能力。
	3. 能客观、公正地进行学习效果的自我评价。
能力目标	1. 能识别 $\mathrm{HXD_{1C}}$ 型电力机车网络控制系统的结构。
	2. 能总结 $\mathrm{HXD_{1C}}$ 型电力机车网络控制系统的功能。

【相关知识】

$\mathrm{HXD_{1C}}$ 型电力机车网络控制系统采用分布式列车电子控制系统 DTECS 和 TCN 列车通信网络。分布式列车电子控制系统包括中央控制单元 CCU、网关 GWM、输入输出设备、人机接口设备 IDU 等。TCN 列车通信网络由 WTB 列车总线、MVB 车辆总线两级构成。其中 MVB 车辆总线是专为铁路机车（车辆）内设备互联而开发的高可靠和强实时的现场总线，绞线式列车总线 WTB 是专为铁路机车车辆重联而开发的高可靠和实时的现场总线。

6.3.1　网络控制系统结构

$\mathrm{HXD_{1C}}$ 型电力机车网络控制系统结构

网络控制系统由模块式硬件单元组成，分为网管模块 GWM、车辆控制模块 VCM、事件记录模块 ERM、数字量输入输出模块 DXM、数字量输入模块 DIM、模拟量输入输出模块 AXM。根据机车控制的设计要求，可以选择不同种类和数量的 IO 模块，分别组成司机室数据单元 CIO、机械间数据单元 MIO。网络控制系统采用分布式控制技术，即分布采集及执行，中央集中控制与管理的模式。通过车辆总线 MVB 与传动控制单元 TCU、辅助变流器控制单元 ACU、制动控制单元 BCU、智能显示单元 IDU 等进行通信。系统的网络拓扑结构如图 6-3-1 所示。

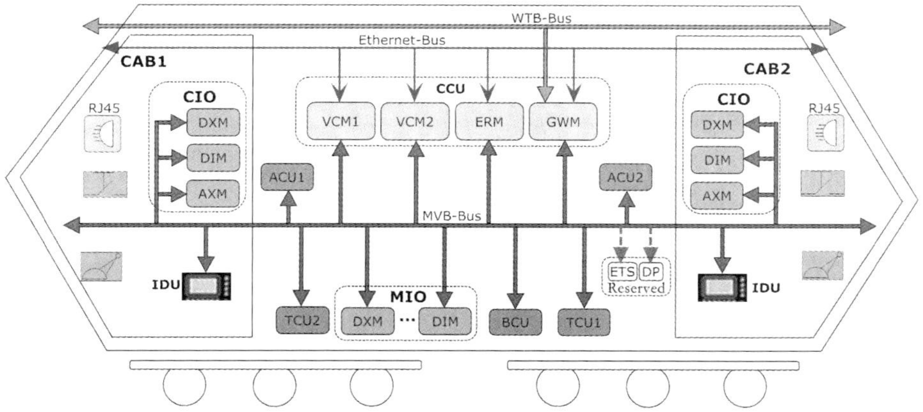

图 6-3-1　HXD_{1C} 机车控制系统拓扑结构

注：CAB1 为Ⅰ端司机室；CAB2 为Ⅱ端司机室；MVB-bus 为多功能车辆总线；Ethernet-Bus 为以太网线。

1. 中央控制单元 CCU

中央控制单元 CCU 安装在机械室低压电器柜的上部，它是机车网络控制系统 TCMS 的核心，由 VCM、GWM 和 ERM 构成，其中 VCM 模块有两个。各个模块之间通过 MVB 车辆总线连接，CCU 具备如下功能：

（1）车辆级过程控制：执行诸如牵引制动控制、空电联合控制、超速保护等控制功能。

（2）通信管理：具有 MVB 的管理能力，并且能够进行主权转移功能。

（3）显示控制：与微机显示屏 IDU 显示有关的数据传输。

（4）故障诊断：状态数据、故障数据的采集处理，并通过 IDU 报告司机。

（5）列车级过程控制：执行诸如牵引/制动控制等与机车重联运行有关的控制功能。

（6）列车总线管理：具有绞线式列车总线 WTB 的管理能力。

（7）列车级数据通信：与车辆控制模块 VCM 进行与机车重联运行有关的数据交换。

（8）数据记录：事件数据的记录，将车辆控制模块 VCM 的事件数据具体化。

（9）数据转储：通过转储接口将记录的数据下载，供便携式维护工具分析。

2. 司机室数据输入输出单元 CIO

CIO 安装在每个司机室的操纵台右柜内，每个 CIO 单元由 1 个 DXM、1 个 DIM 和 1 个 AXM 组成，主要用于读取司机的操纵指令（例如司机控制器、扳键开关等），同时还可以输出控制信号用于自动换端指示、无人警惕装置声音报警等。

3. 机械室数据输入输出单元 MIO

MIO 安装在机械室的低压电器柜中，由 6 个 DXM 和 1 个 DIM 组成，它主要是通过 MVB 车辆总线实现机械间的电气设备与 CCU 的通信连接。

MIO 的主要功能：负责采集机车部件的状态信息（受电弓、主断路器、电磁阀、接触器和自动开关等）和输出控制逻辑指令，例如断合接触器、电磁阀等控制部件。

4. 智能显示单元 IDU

每台机车装有 2 个 IDU，分别安装于每端司机室。IDU 是网络控制的人机界面设备，通过 MVB 与其他设备通信，IDU 的主要功能如下：

（1）列车信息显示：向车辆驾驶人员和维护人员提供车辆综合信息、各设备的工作状态、故障信息的综合与处理等。

（2）参数设定：对轮径值、列车重量、站点、时间日期等参数进行设定。

（3）模拟测试：在静止情况下，对辅助变流器系统的相关部件进行模拟测试。

（4）数据转储：通过以太网接口，将故障信息转储地面进行统计分析。

5. 传动控制单元 TCU

每台 HXD_{1C} 型机车装有 2 个牵引变流器柜，每个牵引变流器柜内安装 1 个 TCU，每 TCU 负责 1 个转向架的传动控制。

TCU 的主要功能是完成对机车的牵引/制动特性控制、逻辑控制、故障保护，实现对四象限整流器和牵引逆变器及交流异步牵引电机的实时控制、黏着利用控制。

6. 辅助变流器控制单元 ACU

每台 HXD_{1C} 型机车装有 2 个辅助变流器柜，每个辅助变流器柜内安装 1 个 ACU。ACU 通过接收外部控制信号，实现辅助变流器正常启动、停机、故障保护，实现对输入网压的四象限整流、逆变，确保辅助变流器输出稳定。

7. 制动控制单元 BCU

BCU 装在制动柜内，负责对空气制动系统进行控制。BCU 到 CCU 的接口设计为 MWB，用来接收和发送到 CCU 的信号，其他的制动信号由 CCU 通过 MIO 进行控制。

6.3.2 智能显示单元 IDU 及显示界面

每台机车装有 2 个智能显示装置 IDU，分别位于 2 个司机室内，智能显示装置 IDU 通过多功能车辆总线 MVB 与其他设备通信。

智能显示装置 IDU 是列车控制和诊断系统 TCMS 的终端设备，是司机和维护人员操作机车的窗口，它的功能是：

（1）列车信息显示：向车辆驾驶人员和维护人员提供车辆综合信息，各设备的工作状态，故障信息的综合与处理等。

（2）参数设定：对轮径值、列车重量、站点、时间日期等参数进行更改与设定。

1. 显示屏按键布局

IDU 显示屏按键布局如图 6-3-2 所示。

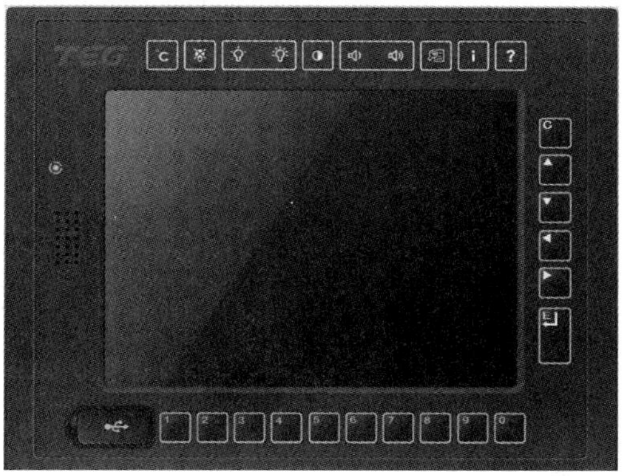

图 6-3-2 IDU 显示屏按键布局

上排从左到右：内部温度键、液晶屏背光关断、背光调暗、背光调亮、日夜亮度切换、音量调小、音量调大、事件信息、处理信息、帮助。

右排从上往下：取消、上、下、左、右、确认。

下排：数字键或软键，其实际功能与界面对应。

2. 显示界面结构

微机显示屏分级显示相关信息，显示器上电启动后，自动执行到显示程序“主界面”，“主界面”可以通过触摸或者按压薄膜按键选择：“主要数据界面”“牵引数据界面”“轮缘润滑模式”“诊断界面”“维护界面”“机车状态”“定速按键”等；“主要数据界面”下，通过触摸或者按压薄膜按键可以进入“温度界面”“网络拓扑界面”等。显示器界面功能块分布如图 6-3-3 所示。

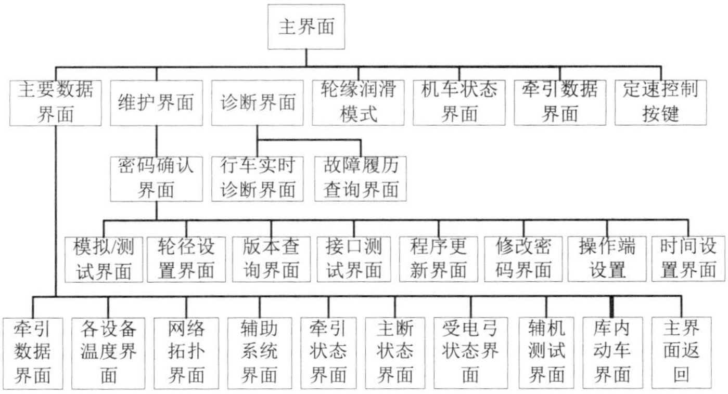

图 6-3-3 显示器各界面功能块分布

主显示界面、网络拓扑界面、辅助系统界面分别如图 6-3-4、图 6-3-5、图 6-3-6 所示。

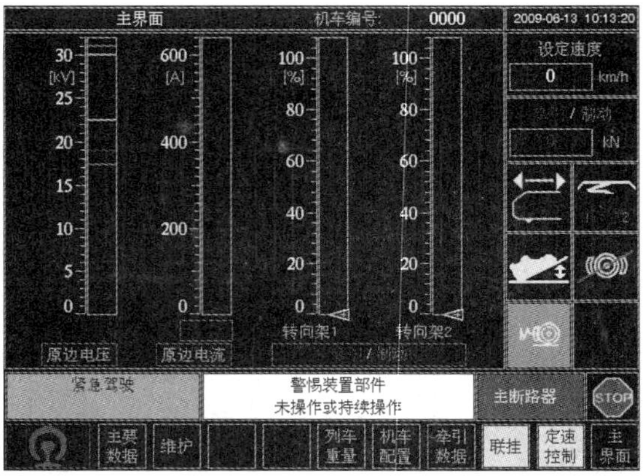

图 6-3-4 主显示界面

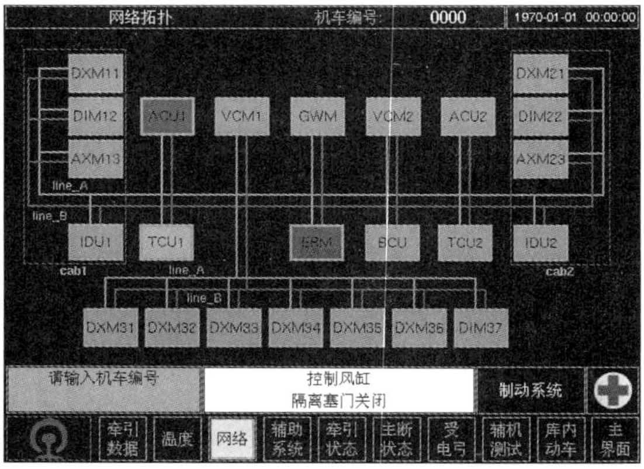

图 6-3-5 网络拓扑界面

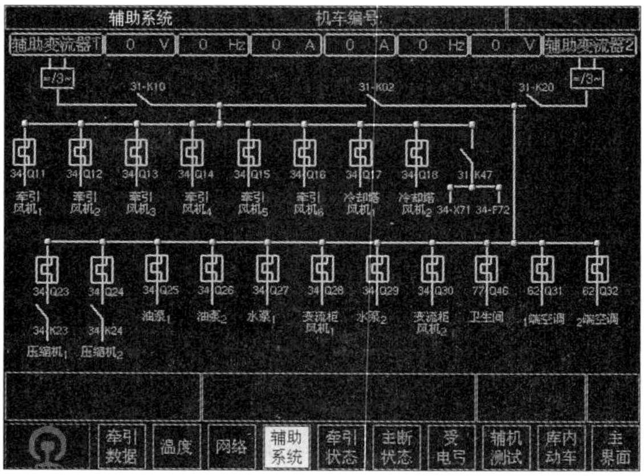

图 6-3-6 辅助系统界面

6.3.3 网络控制系统功能

HXD$_{1C}$ 型机车采用 TCN 列车通信网络，由绞线式列车总线 WTB 和多功能车辆总线 MVB 组成。

HXD$_{1C}$ 型电力机车网络控制系统功能

1. 主要控制功能

机车网络控制系统可实现列车控制级、机车控制级、部件控制级的功能，主要包括网侧高压部件控制、牵引/电制动控制、空电联合控制、重联运行控制、辅助电路冗余控制、自动过分相控制、无人警惕控制等。

1）网侧高压部件控制

网侧高压部件控制包括受电弓控制、辅助压缩机控制、真空断路器控制、主变压器保护等。

2）牵引/电制动控制

主司机控制器的手柄级位与机车的牵引/制动特性曲线相对应。当机车处于牵引工况时，系统根据司机控制器级位设定速度；机车处于制动工况时，系统根据司机控制器级位设定制动力相对制动黏着限制线的百分比。CCU 根据牵引/制动特性曲线给定的目标牵引/制动力、机车实际速度、实际输出的牵引/制动力，并考虑机车的黏着保护控制及轴重转移等情况，结合重联控制方法进行牵引/制动力的动态分配，实现牵引制动特性控制。

网络控制系统还支持“定速控制”模式，可以通过内部数学算法自动将机车牵引/制动状态调整到实际运行所需要的牵引/电制动力，以达到或保持实际运行在允许速度整定值误差范围内，实现机车的定速控制功能。

3）空电联合控制

HXD$_{1C}$ 型机车装备有电制动系统和空气制动系统。调速时，一般使用电制动系统。紧急制动和进站停车时，一般使用空气制动系统。空气制动系统包括：自动制动、独立制动和停车制动。

自动制动（间接制动）是机车网络控制系统通过电子制动阀（EBV）进行列车制动操作，通过制动管（BP）排风来实现对整列车的制动。在自动制动期间，机车自身可使用电制动系统进行再生制动，而车辆仍然是空气制动。机车自动制动直到来自 BCU 的电制动设定值有效才缓解。

独立制动是基于位置控制空气制动。当独立制动手柄放置到制动区（本务/切除模式 BCU），CCBⅡ系统直接对手柄位置做出反应，来控制用于在本务和重联机车施加制动的制动缸平均管压力（BCEP）。CCBⅡ系统将对制动缸平均管压力做出反应来控制本机制动缸预控压力。

停放制动是通过弹簧蓄能装置来实现的。每个司机室有两个控制按钮，一个施加停放制动，另一个缓解停放制动。

4）重联运行控制

网络控制系统支持重联牵引模式下完成最多 3 台机车的重联牵引。实现重联牵引，需连接机车重联电缆后，启动所有机车的蓄电池和微机系统。然后在本务机车的司机室进行操作，机车组配置自动进行。操纵端机车的 CCU 通过列车总线 WTB，向附挂机车传输重联牵引所必须的整定值和控制命令。

5）辅助电路冗余控制

辅助电路负载分为 VVVF 负载和 CVCF 负载，分别由两组辅助变流器供电。当一组辅助变流器发生故障时，控制系统通过控制相关接触器实现隔离故障、重组辅助系统负载，使机车维持运行，提高系统的可靠性。在冗余状态，全部辅助负载都工作在恒频恒压状态。

6）自动过分相控制

机车具有自动通过分相区的功能：当机车通过分相区时，系统根据当时机车的速度、位置，自动平滑卸载和分断主断路器。通过分相区后，自动闭合主断路器、控制牵引电流平滑上升，从而实现机车通过分相区时操作的自动化，以减轻乘务员的工作强度。在自动过分相装置故障时，可采用手动或半自动方式通过分相区。

7）无人警惕控制

当机车速度≥3 km/h 并且司机控制器的方向手柄不在零位时，启动无人警惕控制功能。间隔 60 s，无人警惕控制装置开始启动声音报警，并且在微机状态显示屏显示提示信息，如果 10 s 后无操作，无人警惕装置实施常用最大减压量制动。

8）其他控制功能

HXD_{1C} 型机车还具有紧急运行、自动换端、微机复位、库内动车、辅机测试等功能。

2. 机车故障诊断、显示及保护功能

机车网络控制系统能够对机车重要功能部件进行故障诊断及触发相应保护功能，诊断信息经系统评估后，按严重程度划分为 A 级、B 级、C 级并在司机台的 IDU 显示。车载诊断系统是机车网络控制系统的重要组成部分，可分为列车级、车辆级及部件级故障诊断。故障诊断建立故障日志，自动存储带有时间、公里数和相关运行数据的故障信息。故障诊断信息可以通过以太网接口，从诊断系统记忆存储器中读出相关信息，方便机车检修人员对机车发生的故障进行深入分析。

任务 6.4　HXD_{1C}型电力机车控制电路分析

【任务目标】

知识目标	1. 熟悉 HXD_{1C} 型电力机车控制电路构成。
	2. 熟悉 HXD_{1C} 型电力机车控制电路原理。
	3. 熟悉 HXD_{1C} 型电力机车控制电路保护方式。
素质目标	1. 培养学生学习新知识、新技术的意识。
	2. 培养学生具有一定的分析问题和解决问题的能力。
	3. 能客观、公正地进行学习效果的自我评价。
能力目标	1. 能够分析 HXD_{1C} 型电力机车控制电路原理。
	2. 能够判断 HXD_{1C} 型电力机车控制电路的工作状态。

【相关知识】

HXD_{1C}型电力机车控制电路由控制监视系统（TCMS）、机车行车安全综合信息监控系统、克诺尔的 CCBⅡ电控制动系统、机车外围电路等构成。TCMS 包括 1 个主控制装置和 2 个显示单元。主控单元采用冗余设计，1 套为主控制环节（Master），1 套为热备控制环节（Slave）。

HXD_{1C}型电力机车控制电路的主要功能为：顺序逻辑控制、机车特性控制、定速控制、辅助电动机的控制、机车黏着控制、故障诊断、显示与保护、机车重联控制（最多可以实施同型号的 3 台机车重联）。

6.4.1　读图说明

正确地识读电气线路图是使用和维护机车的基础，为了读图方便，对机车电气线路图的标示说明如表 6-4-1 所示。

表 6-4-1　电气线路图标示方法说明

标示（举例）	含　义
位置号：＋101.01	＋——附加符号；101.01——位置描述
电气部件代号：＝11－E 08	＝11——功能块代码；－E——部件代码；08——序列号
图纸区域：＝11/1.2	＝11——功能块代码；/1——功能块中页码；.2——图纸分块（1～8）
线号：34 01 31 .01	34——功能块代码；01——功能块中页码；31——序列号；.01——流水号

机车电气设备种类繁多，电气线路复杂，为了读图方便，对 HXD_{1C} 型电力机车的主要电气设备的代号、种类进行归纳，如表 6-4-2 所示。

表 6-4-2　主要电气部件代码及含义

代码	定　义
=01	功能区说明
=02	位置说明
=03	更改记录
=11	主电路
=12	接地方案
=21	辅助压缩机、受电弓、主断路器控制
=22	主司控器信号输入 CIO、网关 1/2、牵引电机隔离选择
=23	牵引交流器控制电源、牵引电机速度检测、牵引电机温度检测、MVB 连接 TCT
=24	CIO 电源、SKS3 电源、MVB 连接 SKS3/CIO、MCB 反馈信号、CIO DC 控制系统
=28	制动系统
=31	辅助电路电源
=32	控制电路、控制电源柜、库内行灯插座
=34	辅助负载电路
=41	网压、原边电流、DC 110 V 电压检测、主变压器监控
=42	HIM 电源、力矩表、USB 诊断插座
=43	机车信号、监控信号、无人警惕
=45	机车综合无线通信设备、机车重联电话
=46	重联电缆

6.4.2　控制电路

1. 司机室占用

一台机车设置 2 台司机室，司机室占用电路如图 6-4-1 所示。

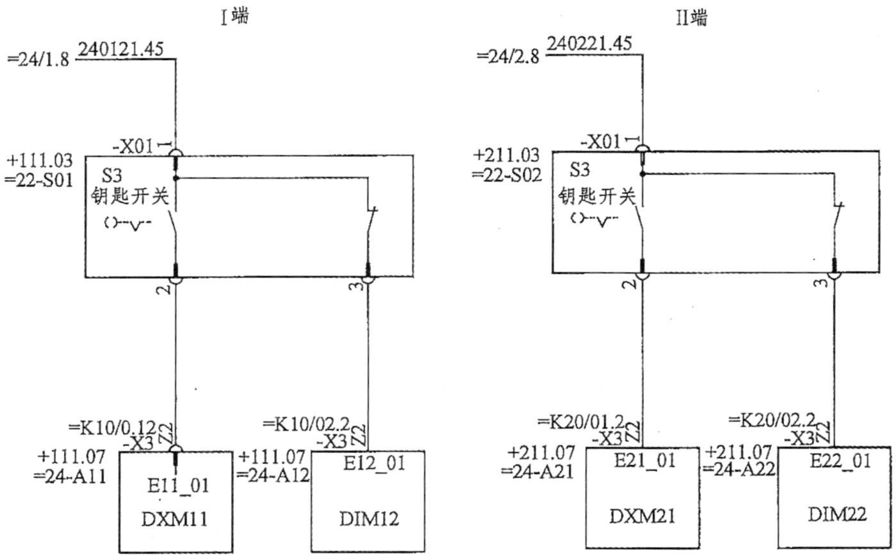

图 6-4-1　司机室占用电路

闭合Ⅰ端司机室钥匙开关，Ⅰ司机室占用，电路分析如下：闭合 = 22-S01-S3，E11_01 = 1，E12_01 = 0，Ⅰ端司机室占用。

闭合Ⅱ端司机室钥匙开关，Ⅱ司机室占用，即：闭合 = 22-S02-S3，E21_01 = 1，E22_01 = 0，Ⅱ端司机室占用。

2. 受电弓控制

1 台机车安装 2 台受电弓，靠近Ⅰ端司机室的受电弓为 = 11-E07，靠近Ⅱ端司机室的受电弓为 = 11-E08。司机可以通过受电弓模式开关 = 21-S51 来选择受电弓的升弓模式，受电弓有 4 种模式：受电弓 1、自动、受电弓 2、双弓。

受电弓升起时，在 IDU 上有信息通知司机去改变受电弓模式。在重联模式下，每台机车根据自身选择开关的位置选择受电弓。只有当主断路器断开和受电弓降下时，改变受电弓模式才有效。

升/降弓指令电路如图 6-4-2 所示。

1）升弓条件

机车的升弓条件在占用端司机室的 IDU 上采用“状态总览”的方式显示。在受电弓升起之前，以下条件必须完全满足：

（1）低压柜受电弓模式置升弓模式。

（2）机车操作模式选择开关在正常位。

（3）受电弓/主断路器的自动开关在闭合位。

（4）高压隔离开关闭合。

（5）总风压力大于 400 kPa。

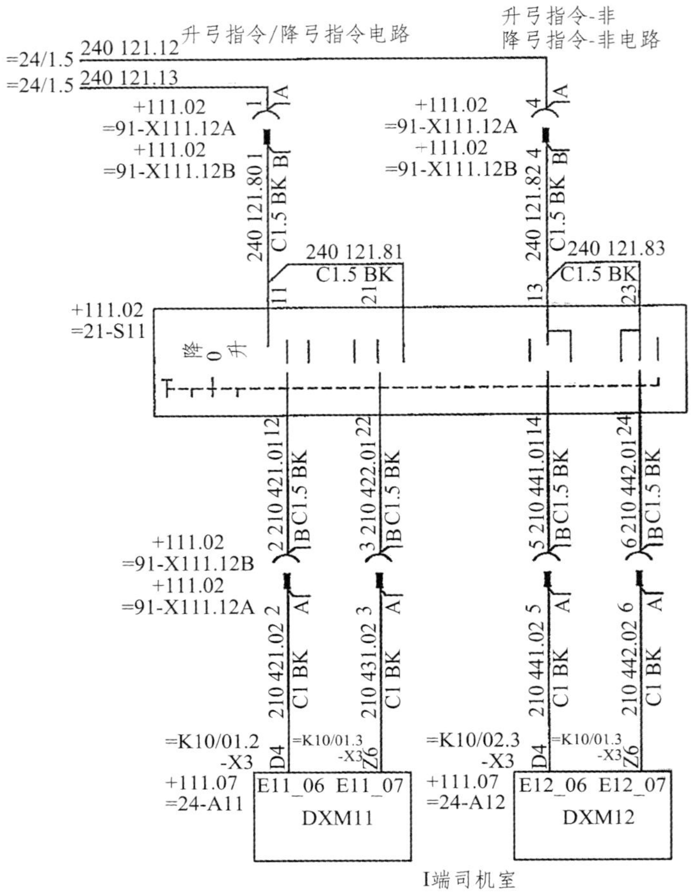

图 6-4-2　升/降弓指令电路

（6）主断路器 HWB 断开。

（7）传动控制单元 TCU 与中央控制单元 CCU 通信正常。

（8）受电弓切断阀在打开位（cut in）。

（9）“升弓气路隔离”塞门打开。

（10）受电弓自检已经完成。

2）升弓控制

在每端的司机操纵台上都有受电弓扳键开关，它有“升弓”和“降弓”两个自复位和一个锁定的“0”位，在Ⅰ端司机室为 = 21-S11，Ⅱ端司机室为 = 21-S21。如果所有升弓条件都满足，在占用端司机室，司机将受电弓扳键开关推至“升弓”位，升弓电磁阀得电，受电弓升起。

这个命令在所有重联机车上都有效。如果受电弓已经升起，这个命令将不再起作用。

如果受电弓升起 2.0 s 后 TCU 没有检查到网压，在 IDU 显示信息提示司机无网压，司机应进一步检查受电弓是否升起。如果需要再试一次，司机应先给“降弓”命令，再给“升弓”命令。如果受电弓已经升起 15 min，但没有检测到网压或主断路器没有闭合，CCU 控制受电弓自动降下。

3）降弓控制

降弓操作可以通过推动“降弓”扳键开关 = 21-S11 或者 = 21- S21 进行，当升弓条件不满足（受电弓禁止）时，受电弓也会自动降落。降弓时，如果主断路器是闭合的，应先断开主断路器，受电弓延时 0.6 s 后降下。本务机车的降弓命令同样导致重联机车降弓。

4）故障检测

受电弓安装有滑板检测装置，它能得到受电弓的状态反馈信号。

升弓故障：控制受电弓电空阀升弓后，没有检测到压力存在的反馈信号（延时 15 s），故障由 CCU 储存，同时 CCU 封锁故障受电弓。

降弓故障：有降弓请求后，仍然检测到存在压力的反馈信号（延时 15 s），故障由 CCU 储存，同时 CCU 封锁故障受电弓。

如果发生升弓故障、降弓故障，在 IDU 上显示相关信息。

3. 主断路器控制

每台机车安装 1 台主断路器（高压断路器），主断路器控制由硬件电路和软件部分组成。当传动控制单元 TCU 发生故障时，由 CCU 对故障的 TCU 进行旁路，保持主断路器回路闭合。

1）合闸条件

机车的合主断条件在占用端司机室的 IDU 上采用“状态总览”的方式显示。在主断路器闭合之前，以下条件必须完全满足：

（1）Panto/HVB 的 MCB 闭合。

（2）总风压力大于 400 kPa。

（3）紧急按钮没有按下，且没有过分相请求。

（4）没有降弓命令，受电弓隔离开关在“cut in”位。

（5）网压在 17.5 ~ 31 kV 的范围内。

（6）原边电流保护没有动作，没有“水位”保护信号，且油温在正常范围内。

（7）HWB 自检完成并且没有故障，没有合 HVB 禁止。

（8）司机控制器手柄在“0”位（过分相过程除外）。

（9）机车模式选择开关在“正常操作”位。

（10）没有蓄电池欠压。

2）合主断控制

在每个司机室操作台安装一个主断路器扳键开关。主断扳键开关有一个自复位“ON”、锁定的“0”位和“OFF”位。在Ⅰ端司机室为 = 21-S12，在Ⅱ端司机室为 = 21-S22。如果满足所有合主断的条件，在占用端司机室，司机可以通过推动“合主断”

扳键开关给出“合主断”命令，这个命令在所有重联机车上都有效。“合主断”命令通过 WTB 传送到重联机车，为了避免给供电网带来过大的合闸电流，在 WTB 重联机车上的主断路器 HVB 延迟 5 s 闭合。如果主断路器已经闭合，“合主断”命令将不起作用。

允许合主断路器电路如图 6-4-3 所示。

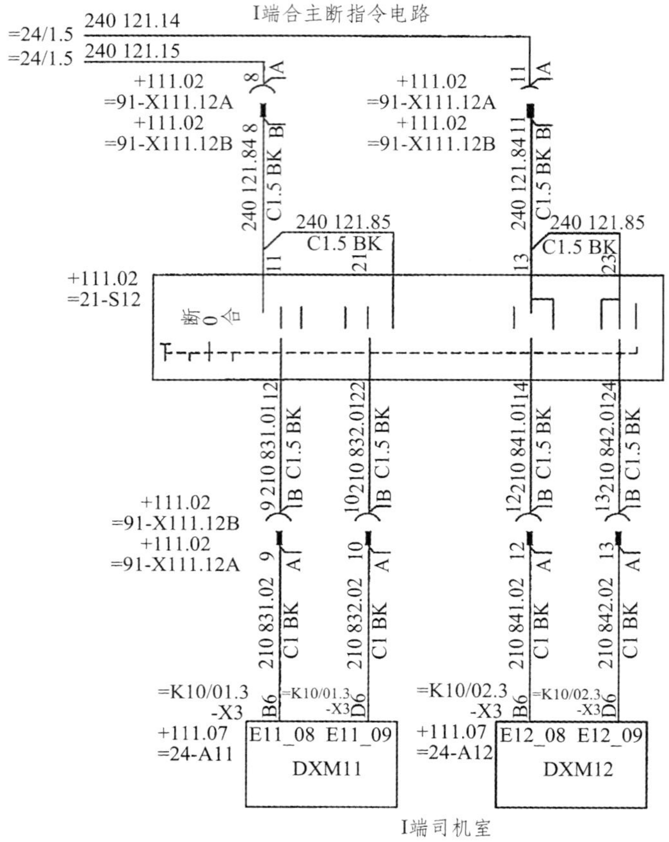

图 6-4-3　允许合主断路器电路

3）分主断控制

每一个失效的允许合主断条件，都会导致主断路器断开，同时来自司机的指令或者过分相请求也能分断主断路器。如果主断路器已经由 CCU 控制分断，当引起分断的原因消失后，主断路器不能自动合上，应由司机控制手动合上。

机车控制系统有 HVB 分断次数记录，即使在下载了新程序的情况下，这个数据也应保存，同时在 IDU 上显示，只有维修人员才能将此数据重置。

如果已经通过 MIO 发出了合 HVB 命令，1 s 后 HVB 反馈状态还是断开的，当所有的 HVB 条件再次完全满足时，可以再一次合 HVB，如果情况仍一样，就定义为主断路器故障。

如果给出分 HVB 命令或者已经断开 HVB 超过 0.5 s，但原边回路电流大于 30 A，降下受电弓，如果这种故障持续超过 1.3 s，HVB 锁定，定义为主断路器故障。

在每天零点后机车第一次起动时，HVB 自动进行自检；通过断开再闭合“受电弓/HVB”的 MCB 也能使主断路器进行自检。

4. 机车过分相

1）自动过分相

机车安装有自动过分相装置。机车的每端安装两个磁感应线圈（T1、T2 和 T3、T4），一个（Ⅰ端的 T1 和Ⅱ端的 T3）用于检测右侧的磁信号传送器 G1 和 G3，另外一个（Ⅰ端的 T2 和Ⅱ端的 T4）用于检测左侧的磁信号传送器 G2 和 G4，如图 6-4-4 所示。

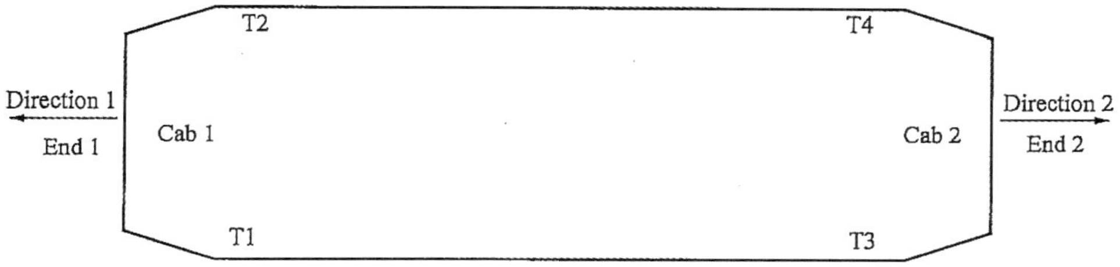

图 6-4-4　磁感应线圈的配置

磁信号传送器用于指示分相区的位置。沿着轨道，在每个分相区前面有两个磁信号传感器，一个（G1）在右侧，另一个（G2）在左侧，如图 6-4-5 所示。在每个分相区的尾部，有另外两个磁信号传送器（G3 和 G4）。来自磁信号传送器的信号经过 MIO 传送到 CCU。

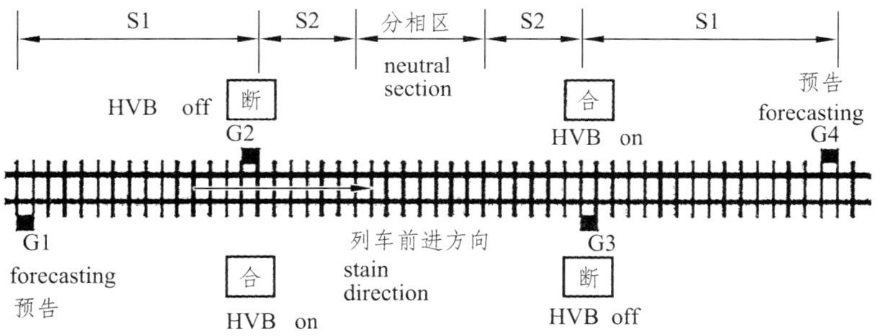

图 6-4-5　分相区磁信号传送器

自动过分相装置发送到 MIO 的信号如表 6-4-3 所示。

表 6-4-3　自动过分相装置发送到 MIO 的信号

信号	描述	备注/部件
E37_14	预告/通过	当节点电压为 110 V，表示机车将到达分相区或已经通过分相区。持续时间：3 s
E37_15	主断路器断开	当节点电压为 110 V，表示机车离分相区非常近（60 m）。持续时间：1 s
E37_16	过分相装置故障	当节点电压为 110 V，表示过分相装置在工作
E12_26	Ⅰ端过分相手动预告	S04 当节点电压为 110 V，表示已经给出手动过分相预警信号
E22_26	Ⅱ端过分相手动预告	S24 当节点电压为 110 V，表示已经给出手动过分相预警信号

当机车按照图 6-4-5 所示从左向右运动时，过分相过程如下：

（1）机车首先到达 G1 端，T3 将检测 G1 并发信号给信号处理器，信号处理器发送“预告”信号给机车控制系统。在 CCU 接收到预报信号后，牵引/制动设定值将通过斜率 45 kN/s 下降到 0。当牵引/制动力值为 0 时，主断路器断开。

（2）当机车到 G2 点，Ⅱ端的 T4 将检测 G2 并发送信号给信号处理器。如果已经从 T3 接收到预告信号，信号处理器将忽略该信号。如果前面没有从 T3 接收到预告信号，信号处理器将发送一个强迫断主断信号到机车控制系统，主断路器应立即断开。在 CCU 即将断开主断路器之前，牵引/制动立即被封锁。此后，主断路器将立即断开（延时 200 ~ 400 ms）。

（3）当机车到达 G3，Ⅱ端的 T3 已经检测 G3 并且再次发送信号给信号处理器。信号处理器将通过预警通道，发送信号给机车控制系统。然后 CCU 闭合 HVB，并再次给出主司控器当前设定值的牵引力或来自定速控制功能的设定力。在这个方向，信号处理器将忽略来自 G4 的信号。然后信号处理器为再次过分相而自动重设。

2）手动过分相

当信号处理器失效（包括 T3 和 T4 或者 T1 和 T2 失效），它将发送一个故障信号到机车控制系统。IDU 显示自动过分相故障信息。机车接收到故障信号后，将忽略所有来自信号处理器的信号；机车自动过分相装置不能再用，过分相必须手动完成。司机可以按手动过分相按钮 = 21-S04/ = 21-S24 实现手动过分相。当司机给出手动过分相的指示给 CCU，过分相过程立即启动，此过程与收到从信号处理器发来的预报信号相同。过分相的自动检测将在随后的 90 s 内被忽略。

当机车通过了分相区，如果正确地检测到网压（过完分相区后，网压必须先下降到 0 再升高到正常值），司机应给出“合主断”命令，并再次给出主司机控制器当前设定值的牵引力或来自定速控制功能的设定力。

在分相时，辅助变流器的中间回路不放电。在过分相结束、主断路器闭合后，由辅助变流器供电的辅助负载应立即正常启动。

在重联运行的情况下，如果过分相指令来自处理盒，每台机车将单独动作；如果过分相指令来自手动扳键，WTB 重联的机车将一起动作。如果 WTB 重联的任何一台机车收到了故障信号，在本务机车的 IDU 上有信息通知司机“过分相必须手动完成”。

5. 紧急制动

在 CCBⅡ制动系统中，从外部有两种途径触发紧急制动。一种是使用紧急电空阀得电，另一种是使 RIM 模块的紧急输入继电器得电。当 CCBⅡ制动系统触发或检测到紧急制动时，它通过 RIM 模块的输出继电器发出紧急制动命令。紧急制动回路如图 6-4-6 所示。

紧急制动由以下条件触发：机车自动保护 ATP 发出紧急指令；制动控制单元 BCU 发出紧急制动请求；中央控制单元 CCU 发出紧急制动指令；司机按下紧急按钮开关；来自重联机车的紧急制动请求。

制动柜紧急制动阀的得电线路有 3 条，分别是紧急 804 中继、CCU 紧急中继和紧急制动请求中继。无论哪一个紧急中继得电，都会触发紧急制动。机车紧急制动，只有在停车超过 60 s 后才能缓解。

1）紧急 804 中继

以下任一条件满足时：按Ⅰ端紧急按钮 = 28-S10；按Ⅱ端紧急按钮 = 28-S20；ATP 发出紧急指令（J145）；重联机车产生紧急指令，紧急 804 中继 = 28-K02（电气柜设备板的 105KA）得电，其常开联锁 = 28-K02 闭合，紧急制动阀得电。

2）CCU 紧急中继

严重故障（过流、接地故障等）发生，CCU 发出紧急制动指令，A33_01（通道 1）和 A34_01 同时闭合（通道 2），CCU 紧急中继 = 28-A07-K02（电气柜设备板）得电，其常开联锁 = 28-A07-K02 闭合，紧急制动阀得电。

3）紧急制动请求中继

CCBⅡ发出紧急制动请求时，CCBⅡ紧急中继 = 28- A01-K01（电气柜设备板的 107KA）得电，其常开联锁 = 28-A 07-K01 闭合，紧急制动阀得电。

6. 惩罚制动

在 CCBⅡ制动系统中，RIM 模块有 2 个惩罚制动中继。如果机车控制系统或者监控系统想要触发一次惩罚制动，CCBⅡ将执行这次惩罚制动。

惩罚制动由以下条件触发：无人警惕装置触发惩罚制动请求；监控系统触发惩罚制动请求；CCU 发出惩罚制动请求；停放制动没有缓解同时机车速度大于 5 km/h；制动系统设置模式错误，重联机车发出惩罚制动请求。如果惩罚制动正在实施，全列车的牵引将被封锁。

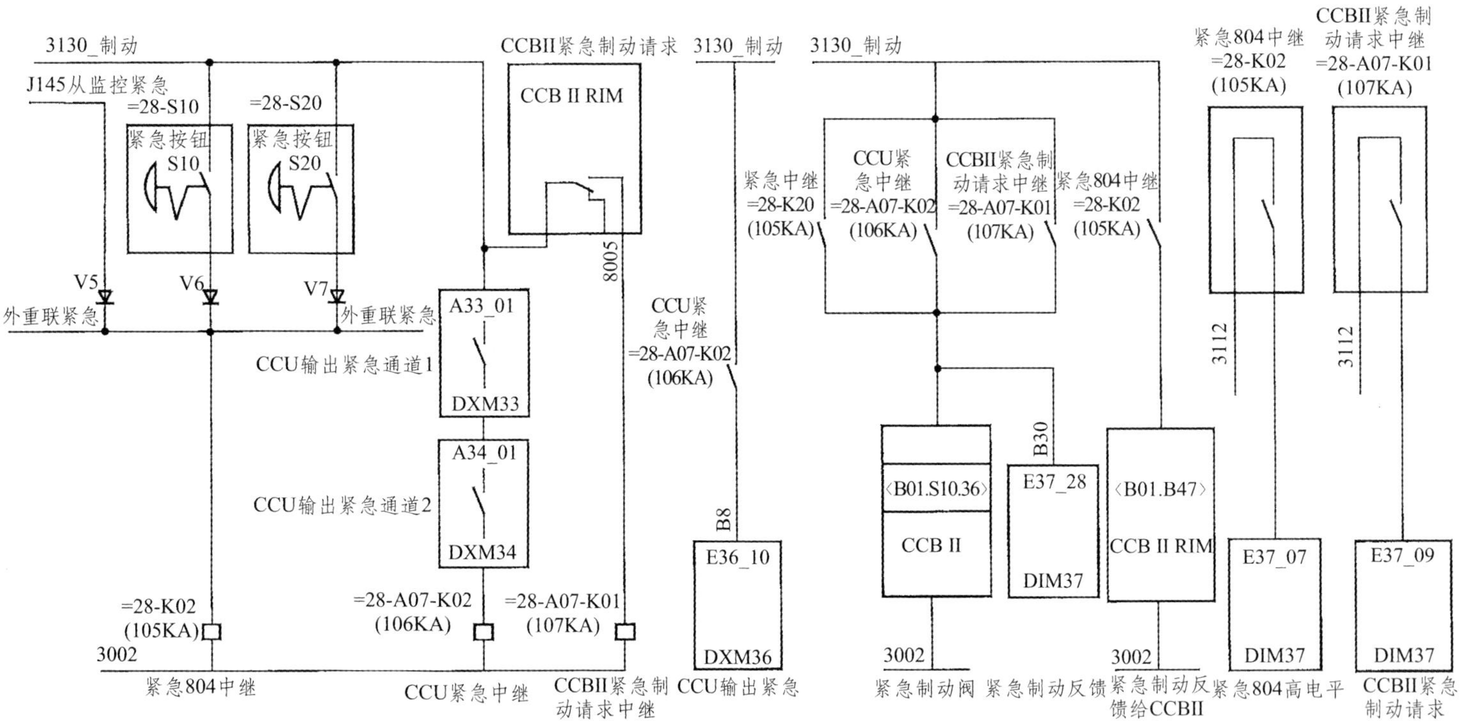

3130_制动
J145从监控紧急
=28-S10
紧急按钮
S10
=28-S20
紧急按钮
S20
V5
V6
V7
外重联紧急
外重联紧急
CCBII紧急制动请求
CCB II RIM
8005
A33_01
CCU输出紧急通道1
DXM33
A34_01
CCU输出紧急通道2
DXM34
=28-K02
(105KA)
3002
紧急804中继
=28-A07-K02
(106KA)
CCU紧急中继
=28-A07-K01
(107KA)
CCBII紧急制动请求中继
3130_制动
CCU紧急中继
=28-A07-K02
(106KA)
B8
E36_10
DXM36
CCU输出紧急
3130_制动
紧急中继
=28-K20
(105KA)
CCU紧急中继
=28-A07-K02
(106KA)
CCBII紧急制动请求中继
=28-A07-K01
(107KA)
紧急804中继
=28-K02
(105KA)
<B01.S10.36>
CCB II
3002
紧急制动阀
B30
E37_28
DIM37
紧急制动反馈
<B01.B47>
CCB II RIM
3002
紧急制动反馈给CCBII
紧急804中继
=28-K02
(105KA)
3112
E37_07
DIM37
紧急804高电平
CCBII紧急制动请求中继
=28-A07-K01
(107KA)
3112
E37_09
DIM37
CCBII紧急制动请求

图 6-4-6　紧急制动回路

7. **压缩机控制**

1）辅助压缩机控制

辅助压缩机用于辅助风路打风。通常情况下，只有在启动过程中，辅助风路的风压过低不能升起受电弓的情况下辅助压缩机才工作。

辅助压缩机由受电弓扳键开关控制。如果升弓的气压不足，当有“升弓”命令时，辅助压缩机自动启动工作，在 IDU 上有信息通知司机。当气压足够时，CCU 控制受电弓电空阀升起受电弓（升弓条件完全满足）。如果受电弓已经升起同时气压变低，辅助压缩机自动投入工作，防止受电弓降落。如果司机给出了降弓信号，辅助压缩机立即停止工作。

2）主压缩机控制

机车上安装有 2 台主压缩机，压缩机 1 靠近Ⅰ端司机室，压缩机 2 靠近Ⅱ端司机室。司机可以通过Ⅰ端司机室的控制开关 = 34-S13 或者Ⅱ端司机室的控制开关 = 34-S23 控制压缩机，此控制开关有 3 个位置：“停止”“自动”和“强泵”。

辅助系统已经启动完成，并且没有故障或者故障部分已近隔离，压缩机就可以启动。当总风压力低于 750 kPa 时，启动远离操作端的压缩机（如果此时相应的压缩机有故障，应启动另一台压缩机），当总风压力大于 900 kPa 停止；当总风压力低于 680 kPa 时，两端压缩机同时启动，总风压力达到 900 kPa 时同时停止。

在重联运行模式下，启动命令可由任何机车发出，每台机车将根据自己总风缸压力大于 900 kPa 时发出停止命令。

在制动柜有 2 个总风缸压力开关用于主压缩机的控制，一个是单台压缩机启动请求 E37-19（0 = >900 kPa，1 = <750 kPa），另一个是双台压缩机启动请求 E37-27（0 = >750 kPa，1 = <680 kPa）。

强泵模式：如果在占用司机室选择强泵模式，整列车的所有压缩机（可用、无故障）应立即启动。

停止模式：如果在占用司机室选择停止模式，整列车的所有压缩机应立即停止。

如果总风压力小于 650 kPa，CCU 触发牵引封锁，禁止牵引。主压缩机被关闭，在随后的 20 s 内封锁重启压缩机命令。

CCU 可以监控压缩机每小时的启动次数，如果压缩机每小时启动超过 30 次，这台压缩机将被锁定 10 min。每台压缩机总的运行时间显示在 IDU 上并由 CCU 储存。

8. **风机、泵控制**

1）牵引风机和冷却塔风机控制

辅助变流器启动后，所有的牵引风机和冷却塔风机按照选定的频率启动。在正常情况下，牵引风机和冷却塔风机按照 VVVF 运行，如果 1 台辅助变流器故障，牵引风机和冷却塔风机按照 CVCF 运行。如果机车静止并且选定的频率低于 20 Hz，为了降低噪声，所有的牵引风机和冷却塔风机均停止运行。如果选定的频率高于 20 Hz，所有的牵引风机和冷却塔风机均启动。

2）牵引变流器风机、水泵控制

辅助变流器启动后，牵引变流器风机和水泵照 CVCF 运行。

复习思考题

1. HXD_{1C} 型电力机车主电路由哪些部分组成？
2. HXD_{1C} 型电力机车网侧电路由哪些部分组成？
3. HXD_{1C} 型电力机车网侧电路设有哪些保护？
4. HXD_{1C} 型电力机车辅助变流系统的供电电路由哪些部分组成？
5. HXD_{1C} 型电力机车辅助电路的保护都有哪些？
6. 简述 HXD_{1C} 型电力机车控制监视系统的构成。
7. HXD_{1C} 型电力机车控制监视系统有哪些主要功能？
8. 简述 HXD_{1C} 型电力机车电源柜的组成及功能。
9. HXD_{1C} 型电力机车的控制电路有哪些主要功能？
10. 试述 HXD_{1C} 型电力机车升弓条件。
11. 试述 HXD_{1C} 型电力机车合主断条件。
12. 简述 HXD_{1C} 型电力机车自动过分相过程。

项目 7 HXD_3型电力机车电气线路分析

项目描述

HXD_3型电力机车是为满足中国铁路重载货运需要，由中车大连机车车辆有限公司与日本东芝公司合作设计并制造的大功率交流传动干线货运六轴电力机车，机车采用交流电传动，PWM 矢量控制等最新技术，能够满足环境在 – 40 ~ + 40 °C、海拔高度 2 500 m 以下的条件运行。机车可以 4 台重联控制运行。

本项目重点学习 HXD_3型电力机车主电路、辅助电路、控制电路和监视控制系统的组成，并对上述电路进行工作过程分析。

任务 7.1　HXD_3型电力机车主电路分析

【任务目标】

知识目标	1. 熟悉 HXD_3型电力机车主电路的组成。
	2. 熟悉 HXD_3型电力机车主电路的原理。
	3. 熟悉 HXD_3型电力机车主电路的保护方式。
素质目标	1. 培养学生学习新知识、新技术的意识。
	2. 培养学生具有一定的分析问题和解决问题的能力。
	3. 能客观、公正地进行学习效果的自我评价。
能力目标	1. 能够分析 HXD_3型电力机车主电路的工作原理。
	2. 能够判断 HXD_3型电力机车主电路的工作状态。

【相关知识】

HXD_3型电力机车电传动系统为交-直-交传动，采用 IGBT 水冷变流机组，1 250 kW 大转矩异步牵引电动机，具有启动（持续）牵引力大、恒功率速度范围宽、黏着性能好、功率因数高等特点。

HXD_3型电力机车主电路

主电路主要由网侧电路、主变压器、主变流器及牵引电动机等组成，如图 7-1-1 所示。

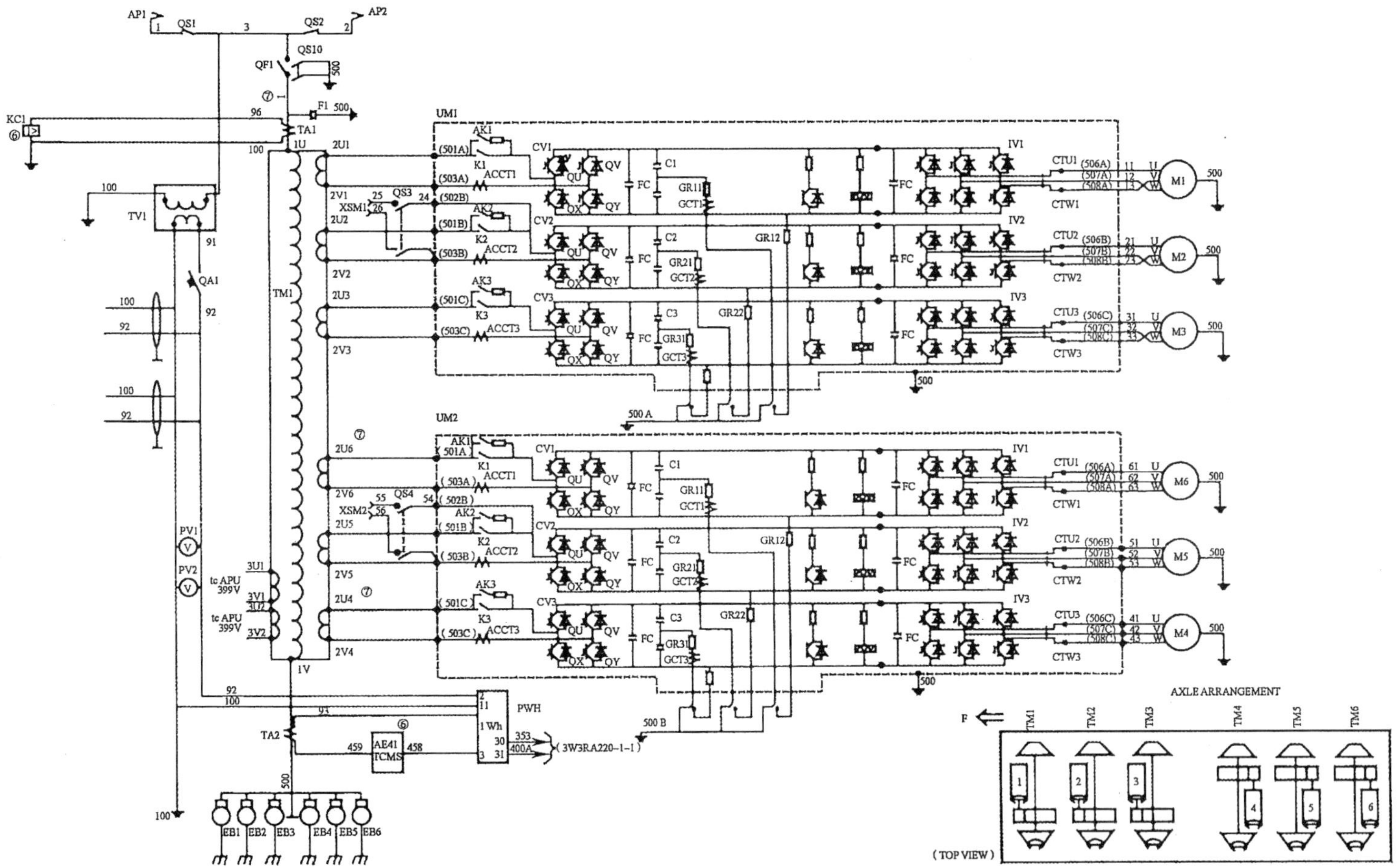

图 7-1-1　HXD$_3$型电力机车主电路原理图

7.1.1 网侧电路

网侧电路由 2 台受电弓 AP1、AP2，2 台高压隔离开关 QS1、QS2，1 个高压电流互感器 TA1，1 个高压电压互感器 TV1，1 台主断路器 QF1，1 台高压接地开关 QS10，1 台避雷器 F1，主变压器原边绕组 AX，1 个低压电流互感器 TA2 和回流装置 EB1 ~ EB6 等组成，如图 7-1-2 所示。接触网电流通过受电弓 AP1 或 AP2 进入机车，经高压隔离开关 QS1 或 QS2 和主断路器 QF1，通过高压电流互感器 TA1 进入车内，经 25 kV 高压电缆与主变压器原边 1U 端子相连，经过主变压器原边，从 1 V 端子流出，通过 6 个并联的回流装置 EB1 ~ EB6，从轮对回流至钢轨。

1. 受电弓 AP1、AP2

HXD_3 型电力机车采用 DSA200 型受电弓。该弓采用原装德国进口件，在国内组装。各项性能指标均高于国内同类产品，弓内装有自动降弓装置，当弓网故障时，可自动降弓保护。

2. 高压隔离开关 QS1、QS2

HXD_3 型电力机车采用 2 台 BT25.04 型高压隔离开关，该开关是采用电空控制方式进行转换的。当一台受电弓发生故障接地时，可通过控制电器柜上的隔离开关 SA96，将其打至对应隔离位，通过 TCMS 发出指令来控制相应的电空阀，实现高压隔离开关的开闭操作，以切除故障的受电弓，同时使用另一台受电弓维持机车正常运行，减少机破，提高机车运用可靠性。

3. 高压电压互感器 TV1

采用干式高压电压互感器，其次边输出通过保护用的自动开关 QA1，分别送到主变流器 UM1 和主变流器 UM2 的控制单元，作为主变流器控制的同步信号使用，还可为原边电压的检测和电度表的计量提供电压输入，其变比为 25 000 V/100 V。

4. 主断路器 QF1

采用 1 台 BVAC N99 型真空断路器。该断路器除接通和开断机车的总电源外，还能在主电路发生过流、接地、零压等故障时，起最后一级保护作用。

5. 避雷器 F1

避雷器 F1 接在主断路器 QF1 和高压电流互感器 TA1 之间，用以抑制操作过电压及雷击过电压。

6. 高压电流互感器 TA1

电流互感器 TA1 主要用作短路电流的检测，是保护用互感器，用以驱动过电流继电器 KC1 动作，因而对其饱和度有较高要求，对其检测精度要求比测量用互感器低。

7. **低压电流互感器 TA2**

低压电流互感器 TA2 为电度表的计量提供电流输入，为机车微机控制系统提供原边电流信号，用于原边电流显示，属于测量用互感器，要求有较高的测量精度。

8. **回流装置 EB1～EB6**

回流装置保证网侧向钢轨的回流作用，同时保护机车轮对轴承不受电蚀，保证机车可靠接地。

9. **电度表 PWH**

HXD_3 型电力机车选用了爱尔斯特（ELSTER）公司生产的智能型电度表 PWH，通过采集原边低压电流互感器 TA2 和高压电压互感器 TV1 提供的电流和电压信号来实现机车牵引、再生电能的计量。电度表设有屏显窗口和切换按钮，通过按钮切换，可以进入不同的状态模式（滚动模式、标准模式、ABL 模式），进行信息量的查询。电度表既可以查询近期每天的电能消耗及能量的反馈，还可以查询当时的原边电压、电流及功率因数等。

10. **高压接地开关 QS10**

机车通过设置高压接地开关 QS10，来实现机车的高压安全互锁。高压接地开关 QS10 上配有 1 把蓝色钥匙和 2 把黄色钥匙，其中蓝色钥匙用于控制受电弓的升弓气路，黄色钥匙用于打开机械室天窗或高压电器柜门，通过它们与接地开关的联锁控制，实现 HXD_3 型电力机车的高压电气安全互锁功能。

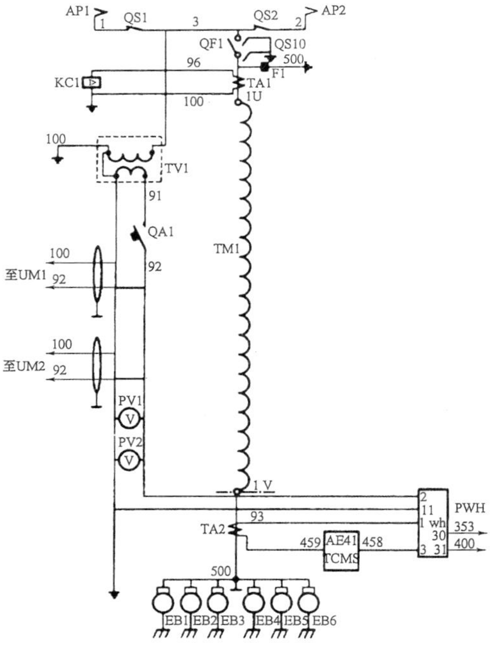

图 7-1-2　网侧电路

机车正常运行时，需要将高压接地开关 QS10 置“运行位”，此时 QS10 的接地端与车顶回路断开，将蓝色钥匙拔出并插入管路柜上的升弓气路阀，保证受电弓的气路连通；同时 QS10 的辅助联锁触点闭合（线号 425 得电），为主断路器闭合提供了必要条件。

机车需要打开顶盖天窗或电器柜门进行检修时，首先断开主断路器并降弓，然后将空气管路柜上的蓝色钥匙旋转拔除，以切断升弓气路；将蓝色钥匙插入接地开关 QS10 并向右旋转至“接地位”，保证车顶设备可靠接地；旋转黄色钥匙并将其拔出，之后便可打开天窗或高压电器柜门，从而实现了机车高压安全保护。

7.1.2 主变压器

机车采用轴向分裂、心式卧放、下悬式安装的一体化多绕组变压器，具有阻抗高、重量轻等特点；采用了真空注油、强迫风冷、氮气密封等特殊的工艺措施，延长变压器的绝缘寿命。主变压器绕组如图 7-1-3 所示。

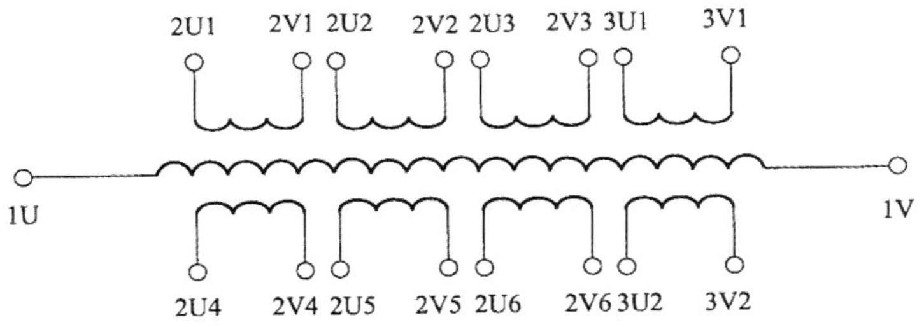

图 7-1-3 主变压器绕组

主变压器的 6 个 1 450 V 牵引绕组分别用于两套主变流器的供电，2 个 399 V 辅助绕组分别用于辅助变流器的供电。

主变压器的主要技术参数如表 7-1-1 所示。

表 7-1-1 主变压器的主要技术参数

项目	高压绕组	牵引绕组	辅助绕组
额定容量/kV · A	9 006	1 400×6	303×2
额定电压/V	25 000	1 450×6	399×2
额定电流/A	360	966×6	759×2

7.1.3 主变流器和牵引电动机电路

机车采用两套主变流器 UM1、UM2，分别由主变压器的牵引绕组 2U1 ~ 2V6 供电，主变流器再分别给牵引电动机 M1、M2、M3 和 M4、M5、M6 供电。

两套主变流器的电路完全相同，以下就主变流器 UM1 的电路进行说明。

1. **主变流器电路构成**

主变流器 UM1 内部可以看成由 3 个独立的“整流—中间电路—逆变”环节（称为牵引变流器）构成。每组牵引变流器分别有 2 个接触器、1 个输入电流互感器、1 个充电电阻、1 个四象限整流器、中间电路、1 个 PWM 逆变器、2 个输出电流互感器等组成。

机车 6 组牵引变流器的主电路和控制电路相对独立，分别为 6 个牵引电动机提供交流变频电源。当其中一组或几组发生故障时，可通过 TCMS 微机显示屏，利用触摸开关将故障的牵引变流器切除，剩余单元仍可继续工作，实现整车的冗余控制。

2. **预充电电路**

预充电电路由充电接触器 AK、工作接触器 K 和充电电阻 CHR 组成，用以防止接触器 K 闭合时的电流冲击。当中间电压为零时，主变压器的牵引绕组通过充电电阻向四象限整流器供电，给中间直流回路支撑电容充电。当中间直流电压达到 2 000 V 时，充电接触器切除充电电阻，中间电路预充电完成。在逆变器工作之前，牵引绕组迅速向中间直流回路支撑电容充电，直至 2 800 V。此时，牵引变流器启动充电过程完成，逆变器可以投入工作。

3. **四象限整流器**

四象限整流器主要技术参数如下：

额定输入电压：AC 1 450 V；

输入频率：50 Hz；

额定输入电流：965 A；

额定输入容量：1 280 kV · A；

中间电压：DC 2 800 V。

四象限整流器 CV 是一个脉宽调制变流器，它将电源的交流电压，通过脉冲宽度控制，控制中间直流电压的幅值和流入变流器的交流电流相位，使交流电流的波形尽量接近正弦，使得交流侧的基波电压和基波电流的相位差接近于 0，这样既限制了谐波电流分量，又提高了机车功率因数。因此，与相控整流器比较，四象限整流器有很高的功率因数，谐波电流含量也小得多。四象限整流电路如图 7-1-4 所示。

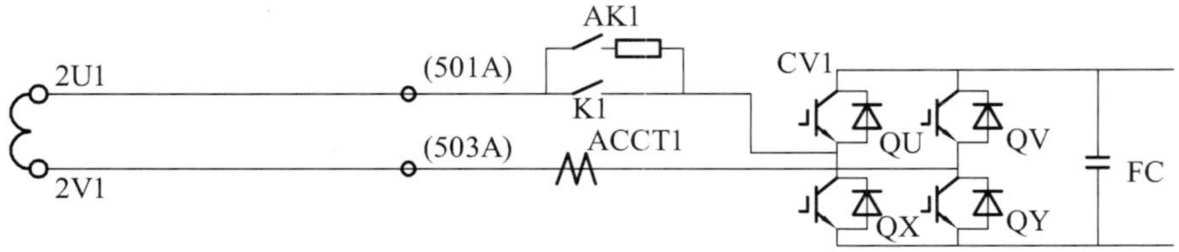

图 7-1-4　四象限整流电路

对 HXD_3 型电力机车，6 组四象限整流器的调制波相位是一致的，但载波的相位不一致，依次相差 30°、60°、…、180°，从而达到消除谐波的目的，这样做还可以保证等效干扰电流 $I_p \leqslant 2.5$ A。

4. 中间直流电路

机车采用的是电压型逆变器，为了稳定中间回路电压，并联了大容量的支撑电容，同时它还对四象限脉冲整流器和逆变器产生的高次谐波电流进行滤波。中间直流电路主要由中间电压支撑电容、瞬时过电压限制电路和主接地保护电路组成。该车中间直流电路与欧洲和国内以往的交流传动电力机车不同，取消了二次滤波电路，它是通过逆变器的软件控制，来消除二次谐波电压的影响，大幅度抑制牵引电机电流脉动现象和转矩脉动现象。HXD_3 型电力机车中间直流电路原理如图 7-1-5 所示。

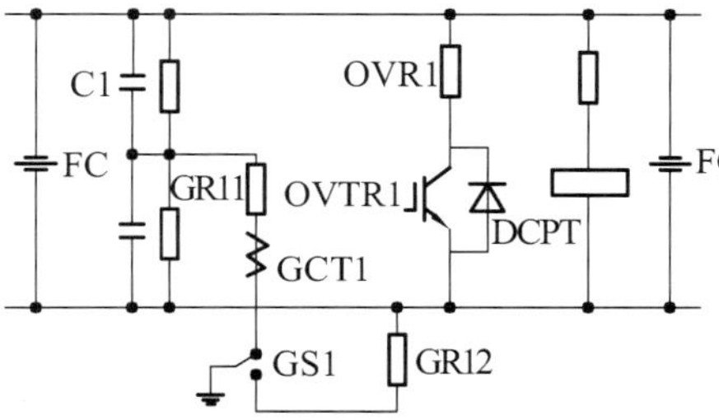

图 7-1-5　HXD_3 型电力机车中间直流电路原理

瞬时过电压限制电路由 IGBT 和限流电阻 OVR 组成。

主接地保护电路由跨接在中间回路的两个串联电容和一个接地信号传感器 GCT 组成。每台主变流器含有三套独立的接地保护电路，可以分别对 3 组牵引变流器进行接地检测和保护。接地检测信息送至 TCMS，可以实现故障显示。可以通过接地故障转换开关 GS，实施对接地保护的隔离。

5. 牵引逆变器和牵引电动机供电电路

牵引逆变器主要技术参数如下：

额定输入电压：2 800 V；

额定输出电压：2 150 V；

额定输出电流：390 A；

最大输出电流：520 A；

输出频率：0 ~ 120 Hz。

牵引电动机主要技术参数如下：

额定输出功率：1 250 kW；

额定电压：2 150 V；

额定电流：390 A；

极数：4；

额定转速：1 365 r/min；

最高转速：3 195 r/min；

效率：0.95。

HXD_3型交流传动货运电力机车的牵引逆变器是由IGBT元件组成的PWM逆变单元，整车的6个牵引逆变器分别向6 台牵引电动机供电。由于牵引逆变器采用矢量控制模式，使异步牵引电动机具有快速反应的动态性能，实现了机车每个牵引电动机的独立控制。由于整车采用轴控方式，当整台机车的6个轴的轮径差、轴重转移及空转等可能引起的负载分配不均匀时，均可以通过牵引变流器的控制进行适当的补偿，以实现最大限度地发挥机车牵引力。牵引逆变器和牵引电动机电路如图 7-1-6 所示。

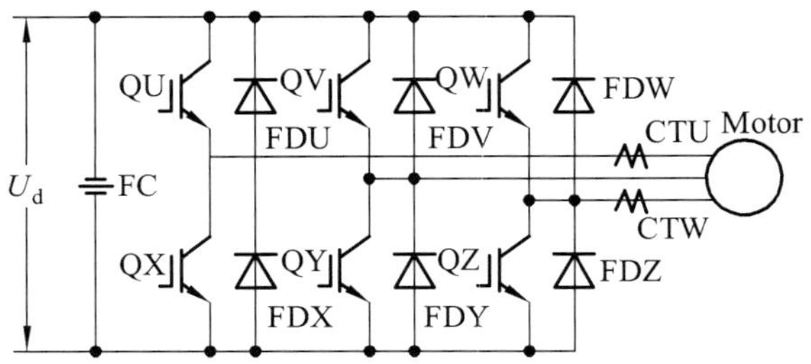

图 7-1-6　牵引逆变器和牵引电动机电路

7.1.4　保护电路

1. 主变压器牵引绕组过流保护

在每组牵引变流器的输入回路中，设有 1 个输入电流互感器 ACCT，起控制和监视变流器充电电流及牵引绕组短路电流的作用，其动作保护值为 1 960 A。保护启动时，四象限脉冲整流器和逆变器的门极均被封锁，输入回路中的工作接触器断开，同时向微机控制系统发出跳主断信号，通过复位开关可进行恢复。若这种故障在 3 min 内连续发生 2 次，故障将被锁定，必须切断 CI 控制电源，才能恢复正常。

2. 主接地保护电路

接地保护电路由跨接在中间回路的两个串联电容和一个接地信号检测传感器组成。主牵引回路正常时，由于只有一点接地，接地保护电路中流过的电流为零，接地信号检测传感器无信号输出。

当主电路某一点接地时则形成回路，接地检测回路有故障电流流过，传感器输出电流信号，使保护装置动作，其动作值为 10 A。保护启动时，四象限脉冲整流器和逆变器的门极均被封锁，输入回路中的工作接触器断开，同时向微机控制系统发出跳主断信号。此时司机可将故障支路的变流器切除，机车还剩 5/6 的牵引动力，继续维持机车运行，回段后再作处理。若确认只有一点接地，也可将控制电器柜上对应的接地开关打至“中立位”，继续维持机车运行，回段后再作处理。

3. 牵引电动机过流保护

在每组牵引变流器的输出回路中，设有输出电流互感器 CTU、CTW，对牵引电机过载及牵引电机三相不平衡起控制和监视保护作用。牵引电机过载保护的动作值为 1 400 A。当保护启动时，四象限脉冲整流器和逆变器的门极均被封锁，输入回路中的工作接触器断开，同时主变流器控制单元向微机柜 TCMS 发出 CI 过流信息，实施跳主断。

4. 原边电压保护

当原边网压高于 32 kV 且持续 10 ms 或者是高于 35 kV 且持续 1 ms 时，CI 实施保护，四象限脉冲整流器和逆变器的门极均被封锁，输入回路中的工作接触器断开，同时向微机控制系统发出原边过电压信息。

当原边网压低于 16 kV 且持续 10 ms 时，CI 实施保护，四象限脉冲整流器和逆变器的门极均被封锁，输入回路中的工作接触器断开，同时向微机控制系统发出原边欠压信息。

5. 瞬时过电压保护

在机车出现空转、滑行或者受电弓离线造成的网压中断等情况时，牵引变流器的中间回路上可能出现瞬时过电压，为了防止这种过电压对变流器造成损坏，在中间直流回路设有瞬时过电压限制电路，由 IGBT 和限流电阻组成，通过牵引变流器中间直流回路电压传感器进行监测。这是一种多次重复方式的保护，当过电压存在时，该 IGBT 将导通，直流回路能量经限流电阻放电和释放，消除过电压。

当中间回路电压大于等于 3 200 V 时，瞬时过电压保护环节动作，四象限脉冲整流器和逆变器的门极均被封锁，输入回路中的工作接触器断开。

此外，当中间回路电压小于等于 2 000 V 时，中间回路低电压保护环节动作，四象限脉冲整流器和逆变器的门极均被封锁，输入回路中的工作接触器断开（库内动车除外）。

6. 牵引变流器的检修安全联锁保护

在检查或操作牵引变流器之前，必须断开真空主断路器，降下受电弓，然后闭合主变流器的试验开关，通过司机台上的微机显示屏确认设备内的电容器已放电完毕（电压小于 36 V）或观察故障显示灯中的“预备”灯灭后，才能进行检查操作，否则中间回路的支撑电容上有很高的电压，未及时放完会危及人身安全。

7.1.5 其　他

1. 原边电压显示

机车设置 2 块网压表 PV1、PV2。当受电弓升起后，可分别用来显示接触网电压。在机车控制系统自检正常后，通过微机显示屏也可观察到原边电流和网压。

2. 库内动车

库内电源通过单相插座送到二、五位牵引电动机的牵引变流器环节，进行库内动车作业。机车共设置 2 个主电路入库插座和 2 个主电路入库转换开关，方便库内动车需要。当需要用牵引电动机 M2 动车时，在主电路入库插座 XSM1 处接入库内动车电源引线，转换主电路入库转换开关 QS3，再闭合地面电源，通过操纵司机控制器，机车便可以向前、后移动；当需要用牵引电动机 M5 动车时，在主电路入库插座 XSM2 处接入库内动车电源引线，转换主电路入库转换开关 QS4，再闭合地面电源，通过操纵司机控制器，机车便可以向前、后移动。

任务 7.2　HXD_3 型电力机车辅助电路分析

【任务目标】

知识目标	1. 掌握 HXD_3 型电力机车辅助电路的组成。
	2. 熟悉 HXD_3 型电力机车辅助电路的原理。
	3. 熟悉 HXD_3 型电力机车辅助电路的保护方式。
素质目标	1. 培养学生学习新知识、新技术的意识。
	2. 培养学生具有一定的分析问题和解决问题的能力。
	3. 能客观、公正地进行学习效果的自我评价。
能力目标	1. 能够分析 HXD_3 型电力机车辅助电路的原理。
	2. 能够判断 HXD_3 型电力机车辅助电路的工作状态。

【相关知识】

辅助电气系统采用 2 组辅助变流器，能分别提供 VVVF 和 CVCF 三相辅助电源，对辅助机组进行分类供电。该系统冗余性强，一组辅助变流器故障后可以由另一组辅助变流器对全部辅助机组供电。

HXD_3 型电力机车辅助电路

机车的辅助电路可以分成相对独立的两部分：辅助电动机供电电路和辅助加热装置电路。

7.2.1 辅助电动机供电电路

HXD_3 型电力机车辅助电动机供电电路是由主变压器辅助绕组、辅助变流器、滤波电感和滤波电容、接触器、自动开关、辅助电动机等组成。HXD_3 型电力机车辅助电动机供电电路如图 7-2-1 所示。

1. 辅助变流器

辅助变流器主要技术参数如下：

额定输入电压：AC 399 V（单相）；

额定输入频率：50 Hz；

直流中间回路电压：DC 750 V；

元件类型：IGBT（1 700 V、1 200 A）；

调制方式：四象限整流（输入）+ PWM（输出）；

恒频恒压变流器输出容量：230 kV·A；

输出电压：AC 380 V（三相）；

输出频率：50 Hz；

变频变压变流器输出容量：230 kV·A；

频率控制范围：0.2 ~ 50 Hz；

电压控制范围：AC 2 ~ 380 V。

辅助变流器是辅助电动机供电电路的核心。辅助变流器通过由 IGBT 构成的整流器单元把从主变压器辅助绕组提供的单相交流电转换为恒定电压的直流电，而后通过由 IGBT 构成的逆变器单元把直流电转换为三相交流电。机车共设置有 2 套辅助变流器 UA11、UA12（又称作 APU1、APU2），分别同 2 套主变流器 UM1、UM2 安装在一起。

根据负载特性不同，辅助变流器可以依据连接的辅助电动机情况进行设置，系统具有可变电压、可变频率的 VVVF 控制和固定电压、固定频率的 CVCF 控制两种功能。机车正常运行时，辅助变流器 UA11 工作在 VVVF 方式，辅助变流器 UA12 工作在 CVCF 方式，分别为机车辅助电动机供电。每一台辅助变流器的额定容量是按照独立带整车辅机的情况设计的，因此正常情况下，辅助变流器 UA11、UA12 基本上以 50% 的额定容量工作。

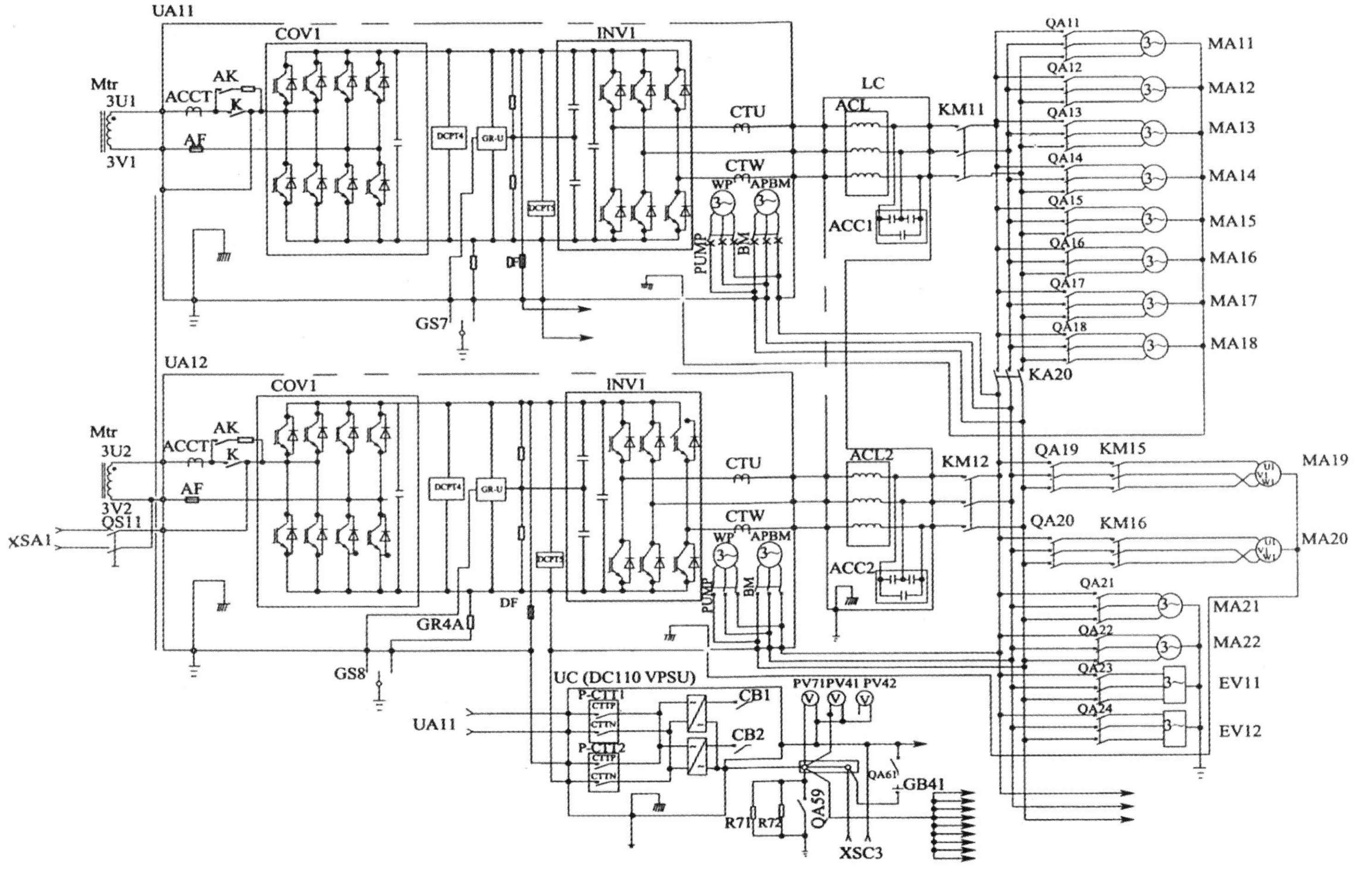

图 7-2-1　HXD_3 型电力机车辅助电动机供电电路原理图

（1）正常情况下，辅助变流器的负载功率分配情况见表 7-2-1。

表 7-2-1　辅助变流器的负载功率分配

辅助变流器 UA11/（kV·A）		辅助变流器 UA12/（kV·A）	
牵引电动机通风机	18.5×6	空气压缩机	25×2
冷却塔通风机	20×2	主变流器水泵	5.4×2
		主变压器油泵	3.7×2
		司机室空调	5×2
		辅助变流器通风机	2×2
		辅助加热装置	30
合计	151	合计	112.2

（2）辅助变流器发生故障时的切换。

在辅助变流器 AU11 或辅助变流器 AUU12 发生故障的情况下，不需要切除任何辅助电动机，机车微机控制系统（TCMS）将自动断开其相应的输出接触器 KM11 或输出接触器 KM12，再闭合故障转换接触器 KM20，把发生故障的辅助变流器的负载切换到另一套辅助变流器上，由该辅助变流器对全车的三相辅助电动机供电，只有非操纵端压缩机停止工作。此时，该辅助变流器按照 CVCF 方式工作，辅助电动机系统按全功率运行，两台压缩机中只有操纵端压缩机可以投入工作，从而确保机车辅助电动机供电系统的可靠性。

辅助变流器 UA11、UA12 的中间直流回路同时给 110 V 电源充电模块供电。辅助变流器 UA12 的输出还经隔离变压器，给司机室各加热设备及低温预热回路供电。

辅助变流器内设有元器件过压、过流保护。

2. 辅助变流器供电电路

辅助变流器 UA11、UA12 的额定容量均为 230 kV·A，分别由主变压器 TM1 的两个辅助绕组 3U1、3U2 供电，辅助绕组的电压均为 399 V。

辅助变流器 UA11 的输出，经过辅助滤波器 LC，通过输出接触器 KM11 给牵引风机电动机 MA11、MA12、MA13、MA14、MA15、MA16 和冷却塔风机电动机 MA17、MA18 供电。由于以上负载属于风机类负载，辅助变流器可工作在变频变压状态。

辅助变流器 UA12 的输出，同样经过辅助滤波器 LC，通过输出接触器 KM12 给空气压缩机电动机 MA19 和 MA20、主变压器油泵 MA21 和 MA22、司机室空调 EV11 和 EV12、主变流器内部的水泵 WP1 及 WP2、辅助变流器风机 APBM1 及 APBM2 供电，同时辅助变流器 APU2 还经过 AT1 隔离变压器分别向司机室内的辅助加热设备、卫生间及压缩机加热回路和低温预热设备提供 AC 220 V 和 AC 110 V 电源。由于以上负载属于泵类负载，辅助变流器工作在恒频恒压状态。

当在库内需要对机车的辅助电动机进行动作及转向确认时，可通过辅助电路库用插座 XSA1，并操作辅助电路库用转换开关 QS11 将 DC 600 V 库内电源引入辅助变流器 UA12，进行辅助系统库内 600 V 动作试验。为了确保所有辅机均可工作，应通过微机显示屏将辅助变流器 UA11 隔离。

3. 辅助电动机电路

机车上的各辅助电动机均通过各自的自动开关与辅助变流器连接，除 2 台空气压缩机外，均不设电磁接触器，使得辅助电动机电路更简化、更可靠。当辅助变流器采用软启动方式进行启动时，除空气压缩机电动机外，其他辅助电动机也随之启动。空气压缩机的启动受电磁接触器的控制，电磁接触器受机车司机控制扳键开关和总风缸空气压力继电器控制。

7.2.2 辅助加热装置电路

机车辅助加热装置主要有电热玻璃 EH11-12、膝炉 EH15-18、侧墙暖风机 EH19-22、脚炉 EH23-26、后墙暖风机 EH27-30、司机室多功能热水器 EH31-32 及低温预热回路等，它们均由 UA12 通过隔离变压器 AT1 进行供电。

在膝炉、侧墙暖风机、脚炉、后墙暖风机支路上设置了功能转换开关 SA11、SA12，进行投入和切除转换，并设置了空气自动开关 QA31 A 和 QA31B 进行过流保护。

在电热玻璃支路上设置了功能转换开关 SA13、SA14，进行投入和切除转换，并设置了空气自动开关 QA32 进行过流保护。

在司机室多功能热水器支路上，设置了空气自动开关 QA33 进行过流保护。另外，还设置了 2 个司机室电源插座 XSA3、XSA4，给司机室提供 220 V 交流电源，方便机车的需要。

机车辅助加热回路中，还设有低温预热回路，最初采用 DC 110 V 低温预热，机车一旦可以升弓合主断，辅助变流器可以工作，就转由 AC 110 V 低温预热。当机车需要低温预热时，首先闭合自动开关 QA56、QA72，接触器 KM22 闭合，将采用 DC 110 V 低温预热方式对辅助变流器、110 V 电源充电模块、TCMS 微机系统等进行加热。预热一定时间，当微机可以升弓合主断，辅助变流器正常工作后，继电器 KE11 和接触器 KM21 闭合，接触器 KM22 断开，转由 AC 110 V 进行低温预热，对主变流器、辅助变流器、110 V 电源充电模块、总风压力开关、重联插座等进行加热。闭合自动开关 QA73 可以对撒砂装置进行加热，电路原理如图 7-2-2 所示。

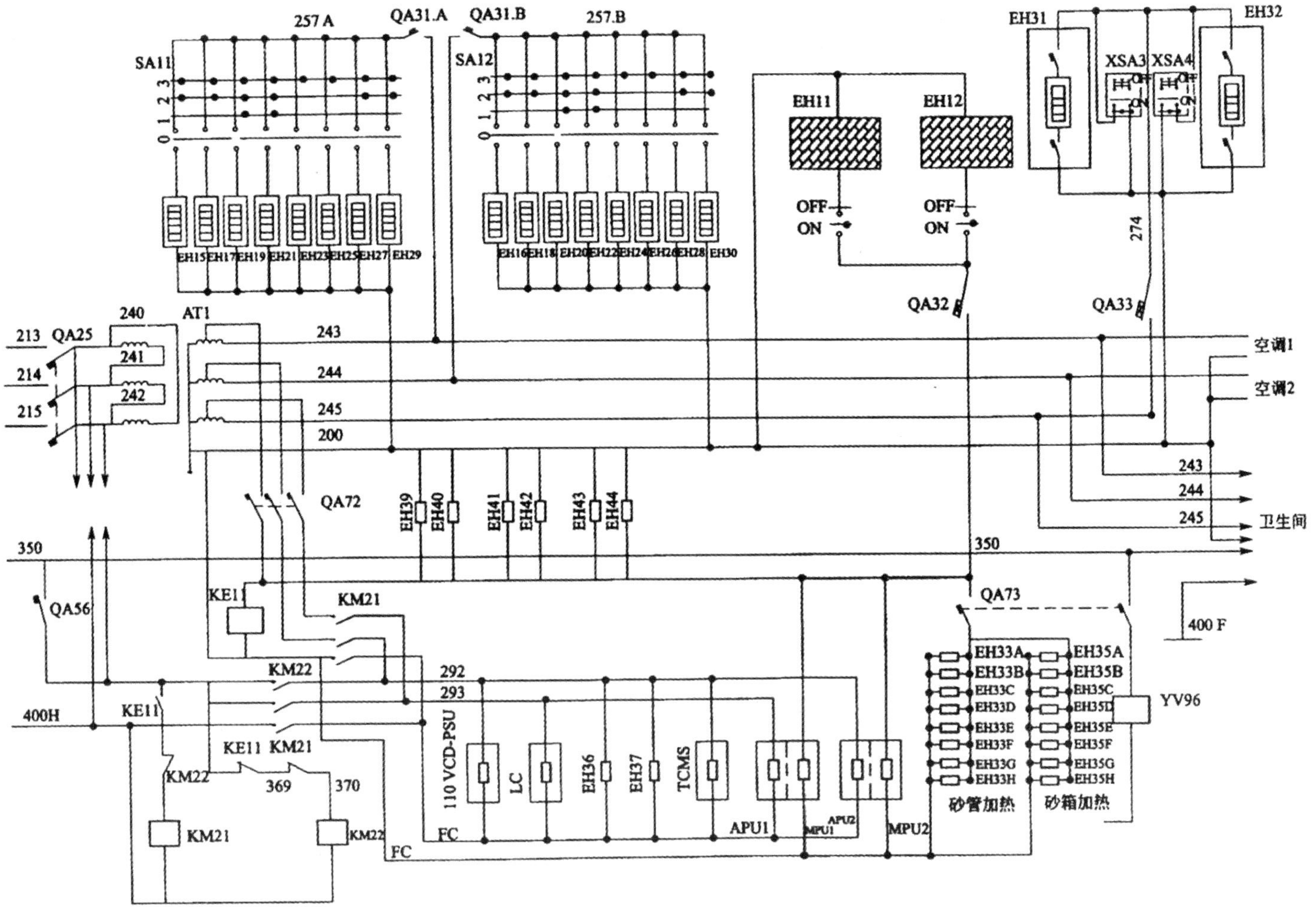

图 7-2-2 HXD$_3$型电力机车辅助加热装置电路原理图（一）

闭合自动开关 QA74，可以对压缩机进行低温加热，通过温控开关 TR-1、TR-2，可以实现压缩机低温加热的自动投入和切除，该部分电路是为了保证压缩机在 – 40 °C 也能可靠运转而设置；当压缩机进行低温加热时，压缩机不能工作。在压缩机的控制回路里，还设有温度保护开关 TS-1、TS-2 和压力保护开关 PS-1、PS-2，通过其常闭联锁，实现对压缩机的安全保护，电路原理如图 7-2-3 所示。

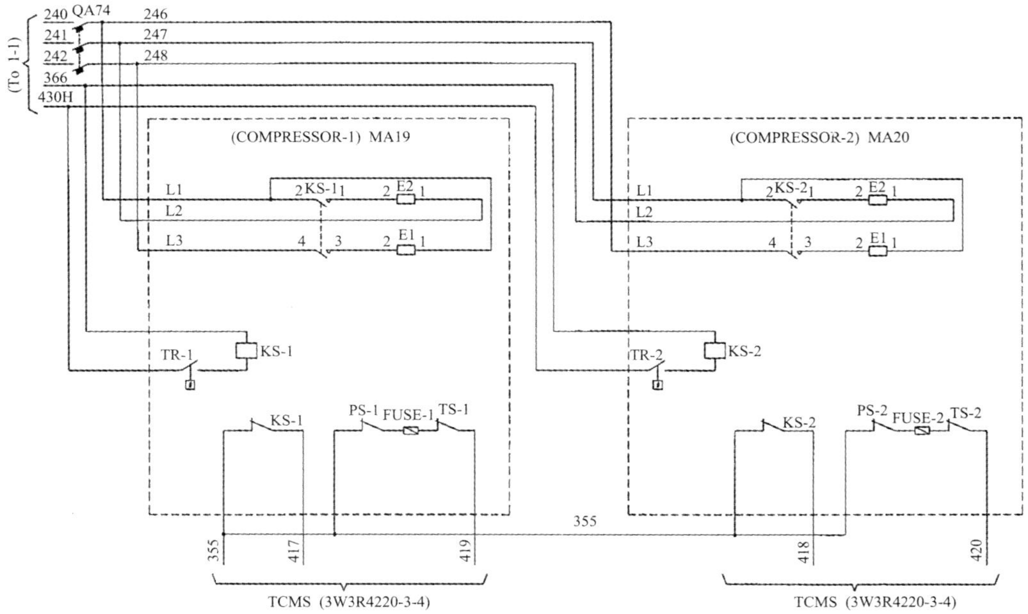

图 7-2-3　HXD_3 型电力机车辅助加热装置电路原理图（二）

7.2.3　辅助电路的保护

1. 辅助系统主电路接地保护

在辅助变流器 UA11、UA12 内部，分别设有 1 套接地保护装置，进行辅助系统主电路的接地保护。每个辅助变流器的接地保护系统都是由跨接在中间回路的 2 个串联电容和 1 个接地信号检测传感器组成。辅助回路正常时，由于只有 1 点接地，接地保护电路中流过的电流为零，接地信号检测传感器无信号输出。

当辅助电路某一点接地时则形成回路，接地检测回路有故障电流流过，接地信号检测传感器输出电流信号，使保护装置动作。保护发生时，整流器和逆变器的门极均被封锁，同时向微机控制系统发出跳主断的信号。

当对应辅助回路发生接地故障且确认只有一点接地时，可以将控制电器柜内对应的接地故障转换开关置“中立位”，继续维持机车运行，回段后再作处理。也可将故障的辅助变流器切除，机车维持一组辅助变流器供电，回段后再作处理。

2. 辅助变流器输入回路过流保护

如图 7-2-4 所示，在每一组辅助变流器的输入回路中，设有输入电流互感器 ACCT，起控制和监视辅助变流器充电电流及辅助绕组短路电流的作用，其动作保护值为 1 600 A。保护发生时，四象限整流器的门极均被封锁，工作接触器 K、AK 均断开，同时向微机控制系统发出跳主断的信号，该故障消除后 10 s 内自动复位；如果此故障在 2 min 内连续发生 2 次，该辅助变流器将被锁死，必须切断辅助变流器的控制电源才可解锁。

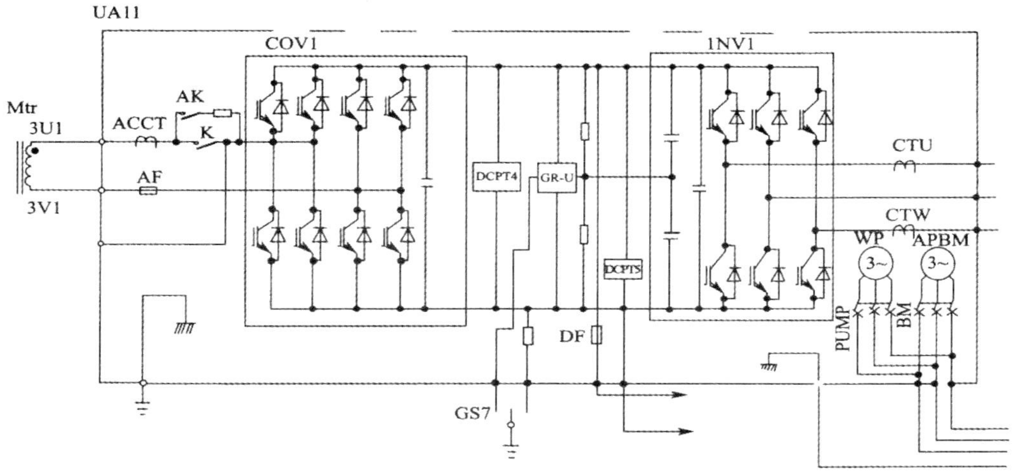

图 7-2-4 辅助变流器的过流和过载保护

3. 辅助变流器输出回路过载保护

如图 7-2-4 所示，在每一组辅助变流器的输出回路中，设有输出电流互感器 CTU 和 CTW，对辅助电动机回路过载及辅助电动机三相不平衡起控制和监视保护作用，辅助电动机回路过载保护的动作值为 850 A。保护动作时，逆变器的门极均被封锁，同时向微机控制系统发出跳主断的信号。该故障消除后 10 s 内自动复位，如果此故障在 2 min 内连续发生 6 次，该辅助变流器将被锁死，必须切断辅助变流器的控制电源才可解锁。

4. 辅助变流器中间直流回路电压保护

辅助变流器中间直流回路设有两组电压监测环节，其中 DCPT4 用于四象限整流器的控制，DCPT5 用于逆变器的控制：当 DCPT4 监测到中间回路电压大于等于 825 V 或小于等于 270 V 时，四象限整流器门极被封锁，四象限整流器停止输出；当 DCPT5 监测到中间回路电压大于等于 825 V 或小于等于 580 V 时，中间回路电压保护环节动作，逆变器门极被封锁，逆变器停止输出。

5. 辅助变流器输入电压的保护

当辅助变流器的输入电压低于 279 V（即网压低于 17.5 kV）时，低压保护环节动作，四象限整流器门极被封锁，工作接触器 K、AK 断开，四象限整流器停止输出。

当辅助变流器的输入电压高于 502 V（即网压高于 31.5 kV）时，过压保护环节动作，四象限整流器器的门极被封锁，工作接触器 K、AK 断开，四象限整流器停止输出。

6. 110 V 充电模块输入电源的短路过载保护

每组辅助变流器，均可向 110 V 充电模块 UC 提供 DC 750 V 电源，输出电源回路通过熔断器 DF 进行短路过载保护，熔丝额定值为 32 A。当 DF 出现熔断后，辅助变流器将通知微机控制系统 TCMS，进行 110 V 充电模块输入电源的转换，由非故障的辅助变流器向 110 V 充电模块提供直流电源，同时微机显示屏也进行相应故障显示和记录。

任务 7.3　HXD_3型电力机车微机网络控制系统认知

【任务目标】

知识目标	1. 熟悉 HXD_3 型电力机车微机网络控制系统的构成
	2. 熟悉 HXD_3 型电力机车微机网络控制系统的功能
	3. 熟悉 HXD_3 型电力机车微机显示屏显示方式。
素质目标	1. 培养学生学习新知识、新技术的意识。
	2. 培养学生具有一定的分析问题和解决问题的能力。
	3. 能客观、公正地进行学习效果的自我评价。
能力目标	1. 能识别 HXD_3 型电力机车微机网络控制系统的构成。
	2. 能识别 HXD_3 型电力机车微机显示屏显示内容。

【相关知识】

HXD_3 型电力机车微机网络控制系统是以日本东芝公司成熟的列车通信网络技术为基础，以微机控制监视系统（Train Control and Monitoring System，简称 TCMS）为核心，结合目前国内现有的机车行车安全综合信息监控系统和克诺尔的 CCB Ⅱ 电控制动系统，配以机车外围电路来进行设计的。

HXD_3 型电力机车
控制电路

HXD_3 型电力机车控制监视系统的核心任务是：根据司机指令完成对主变流器及异步电动机的实时控制、辅助变流器的实时控制、牵引/制动特性控制、传动系统的时序逻辑控制，显示机车运行状态，具备完整的故障保护、故障记忆及显示功能，并具有一定程度上的故障自排除、自动切换和故障处理指导功能。

7.3.1 系统的构成

1. 网络系统结构

HXD_3 型电力机车微机网络控制系统为分布式计算机体系结构，按功能可划分为列车控制级、车辆控制级和传动控制级。HXD_3 型电力机车微机网络系统构成如图 7-3-1 所示。

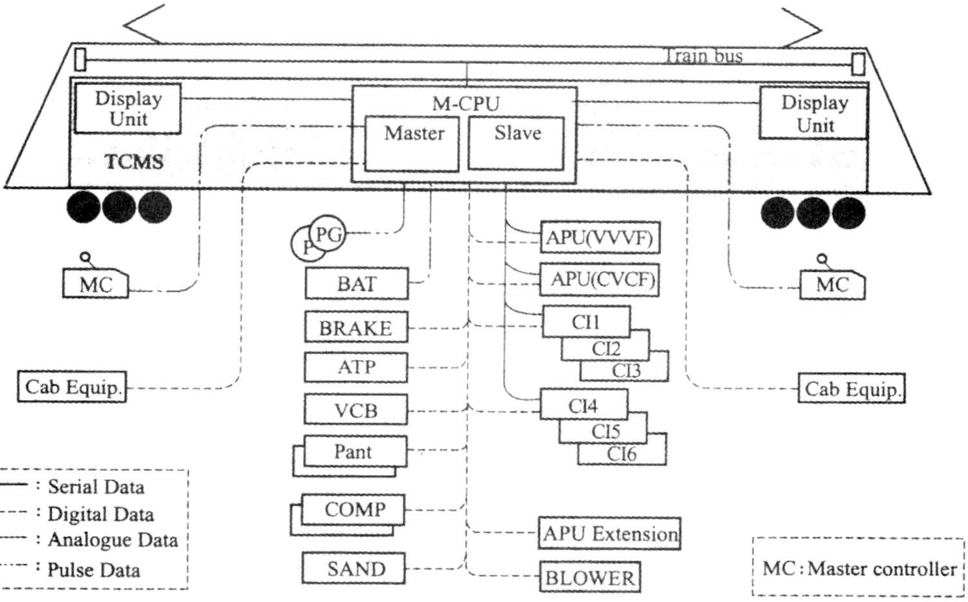

Train bus—机车（列车）总线（Ethernet）；TCMS box—机车控制监视系统机箱；M-CPU—主控制装置；Master—主系统；Slave—从系统；Display unit—显示设备；CI—主变流器；APU（VVVF）—辅助变流器（变压变频）；APU（CVCF）—辅助变流器（恒压恒频）；MC—Master Controller 主司控器；Cab Equip—司机室设备；PG—脉冲式速度传感器；BAT—蓄电池；BRAKE—制动装置；ATP—列车自动防护系统；VCB—真空主断路器；Pant—受电弓；COMP—空气压缩机；SAND—撒砂装置；APU Extension—APU 扩充；BLOWER—通风机；Serial data—串行数据；Digital data—数字量数据；Analogue data—模拟量数据；Pulse data—脉冲信号。

图 7-3-1　HXD_3 型电力机车微机网络系统构成示意图

1）列车控制级

完成机车重联的控制。HXD_3 型电力机车两端各设有 2 个重联插座，系统能够实现 4 台车重联运行。重联机车之间采用总线式 10 Mb/s 实时以太网（Ethernet）进行信息传输，它是基于 UDP/IP 协议开发的半双工通信网络，传输速度快、传送数据量大。总线上各个节点信息由令牌控制，按照先后顺序以广播的形式定周期发送，因而避免了冲突的产生。

2）车辆控制级

每台机车为 1 个基本运转单元，车内以 TCMS 为中心，分别与显示单元、牵引变流器、辅变流器通过 RS485 总线进行通信，构成星形网络，实现点对点的通信。

TCMS 同时完成列车级信息与车辆级信息的转换。

3）传动控制级

传动控制级功能由主变流器 CI（Convertor Invertor）来实现。

2. **机车控制监视系统装置**

HXD_3 型电力机车控制监视系统（TCMS）采用标准化、模块化设计原则，是基于东芝公司在机车控制监视系统方面成熟的软件、硬件、控制模式和系统思想研制而成的。

TCMS 在硬件上主要由电源模块、逻辑运算控制部分、数字量输入/输出部分、模拟量信号采集部分、通信部分等组成。主控制单元采用 32 位 CPU，并在配置上采取冗余措施，具有 Master、Slave 两套系统的双机热备机制，以提高系统的可靠性。TCMS 机箱外形结构如图 7-3-2 所示。

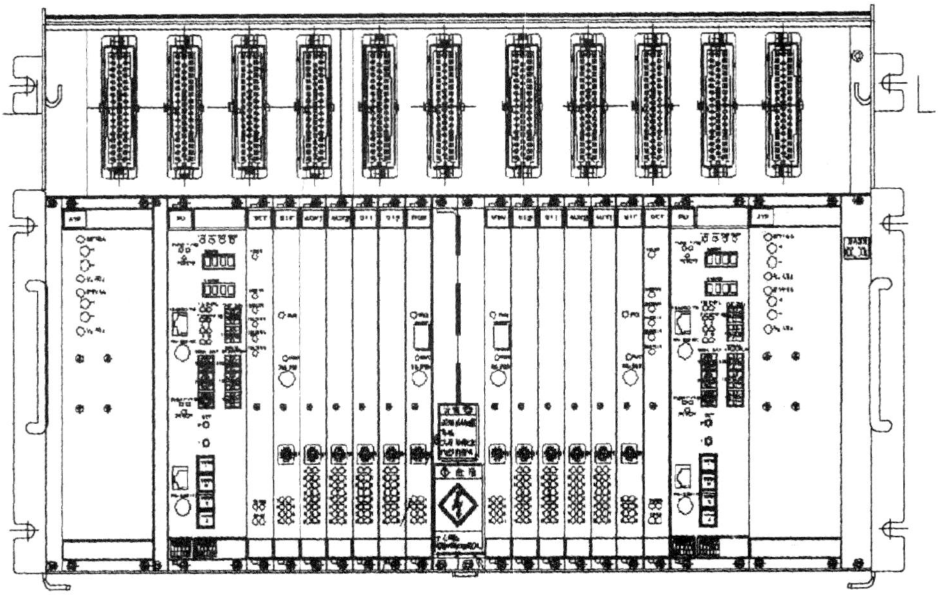

图 7-3-2　机车控制监视系统机箱外形结构

机箱内各模块的作用如下：

（1）AVR 电源模块：为 TCMS 提供工作所需的各种直流电，如 24 V、± 15 V、5 V。

（2）PUZ 处理器单元：包括 CPU、软件以及与显示屏通信的接口（采用 RS485 总线）。

（3）DET 检测模块：检测主控制系统是否存在故障，以便在主系统发生故障时立即进行主辅系统的切换。

（4）SIF 串行通信接口：完成 TCMS 与两个主变流器和辅助变流器之间的通信（采用 RS485 总线）。

（5）DI 数字量输入模块：将接收到的各种开关信号处理后传送给处理器单元。

（6）AUX 辅助模块：具有数字量输出、模拟量输入及脉冲量输入的功能，实现对各辅助继电器的控制及特殊信号的输入功能。

（7）MDM 调制解调模块：将本车的信息调制后通过以太网（Ethernet）传往他车，并将收到的他车信息解调后传送给处理器单元，实现机车的重联功能。

7.3.2 系统的功能

1. 机车控制监视系统（TCMS）

TCMS 的核心任务是：列车总线管理、车辆级接口管理、列车级控制、车辆级控制、故障保护、故障记忆以及通信协议转换等。列车级控制包含机车重联控制、司机指令运算、显示机车运行状态等；车辆级控制包含机车逻辑控制、机车牵引/再生制动特性控制、主变流器控制、辅变流器控制、定速控制、电空互锁制动控制、冗余控制等。

TCMS 在整个机车控制中起主导作用，其工作正常与否直接决定了机车能否安全、正常地运行。TCMS 主要完成如下工作：通过人机接口接收所有输入指令，采集各种反馈信号，进行相关运算，生成相应控制命令，将命令以 RS485 通信方式发送给牵引变流器、辅助变流器完成相应功能。主变流器、辅助变流器的状态信息以相反的方向传输至 TCMS 进行汇总和处理。TCMS 将计算结果、故障信息、有关参数送显示屏显示，从而完成整车的控制、监视和保护功能。在重联时将重联命令通过以太网网络传送给重联机车。TCMS 信息传输示意图如图 7-3-3 所示。

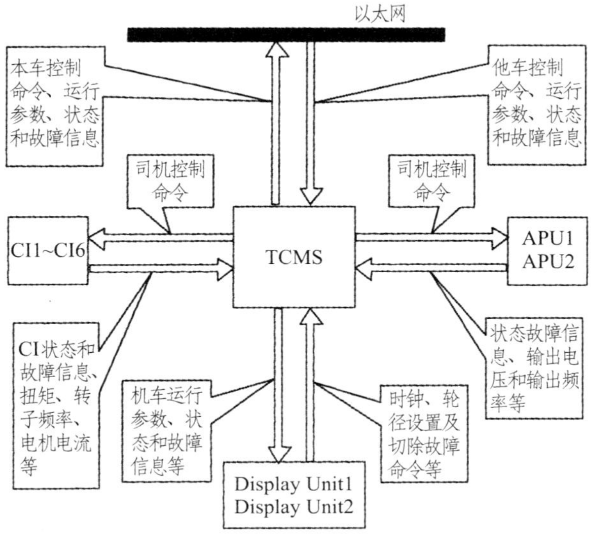

图 7-3-3　信息传输示意图

正常运行时，TCMS 的主系统（Master）与辅系统（Slave）同时工作，输入信号完全并列地输入双系统中，软件处理同时动作。不同的是主系统的输出连接到外部设备（CI 和 APU），而辅系统的输出悬空。主系统控制 I 端司机室的 Display Unitl，辅系统控制Ⅱ端司机室的 Display Unit2。其结构形式如图 7-3-4 所示。

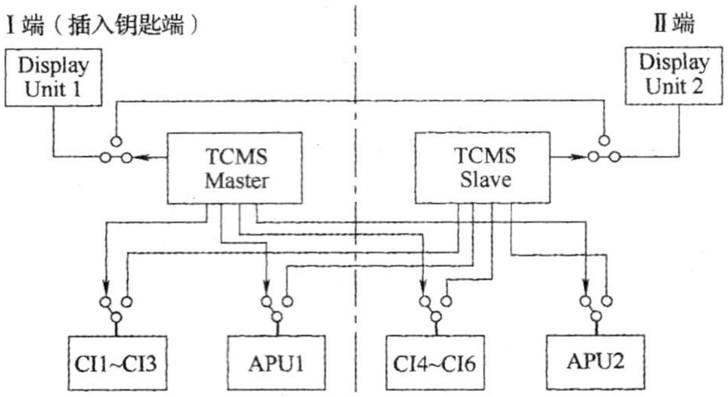

图 7-3-4　微机系统双机热备形式示意图（正常时）

当主控制系统出现故障时，双机热备的机制将自动切换到辅控系统，即 Slave 的输出连接到外部设备。而对于插入钥匙端（即有效的）司机室的显示单元，该显示单元由功能正常的系统进行后备控制。其结构形式如图 7-3-5 所示。

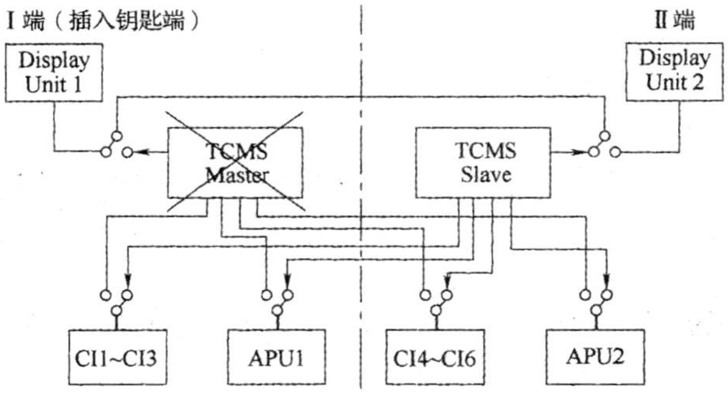

图 7-3-5　微机系统双机热备形式示意图（Ⅰ端故障时）

2. 主变流器（CI1～CI6）

主变流器的控制单元为 32 位多 CPU 高速运算微机控制系统，按功能可划分为：网络信息传输、接触器控制、四象限变流器控制、逆变器控制、保护检测、信号处理等。

四象限变流器的控制采用 PWM 控制方式；逆变器——异步电动机的控制策略为高速矢量控制。CI 综合控制（包含总线数据传送控制、接触器控制、保护检测等）功能由 Intel486 高速处理器芯片完成；四象限变流器的控制和逆变器——异步电动机的控制均采用数字信号处理器 DSP 完成高速运算功能。

3. **辅助变流器（APU1、APU2）**

辅助变流器的功能是向牵引通风机和压缩机等辅助设备提供三相交流电。机车上设有 2 组辅助变流器，每一组辅助变流器对应独立的控制单元。控制单元主要实现整流器控制、逆变器控制、网络信息传输、故障诊断、保护功能。逆变器输出方式既可以采用 VVVF（变压变频）方式，也可以采用 CVCF（恒压恒频）方式。

4. **故障处理与记录**

TCMS 在机车出现故障时，以显示屏显示和报警灯指示两种方式通知操作人员，并自动完成相应的保护动作，记录发生故障时的相关信息，为后期诊断提供有用且必要的信息，而且还可以通过便携式计算机将故障履历下载进行分析和保存。

7.3.3　信息显示

HXD_3 型电力机车的 TCMS 将主变流器、辅助变流器、控制电器柜、司机室控制开关等电器的信息汇总，通过分设在Ⅰ、Ⅱ端司机室的微机显示屏进行各种信息显示，便于操作人员了解机车各种设备的工作状态及各种指令的开断信息，迅速完成机车故障的查找，确保机车的可靠运行。

显示模式主要可以分为驱动模式和维护模式两大类。

显示屏设计的原则是显示简洁、明了醒目，但又兼顾现有的习惯。

画面的上部为常显的信息，显示时间、速度、工况、重联状态等；中间区域为主信息显示区，根据不同的工况、按键的选择，将显示牵引/制动的有关参数、机器的状态、开关信息；底部为功能键区，由于采用触摸显示屏，因此它将根据不同的工况和选择，显示不同的功能键。通过显示屏亦可显示出机车重联与否以及重联机车的故障信息。

显示模式在开机后根据不同工况来转换。

模式转换部分框图如图 7-3-6 所示，其后给出显示画面示例。

1. **驱动模式显示**

1）牵引/制动主画面

牵引/制动主画面如图 7-3-7 所示，主要显示机车运行工况：电钥匙位置、受电弓状态、主断路器状态、机车运行方向、牵引/制动工况、机车速度、司机控制器级位、是否定速、是否重联。

接触网电压、主变压器原边电流、蓄电池电压、6 台牵引电动机牵引/制动力。

机车故障信息：主变压器 MT；6 组主变流器单元；2 组辅助变流器单元；6 台牵引通风机；2 台复合冷却器通风机；2 台空气压缩机；2 台变压器油泵；2 台辅助变流器通风机；2 台主变流器水泵。

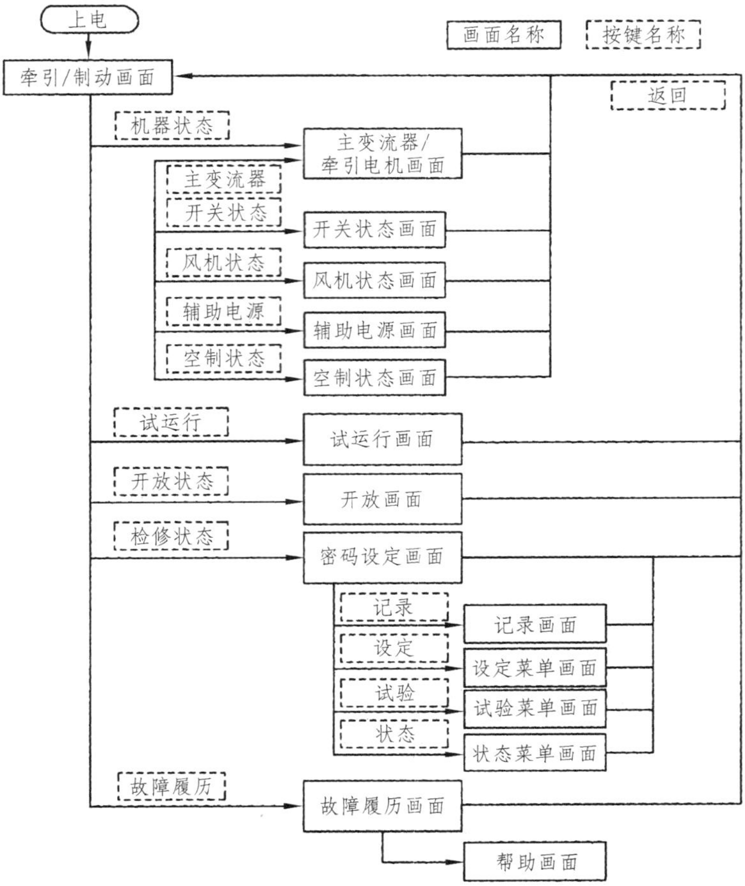

图 7-3-6　模式转换部分框图

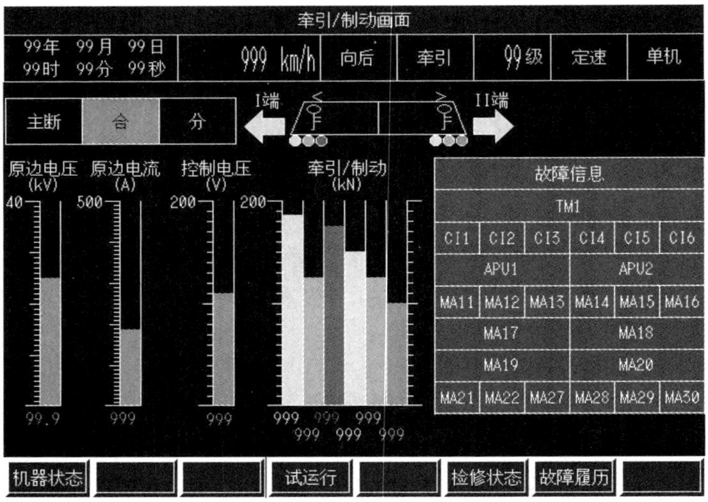

图 7-3-7　牵引/制动主画面

机车自身出现故障时，在故障信息区显示，故障信息灯由黑变红，并使蜂鸣器发出警报。机车自身无故障时，故障信息区无任何显示。

如果他车出现故障，显示为红色；如果他车未出现故障，无显示。如果无他车，则一直无显示。

※其中故障信息在有故障时才出现。

2）主变流器/牵引电机画面

主变流器/牵引电机画面如图 7-3-8 所示，主要显示 6 组主变流器单元（CIl、CI2、CI3、CI4、CI5、CI6）的充电接触器 AK 和工作接触器 K 的闭合状态，中间电压，对应的牵引电动机电流、转子频率。

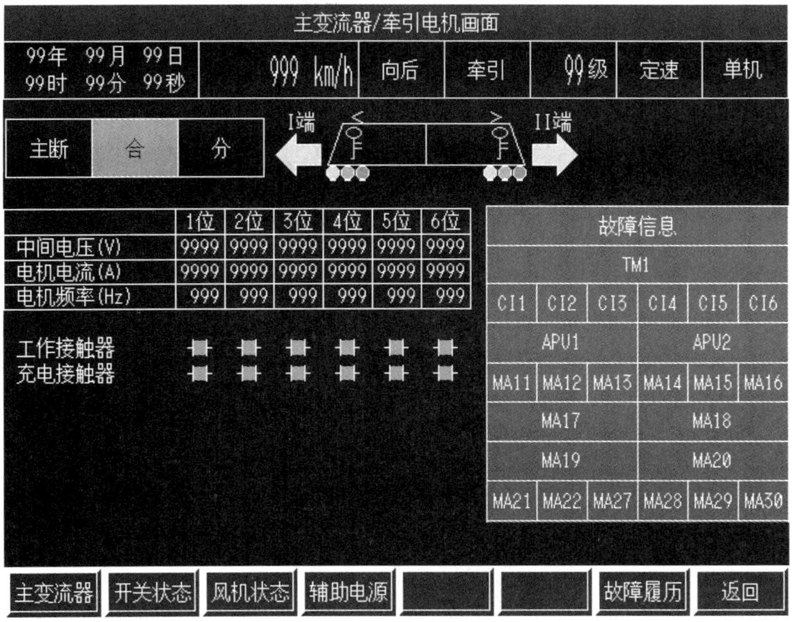

图 7-3-8　主变流器/牵引电机画面

3）开关状态画面

开关状态画面如图 7-3-9 所示，第 1 页，可以显示的开关有：主变流器各单元的充电接触器 CIlAK、CI2AK、CI3AK、CI4AK、CI5AK、CI6AK，工作接触器 CI1K、CI2K、CI3K、CI4K、CI5K、CI6K；受电弓高压隔离开关 QS1、QS2，主电路入库转换开关 QS3、QS4。

第 2 页，可以显示的开关有：辅助电路各辅助电动机自动开关 QA11、QA12、QA13、QA14、QA15、QA16、QA17、QA18、QA19、QA20、QA21、QA22、QA23、QA24，各输出接触器 KM11、KM12、KM13、KM14、KM20，辅助电路转换开关 QS11、QS12。

第 3 页，可以显示的开关有：控制电路各故障隔离转换开关 SA41、SA42、SA43、SA44、SA45、SA46、SA47、SA48、SA51、SA52、SA53、SA54、SA55、SA56、SA57、

SA58、SA59、SA60，试验转换开关 SA75，各保护开关 KP51、KP52、KP53、KP54、KP55，原边过流继电器 KCl。

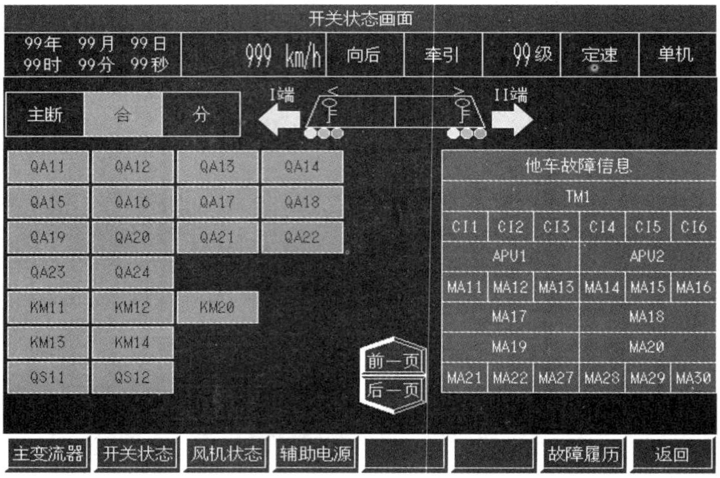

图 7-3-9　开关状态画面

4）风机状态画面

可以显示的风机有：牵引电动机通风机、复合冷却器通风机、油泵、水泵。

5）辅助电源画面

辅助电源画面如图 7-3-10 所示，可以显示辅助变流器的工作情况，2 套辅助变流器的输出电压、输出电流、输出频率。

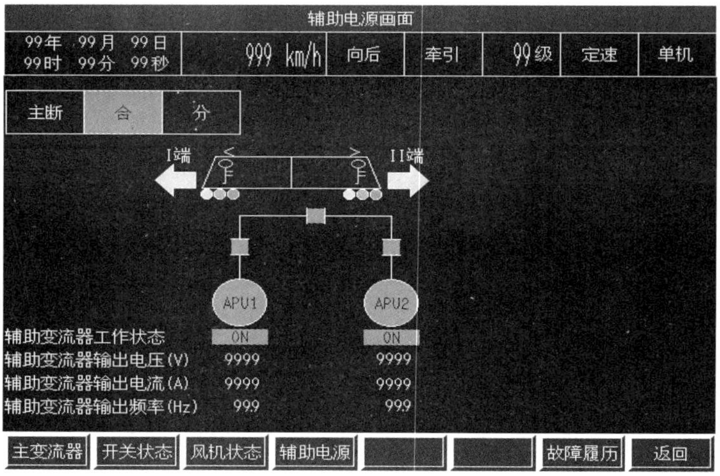

图 7-3-10　辅助电源画面

6）故障履历画面

故障履历画面如图 7-3-11 所示。进入故障履历画面，可以查看机车近期发生的

100 个故障的情况，有故障编号、故障名称、故障发生时间、故障恢复时间、发生故障时的机车状态（有接触网电压、主变压器原边电流、机车牵引/制动、级位、机车速度），以及故障处理说明。

在故障履历画面上有一个“故障处理说明”触摸键，可以通过触摸进入故障处理画面，机车微机控制系统给出了针对该故障的几种故障处理建议。

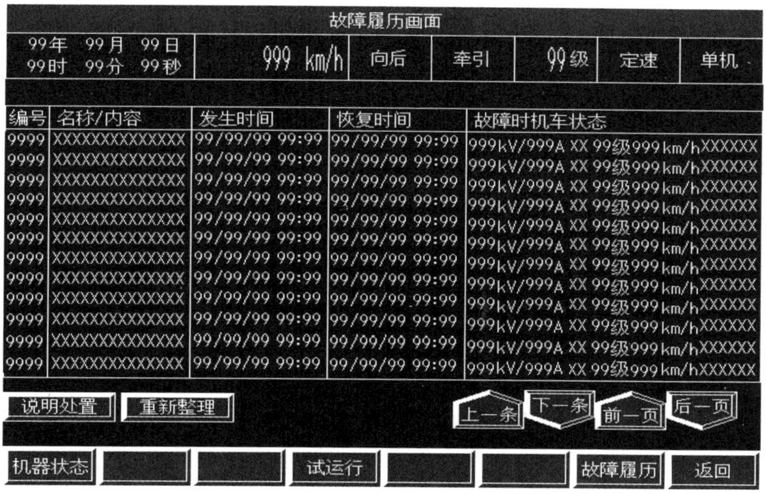

图 7-3-11　故障履历画面

2. 维护模式显示

进入维护模式（辅助显示画面）必须由专门人员操作，因此设有密码。

1）密码输入画面

通过触摸屏，输入三位数的密码，按确定后，可以进入维护模式。

2）设定菜单画面

在设定菜单画面可以进行时钟设定、距离设定、车轮直径设定和动作次数设定。

（1）时钟设定画面：可以设定年、月、日、时、分。

（2）距离设定画面：可以设定累计行走距离。

（3）车轮直径设定画面：可以设定车轮直径，设定值必须在 1 150 ~ 1 250 mm 之间，否则，车轮直径按 1 250 mm 默认。

（4）动作次数设定画面：可以设定主断路器、受电弓、辅助变流器输出接触器、空气压缩机接触器、主变流器各单元的充电接触器、工作接触器的动作次数。

3）试验状态画面

试验状态画面可以用来进行机车主司机控制器的试验、启动试验、零级位试验、辅助电源试验。首先进行试验选择，然后根据显示屏的提示操作有关的开关，进行试验；通过显示屏的提示，确认机车有关控制、逻辑环节是否工作正常。

该功能主要用于机车出车前或故障修复后的控制、逻辑试验检查。

（1）主司机控制器的试验：可以进行调速手柄零位确认、制动 1 级手柄确认试验。

（2）启动试验：可以进行主变流器各单元 CI1、CI2、CI3、CI4、CI5、CI6 的控制单元试验，检查其输出电流。

（3）零级位试验：可以进行主变流器 CI1、CI2、CI3、CI4、CI5、CI6 的工作情况的试验检查。

（4）辅助电源试验：可以进行试验，检查辅助变流器 1、2 的输出电流、输出电压、输出频率。

（5）记录状态画面：可以用来检查故障记录、连续记录、检修记录。

4）状态菜单画面

状态菜单画面可以用来查看机车累计行车距离、电器动作次数、传送信息和信号信息。

（1）累计行车距离画面：可以用来查看机车累计行车距离。

（2）电器动作次数画面：可以用来查看机车主断路器、受电弓、辅助变流器输出接触器、空气压缩机接触器、主变流器各单元的充电接触器、工作接触器的动作次数。

（3）传送信息画面：可以用来查看机车主变流器各单元 CI1、CI2、CI3、CI4、CI5、CI6 和辅助变流器 APU1、APU2 与微机控制系统（TCMS）之间通过通信发送和接收的信息。

查看信息，可以通过触摸显示屏上的 CI1、CI2、CI3、CI4、CI5、CI6、APU1、APU2 八个触摸键进行显示切换。

（4）信号信息画面：可以用来查看机车各主要设备同微机控制系统（TCMS）之间通过硬导线的发出和接收的信号信息。

在显示屏上有 AUX1、AUX2、DI1、DI2 四个触摸键，查看时，可以进行显示切换。

任务 7.4　HXD_3 型电力机车控制电路分析

【任务目标】

知识目标	1. 熟悉 HXD_3 型电力机车控制电路构成。
	2. 熟悉 HXD_3 型电力机车控制电路原理。
素质目标	1. 培养学生学习新知识、新技术的意识。
	2. 培养学生具有一定的分析问题和解决问题的能力。
	3. 能客观、公正地进行学习效果的自我评价。
能力目标	1. 能够分析 HXD_3 型电力机车控制电路原理。
	2. 能够判断 HXD_3 型电力机车控制电路的工作状态。

【相关知识】

7.4.1 控制电源电路

HXD$_3$ 型电力机车控制电源电路

机车 DC 110 V 控制电源采用的是高频电源模块 Power Supply Unit（简称 PSU）与蓄电池并联共同输出的工作方式，再通过自动开关分别送到各条支路，如微机控制、机车控制、主变流器、辅助变流器、车内照明、车外照明等。

DC 110 V 控制电源有两组完全相同的电源模块 PSU，通常情况只有一组处于工作状态。当其故障时，另外一组会启动，继续供电。DC 110 V 控制电源在自动模式下，其启停受机车控制系统 TCMS 的控制。DC 110 V 充电电源模块电路如图 7-4-1 所示。

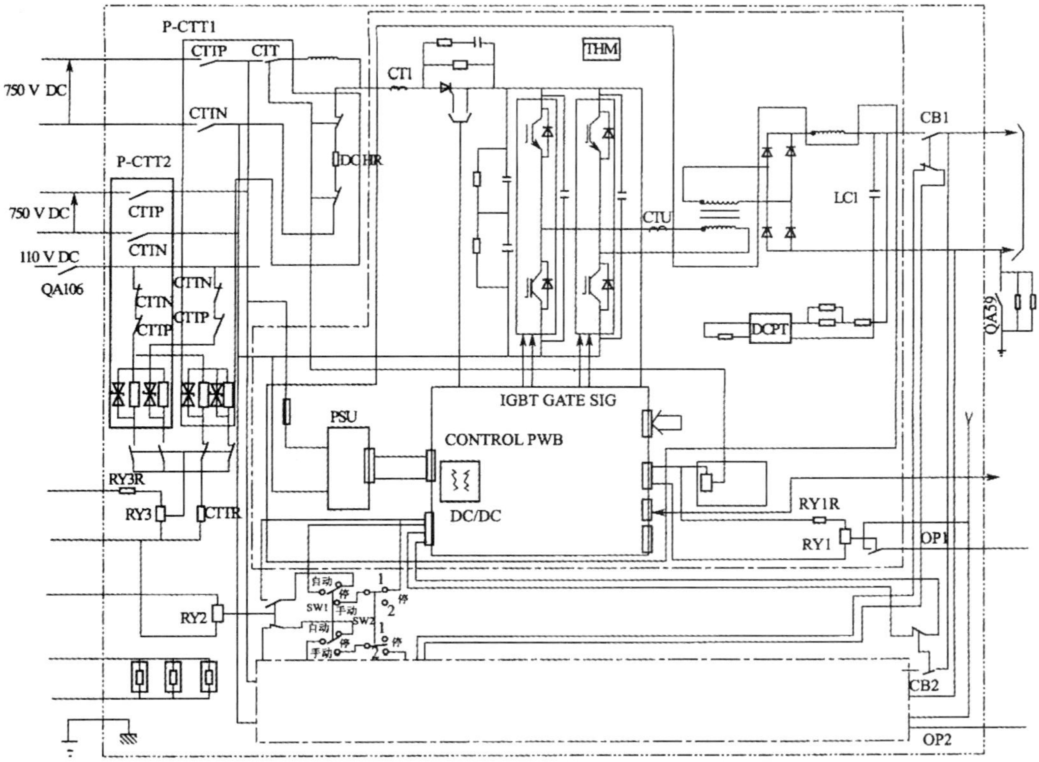

图 7-4-1　DC 110 V 充电电源模块

DC 110 V 控制电源输入电压为 DC 750 V，输出电压为 DC 110（1 ± 2%）V，额定输出电流为 55A，输出功率为 6 050W（25 °C），采用自然冷却方式，输出特性曲线如图 7-4-2 所示。

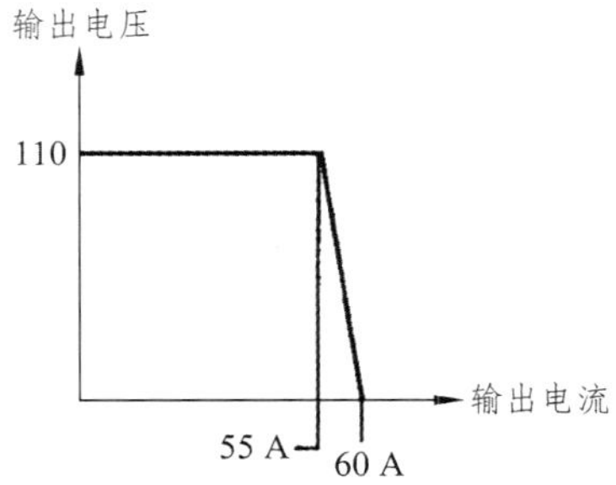

图 7-4-2　输出电压与输出电流的曲线

DC 110 V 控制电源组成可以划分为 4 大部分，依次为电源输入电路、预充电电路、DC 110 V 输出电路和 IGBT 门极控制电路，如图 7-4-3 所示。

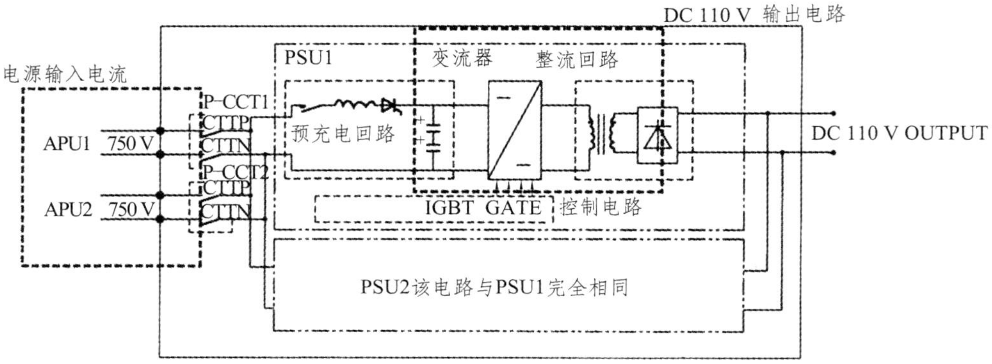

图 7-4-3　DC 110 V 控制电源系统框图

1）电源输入电路

PSU 的输入电源来自机车辅助逆变器 APU1 或 APU2 的中间直流回路。当 APU1 和 APU2 均正常时，由 APU2 向 PSU 输入 DC 750 V 电源；当 APU2 故障时，转由 APU1 向 PSU 输入 DC 750 V 电源。DC 110 V 充电电源模块 PSU 含两组电源，通常只有一组电源工作，故障发生时另外一组电源自动启动，每组电源模块的输入电压为 DC 750 V。

由于装置的输入电源采用双电源、双路供电方式，确保在 APU2 故障时，电源装置仍能从 APU1 处获得电源。同时一路电源也可以给两个 PSU 供电，这样 4 种组合方式确保了机车控制电源的可靠性。

2）预充电回路

如图 7-4-4 所示，CTT 接触器主触头、限流电阻 CHR 和晶闸管 CHS 构成预充电回路。CTT 触头闭合后，通过限流电阻对中间电容 FC1、FC2 进行充电。在其电压达到一定值后，导通 CHS，将 CHR 短路，完成预充电过程。

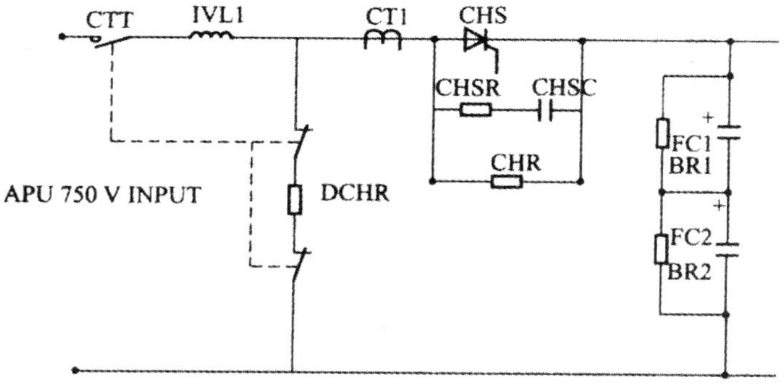

图 7-4-4　预充电回路、输入滤波回路和放电回路

中间电容和滤波电感 IVL1 一起构成滤波回路，其作用是防止电源单元在工作时所产生的 6 kHz 脉动倒流回 APU 中。

当电源装置工作结束后，接触器主触头 CTT 断开，其常闭辅助触点闭合，残留在中间电容上的电压通过放电电阻 DCHR 进行放电。

3）DC 110 V 输出回路

IGBT、整流回路的绝缘变压器 IST1、整流器 FR、平波回路的电抗器 DCL1 和平波电容 LC1 构成了 DC/DC 转换回路，如图 7-4-5 所示。

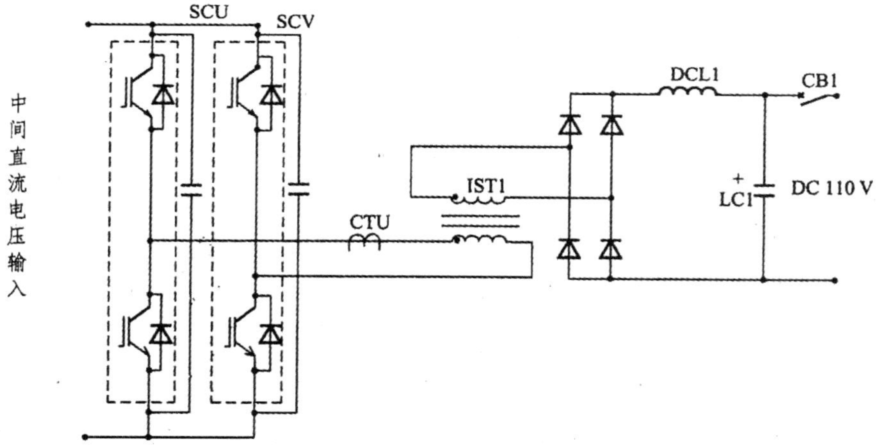

图 7-4-5　DC/DC 转换回路

微机系统以脉宽调制为原理控制 IGBT 动作，将输出电压变为交流脉冲电压，输入变压器的原边（波形如图 7-4-6 所示）。需要注意的是 IGBT 工作在高频段上，关断的瞬间会产生一个巨大的尖峰。这一尖峰对 IGBT 非常有害，所以在 IGBT 的回路中并联一个无感电容，用以消除尖峰。而且这个电容要与 IGBT 的两端直接相连，以防

止线路中的杂散感抗进入回路中，从而影响电容对尖峰的吸收效果，失去对 IGBT 的保护作用。

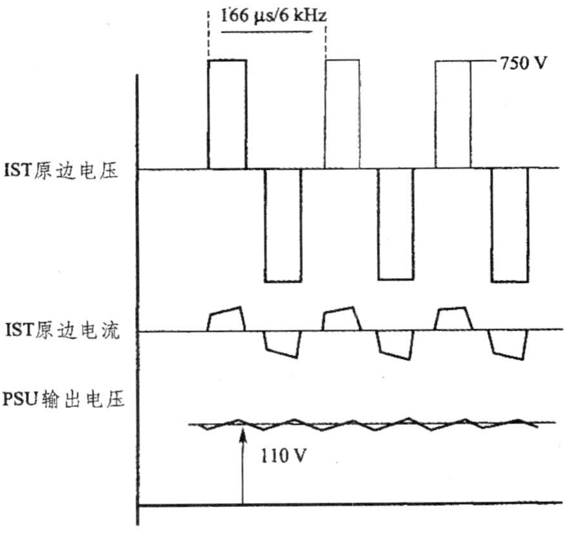

图 7-4-6　变流器输出波形

DC/DC 回路中的输出变压器 IST1 为中频变压器，变比为 750 V/150 V，二次侧输出电压经过整流器、平波电抗 DCL1 和平波电容 LC1 构成的滤波回路后，输出电压为 DC 110（1±2%）V，额定输出电流为 55 A 的直流电源。

控制电路自动开关有：微机 1 控制自动开关 QA41、微机 2 控制自动开关 QA42、司机控制 1 自动开关 QA43、司机控制 2 自动开关 QA44、机车控制自动开关 QA45、主变流器自动开关 QA46、辅助变流器自动开关 QA47、车内照明自动开关 QA48、车外照明自动开关 QA49、前照灯自动开关 QA50、辅助设备自动开关 QA51、无线电台自动开关 QA52、自动信号自动开关 QA53、监控装置自动开关 QA54、电空制动自动开关 QA55、低温预热自动开关 QA56，110 V 电源控制自动开关 QA106、门控开关 QA102、自动过分相控制开关 QA71、空调机组控制开关 QA104、QA105、撒砂加热控制开关 QA73 等。

4）IGBT 门极控制电路

IGBT 门极控制电路如图 7-4-7 所示，它是 PSU 的控制核心。中间部分是控制基板 PWB，它收集 PSU 内部各个器件的状态以及电压、电流信号，并进行逻辑处理，然后控制继电器（CTT、RY1 等）动作并向 IGBT 发出指令。左侧部分是基板的电源供电电路，经过一个小型的电源转换器（记作 PSU）后，向基板提供正常工作所需的电源。右侧为输入/输出信号，并预留了 RS-232C 串行接口，方便与电脑连接。

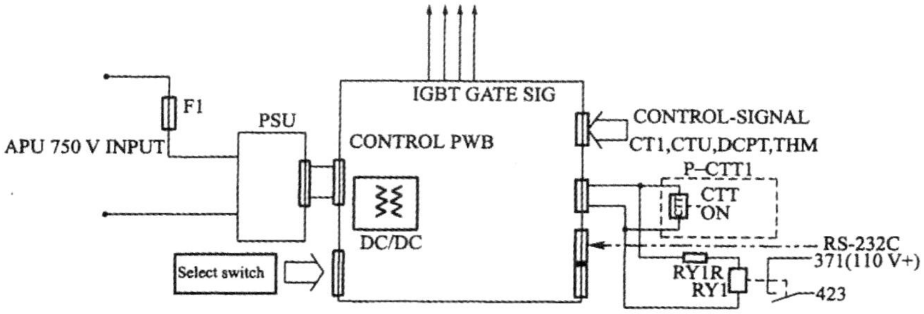

图 7-4-7 控制电路

IGBT 门极控制电路左下角设有两个转换开关 SW1 和 SW2，其中 SW1 有两档——“TCMS”和“手动控制”，SW2 也有两档——“电源 1”和“电源 2”。其中“TCMS”档表示由微机自动控制，奇数日，电源 1 工作，偶数日，电源 2 工作；如果其中一组电源出现故障，可自动切换。“手动控制”表示人为设定，如果 SW2 置“电源 1”，表示电源 1 工作；如果 SW2 置“电源 2”，表示电源 2 工作；如果在手动状态下，电源出现故障，不能自动切换。

在控制电器柜上设置了控制电源电压表 PV71，在两端操纵台上也设置了控制电源电压表 PV41、PV42，用于随时监视控制电源的电压情况，并且通过微机显示屏也可以监视控制电源的电压情况。

7.4.2 司机指令与信息显示电路

HXD_3 型电力机车司机指令与信息显示电路如图 7-4-8 所示。在机车Ⅰ、Ⅱ端司机室设置了完全相同的控制指令开关，可以分别对机车微机控制监视系统发出命令，实现对机车的控制。下面以 I 端司机室控制指令为例进行说明，同时将Ⅱ端对应的控制器件代号用“( )”进行表示。

1. 机车的常规司机指令控制

HXD_3 型电力机车常规司机指令控制

（1）司机电钥匙开关 SA49（SA50）：有两个位置，即“合”和“分”，当置“合”位置时，机车Ⅰ（Ⅱ）端即被设定为操纵端。

（2）主司机控制器 AC41（AC42）：有两个手柄，即方向手柄和调速手柄。方向手柄有“向前”“向后”和“0”三个位置。调速手柄可以提供牵引级位 0 ~ 13 级，制动级位* ~ 12 级。两个手柄之间设有机械联锁：当调速手柄在“0”位时，方向手柄方可进行转换；方向手柄在“0”位时，调速手柄不能移动，只能在“0”位。

（3）受电弓扳键开关 SB41（SB42）：有三个位置，分别为“前受电弓”“后受电弓”“0”位。当 SB41 置“前受电弓”或“后受电弓”位时，受电弓电空阀 YV41 或 YV42 线圈得电，在空气管路压力正常的前提下，受电弓 AP1 或受电弓 AP2 升起；当 SB41 置“0”位时，受电弓 AP1 或受电弓 AP2 均降下。

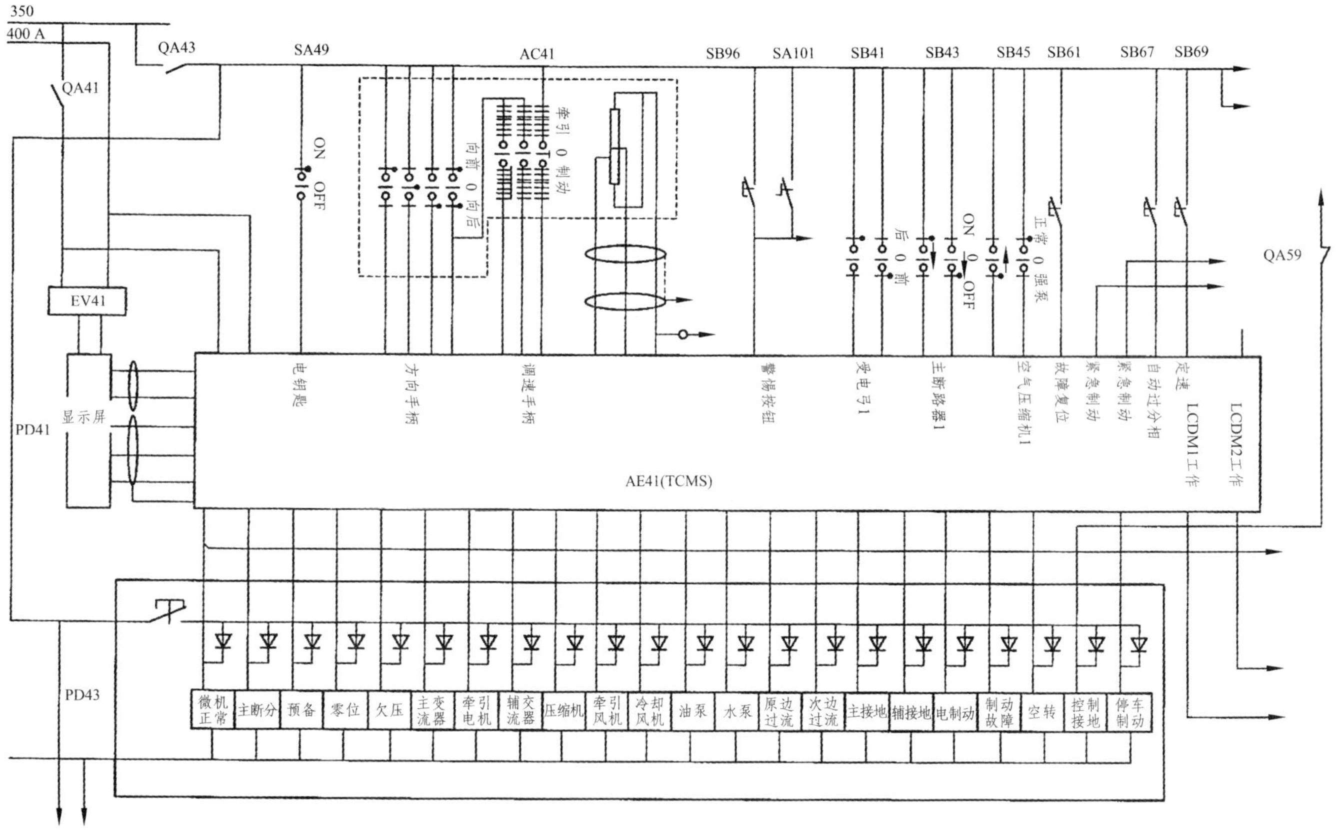

图 7-4-8　HXD_3型电力机车司机指令与信息显示电路原理图

（4）主断路器扳键开关 SB43（SB44）：有三个位置，分别为“主断分”“主断合”“0”位。该扳键开关为自复式，正常位置是“0”位。当开关置“主断合”位 1 次时，如果主断闭合的相关逻辑正常，主断路器 QF1 线圈得电，在空气管路压力正常的前提下，主断路器 QF1 闭合；当扳键开关置“主断分”位 1 次时，主断路器 QF1 线圈失电，主断路器 QF1 分断。

（5）空气压缩机扳键开关 SB45（SB46）：有三个位置，分别为“主压缩机”“强泵”“0”位。在辅助变流器工作的前提条件下，当开关置“主压缩机”位，并且总风缸空气压力继电器 KP51-1、KP51-2（KP51-1：风压低于 750 kPa 时闭合，风压高于 900 kPa 时断开；KP51-2：风压低于 825 kPa 时闭合，风压高于 900 kPa 时断开）闭合时，空气压缩机接触器 KM13、KM14 依次得电闭合，空气压缩机 1、2 依次投入工作。当风压低于 825 kPa 时 KP51-2 闭合，但 KP51-1 打开，此时只有操纵端压缩机工作。当开关置“0”位，空气压缩机接触器 KM13 或 KM14 失电分断，空气压缩机停止工作。若总风缸空气压力继电器 KP51 发生故障，空气压力开关不能正常闭合时，可以将扳键开关置“强泵”位，强制空气压缩机接触器 KM13、KM14 得电闭合，空气压缩机 1、2 投入工作。

HXD_3 型电力机车故障复位控制

2. 机车故障复位、空气紧急制动、过分相、警惕装置控制和定速控制

（1）机车故障复位按钮 SB61（SB62）、过分相按钮 SB67（SB68）、定速控制按钮 SB69（SB70）、警惕装置控制按钮 SB96（SB97）均为自复式按钮，警惕装置控制开关 SA101（SA102）为脚踏开关，紧急制动按钮 SA103（SA104）为自锁按钮。

（2）当机车在正常运行中发生牵引变流器故障且不能自行恢复时，故障信息在司机室信息显示单元中显示出来，司机可以根据提示，通过按动故障复位按钮 SB61（SB62）1 次，将信号送到 TCMS，TCMS 再通过信息传递，通知牵引变流器实现故障的恢复。

（3）当机车需要实施紧急制动时，可以按下紧急制动按钮 SA103（SA104），首先分断主断路器，停止主变流器、辅助变流器的工作，同时机车进入紧急制动状态，实施列车紧急空气制动。

（4）在机车正常运行过程中，如快到分相区时，司机可以按动“过分相”按钮 SB67（SB68）1 次，机车进入半自动过分相状态。

首先，机车断开主断路器，辅助变流器、主变流器停止工作，机车通过高压电压互感器检测机车网压变化情况，当确认机车通过了分相区，接触网电压恢复至正常值并延迟一定时间后，自动闭合主断路器，启动辅助变流器、主变流器等，并使机车状态恢复到过分相区前的状态。

（5）当机车速度大于等于 15 km/h 且机车未实施空气制动时，若按下“定速控制”

按钮 SB69（SB70），当时的机车运行速度被确定为“目标速度”，机车进入“定速控制”状态。

当机车实际速度大于“目标速度 + 2 km/h”时，TCMS 控制机车进入电气制动工况；当机车的实际速度降低到“目标速度 + 1 km/h”时，电气制动力降至 0。

当机车实际速度小于“目标速度 – 2 km/h”时，TCMS 自动控制机车进入牵引工况；当机车的实际速度升高到“目标速度 – 1 km/h”时，牵引力降至 0。

机车进入“定速控制”状态后，司机控制器调速手柄的级位变化超过 1 级时，机车“定速控制”状态自动解除。

（6）当机车速度大于等于 30 km/h 且机车未实施紧急制动时，机车警惕装置进入监视状态，此时每 1 min 内，司机应按警惕装置控制按钮 SB96（SB97）或踩警惕装置控制开关 SA101（SA102）1 次，使警惕装置重新进入监视状态，否则超过 1 min 未按，警惕装置进入报警状态，蜂鸣器响，再延迟 10 s，如果司机仍未按警惕装置控制按钮 SB96（SB97）或踩警惕装置控制开关 SA101（SA102）1 次，则警惕装置动作，发出紧急制动指令，使机车进入紧急制动状态。此装置的设立，是为了提醒司机集中精力开车，防止意外情况发生，确保行车安全。警惕装置控制电路如图 7-4-9 所示。

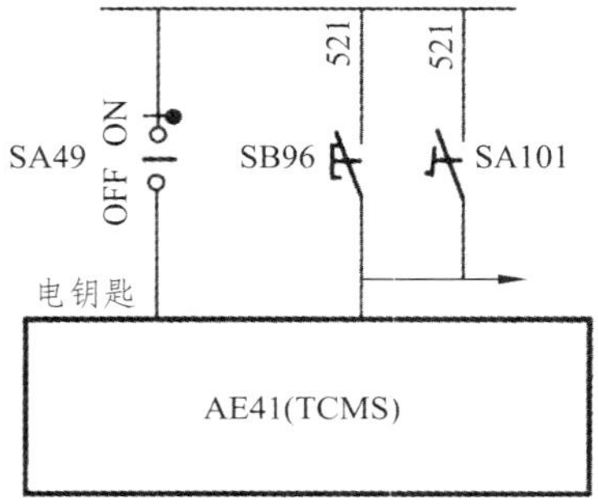

图 7-4-9　警惕装置控制电路

3. 机车微机显示屏和故障显示灯

在机车Ⅰ、Ⅱ端司机室分别设置了完全相同的机车微机显示屏 PD41、PD42，它们的信息来源是 TCMS。TCMS 将来自机车主变流器、辅助变流器、各个控制继电器、接触器、转换开关等的信息进行综合，通过微机显示屏 PD41、PD42 进行显示，方便司机了解机车各主要电气设备的工作情况，确保行车安全。

在机车Ⅰ、Ⅱ端司机室分别设置了完全相同的机车故障显示灯，安装在 2 个多功能状态仪表组合模块中，用于机车故障的显示。分别为：微机正常、主断分、预备、零位、欠压、主变流器故障、牵引电动机故障、辅助变流器故障、压缩机故障、牵引风机故障、冷却风机故障、油泵故障、水泵故障、原边过流、次边过流、主接地、辅接地、电制动、制动系统故障、空转、控制接地、停车制动。其中，除微机正常、主变流器预备为绿色工作显示外，其他均为红色故障显示。

7.4.3 机车逻辑控制和保护电路

HXD_3型电力机车逻辑控制和保护电路

机车逻辑控制和保护电路如图 7-4-10 所示。机车逻辑控制和保护电路主要是将各辅助电动机自动开关、各风速继电器故障隔离开关、高压故障隔离开关、压缩机接触器状态、主断路器状态、辅助变流器库内试验开关、主变流器试验开关、各种接地保护、空气管路系统压力继电器等的状态指令送入 TCMS，用于机车的各种工作逻辑及保护逻辑控制，并通过 TCMS 与主变流器和辅助变流器之间的通信，将有关控制指令信息送到主变流器和辅助变流器，达到整车联控目的。

1. 各辅助电动机自动开关功能

牵引通风机自动开关 QA11～QA16，用于牵引通风机的故障保护和相应的逻辑控制。当牵引通风机过流造成自动开关断开后，主触点断开对应牵引通风机的供电电路，辅助触点将故障信号送到 TCMS，然后通过 TCMS 一方面送到司机故障显示灯，一方面自动隔离相应的牵引变流器，使对应的牵引电动机停止工作。

冷却塔通风机自动开关 QA17～QA18，用于冷却塔通风机的故障保护和相应的逻辑控制。当冷却塔通风机过流造成自动开关断开后，主触点断开对应冷却塔通风机的供电电路，辅助触点将故障信号送到 TCMS，然后通过 TCMS 一方面送到司机故障显示灯，另一方面自动隔离相应的主变流器，使该转向架上的牵引电动机停止工作。

空气压缩机自动开关 QA19～QA20，用于空气压缩机的故障保护。当空气压缩机自动开关断开后，断开对应空气压缩机的供电电路，并将故障信号通过 TCMS 送到司机故障显示灯，同时断开对应空气压缩机的控制接触器线圈支路，使该接触器不能得电闭合。

主变压器油泵自动开关 QA21～QA22，用于主变压器油泵的故障保护和相应的逻辑控制。当油泵自动开关断开后，断开对应油泵供电电路，故障信号一方面送到司机故障显示灯，一方面自动隔离对应的主变流器和对应转向架上的牵引电动机。同时，使另一套主变流器和另一转向架上的牵引电动机降功率工作。

2. 高压隔离开关 QS1、QS2

用于受电弓的故障隔离保护和相应的逻辑控制。

3. 空气压缩机接触器状态信号 KM13、KM14

用于空气压缩机电磁接触器的工作确认，确保机车空气压缩机投入工作。

4. 主断路器状态开关 QF1

主断路器状态开关 QF1 用于主断路器的工作状态确认，确保在主断路器闭合后，主变流器、辅助变流器才能投入工作。

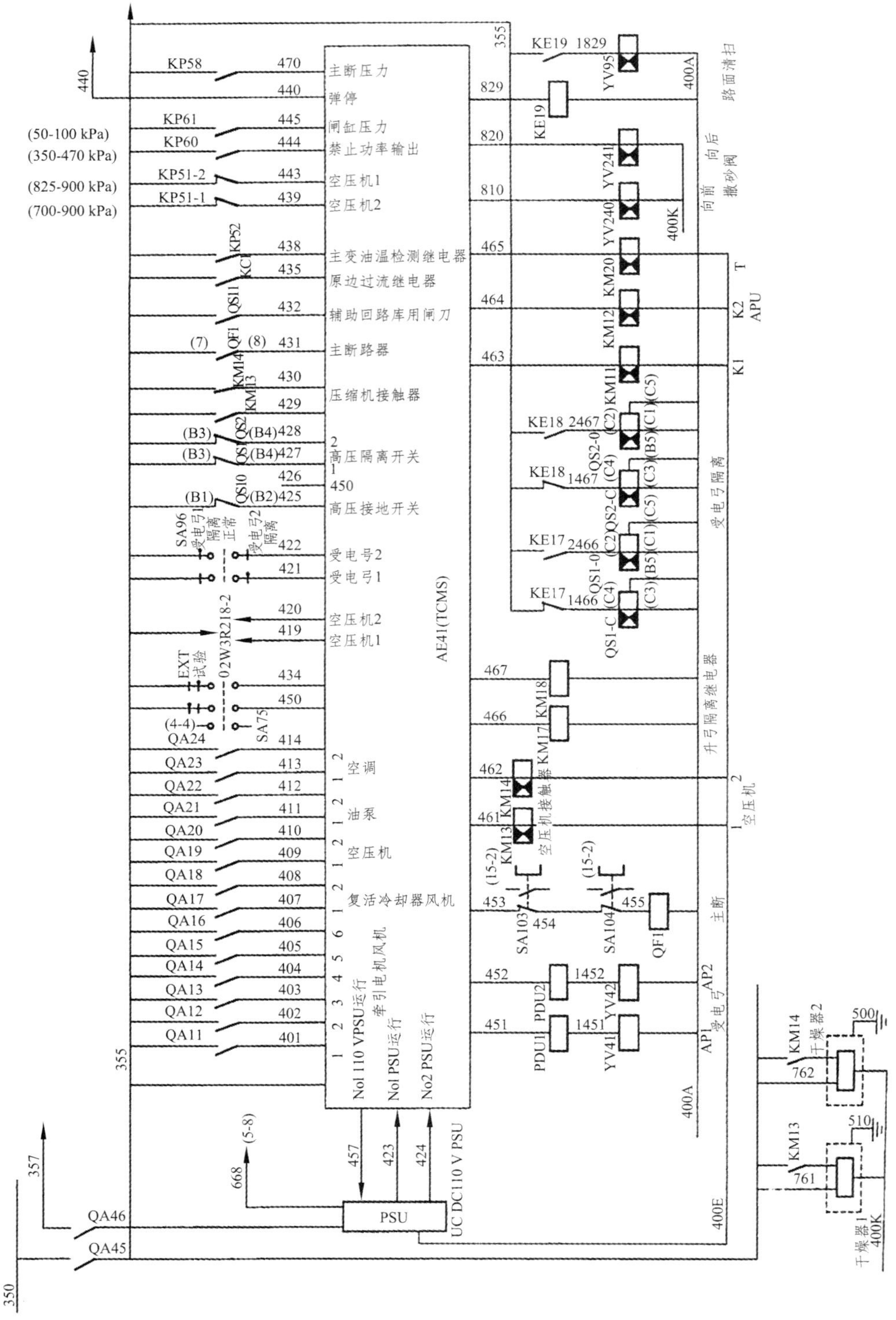

图 7-4-10 HXD$_3$ 型电力机车逻辑控制和保护电路原理图

5. **辅助变流器库内试验转换开关 QS11**

辅助变流器库内试验转换开关 QS11 用于辅助变流器在库内试验时的转换。当该开关闭合后，其辅助触点送信号给 TCMS，使机车进入辅助回路库内试验环节。此时，机车主断路器不必闭合，辅助变流器 APU2 和辅助电动机便可以投入工作。

6. **原边过流继电器 KC1**

当机车发生原边过流故障时，原边过流继电器 KC1 动作，其联锁触点信号送入 TCMS，跳开主断路器，实施故障保护。原边电流的保护值为 800 A，对应次边电流为 10 A，此时 KC1 动作。

7. **主变压器温度过高继电器 KP52**

当机车主变压器发生温度过高故障时，主变压器温度继电器 KP52 动作，其联锁触点信号送入 TCMS，跳开主断路器，实施故障保护。

8. **总风缸压力继电器 KP51-1、KP51-2、KP60**

以上 3 个继电器都是监测机车总风压力的。KP51-1、KP51-2 用于机车空气压缩机的启动控制；但它们的动作值不同，KP51-1 为 750 ~ 900 kPa，KP51-2 为 825 ~ 900 kPa。当总风缸压力小于 750 kPa 时，KP51-1、KP51-2 均闭合；当总风缸压力大于 900 kPa 时，KP51-1、KP51-2 都断开；但是当风缸压力小于 825 kPa 时，继电器 KP51-1 断开，继电器 KP51-2 闭合；通过继电器的不同闭合方式，实现机车刚启动时，两组压缩机均工作，一旦风压建立起来，那么每当风压低于 825 kPa 时，机车 Ⅰ 端操纵时，压缩机 1 工作，机车 Ⅱ 端操纵时，压缩机 2 工作。

继电器 KP60 的动作值是当总风压力高于 470 kPa 时闭合，当总风压力低于 350 kPa 时断开，该继电器的联锁触点送入微机柜 TCMS，参与整车的牵引控制，当总风压力太低且低于 KP60 的保护值时，牵引变流器将禁止功率输出，确保行车安全。

9. **停车制动压力继电器 KP59**

停车制动压力继电器 KP59 用于机车的弹簧储能停车制动。当机车实施弹簧储能停车制动时，该压力继电器断开，指令信息输入 TCMS，控制机车禁止功率输出。反之，该压力继电器闭合，说明机车未投入弹簧储能停车制动。

10. **机车制动缸压力继电器 KP61**

继电器 KP61 用于监控机车制动缸的压力。当机车制动缸压力高于 100 kPa 时，继电器 KP61 闭合；当机车制动缸压力低于 50 kPa 时，继电器 KP61 打开。该指令信号送入 TCMS，参与机车踏面清扫控制，即在机车制动缸压力高于 100 kPa 时，踏面清扫投入；当机车制动缸压力低于 50 kPa 时，踏面清扫解除。

11. **机车主变流器试验开关 SA75**

当机车主断路器不具备闭合条件时，可以使用该开关通过 TCMS 对机车主变流器的控制单元进行检测，并在微机显示屏上进行显示。

12. **原边电流监测**

为了实现机车原边电流监测，原边电流互感器电流信号 TA2 也送到 TCMS，通过微机显示屏来显示机车原边电流。

13. **撒砂控制**

机车设有 2 个撒砂电空阀，分别为前侧 YV240、后侧 YV241。

撒砂电空阀的控制可以通过三条途径来实现：一是司机室脚踏撒砂阀 SA83、SA83，当司机认为机车需要撒砂时，可以通过脚踏撒砂开关进行人为撒砂；二是当机车运行时，如果发生空转、滑行等情况，机车的六台牵引电动机转速会不同，机车主变流器的控制单元就会将撒砂信息送到机车微机控制系统（TCMS），由 TCMS 给出信号实现撒砂；三是当机车实施紧急制动时，由 CCBⅡ制动机发出撒砂指令，实现机车撒砂。

7.4.4 主变流器控制电路

HXD_3 型电力机车主变流器控制电路

主变流器控制电路如图 7-4-11、图 7-4-12 主变流器部分所示。机车两套主变流器装置 UM1、UM2 的控制电路基本一致。不同的是，Ⅰ端主变流器装置 UM1 的装置识别设定为 110 V，Ⅱ端主变流器装置 UM2 的装置识别设定为 0 V，下面以Ⅰ端主变流器装置 UM1 的控制进行说明。

（1）机车主变流器装置的控制主要是按照司机控制器给定指令，由 TCMS 通过通讯线传递给主变流器控制单元，按照机车牵引制动特性曲线，完成对牵引电动机的控制。

（2）主变流器发生接地、次边过流、牵引电动机过流等故障时，故障信号送 TCMS，进行故障显示和记录，并在司机显示屏中给出提示，指导司机进行有关故障隔离等操作。主变流器的故障可以通过按动“故障复位”按钮进行恢复。

（3）主变流器允许投入前必须具备的信号有：牵引风机风速继电器 KP41、KP42、KP43、冷却塔通风机风速继电器 KP47 和主变压器油流继电器 KP49 信号。当这些风速或流速继电器均正常闭合时，说明主变流器工作的外围条件具备，可以投入运行。

（4）对主变流器的控制还设置了牵引变流器隔离开关。该开关置于微机显示屏内，是触摸开关。在正常情况下，这些开关均闭合。当由于某种原因，如牵引电动机发生故障、主变流器支路发生接地等，需要对某个牵引变流器支路或牵引电动机进行隔离时，可以通过微机显示屏进行隔离相应变流器，使之停止工作。这些开关还可以用于牵引电动机转向试验和机车旋轮等。

（5）主变流器的控制用信号还有牵引电动机速度传感器 BV41、BV42、BV43 的信号。每个速度传感器同时送出 2 个速度信号至主变流器控制装置，用以实现主变流器对牵引电动机的矢量控制，有效地实施机车的防空转、防滑行保护，并对机车的轴重转移进行补偿。

（6）库内动车信号通过库用开关 QS3 或 QS4 送到主变流器控制单元，用于在库内动车时主变流器按照特定的控制程序工作。

（7）主变流器装置试验开关 SA75，用于在低压试验或机车出厂前时对主变流器的控制单元进行试验检查，确认其是否工作正常。

（8）为满足主变流器工作需要，在主变流器的控制单元内引入高压电压互感器 TV1 同步信号。

（9）主变流器控制单元与 TCMS 的接口信号除 2 套通信线外，还设有主变流器隔离、工作、功率预备和故障等信号。

7.4.5　辅助变流器控制电路

HXD_3 型电力机车辅助变流器控制电路

辅助变流器控制电路如图 7-4-11、图 7-4-12 辅助变流器部分。机车两套辅助变流器装置 UA11、UA12 的控制电路基本一致。不同的是，正常情况下，Ⅰ端辅助变流器装置 UA11 设定为 VVVF 工作方式，当主断路器闭合、换向手柄离开零位后，UA11 开始工作；Ⅱ端辅助变流器装置 UA12 设定为 CVCF 工作方式，只要主断路器闭合，UA12 就开始投入工作。下面以Ⅱ端辅助变流器装置 UA12 的控制进行说明。

（1）机车主断路器闭合后，由 TCMS 发出命令，闭合辅助变流器 UA12 输出电磁接触器 KM12，并将信息传递给辅助变流器控制单元，由辅助变流器控制单元发出指令，控制辅助变流器 UA12 启动。

（2）当机车某一辅助变流器发生故障，故障的辅助变流器能及时发信息给 TCMS，通过 TCMS 的控制，自动完成输出电磁接触器的动作转换：若辅助变流器 UA11 发生故障，则电磁接触器 KM11 断开，电磁接触器 KM20 闭合；若辅助变流器 UA12 发生故障，则电磁接触器 KM12 断开，电磁接触器 KM20 闭合。故障的辅助变流器将信息传递给另一套辅助变流器，使其工作在 CVCF 方式，同时，故障的辅助变流器被隔离，此时所有辅助电动机全部由另一套辅助变流器供电，不受其他指令的控制，牵引电动机通风机和冷却塔通风机将正常满功率工作。

（3）为便于辅助变流器的隔离，在微机显示屏内设置了辅助变流器开放隔离开关，通过触摸开关进行隔离。正常情况下，这些开关均闭合。当由于某种原因，需要进行隔离操作时，可以通过微机显示屏进行相应辅助变流器的隔离。

（4）为确保辅助变流器正常工作，将电磁接触器 KM11、KM12、KM20 的信号引入辅助变流器控制单元。

（5）辅助变流器控制单元与 TCMS 的接口信号除 1 套通信线外，还设有辅助变流器隔离、功率预备和故障等信号。

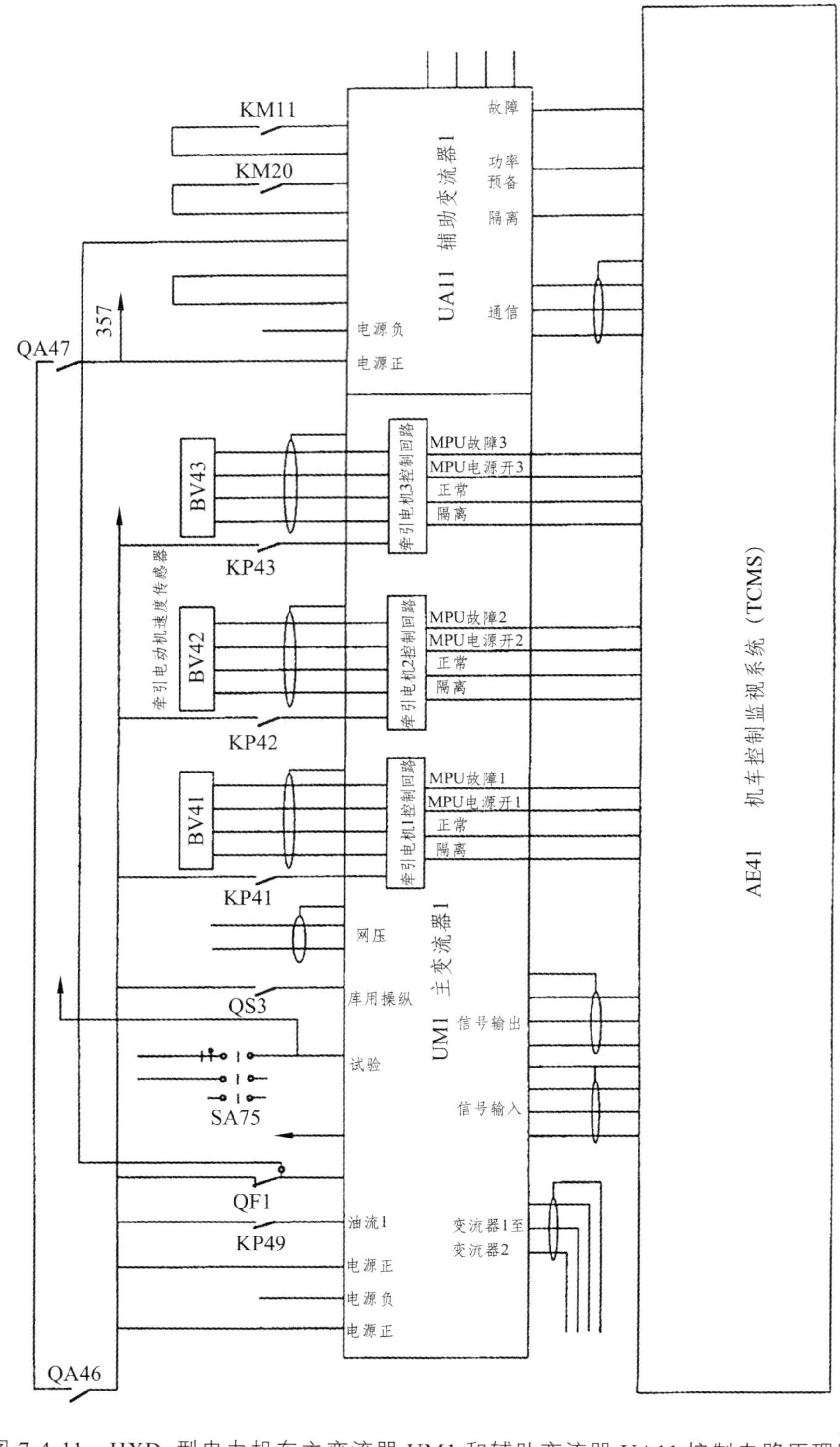

图 7-4-11 HXD$_3$ 型电力机车主变流器 UM1 和辅助变流器 UA11 控制电路原理图

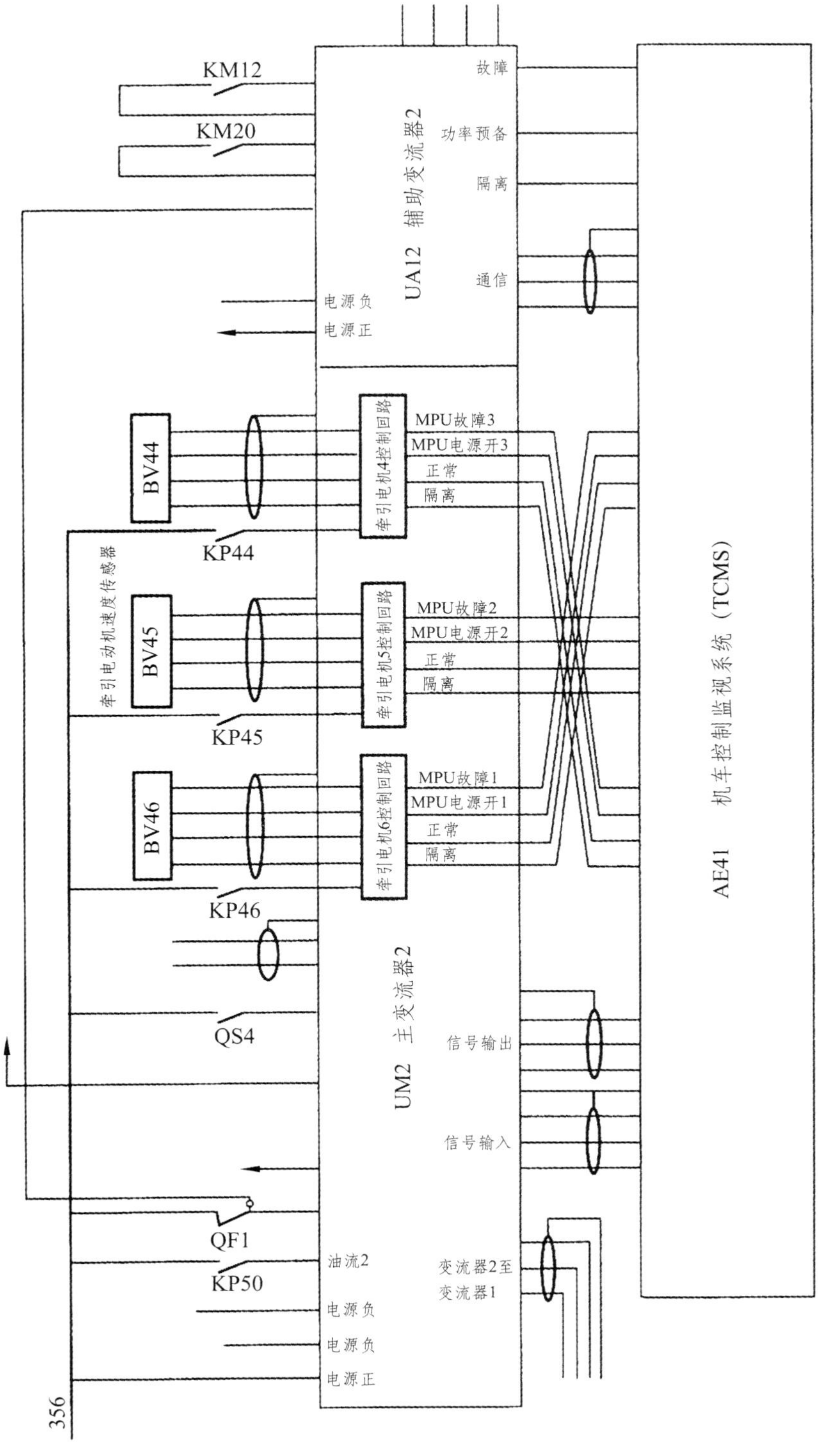

图 7-4-12　HXD$_3$型电力机车主变流器 UM2 和辅助变流器 UA12 控制电路原理图

7.4.6 TCMS 与行车安全综合信息系统、机车重联等的接口

TCMS 与行车安全综合信息系统的接口有 5 个输出信号和 1 个输入信号。5 个输出信号是：机车调速手柄处于零位 963、司机控制器处于Ⅰ端向前位（或Ⅱ端向后位）964、司机控制器处于Ⅱ端向前位（或Ⅰ端向后位）965、司机控制器处于牵引位 966 和司机控制器处于制动位信号 967；1 个输入信号是机车卸载信号 962，当机车行车安全综合信息系统需要机车卸载时，该信号送出 110 V 至 TCMS，由 TCMS 送出相关控制命令至主变流器控制单元，停止主变流器的工作，执行卸载动作。

在机车的每一端，分别设置了 2 个机车重联控制插座和一个虚拟插座。机车采用以太网，以网络重联的形式，实现本务机车 TCMS 与重联机车 TCMS 之间的信息传递，可实现 2～4 台机车的重联控制。另外，在重联控制插座中，还设有机车重联电话信号，实现机车重联电话重联。

原边电流互感器 TA2 的信号送至 TCMS，通过 TCMS 与微机显示屏之间的信息传递，实现机车原边电流显示。

机车速度传感器 BV47、BV48 的信号送至 TCMS，通过 TCMS 与微机显示屏之间的信息传递，实现机车速度的显示。

7.4.7 司机室空调机组的控制

在机车的两个司机室分别设置了司机室空调机组，主要设备有空调机组 EV11（EV12）、空调机组控制箱 EV13（EV14）和空调机组功能控制转换开关 SA73（SA74）。两套机组及其控制方式完全相同。

空调机组的控制电源采用 AC 220 V。空调机组功能控制转换开关 SA73（SA74）有 5 个位置，分别为“高制冷”“低制冷”“通风”“加热”和“停止”，通过转换开关和空调控制盒的同步控制，可以实现空调机组控制状态的转换，并确保机组正常工作。

7.4.8 机车各种照明的控制

（1）Ⅰ端司机室灯控制开关 SB47 实现Ⅰ端司机室灯 EL41、EL43 的控制；Ⅱ端司机室灯控制开关 SB48 实现Ⅱ端司机室灯 EL42、EL44 的控制。司机室灯控制开关有“强”“弱”“0”三个位置。

（2）走廊灯控制开关 SB49、SB50 实现走廊灯 EL45、EL46、EL47、EL48、EL49、EL50、EL51、EL52 的控制。

（3）Ⅰ端司机室记点灯 EL53 通过自带控制开关实现控制，Ⅱ端司机室记点灯 EL54 通过自带控制开关实现控制。

（4）Ⅰ、Ⅱ端司机室标志灯控制开关 SB51、SB52 实现Ⅰ端标志灯 EL55、EL57、Ⅱ端标志灯 EL56、EL58 的控制。标志灯控制开关有全开、前开、0、后开、全开 5 个位置。

（5）Ⅰ、Ⅱ端司机室副前照灯控制开关 SB53、SB54 实现Ⅰ端副前照灯 EL59、EL61、Ⅱ端副前照灯 EL60、EL62 的控制。副前照灯控制开关有全开、前开、0、后开、全开 5 个位置。

（6）Ⅰ端司机室前照灯控制开关 SB55 实现Ⅰ端前照灯 EL63 的控制；Ⅱ端司机室前照灯控制开关 SB56 实现Ⅱ端前照灯 EL64 的控制。前照灯控制开关有“强”“弱”“0”三个位置。

（7）Ⅰ端司机室仪表灯控制开关 SB57：通过打至不同挡位，可实现Ⅰ端仪表灯 EL65、车底灯 EL67 ~ EL70 的控制以及Ⅰ端仪表灯 EL65、车底灯 EL67 ~ EL70 的同步控制；Ⅱ端司机室的仪表灯控制开关 SB58 通过打至不同挡位，即可实现Ⅱ端仪表灯 EL66、车底灯 EL67 ~ EL70 的控制以及Ⅱ端仪表灯 EL66、车底灯 EL67 ~ EL70 的同步控制。仪表灯控制开关有全开、仪表、0、车底、全开 5 个位置。

HXD_3 型电力机车空调机组及照明控制电路如图 7-4-13 所示。

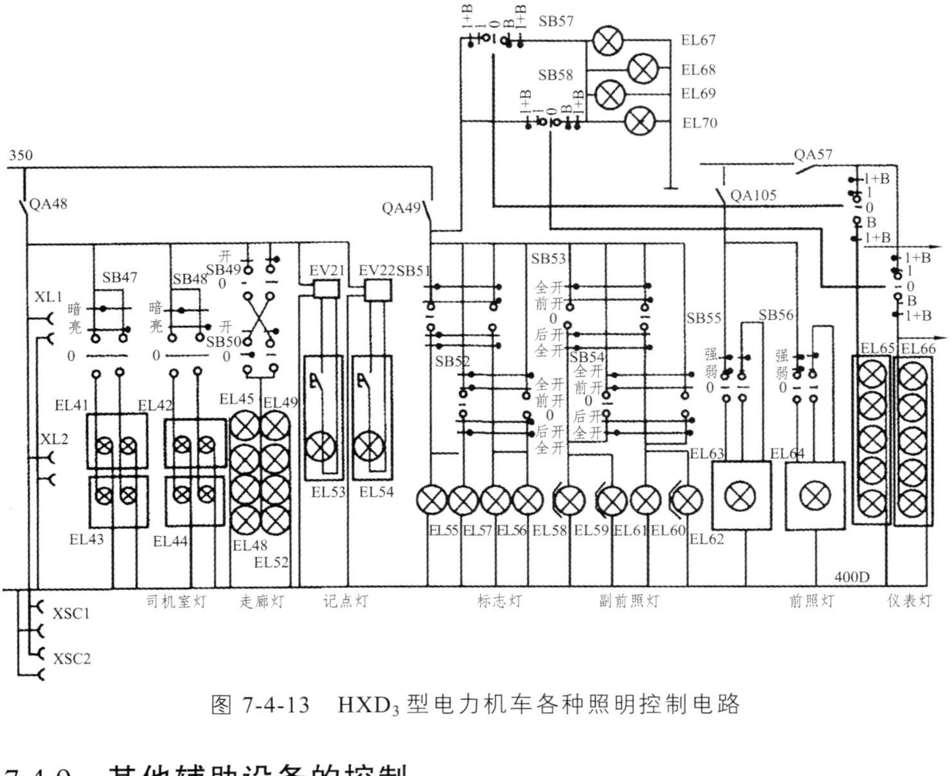

图 7-4-13　HXD_3 型电力机车各种照明控制电路

7.4.9　其他辅助设备的控制

（1）Ⅰ端司机室刮雨器开关 SA61 实现对Ⅰ端司机室刮雨器 MD43 工作状态转换控制和Ⅰ端司机室刮雨器水泵 MD41 喷水洗涤控制；Ⅱ端司机室刮雨器控制开关 SA62 实现Ⅱ端司机室刮雨器 MD44 工作状态转换控制和Ⅱ端司机室刮雨器水泵 MD42 喷水洗涤控制。

（2）Ⅰ端司机室遮阳帘开关 SB75 实现对Ⅰ端司机室遮阳帘 MD45 的控制；Ⅱ端司机室遮阳帘控制开关 SB76 实现Ⅱ端司机室遮阳帘 MD46 的控制。

（3）Ⅰ端司机室电风扇开关 SA65 实现Ⅰ端司机室电风扇 MD47、MD49 的开关转换控制；Ⅱ端司机室电风扇开关 SA66 实现Ⅱ端司机室电风扇 MD48、MD50 的开关转换控制。

（4）Ⅰ端司机室电冰箱控制开关 SA69 实现Ⅰ端司机室电冰箱 MD51 的控制，Ⅱ端司机室电冰箱控制开关 SA70 实现Ⅱ端司机室电冰箱 MD52 的控制。

（5）控制电器柜内的辅助压缩机开关 SB95，可对辅助压缩机 MD53 的运行进行控制。

（6）在机车Ⅰ端、Ⅱ端司机室外侧，设置了直流 110 V 电源插座 XSC1、XSC2，用于司机行车临时使用；在机械间内，设置了直流 110 V 电源车内应急灯插座 XL1 和 XL2，为司机提供应急灯电源。

（7）操纵台上的弹停转换开关 SA99（SA100），设有“弹停缓解”和“弹停制动”档位，可以实现机车弹停动作或弹停缓解。

（8）Ⅰ端司机室脚踏控制开关 SA85，可以实现Ⅰ端司机室顶的低音喇叭控制。Ⅱ端司机室脚踏控制开关 SA86，可以实现Ⅱ端司机室顶的低音喇叭控制。

（9）Ⅰ端司机室风笛按钮 SB81 和 SB85，可以实现Ⅰ端司机室顶的高音喇叭控制。Ⅱ端司机室风笛按钮 SB82 和 SB86，可以实现Ⅱ端司机室顶的高音喇叭控制。

HXD_3 型电力机车刮雨器及风扇控制电路如图 7-4-14 所示，弹簧停车及鸣笛控制电路如图 7-4-15 所示。

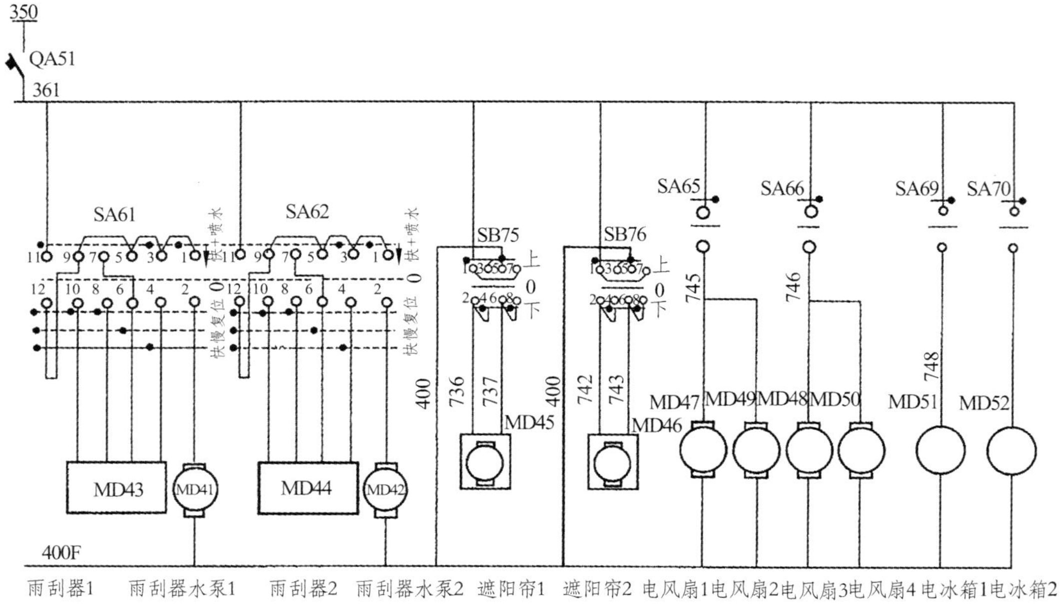

图 7-4-14　机车雨刮器及风扇电路

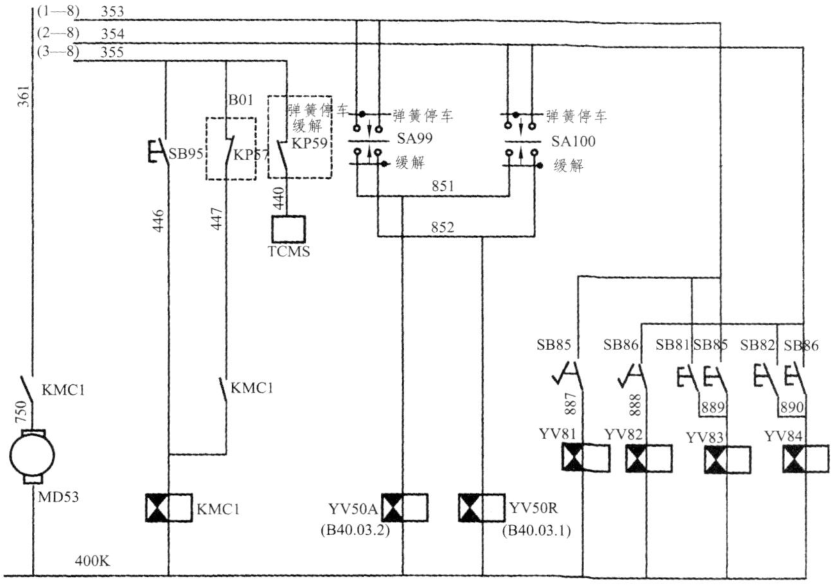

图 7-4-15　弹簧停车控制电路

7.4.10　机车制动系统的控制电路

机车制动系统控制电路如图 7-4-16 所示。机车制动系统采用的是克诺尔的 CCBⅡ型制动机。该制动系统是基于网络控制的电空制动系统。CCBⅡ型制动机与微机显示屏一起来完成制动系统的诊断、自检、校准、故障记录等。CCBⅡ型制动机主要由 LCDM 制动显示屏、EBV 电子制动阀、集成处理模块 IPM、继电器接口模块 RIM 和电空控制单元 EPCU 等组成，其中集成处理模块 IPM、EBV 电子制动阀及电空控制单元 EPCU 之间采用 LonWorks 网络技术实现信息传递，集成处理模块 IPM 与 LCDM 制动显示屏之间采用 422 总线方式进行信息传递。机车微机控制系统 TCMS 与 CCBⅡ型制动机之间，采用开关量方式，实现信息传递。自动开关 QA55 是制动系统 110 V 电源的总保护开关。

1. CCBⅡ制动机送入 TCMS 的信号

801 动力切除信号，即 CCBⅡ制动机要求 TCMS 控制牵引变流器禁止功率输出；803 撒砂指令信号，即 CCBⅡ制动机实施紧急制动时，要求 TCMS 根据机车运行方向，进行撒砂控制；805 CCBⅡ制动机故障信号，要求 TCMS 进行制动故障显示；811WSP 故障信号，即空气防滑行保护系统出现故障，送入 TCMS 进行故障显示和记录；812WSP Active 信号，表示空气防滑行保护系统动作，并通知 TCMS 进行状态记录；1804 紧急制动信号，即 CCBⅡ制动机实施紧急制动时送出的指令信号，通知 TCMS 控制牵引变流器禁止功率输出；821 弹停切除指令信号，送入 TCMS 进行状态记录和显示；822 撒砂功能切除指令信号，送入 TCMS 进行状态记录和显示；823 踏面清扫功能切除指令信号，送入 TCMS 进行状态记录和显示；824 升弓气路被切断的指令信号，送入 TCMS 进行状态记录和显示；825 制动缸压力被切除的指令信号，送入 TCMS 进行状态记录和显示。

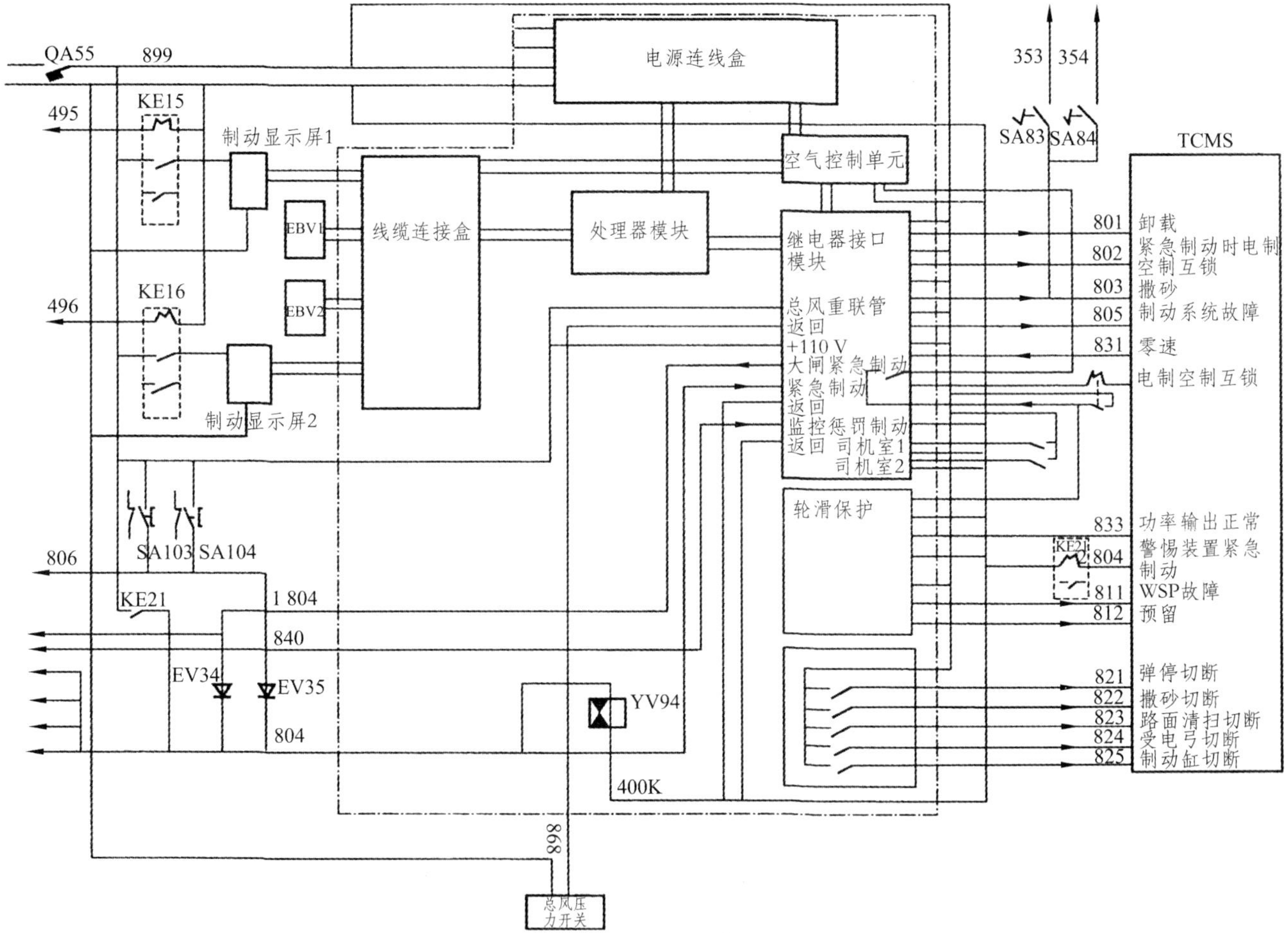

图 7-4-16　制动系统控制电路

2. TCMS 送入 CCBⅡ制动机的信号

831 机车零速信号，通知 CCBⅡ制动机目前机车是在静态还是动态，只有在动态下 CCBⅡ制动机才会发出撒砂指令；833 机车牵引指令，送入 WSP 防滑行保护系统；2804 紧急制动信号，是由警惕装置动作而发的紧急制动信号；495 和 496 是微机 TCMS 根据司机钥匙开关指令，送给 LCDM 显示屏的电源指令信息，该指令通过中间继电器 KE15、KE16 转换，提供给对应 LCDM 显示屏电源，并向 RIM 继电器接口模块提供哪端司机室显示屏被激活的信息；832 动力制动互锁信号，该指令信息用来实现机车空气制动与动力制动之间的电空互锁。

以上信号都是 CCB-Ⅱ制动机与 TCMS 之间的信息传递指令，用来实现整车微机控制系统与空气制动系统之间的逻辑控制，并通过微机显示屏进行制动系统的状态显示和信息记录。制动系统还设置了 WSP 防滑行保护系统，防止机车进行空气制动时，出现滑行或车轮抱死的情况。为此机车专门设置了 6 个车轴速度传感器，向 WSP 防滑行保护系统提供车轴速度信息，并通过 WSP 发出的指令信息，控制与制动缸连通的双向阀 YV101 H、YV101 V ~ YV106 H、YV106 V，实现机车制动缸的减压、保压或维持正常。机车防滑控制电路如图 7-4-17 所示。

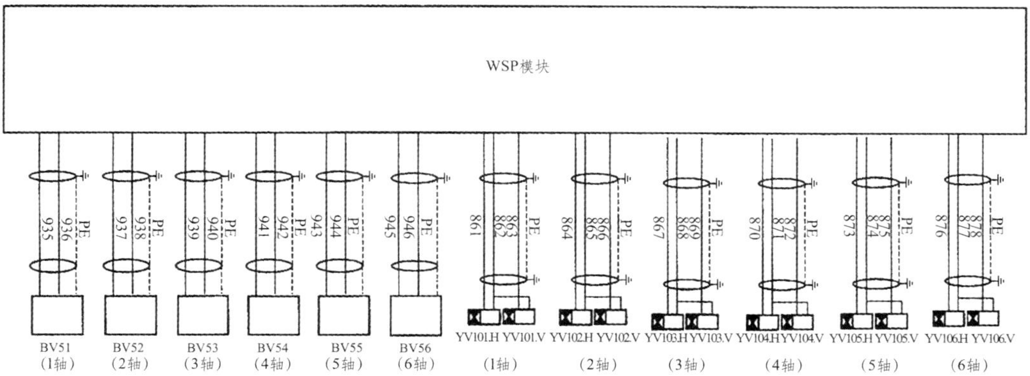

图 7-4-17　机车防滑控制电路

7.4.11　机车全自动过分相控制系统

HXD_3 型电力机车装有全自动过分相检测装置，如图 7-4-18 所示。该装置 EV33 设有 4 个信号感应接收装置 T1、T2、T3 和 T4，用于进行分相区前后的信号检测。EV33 与微机 TCMS 之间有以下开关量的传递：信号 497 表示 EV33 状态正常；信号 498 表示机车通过分相区前的预告信号或者是通过分相区后的恢复信号；信号 499 表示机车通过分相区前的强迫信号；信号 491 是 TCMS 送给 EV33 的机车Ⅰ端向前运行指令；信号 492 是 TCMS 送给 EV33 的机车Ⅱ端向前运行指令。

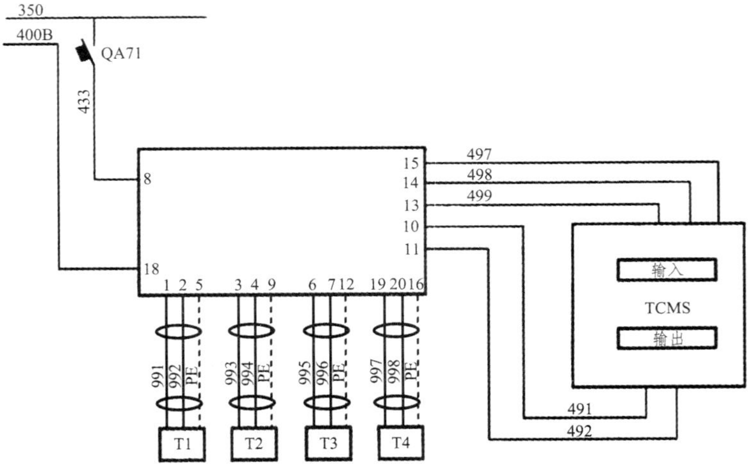

图 7-4-18　全自动过分相检测装置电路

当机车运行的线路区段在分相区前后装有地面感应器时，机车全自动过分相检测装置将起作用。该装置通过向微机控制系统提供过分相区的信息：预告信号、恢复信号 499、强迫信号 498，保证机车每次通过分相区时，司机不需要做任何操纵，机车微机控制系统即可自动跳主断，待通过分相区后，又能自动合主断，并保证机车恢复至通过分相区前的运行状态。

7.4.12　机车弓网自动保护装置控制系统

本车装有弓网自动保护装置 PDU1 和 PDU2，其中受电弓 AP1 受 PDU1 保护，受电弓 AP2 受 PDU2 保护。

当机车运行中突然出现弓网故障时，弓网自动保护装置 PDU1 或 PDU2 将会动作，首先发出跳主断信号 448 或 449 给 TCMS，使真空断路器断开，同时切断机车受电弓主气路和升弓阀电源，使受电弓快速降弓，从而避免了带负载降弓时弓网间产生严重拉弧而损坏受电弓和接触网。

7.4.13　行车安全综合信息监控系统

采用目前国内电力机车通用的行车安全监控系统，请参见相关说明书。

复习思考题

1. 试述 HXD_3 型电力机车主电路的组成。
2. 试述 HXD_3 型电力机车网侧电路的组成。
3. 试述 HXD_3 型电力机车高压隔离开关的作用。
4. 试述 HXD_3 型电力机车高压电流互感器的作用。

5. HXD_3 型电力机车主电路的保护有哪些？
6. 试述 HXD_3 型电力机车辅助电路的组成。
7. HXD_3 型电力机车辅助电路的保护有哪些？
8. 试述 HXD_3 型电力机车控制电路的组成。
9. 试述 HXD_3 型电力机车警惕装置的作用及操作。
10. 试述 HXD_3 型机车准恒速运行的控制过程。
11. 试述 HXD_3 机车主控制器调速手柄的操作。
12. 试述 HXD_3 机车定速控制的操作方法。
13. 试述 HXD_3 型电力机车辅助变流器的工作方式。

项目 8
电力机车高、低压试验

项目描述

电力机车的高、低压试验是机车组装完成之后对机车各部件进行调整和整定必不可少的工作之一，电力机车电气线路的故障判断与处理又是机车检修人员和乘务人员必备的技能。

本项目介绍了 SS_4 改型、HXD_{1C} 型、HXD_3 型电力机车低压试验前的准备工作、低压试验的程序及要求，高压试验前的准备工作、高压试验的程序及要求，并介绍了 SS_4 改型、HXD_{1C} 型、HXD_3 型电力机车常见故障的判断及处理方法。

任务 8.1　电力机车高、低压试验认知

【任务目标】

知识目标	1. 了解电力机车低压试验的目的。
	2. 了解电力机车高压试验的目的。
	3. 了解电力机车故障判断与处理的一般原则。
素质目标	1. 培养学生养成严谨认真、精益求精的态度，促使学生职业素养的养成。
	2. 培养学生勇于创新、开拓进取的意识。
	3. 培养学生学习新知识、新技术的意识。
能力目标	1. 能够阐述电力机车低压试验的目的。
	2. 能够阐述电力机车高压试验的目的。
	3. 能够阐述电力机车故障判断与处理的一般原则。

【相关知识】

机车高、低压试验是机车全面检查的一个重要部分，它不仅是对机车检修后及运用前的技术安全检查，而且也是保证机车运用质量的必要手段。通过试验，可确认机

车电气部件是否正常工作，相互配合是否正确，也就是用动态检查的方法对机车进行全面的质量检验。

8.1.1 机车低压试验

机车低压试验在机车组装完毕之后进行，其目的是检查机车各电气设备的连接是否正确、各电气设备的执行机构动作是否正常及相互逻辑关系是否正确，用以消除检修中造成的错接、漏接等现象。在接通库内辅助电源时，还可试验各辅助机组的工作状态。

低压试验前应对机车上安装的各种电气部件或组件以及电气线路作一次一般性整备检查，并对某些电气和机械设备做必要的操作。

进行低压试验的人员必须熟悉机车的电气线路和各部件的位置及其作用。在整个低压试验过程中，参加试验的人员应精力集中、密切配合，使整个试验的过程尽量缩短，以便使机车尽早投入运用。

根据机车所处状态及检修修程不同，低压试验的具体过程也不完全相同。正常运用的机车，某些试验项目可以简化，某些电器动作仅在司机室内凭听觉即可判断是否正确，但对于检修后的机车，由于在检修过程中某些部件被更换、解体或部分解体，因而可能发生安装及接线错误或者更换后的部件本身不良等现象，故对这些电器部件的动作情况必须予以确认。机车的修程越大，所换部件越多，就越容易出现问题。如果在试验中发现故障，应该安全、准确、迅速地予以处理。

8.1.2 机车高压试验

机车高压试验主要是指机车在工频 25 kV 接触网压下进行的升弓试验。高压试验是在完成了低压试验的基础上进行的，其主要目的是检查某些在低压试验中无法检查的线路及电气部件，观察仪表的显示情况，检查牵引电机和各辅助机组转向是否正确、工作是否正常，并进行牵引和制动试验。高压试验做完以后才能进行试运行或投入运用。

在高压试验前应再次对机车进行检查。对于在低压试验中或排除故障中曾拆除的部分应予以恢复，各闸刀均恢复正常运行位，带有熄弧装置的电器其熄弧装置应齐全，各保护继电器的指示件均应恢复正常位，清理各室各柜中的遗留物品，检查完毕后将车顶门和各高压室门关好。在高压试验过程中，为了确保人身安全，试验人员在升弓前必须确认各高压室无人，并经高呼和鸣笛后，方可升弓。试验中需进入高压室时，必须确认受电弓已落下；进入高压室的人员应将司机台电源开关钥匙带在身上。任何时候不允许用其他物体代替司机台电源开关钥匙和换向手柄进行操作。在整个高压试验过程中，试验人员要精力集中，加强巡视，从听觉、嗅觉和视觉等方面发现是否有异常现象，如有异常现象应立即通知司机室内试验人员断电进行故障处理。

8.1.3 机车故障判断与处理的一般原则

电力机车在试验或运行过程中一旦出现故障，要求试验人员和乘务人员能安全、准确、快速地予以处理，因此操作人员应熟悉机车电气线路，了解电路中部件及联锁的设置结构和具体作用。

在发生故障时，首先必须正确地掌握故障时仪表及信号的显示情况、机车内部电器的动作情况及是否有响声、气味等，同时还要注意发生故障时的操作，注意当时各按键和手柄的位置以及操作动作与发生故障时的时间间隔等。准确地掌握故障现象是判断和处理故障的基础，如果故障现象掌握不全面就会给判断处理故障带来困难。

在正确掌握故障现象的基础上，要对发生的故障进行分析，判断造成该故障的各种可能原因，如果有多种原因均能引起这种故障现象，则应尽量在司机室内用一些其他方法来缩小可能发生故障的范围。

对于多种原因均可能引起的故障，在检查处理时应分段检查或逐个检查，但应本着先易后难的原则去检查，即对于经常容易发生不良现象的部分和容易检查的部分首先进行处理。

在故障处理的过程中，要求工作人员沉着、冷静，要有根据地进行分析判断，切忌凭猜测行事。

对于不同状态下的机车，分析故障的方法也不尽相同。对于运用机车，各塞门、闸刀等位置均处于正常位，行车中不可能发生变化，一般故障为电路中某部分接触不良或某部件受损发生问题而造成。对于刚检修过的机车，由于部件的互换、拆装等可能有漏接、错接等现象，因而要考虑检修部分存在的问题。此外，在发生故障时，一般均考虑为一处不良而造成，即考虑为单一故障，两处以上同时故障的情况比较少见，一般不考虑，或在单一故障排除后再去考虑。

任务 8.2　SS_4改型电力机车高、低压试验

【任务目标】

知识目标	1. 熟悉 SS_4 改型电力机车低压试验程序。
	2. 熟悉 SS_4 改型电力机车高压试验程序。
素质目标	1. 培养学生遵章守纪、爱护实训设备，具有良好的职业道德。
	2. 培养学生严谨认真、遵守规程操作，树立良好的安全意识。
	3. 能客观、公正地进行学习效果的自我评价。
能力目标	1. 能够进行 SS_4 改型电力机车低压试验。
	2. 能够进行 SS_4 改型电力机车高压试验。

【相关知识】

8.2.1 SS_4改型电力机车低压试验程序

1. 准备工作

（1）确认车顶无人后锁闭车顶门；

（2）各管路塞门在正常工作位置，总风缸压力不小于 700 kPa，机车制动缸压力 300 kPa；

（3）各闸刀和自动开关均在正常工作位，控制电压不小于 92.5 V；

（4）将零压保护隔离开关 236QS，牵引风速故障隔离开关 573QS、574QS 及制动风速故障隔离开关 589QS、590QS 置“故障”位，其他各故障隔离开关在正常工作位；

（5）电子柜转换开关置“A”档；

（6）自起劈相机隔离开关 591QS 置“手动”位，司机控制器手柄置“0”位，辅助司机控制器置“取出”位。

2. 试验程序与要求

1）电源钥匙开关试验

（1）闭合电源钥匙 570QS。

门联锁保护阀 287YV 吸合，门联锁动作。558KA、568KA、563KA、569KA 及 539KT、528KT 吸合。

看：“零位”灯亮。

（2）断开电源钥匙 570QS。

门联锁保护阀 287YV 释放，558KA、568 KA、563 KA、569 KA 及 539 KT、528 KT 释放。

看：“零位”灯灭。

（3）闭合 570QS（反复合断 2～3 次后正常，再合上 570QS）。

2）扳钮试验

（1）主断路器试验（简称主断）。

① 合“主断合”按键（401SK）。

听：主断闭合声，恢复中间继电器 562KA 吸合声；

看：“零压”灯灭又亮；

听：时间继电器 539KT 释放声和继电器 562KA 释放声；

看：“主断”灯灭。

② 合“主断断”按键（400SK）

听：主断断开声；

看：“主断”灯亮。

③ 再合“主断合”401SK（现象同①，反复合断2～3次正常后，合上主断）。

（2）劈相机试验。

① 合“劈相机”按键（404SK）。

听：劈相机中间继电器567KA吸合后，劈相机启动电阻接触器213KM和劈相机接触器201KM吸合，同时时间继电器523KT、526KT、527KT、535KT、536KT和压缩机放风电空阀247YV吸合；

看：“劈相机”灯亮。

② 人为闭合劈相机启动继电器试验按钮283AK

听：劈相机启动中间继电器566KA吸合，213KM释放后延时3 s，533KT释放；

看：“劈相机”灯灭。

（3）压缩机试验。

合“压缩机”按键（405SK）（总风缸压力小于700 kPa时按“压缩机”按键，总风缸压力大于700 kPa时按“强泵”按键408SK）

听：压缩机接触器203KM吸合声，延时3 s后，听时间继电器523KT和电空阀247YV释放声。

（4）各风机试验。

① 合“通风机”按键开关（406SK）。

听：牵引风机1接触器205KM吸合声；

看：主台“辅助回路”灯亮，副台“牵引风机1”灯亮；

3 s后，听：时间继电器535 KT释放声和接触器206KM吸合声；

看：主台“辅助回路”灯亮，副台“牵引风机2”灯亮；

又3 s后，听：时间继电器536KT释放声和接触器211KM、212KM吸合声；

看：主台“辅助回路”灯亮，副台“油泵”灯亮；

再延时3 s后，听：时间继电器527KT释放声。

② 合“制动风机”按键（407SK）。

听：接触器209KM吸合声；

看：主台“辅助回路”灯亮，副台“制动风机1”灯亮。

3 s后，听：时间继电器526KT释放声和接触器210KM吸合声；

看：主台“辅助回路”灯亮，副台“制动风机2”灯亮。

③ 断开压缩机、通风机、制动风机按键（或扳键开关），听各接触器释放声。

3）电阻制动试验

（1）将换向手柄置“制”位，电空阀107YVF、108YVF和107YVB、108YVB得电（前节车方向鼓“前”位，后节车方向鼓“后”位，牵制鼓均在“制”位），同时牵引制动转换中间继电器560KA、561KA及风速延时继电器530KT吸合。

听：两位置转换开关转换声。

（2）将制动风缸压力缓解到 150 kPa 以下，调速手轮离开“0”位。

听：线路接触器 12KM、22KM、32KM、42KM 吸合后，励磁接触器 91KM、92KM 吸合，然后 556KA 吸合；

看：“电制动”灯亮，“预备”灯灭。

（3）正常后，空气制动阀制动位，制动缸压力 300 kPa。

听：91KM、92KM 释放及 556KA 释放声；

看：“电制动”灯灭，“预备”灯亮。

正常后将调速手轮拉回“0”位，听各线路接触器释放声。

4）换向试验

（1）换向手柄置“前”位。

听：两位置转换开关转换声（牵制鼓转“牵引”位）；

看：“预备”灯灭（560KA、561KA 释放，530KT、556KA 吸合）。

（2）换向手柄置“0”位。

听：两位置转换开关排风声；

看：“预备”灯亮。

（3）换向手柄置“后”位。

听：两位置转换开关转换声（前节车转“后”位，后节车转“前”位）。

看：“预备”灯灭。

正常后将 573QS、574QS、589QS、590QS 置“正常”位。

5）牵引试验

（1）换向手柄置“前”位，“预备”灯灭。

调速手轮离开“0”位后置“1”级。

听：558KA、568KA 和零位延时继电器 532KT 吸合后，线路接触器 12KM、22KM、32KM、42KM 吸合声；

看：“零位”灯灭。

（2）牵引风机自起试验。

① 调速手轮置“3”级以上。

听：205KM 吸合；

看：主台“辅助回路”灯亮，副台“牵引风机 1”灯亮；

3 s 后，听：206KM 吸合；

看：副台“牵引风机 2”灯亮；

又 3 s 后，听：211KM、212KM 吸合；

看：副台“油泵”灯亮。

② 调速手轮置“3”级以上 25 s 后，低级延时继电器 525KT 动作。

看：“预备”灯亮。

正常后，闭合“通风机”（406SK）按键，再断开“通风机”（406SK）按键。

（3）磁场削弱试验。

调速手轮置 6 级以上。

① 换向手柄置“Ⅰ”级（磁削）。

听：电空阀 17YV、47YV 吸合声，磁削接触器 17KM、27KM、37KM、47KM 吸合声。

② 换向手柄置“Ⅱ”级（磁削）。

听：电空阀 18YV、48YV 排风声，接触器 17KM ~ 47KM 释放声；电空阀 18YV、48YV 吸合声，接触器 18KM、28KM、38KM、48KM 吸合声。

③ 换向手柄置“Ⅲ”级（磁削）。

听：电空阀 17YV、47YV 吸合声、磁削接触器 17KM ~ 47KM 吸合声。

④ 换向手柄由“Ⅲ”、“Ⅱ”、“Ⅰ”依次退回“前”位。

听：各磁削接触器释放声。

⑤ 调速手轮、换向手柄均回“0”后，取出换向手柄。

6）辅助司机控制器操纵试验

（1）将换向手柄放入辅助司机控制器“前”位，推向调速区。

听：两位置转换开关电空阀得电声，其他电器动作同主台；

看：“预备”、“零位”灯灭。

（2）换向手柄取出，放入“后”位，推向调速区。

听：两位置转换开关转换声，其他电器动作同主台；

看：“预备”，“零位”灯灭。

（3）辅台试完后，将手柄取出，放入主台置“前”位。

断开“劈相机”按键（404SK）。

7）保护试验

（1）接地保护。

① 主接地。

闭合主断，人为使主电路接地，主电路接地继电器 97KE 或 98KE 动作。

听：主断跳闸声；

看：主台“主断”、“主接地”、“零压”灯亮；副台“主接地 1”或“主接地 2”灯亮。

② 辅接地。

闭合主断，人为使辅助回路接地，辅助回路接继电器 285KE 动作。

听：主断跳闸声；

看：主台“主断”、“零压”、“辅助回路”灯亮；副台“辅接地”灯亮。

③ 控制电路接地。

闭合主断，人为使控制电路接地，控制电路接地继电器 554KA 动作。

听：616QA 接地自动开关跳开；

看：主台“控制电路接地”灯亮。

（2）过载。
① 牵引过载。
闭合主断，人为闭合牵引电机过流继电器 557KA。
听：主断跳闸声；
看：主台“牵引电机”、“主断”、“零压”灯亮。
② 原边过流。
闭合主断，人为闭合原边过流继电器 101KC。
听：主断跳闸声；
看：主台“原边过流”、“主断”、“零压”灯亮。
③ 辅过载。
闭合主断，人为闭合辅过流中间继电器 282KC。
听：主断跳闸声；
看：主台“辅助回路”、“主断”、“零压”灯亮；副台“辅过流”灯亮。
④ 制动励磁过流。
换向手柄置“制”位，调速手轮离开“0”位，人为闭合励磁过流中间继电器 559KA。
听：91KM 释放声；
看：主台“励磁过流”灯亮。
试验完毕后，将各开关恢复至正常位。

8.2.2 SS_4 改型电力机车高压试验程序

1. 准备工作

（1）低压试验良好，各机械、电气设备良好；
（2）车顶作业和隔离开关作业完毕（车顶门锁闭）；
（3）各故障转换开关、自动开关、闸刀、风路塞门均在正常工作位；
（4）A、B 节车各室无人，锁闭各室门，确认所有人员齐全且处于安全位置；
（5）总风缸压力 700 kPa 以上，制动缸压力 300 kPa 以上。

2. 试验程序与要求

1）升弓试验
（1）合钥匙 570QS。
听：门联锁动作声；
看：“零位”灯亮。
（2）升弓。
① 合“后弓”按键（402SK）
看：受电弓升起时，升弓时间不大于 8 s，无冲网现象，网压表显示 19 ~ 29 kV。

② 断开“后弓”按键（402SK）

看：降弓时无砸车顶现象，降弓时间不大于 7 s。

2）主断路器试验

合“主断合”按键（401SK）

听：主断闭合声，主变压器交流声；

看：主台“主断”、“零压”灯灭，控制电压上升至 110 V。

（确认前、后节车的“主断”灯均灭后，再松开按键。）

3）劈相机试验

合“劈相机”按键（404SK）

听：劈相机启动声音正常；

看：主台“劈相机”灯先亮又灭。

注：发现劈相机启动异常，立即断电。

4）压缩机试验

（1）合“压缩机”按键（405SK）。

听：247YV 电空阀排风声和压缩机启动声，3 s 后听 247YV 停止排风声；

看：辅压表波动一次。

（总风缸压力达到 900 kPa 时，压缩机自动停止泵风。）

（2）按“强泵”按键（408SK）。

总风压力达到 950 kPa 时，高压安全阀喷气后，断开按键。

5）制动机试验

按制动机试验方法进行试验。

6）电阻制动试验

（1）合“通风机”按键（406SK）。

听：牵引风机 1 启动，隔 3 s 牵引风机 2 启动，再隔 3 s 变压器风机和油泵同时启动；

看：主台“辅助回路”一亮又灭，副台“牵引风机 1”一亮又灭，3 s 后主台“辅助回路”一亮又灭，副台“牵引风机 2”一亮又灭；再过 3 s 主台“辅助回路”一亮又灭，副台“油泵”一亮又灭。

（2）合“制动风机”按键（407SK）。

听：制动风机 1 启动，隔 3 s 制动风机 2 启动；

看：主台“辅助回路”一亮又灭，副台“制动风机 1”一亮又灭；3 s 后主台“辅助回路”一亮又灭，副台“制动风机 2”一亮又灭。

（3）换向手柄置“制”位，空气制动阀缓解，使制动缸压力降至 100 kPa，调速手轮离开“0”位。

听：线路接触器 12KM ~ 42KM 吸合，励磁接触器 91KM、92KM 吸合声及 530KT 吸合声。

看：主台“电制动”灯亮，“预备”灯灭。

（4）调速手轮离开“0”位到最大位。

看：励磁电流上升到 930 A，制动电流上升到 50 A。

（5）断开“通风机”按键（406SK）。

听：牵引风机 1、2 停转，530KT 释放；

看：“预备”灯亮，励磁电流和制动电流下降到 0。

（6）合“通风机”按键，待牵引风机 1、2 启动，530KT 吸合后，“预备”灯灭，励磁电流升至 930 A、制动电流升至 50 A。

断开“制动风机”按键：

听：制动风机 1、2 停转，530KT 释放；

看：“预备”灯亮，励磁电流和制动电流下降到 0。

（7）合“制动风机”按键，待制动风机 1、2 启动，530KT 吸合后。

看：“预备”灯灭，励磁电流升至 930 A，制动电流升至 50 A。空气制动阀制动，制动缸压力升至 300 kPa。

听：91KM、92KM 释放声；

看：“预备”灯亮，励磁电流和制动电流下降到 0。

（8）将调速手轮拉回“0”位，换向手柄置“前”位，“预备”灯灭后，关闭各通风机、制动风机，进行下一项试验。

7）牵引试验

（1）调速手轮进到 1 级。

看：“零位”灯灭，牵引电机电流升到 150 A。

（2）调速手轮回到“0”位。

看：“零位”灯亮，牵引电机电流下降至 0。

（3）辅台牵引试验。

① 手柄置“1”级。

看：“零位”灯灭，牵引电机电流上升到 150 A。

② 手柄回到“0”位。

看：“零位”灯亮，牵引电机电流下降至 0。

③ 将两节车电子柜 A、B 组转换开关均置“B”组，换向手柄置“前”位，调速手轮离开“0”位后缓慢推向牵引区。

看：牵引电流上升后（电流不超过 150 A），立即将调速手轮拉回“0”位。

（转换电子柜 A、B 组时，要求降弓断电；试验正常后，将两节车电子柜重新置“A”组。）

8）紧急制动试验

（1）按“紧急制动”按钮。

听：紧急放风阀排风声，主断跳闸，并自动撒砂；

看：列车管压力急剧下降到 0，“主断”灯亮。

（2）大闸放置重联位，15 s后解锁缓解，再闭合主断。

9）失压保护试验

降下前、后受电弓。

听：1.5 s后286KT释放，主断跳闸；

看："零压"、"主断"灯亮。

试验完毕后，将各开关恢复试验前状态。

任务8.3 HXD_{1C}型电力机车高、低压试验

【任务目标】

知识目标	1. 熟悉HXD_{1C}型电力机车低压试验程序。	
	2. 熟悉HXD_{1C}型电力机车高压试验程序。	
素质目标	1. 培养学生遵章守纪、爱护实训设备，具有良好的职业道德。	
	2. 培养学生严谨认真、遵守规程操作，树立良好的安全意识。	
	3. 能客观、公正地进行学习效果的自我评价。	
能力目标	1. 能够进行HXD_{1C}型电力机车低压试验。	
	2. 能够进行HXD_{1C}型电力机车高压试验。	

【相关知识】

8.3.1 低压试验程序及内容

1. 准备工作

（1）确认机车车顶门、变流柜锁闭良好，车顶隔离开关在"合"位且锁闭良好，高压接地开关在"运行"位（4把黄色钥匙插入）、蓝色钥匙插入制动控制柜锁孔，开通受电弓风路（钥匙呈垂直状态）。

（2）确认各风路塞门在正常工作位置。

（3）确认低压电器柜、控制电源柜上的自动开关均在闭合位置。

（4）确认总风缸风压不低于750 kPa，机车控制电路电压不低于90 V。

（5）实施停放制动。

（6）确认司机室各控制器均在"0"位并打开机械室门。

（7）检查冷却塔水位、油位正常与否。

（8）闭合蓄电池开关。确认电压大于77 V（如低于77 V，2 min后机车锁定），机

车开始内部检查，可听到电器的动作声，大约 60 s 完成。此过程中，计算机系统对全车控制网络进行检测，应禁止其他操作，防止人为误动作而使检测系统进入保护程序。

2. 低压试验顺序及要求

1）微机显示屏试验

（1）微机显示屏主界面显示正常。

（2）进入微机显示屏“网络”界面，确认所有设备通信正常（绿色）。

（3）进入“辅助系统”界面，所有自动开关均在闭合状态（标识均为绿色）。

（4）进入“现存故障”界面，无任何故障显示。

（5）返回主界面。

2）停放装置试验

（1）按下“停放缓解”按钮，确认停放制动按钮红灯灭，微机显示屏停放装置框中“停放缓解标识出现”。

（2）按下“停放制动”按钮，确认停放制动按钮红灯亮，微机显示屏停放装置框中“停放缓解标识消失”。

3）机车照明试验

依次闭合仪表、司机室、走廊、前照灯、辅助灯、标志等照明灯开关，检查各照明灯照明良好、逻辑控制关系正确。

4）辅助设备试验

（1）检查刮雨器工作状态良好，功能与控制开关指示位置相符合。

（2）按下风笛按钮或踩下低音风笛开关，听鸣笛声音正常；看运行记录显示屏鸣笛记录标识出现。

5）机车电钥匙试验

（1）机车电钥匙置“合”位。

（2）进入微机显示屏“主要数据”界面，确认操纵端司机室Ⅰ（Ⅱ）占用。

（3）将大闸置“抑制”位 1 s 后回“运转”位，小闸置“全制”位。观察制动显示屏“动力切除”消除，制动显示屏均衡风缸、列车管风压显示 600（500）kPa、机车制动缸风压显示 300 kPa。

6）换向手柄试验

（1）换向手柄置“向后”位，确认微机显示屏主界面方向框显示“向后标识”（箭头向右）。

（2）换向手柄置“0”位，确认微机显示屏主界面方向框显示“0 位标识”（箭头指向左、右）。

（3）换向手柄置“向前”位，确认微机显示屏主界面方向框显示“向前标识”（箭头向左）。

7）调速手柄试验

（1）缓解停放制动。

（2）调速手柄离开“0”位，进入牵引区最小位。

① 确认微机显示屏牵引电机输出框显示“允许输出”标识（绿底色，黄色牵引电机图形）。

② 确认微机显示屏牵引/制动给定值指示箭头内显示的绿底色＋图形。

（3）缓慢将调速手柄由“0”位阶段推向“牵引”区最大位。

① 确认微机显示屏机车“设定速度”由0阶段升至120 km/h。

② 确认微机显示屏两转向架“给定牵引力输出百分比”阶段升至90%以上。

③ 20 s后，微机显示屏两转向架“给定牵引力输出百分比”逐渐降低到0。

（4）调速手柄由“牵引”区最大位回到“0”位。

① 确认微机显示屏机车“设定速度”降低到0。

② 确认微机显示屏牵引电机输出框显示“禁止输出”标识（黑底色，打红斜线的黄色牵引电机图形）。

③ 确认牵引/制动给定值，指示箭头内显示底色变为灰色。

（5）调速手柄由“0”位移至“制动”区。

① 确认牵引电机输出框显示“允许输出”标识（绿底色，黄色牵引电机图形）。

② 牵引/制动给定值指示箭头内显示红底色＋图形。

③ 牵引/制动力输出值（数字）变为红色。

（6）调速手柄退回“0”位。

8）撒砂试验

分别将换向手柄“前”“后”位，脚踩撒砂开关，确认撒砂装置作用良好。

9）警惕装置试验

（1）按下警惕按钮或踩下警惕开关60 s后：

① 听蜂鸣器响。

② 看微机显示屏故障信息显示区提示警惕装置部件未操作或持续操作。

③ 10 s后，机车产生惩罚制动，蜂鸣器声响停止，提示消失。

（2）大闸手柄移至“抑制”位1 s再回“运转”位，消除惩罚制动。

低压试验完毕，确认机车制动、司机控制器、机车电钥匙置“0”位。

8.3.2 高压试验程序及内容

1. 准备工作

（1）检查确认机车走行部各部件正常，防溜设置正确，安全防护符合高压试验要求。

（2）所有维修、检查工作已经完成；没有工具、更换的零部件遗留在工作区域。

（3）确认总风风压不低于700 kPa、机车制动缸风压不低于300 kPa、机车已实施停放制动。

（4）确认机车各闸刀、试验开关、故障转换开关、风路塞门、车顶门、各屏柜门均在正常位。

（5）空气管路柜内 B01.U99 上无钥匙。

（6）确认操纵端司机控制器手柄在“0”位，机车电钥匙在“0”位。

（7）确认控制电路电压不低于 90 V。

（8）检查冷却塔水位、油位正常。

（9）机车电钥匙、方向手柄、接地开关的钥匙要求齐全到位。

（10）低压试验已经完成。

2. 高压试验顺序及要求

1）升降弓试验

（1）后弓试验。高声呼唤“×道×××机车升弓了”并鸣笛一长声，将受电弓扳键开关置“升”位后松手。

① 听升弓电磁阀得电充风声。

② 观察后受电弓上升正常，无冲网现象，升弓时间不得大于 5.4 s（从弓头动作时起）。

③ 确认网压表及微机显示屏网压显示正常。

④ 微机显示屏主界面受电弓框显示后受电弓升起标识。

将受电弓扳键开关置“降”位后松手。

① 观察受电弓下降正常，无砸车顶现象，降弓时间不得大于 4 s（从弓头动作时起）。

② 确认网压表及微机显示屏显示网压低于 5 kV。

③ 微机显示屏主界面受电弓框显示后受电弓降下标识。

（2）前弓试验。在Ⅰ端司机室操纵时，将受电弓模式开关置“弓 1” 位；在Ⅱ端司机室操纵时，将受电弓模式开关置“弓 2”位。

试验内容同后弓试验。

（3）受电弓模式开关置“自动”位，升起后弓。

2）主断路器试验

（1）将主断路器扳键开关置“合”位松手。

① 听主断路器闭合声。

② 看微机显示屏主断框显示主断路器闭合标识。

③ 听辅助变流器 2 启动后，水泵、油泵投入工作声及牵引风机、冷却风机变频启动声。

④ 进入微机显示屏“辅助系统”界面，看辅助变流器 2 输出频率 60 Hz、电压 430 V 左右；辅助变流器 1 输出频率、电压逐渐增加至 60 Hz、430 V 左右。约 15 s 后，辅助变流器 1 输出电压、频率逐渐降低至 0。

⑤ 观察控制电路电压表，看控制电路电压显示 103 V 以上。

（2）将主断路器扳键开关置“分”位。

① 听主断路器断开声，辅变流器、辅机均停止工作。

② 看微机显示屏主断框显示主断路断开标识。

（3）主断路器扳键开关置“合”位后松手。

3）压缩机试验

（1）将压缩机扳键开关置“合”位。

总风风压低于 680 kPa 时：

① 听空气压缩机 1、2 同时启动。

② 进入微机显示屏“辅助系统”界面，看压缩机 1 接触器 34-K23、压缩机 2 接触器 34-K24 闭合。

③ 当总风缸风压升至 900 kPa 时，压缩机 1、2 同时停止工作。

总风缸风压高于 680 kPa 但又低于 750 kPa 时：

① 听非操纵端压缩机投入工作。

② 当总风缸风压达到 900 kPa 时自动停止工作。

（2）将压缩机板键开关置“强泵风”位不松手。

① 看压缩机 1、2 投入工作，总风缸风压升至 950 kPa 时听高压安全阀喷气声。

② 松开压缩机板键开关，压缩机均停止工作。

注意：为了保证压缩机的正常启动，要求压缩机停止工作后，必须等待 20 s 后其压缩机接触器才能闭合。故压缩机停止工作 20 s 后，才能使其重新投入工作。

4）换向手柄“向前”位试验

（1）换向手柄“向前”位。

① 听辅助变流器 1 变频启动后，牵引及冷却风机也随之变频启动。

② 进入微机显示屏“辅助系统”界面，看辅助变流器 1 输出频率逐渐升至 60 Hz，电压升至 430 V 左右，又 15 s 后，辅助变流器 1 输出频率逐渐降至 20 Hz，电压降至 160 V 左右。

（2）换向手柄回“0”位：听牵引冷却风机转速逐渐降低停止工作，确认辅助变流器输出频率逐渐降到 0。

（3）换向手柄置“向前”位。

5）牵引试验

（1）按下“停放缓解”按钮，看停放制动按钮红灯灭，微机显示屏停放装置框停放缓解标识出现。

（2）确认机车空气制动 300 kPa，调速手柄置“牵引区”，设定速度增加到 10 km/h 时，确认机车牵引力输出值逐渐增加至 40 kN 左右。

（3）调速手柄退回“0”位，看微机显示屏，机车牵引力输出值变为 0，设定速度显示“0”。

6）连挂试验

（1）换向手柄置“向前”位，微机显示屏“连挂”按钮（软键）弹出。

（2）按压“连挂”（软键），微机显示屏故障信息显示区显示“连挂模式”。

（3）调速手柄置“牵引”区

① 牵引电机输出框显示允许输出标识（绿底色，黄牵引电机图形）。

② 设定速度显示 1 ~ 3 km/h（在列车参数界面人为进行设定）。

③ 机车有牵引力输出。

（4）调速手柄回“0”位，确认机车牵引力及设定速度回 0，牵引电机输出框显示禁止输出标识（打红斜线的黄色牵引电机图形）。

（5）换向手柄回“0”位，微机显示屏“连挂模式”显示消失，连挂模式结束。

7）自动换端试验

（1）司机控制器手柄回“0”位，机车制动后，按下“自动换端”按钮。

① 自动换端按钮白灯亮。

② 微机显示屏提示“停车换端有效”。

③ 看受电弓双弓升起。

（2）拔出机车电钥匙，确认机车产生惩罚制动。

（3）机车电钥匙置“合”位。

① 自动换端按钮白灯灭。

② 微机显示屏提示“停车换端结束”。

③ 确认操作端受电弓降下，自动换端结束。

注意：若受电弓模式开关在“弓 1”位或“弓 2”位，自动换端时，受电弓状态不发生变化。

任务 8.4　HXD_3型电力机车高、低压试验

【任务目标】

知识目标	1. 熟悉 HXD_3 型电力机车低压试验程序。
	2. 熟悉 HXD_3 型电力机车高压试验程序。
素质目标	1. 培养学生遵章守纪、爱护实训设备，具有良好的职业道德。
	2. 培养学生严谨认真、遵守规程操作，树立良好的安全意识。
	3. 能客观、公正地进行学习效果的自我评价。
能力目标	1. 能够进行 HXD_3 型电力机车低压试验。
	2. 能够进行 HXD_3 型电力机车高压试验。

【相关知识】

8.4.1 HXD_3型电力机车低压试验程序

1. 准备工作

（1）确认车顶门、控制电器柜柜门锁闭良好，高压接地开关在“运行”位（两把黄色钥匙插入）；蓝色钥匙插入制动控制柜锁孔，开通受电弓风路（蓝色钥匙呈垂直状态）。

（2）确认各风路塞门在正常工作位置（空气制动柜：总风塞门 A24、踏面清扫塞门 B50.02、弹停塞门 B40.06、撒砂塞门 F41.02、制动缸塞门 Z10.22 在开放位；干燥器下：控制风缸塞门 U77 在开放位、总风缸排水塞门 A12 在关闭位；压缩机与Ⅰ端变流柜间侧墙：Ⅱ端受电弓塞门 U98 在开放位；压缩机与Ⅰ端变流柜间小地板下：弹停风缸排水塞门 A14、控制风缸排水塞门 U88 均在关闭位；控制电器柜与Ⅱ端变流柜间侧墙：主断路器塞门 U94、Ⅰ、Ⅱ端受电弓高压隔离开关塞门 U95、Ⅰ端受电弓塞门 U98 均在开放位）。

（3）确认总风缸风压不低于 750 kPa；机车控制电路电压不低于 96 V。

（4）确认控制电器柜上的自动开关位置正确（除直流加热及自动过分相自动开关在“断开”位外，其余自动开关均在“闭合”位）。

（5）实施弹停制动。

（6）司机室各控制器在“0”位，打开机械室门。

2. 试验顺序及要求

1）机车照明试验

依次闭合仪表、司机室、走廊、车底、前（副）照灯、标志等照明灯开关，检查各照明灯照明良好、逻辑控制关系正确。

2）辅机系统试验

检查遮阳帘、风扇、刮雨器工作状态良好，功能与控制开关指示位置相符合。

3）机车电钥匙试验

（1）机车电钥匙置“合”位，观察制动显示屏启动正常，检查制动显示屏各数据、参数设置正确。

（2）将自动制动手柄置“抑制”位 1 s 后回“运转”位、单独制动手柄置“全制”位，观察制动显示屏“动力切除”消除，制动显示屏均衡风缸、列车管风压显示 600（500）kPa、机车制动缸风压显示 300 kPa。

4）微机显示屏试验

（1）状态指示屏“微机正常”“主断分”“零位”“欠压”“辅变流器”“水泵”“停车制动”灯亮。

（2）按下状态指示屏自检按钮，所有状态指示灯亮。

（3）确认微机显示屏显示正常，其网压、控制电路电压显示与仪表模块显示一致。

（4）主、辅变流器切除试验：利用微机显示屏触摸开关，分别将主变流器、辅变流器切除、恢复一次。

5）弹停装置试验

（1）弹停转换开关置“缓解”位，确认弹停制动缓解，状态指示屏“停车制动”红灯灭。

（2）弹停转换开关置“制动”位，确认弹停装置制动，状态指示屏“停车制动”红灯亮。

6）主变流器试验

将主变流器试验开关（SA75）置“试验”位，进行以下试验：

（1）主断路器试验。

① 将主断路器扳键开关（SB43或SB44）置“主断合”位

听主断路器闭合声；看状态指示屏“主断分”灯灭，微机显示屏显示主断“合”。

② 将主断路器扳键开关（SB43或SB44）置“主断分”位

听主断路器断开声；看状态指示屏“主断分”灯亮，微机显示屏显示“主断分”。

（2）牵引试验。

① “前”位牵引试验。

a. 换向手柄置“前”位，听充电、工作接触器动作声，看微机显示屏方向指示与手柄位置一致。

b. 缓慢将调速手柄由“0”推向“牵引”区最大位，看状态指示屏“零位”灯灭，微机显示屏级位显示从0.0升至13.0，各轴扭矩输出显示由0升至约95 kN。

c. 缓慢将调速手柄退至“0”位，看微机显示屏级位和牵引力显示逐步回“0”、状态指示屏“零位”灯亮。

d. 换向手柄置“0”位，听工作接触器断开声。

② “后”位牵引试验。

试验内容同“前”位牵引试验。

（3）电制动试验。

① 换向手柄置于“前”位，将调速手柄拉向“制动区”并逐渐推至最大位：看状态指示屏“零位”灯灭、“电制动”灯亮；听制动系统短暂排风声（机车制动缸有风时）；看微机显示屏手柄级位由11.9～1级变化。

② 调速手柄退回“0”位：看状态指示屏“电制动”灯灭、“零位”灯亮。

③ 缓解机车制动，大闸置“初制动”位，将调速手柄置“制动区”：看状态指示屏“零位”灯灭、“电制动”灯亮；观察机车制动缸缓解。

④ 调速、换向手柄回“0”。

（4）试验完毕，主变流器试验开关（SA75）恢复至“0”位。

7）撒砂试验

分别将换向手柄置“前”、“后”位，脚踩撒砂开关 SA83（SA84），确认撒砂装置作用良好。

8）警惕装置试验

在微机显示屏牵引/制动画面按点击〖检修状态〗→输入密码“000”→点击〖确认〗〖状态〗〖信号信息〗→进入信号信息画面→点击〖DI2〗→进入 DI2 画面第一页，手按警惕按钮或脚踩警惕开关，看 521 线底色变绿；松开后，底色恢复黑色。

8.4.2 HXD$_3$型电力机车高压试验程序

1. 准备工作

（1）确认机车各闸刀、试验开关、故障转换开关、风路塞门、车顶门、各屏柜门均在正常位。

（2）确认总风风压不低于 700 kPa，机车制动缸风压不低于 300 kPa。

（3）检查控制电路电压不低于 96 V。

（4）通过微机显示屏将主变流器 CI1 ~ CI6 全部切除。

（5）将非操纵端自动制动手柄锁定在“重联”位，单独制动手柄置“全制”位，锁闭非操纵端司机室门窗。

（6）确认操纵端司机控制器手柄在“0”位、机车电钥匙在“0”位。

（7）确认机车停留在有电区且接地线已撤除、隔离开关已闭合，机车两端地面防护牌、信号旗（信号灯）已撤除，机车周围无闲杂人员且均处于安全区域，高压试验人员均在司机室。

2. 试验顺序及要求

1）机车电钥匙置“合”位

（1）确认制动显示屏启动正常，检查制动显示屏各数据、参数设置正确。

（2）将大闸置“抑制”位 1 秒后回“运转”位、小闸置“全制”位，确认制动显示屏“动力切除”消除，制动显示屏均衡风缸、列车管风压显示 600（500）kPa、机车制动缸风压显示 300 kPa。

2）升降弓试验

（1）后弓试验。

① 将受电弓扳键开关 SB41（SB42）置“后受电弓”位：

a. 听升弓电磁阀得电充风声；

b. 观察受电弓上升正常，无冲网现象，升弓时间不得大于 5.4 s（从弓头动作时起）；

c. 确认网压表及微机显示屏网压显示正常、状态指示屏“欠压”灯灭。

② 将受电弓扳键开关 SB41（SB42）置“0”位：

a. 观察受电弓下降正常，无砸车顶现象，降弓时间不得大于 4 s（从弓头动作时起）；

b. 确认网压表及微机显示屏显示网压低于 5 kV、状态指示屏“欠压”灯亮。

（2）前弓试验。

试验内容同后弓试验。

（3）升起后弓。

3）主断路器试验

（1）将主断路器扳键开关 SB43（SB44）置“主断合“位：

① 听主断路器闭合声及辅变流器 2（APU2）启动后，水泵、辅变流器风机、油泵投入工作声；

② 看机车状态指示屏“主断分”、“辅变流器”、“水泵”灯灭；

③ 进入微机显示屏“风机状态”画面，确认变压器油泵 MA21、MA22 及水泵 MA27、MA28 投入工作；

④ 进入微机显示屏“辅助电源”画面，看辅变流器 2（APU2）输出频率为 50 ± 1 Hz；

⑤ 观察控制电路电压表及微机显示屏，看控制电路电压显示 110 V；

⑥ 进入机械室确认冷却系统水流量计显示流量正常（黑色指针在 200 左右）。

4）压缩机试验

（1）总风风压低于 750 kPa（0001 ~ 0640 号机车）或 680 kPa（0641 号机车之后）时，将压缩机扳键开关 SB45（SB46）置“压缩机”位：

① 听空气压缩机 1、2 间隔 3 s 依次启动；

② 进入微机显示屏“空制状态”画面，看压缩机 CMP1、CMP2 正常投入工作；

③ 当总风风压升至 900 kPa 时，压缩机 1、2 同时停止工作。

（2）当总风缸风压高于 750 kPa 但又低于 825 kPa 时（0001 ~ 0640 号机车），或当总风缸风压高于 680 kPa 但又低于 750 kPa 时（0641 号机车之后），将压缩机扳键开关 SB45（SB46）置“压缩机”位，此时，仅操纵端压缩机投入工作，当总风风压达到 900 kPa 时自动停止工作。

（3）将压缩机扳键开关 SB45（SB46）置“强泵风”位不松手：

① 看操纵端压缩机投入工作，总风风压升至 950 kPa 时听高压安全阀喷气声；

② 松开压缩机扳键开关 SB45（SB46），操纵端压缩机停止工作。

5）换向手柄“前”位试验

（1）换向手柄置“前”位：

① 听辅变流器 1（APU1）启动后，牵引及复合冷却风机启动。

② 进入微机显示屏“风机状态”画面，确认牵引风机 MA11 ~ MA16 启动正常。

③ 进入微机显示屏“辅助电源”画面，看辅变流器 1（APU1）输出频率升至 33 Hz。

（2）换向手柄回“0”位，待 1 min 之后，听各牵引、复合冷却风机停止工作。

6）电制动试验

（1）换向手柄置“前”位、调速手柄离开“0”位至“制”区最大：

① 看机车状态指示屏“零位”灯灭；

② 进入微机显示屏“辅助电源”画面，看辅变流器 1（APU1）输出频率升至 50 ± 1 Hz；

③ 看微机显示屏显示级位由 11.9 级 ~ 1 级间变化。

（2）调速手柄回“0”位，看机车状态指示屏“零位”灯亮。

7）牵引试验

（1）弹停转换开关置“缓解”位，看机车状态指示屏“停车制动”红灯灭。

（2）通过微机显示屏触摸开关恢复主变流器 CI1 ~ CI3，看状态指示屏“预备”灯亮。

（3）将调速手柄置牵引“*”位：

① 看机车状态指示屏“零位”、“预备”灯灭；

② 微机显示屏显示“1.0”级、牵引电机 M1 ~ M3 输出扭矩显示 13 kN 左右。

（4）调速手柄退回“0”位：

① 机车状态指示屏“零位”“预备”灯亮；

② 看微机显示屏牵引电机 M1 ~ M3 输出扭矩变为 0、手柄级位显示“0”级。

（5）通过微机显示屏触摸开关切除主变流器 CI1 ~ CI3、恢复主变流器 CI4 ~ CI6，将调速手柄置牵引“*”位：

① 看机车状态指示屏“零位”“预备”灯灭；

② 微机显示屏显示“1.0”级、牵引电机 M4 ~ M6 输出扭矩显示 13 kN 左右。

（6）调速手柄退回“0”位：

① 机车状态指示屏“零位”“预备”灯亮；

② 看微机显示屏牵引电机 M4 ~ M6 输出力矩变为 0、手柄级位显示“0”级。

（7）换向手柄置“0”位，通过微机显示屏触摸开关切除主变流器 CI4 ~ CI6。

8）辅变流器故障切换试验

（1）断开主断路器，通过 TCMS 屏“开放状态”栏手动切除 APU1，看 APU1 栏变红。重新闭合主断，听 APU2 启动声，各风机启动运行，通过 TCMS 屏“机器状态”栏“风机状态”界面，确认 WP1、WP2 水泵、MA21、MA22 油泵工作正常，MA11 ~ MA16 牵引风机、MA17、MA18 复合冷却风机启动正常。

（2）通过 TCMS 屏“机器状态”栏“辅助电源”界面看 APU2 输出电源频率为 50 Hz，看 PSU1（PSU2）装置投入工作，观察控制电压表及 TCMS 屏显示控制电压 110 V。

（3）断开主断路器，恢复 APU1，切除 APU2 试验（试验内容及步骤同上）。

9）PSU 装置转换试验

（1）断电降弓拉回电钥匙开关，通过 TCMS 屏确认试验时正常工作的 PSU 单元，并通过 TCMS 屏检修模式修改系统日期，修改完毕后脱开蓄电池开关，30 s 后恢复蓄电池开关。

（2）重新升弓闭合主断，确认控制电压表及 TCMS 显示屏显示控制电压 110 V，通过 TCMS 屏“辅助电源”界面，确认另一组 PSU 投入工作。

（3）断开主断路器，采用手动转换 PSU 单元，将 PSU 装置柜侧面转换开关转至另一组 PSU 单元，重新闭合主断，确认控制电压表及 TCMS 显示屏显示控制电压 110 V，通过 TCMS 屏“辅助电源”界面，确认另一组 PSU 投入工作。

任务 8.5　电力机车常见故障判断与处理

【任务目标】

知识目标	1. 熟悉 SS_4 改型电力机车常见故障判断与处理方法。
	2. 熟悉 HXD_{1C} 型电力机车常见故障判断与处理方法。
	3. 熟悉 HXD_3 型电力机车常见故障判断与处理方法。
素质目标	1. 培养学生遵章守纪、爱护实训设备，具有良好的职业道德。
	2. 培养学生严谨认真、遵守规程操作，树立良好的安全意识。
	3. 能客观、公正地进行学习效果的自我评价。
能力目标	1. 能够进行 SS_4 改型电力机车常见故障判断与处理。
	2. 能够进行 HXD_{1C} 型电力机车常见故障判断与处理。
	3. 能够进行 HXD_3 型电力机车常见故障判断与处理。

【相关知识】

8.5.1　SS_4 改型电力机车常见故障判断与处理

本部分选择了 SS_4 改型电力机车 7 项典型电气线路故障，按照故障现象、故障判断及故障处理顺序进行分析。

1. 受电弓升不起

故障判断：

（1）287YV 保护阀及门联锁风路不通；

（2）515KF 门联锁重联安全风压继电器不动作。

故障处理：

（1）疏通电路及风路；

（2）558QS 打到“单机”位，只升本节车受电弓，切除其他节车主断路器。

2. 主断路器合不上

故障判断：

（1）司机控制器手柄不在“0”位，零位中间继电器 568KA 不吸合；

（2）劈相机按键开关未断开；

（3）风压太低；

（4）主断路器机械机构损坏。

故障处理：

（1）司机控制器手柄“0”位；

（2）将劈相机按键开关置断开位；

（3）用辅助压缩机打风，使风压大于 500 kPa；

（4）用扳手人为合闸维持运行或用 586QS 隔离半台车运行，同时应将零压隔离开关 236QS 置故障位。

3. 主断路器断不开

故障判断：分闸线圈烧损。

故障处理：维持运行，降弓过绝缘分相区。

4. 劈相机故障

故障判断：

（1）劈相机启动后“劈相机”信号显示不灭，启动电阻发红或烧断；

（2）劈相机绕组烧损。

故障处理：启动继电器 283AK 动作晚或不动作，可人工按启动继电器按钮；若启动电阻烧断可转换一组或切除劈相机改用第一牵引通风机电容启动；若劈相机内部击穿短路，切除劈相机改用第一牵引通风机电容启动代替劈相机工作。

5. 牵引风机故障

故障判断：牵引风机烧损。

故障处理：风机内部短路，切除该风机及相应牵引电动机，维持运行。

6. 一台牵引电动机无流

故障判断：

（1）该电动机线路接触器不吸合；

（2）电动机开路。

故障处理：

（1）检查故障，处理该电动机线路接触器及电磁阀；

（2）切除该电动机继续运行。

7. 主断路器跳闸，有时“主接地”“原边过流”显示，伴随整流柜熔断器爆或指示件跳出

故障判断：

（1）整流柜晶闸管击穿；

（2）整流柜二极管击穿。

故障处理：

（1）个别元件击穿可维持运行或切除相应转向架电机维持运行；

（2）拆除主变压器至整流柜的软连线。

8.5.2 HXD_{1C}型电力机车常见故障判断与处理

1. 受电弓升不起来（自动降下）时的处理

进入微机显示屏“受电弓状态”界面，找出受电弓升不起来（自动降弓）的原因（底色变白条目）再对症进行处理。

（1）若“高压隔离开关同时打开”、底色变白，则检查车顶隔离开关位置，至少使一端车顶隔离开关处于“合”位。

（2）若“主断/受电弓自动开关断开”底色变白，则到低压电器柜检查，活动“主断/受电弓”自动开关 = 21-F114，使其处于闭合位。

（3）若“控制风缸风压不足”底色变白，检查控制风缸塞门在开放位、控制风缸排水塞门在关闭位，消除控制风缸风压低的原因。

（4）若“辅助压缩机自动开关断开（风压不足）”底色变白，则到低压电器柜检查，活动辅助压缩机自动开关 = 21-F157，使其处在闭合位。

（5）若“辅助压缩机故障（风压不足）”底色变白，检查、消除辅助压缩机故障或设法提高控制风路风压后再升弓。

（6）若“紧急按钮按下”底色变白，检查、消除辅助压缩机故障或设法提高控制风路风压后再生弓。

（7）若“机车模式开关不在正常位或检测到外部供电”底色变白，到低压电器柜检查，恢复机车模式开关 = 21-S54 在“正常”位。

（8）若“受电弓升起 15 min 后，未检测到网压或主断未闭合”底色变白，其说明受电弓自动下降原因。应待接触网送电后，再升弓和升弓后及时闭合主断路器。

（9）若“TCU 自动开关同时断开”底色变白，查找、消除引起 TCU1 电源、TCU2 电源自动开关同时断开的原因。至少恢复一个 TCU 电源自动开关在“闭合”位。

（10）若“顺序控制降弓”底色变白，说明虽未直接发出降弓指令，但在执行某一控制指令时，必须在降弓情况下才能进行，故微机自动进行了降弓，一般情况下，机车电钥匙重新置“合”位即可消除。

（11）若“CCU 与 TCU 通信故障”底色变白，则恢复与其相关的自动开关，待 CCU 与 TCU 通信故障消除，进行复位操作即可。

（12）若“列车未占用”底色变白，闭合操纵端机车电钥匙后即可消除。

（13）若“受电弓隔离塞门关闭”底色变白，检查、确认受电弓隔离塞门开放位（蓝色钥匙处于垂直状态）。

（14）若“降弓指令”底色变白，则需检查、消除存在的所有降弓指令。

（15）若“受电弓 1 升弓故障”底色变白，应将低压电器柜受电弓模式开关置“弓2”位，切除Ⅰ端受电弓即可。

（16）若“受电弓 2 升弓故障”底色变白，应将低压电器柜受电弓模式开关置“弓1”位，切除Ⅱ端受电弓即可。

（17）若“主断卡合”底色变白，确认控制电气柜主断路器风路塞门在开放状态后，断开控制电源柜“控制电源输出”自动开关 20 s 再闭合。

（18）若“蓄电池电压低于 77 V”底色变白，检查、消除引起蓄电池电压低的原因，使控制电路电压高于 77 V。

（19）若“TCU 保护性降弓”底色变白，则同时断开低压电器柜“TCU1 电源”、“TCU2 电源”自动开关，20 s 再闭合后，再进行复位操作。

2. 主断路器不闭合或自动断开时处理

进入微机显示屏“主断状态”界面，查出造成主断路器不闭合或自动断开的原因（底色变白条目）后，再对症进行处理。

（1）若“主断/受电弓自动开关断开”底色变白。到低压电器柜检查，活动主断/受电弓自动开关 = 21-F114，使其处在闭合位。

（2）若“控制风缸风压不足”底色变白，则检查控制风缸塞门在开放位、控制风缸排水塞门在关闭位，消除控制风缸风压低的原因。

（3）若“紧急按钮按下”底色变白，则检查、恢复两端司机室紧急按钮至“运行”位。

（4）若“受电弓塞门关闭”底色变白，则到制动控制柜检查受电弓隔离塞门，确保其在开放位。

（5）若“过分相”底色变白，则在低压电器柜右侧面的自动过分相处理器上，将过分相故障钮子开关置“故障”位，切除自动过分相装置维持运行。

（6）若“原边电压过压”底色变白，应立即查看接触网网压，若接触网网压过高时，则等待网压恢复正常后再闭合主断路器。

（7）若“原边电压欠压”底色变白，应立即查看接触网网压，若接触网网压过低时，则等待网压恢复正常后再闭合主断路器。

（8）若“变压器油温过高”底色变白，消除变压器油温高的原因，待变压器油温降低后再闭合主断路器。

（9）若“变压器油温过低”底色变白，设法提高变压器油温，待变压器油温提高后再闭合主断路器。

（10）若“主断闭合/断开故障”底色变白，在消除主断路器故障后，进行复位操作。

（11）若“主变流器水位保护”底色变白，切除对应的主变流柜后，进行复位操作。

3. 运行途中，某台牵引电机无扭矩输出时的处理

（1）某台牵引电机无扭矩输出，而其他牵引电机扭矩输出正常时，可维持运行到前方停车站或回段后再进行处理。

（2）若某台牵引电机故障，引起主断路器断开时，可利用其对应的牵引电机隔离开关将故障牵引电机切除后维持运行。

（3）若切除该牵引电机即无法维持运行时，应尽量运行到前方停车站后进行处理。

① 检查、恢复该台牵引电机对应的牵引风机自动开关至“闭合”位。

② 进入“现存故障”界面，按其提示对症处理。

③ 无明确故障时的处理办法：

方法 1：司机控制器调速手柄回“0”，断开再闭合其对应的“TCU 电源”自动开关（牵引电机 1、2、3 对应 TCU1；牵引电机 4、5、6 对应 TCU2）后，按压一次“复位”按钮。

方法 2：在停车状态下断开再闭合控制电源柜“控制电源输出”自动开关，使微机复位，消除故障恢复运行。若故障不能消除，应及时请求救援。

4. 运行途中，压缩机三相自动开关断开时的处理

运行途中，微机显示屏故障信息显示区显示“！三相开关”，进入“现存故障”界面，提示某一压缩机三相自动开关断开时，按以下方法进行处理：

（1）机车正在牵引或电制动（带载）运行，可利用压缩机扳键开关置“强泵风”位，通过另一压缩机泵风维持运行。

（2）机车正在惰行或在车站停车时，则按以下方法进行处理。

① 司机控制器手柄回“0”位，断开主断路器。

② 根据微机显示屏提示，恢复断开的压缩机自动开关后，再闭合主断路器，进行压缩机工作试验，若压缩机工作正常，则恢复正常运行；若压缩机自动开关随即断开，则不再进行处理，利用另一台压缩机维持运行，回段报修。

（3）切除一台压缩机后，全车压缩机的泵风速度将减小一半，故运行中，应随时注意观察总风缸风压，并使其保持在 800 kPa 以上。缓解列车制动前，应将压缩机扳键开关置“强泵风”位提前泵风，以保证缓解用风的需要。对站停列车，可向车站申明，由车站提前通知开车准备，以保证出站信号机开放后，及时将列车开出。

5. 运行途中，主电路接地时的处理

运行途中，主断路器断开，微机显示屏提示“原边接地”“TCU1 主回路接地”“TCU2 主回路接地”时，机车乘务员应立即将司机控制器手柄回“0”位，按压司机台“复位”按钮进行复位操作后，重新闭合主断路器，进行牵引、电制动操作。若故障消除或微机控制系统自动将接地主变流柜隔离时，即恢复或维持运行；若故障仍然存在，则按以下方法处理：

（1）若微机显示屏提示“TCU1（2）主回路接地”时，司机控制器调速手柄回“0”位，断开低压电器柜“TCU1（2）电源”自动开关，按压 3 次“复位”按钮。隔离主变流柜 1（2），利用主变流柜 2（1）维持运行。

（2）经以上处理，故障仍无法消除时，应尽量维持进站，请求救援。若确无法维持运行到车站时，在逼迫停车后，立即请求救援。

6. 运行途中，主断路器断开，“主断状态”提示“原边电压欠压”时的处理

运行途中，主断路器断开，微机显示屏“主断状态”提示“原边电压欠压”时，应立即通过微机显示屏主界面及网压表查看接触网网压，若接触网网压低于 17 kV 时，即可确定为网压欠压保护动作。此时，应及时向列车调度员汇报，通过调整列车运行次序或调节接触网网压，使接触网网压恢复正常，待接触网网压高于 17.5 kV 且超过 1 s，立即闭合主断路器，网压恢复正常后继续运行。

特殊情况下，无法维持运行时，可停车待接触网网压恢复正常或按列车调度员的指示办理。

8.5.3 HXD_3 型电力机车常见故障判断与处理

1. 受电弓升不起的处理

（1）检查升弓气路风压是否高于 500 kPa，如低于此值应按一下辅助风泵打风按钮（在控制电器柜上），辅助风泵会一直打风，当风压达到 735 kPa 时，辅助风泵打风停止。

（2）检查管路柜内升弓阀是否在升弓位置，此阀门是一个蓝色钥匙，阀门打开时，蓝色钥匙拔不出来，如钥匙能拔下说明升弓阀在断开位置，应将钥匙旋转 90°，此时能听到空气流动声音。

（3）检查升弓塞门 U98，应置于打开位置。

（4）检查控制电器柜上的各种电器开关位置（如 QA43、QA44），应置于正常闭合位置，如有跳开现象，请检查确认后，合上开关。

（5）将微机显示屏翻到检修状态下信号输入输出画面，在“DI2”菜单下，观察升弓信息的状态。合升弓开关，观察 501（601）、515（615）或 514（614）、425 颜色，绿色为正常；其中 501（601）为电钥匙，515（615）、514（614）为升弓开关前弓和后弓，425 为主断接地开关。如在 I 端按下前弓开关，501、515、425 为绿色，同时 514、427 为黑色。427 为 I 端受电弓隔离开关信号。

（6）检查主断控制器，将其上面的开关置于“断”位置，如能升起弓，说明主断控制器故障，应予以更换。

（7）检查升弓滑板上调压阀是否被关闭。

2. 主断路器合不上的处理

（1）检查 SA75 置“正常”位。

（2）检查 QS3、QS4、QS10、QS11 处于正常位。

（3）检查主断气压正常，如气压低则会在牵引/制动画面中显示“主断气路压力低”，检查 U94 置开启位。

（4）检查司控器主手柄处于“0”位。

（5）检查两端司机室操纵台上的紧急按钮，应该在弹起位。

（6）检查半自动过分相按钮在正常弹起位。

3. 提牵引主手柄，无牵引力的处理

（1）确认已经升弓、合主断。

（2）确认各风机启动完毕。

（3）确认停车制动在缓解位，操纵台停车制动红色指示灯应熄灭。

（4）确认不在动力切除状态（即 1 804 号线无电）。

（5）当监控装置因超速发出卸载信号（即 962 号线有电）。

（6）总风缸风压不足 470 kPa。

4. 油泵故障的处理

当两个油泵有一个故障时，在牵引/制动画面的故障信息中显示油泵 1 或油泵 2 故障，并伴随蜂鸣器的响声，先断合几次故障油泵的空气自动开关，如仍有故障，TCMS 检测到信号后会自动将相应的三组变流器隔离，即切除一个转向架的动力。当出现这种故障时，牵引力、制动力将降低一半。

5. 油流继电器故障的处理

出现油流继电器故障后，TCMS 处理同上。当确认是油流继电器故障而非油泵故障时，可打开车下主变压器上的接线盒，将 356 号线与 538 号线短接。短接后应注意观察相应油泵的运行情况，用手摸法检查两个复合冷却器的油温并维持运行。

6. 油温高继电器动作的处理

当油温高继电器动作后，机车无牵引力、制动力输出。未查清原因前，禁止做任何处理。司机在巡检、停车、换端时应用手摸法经常检查油温。只有在确认确实是油温高继电器本身误动作，才可进行处理。

处理方法：打开车下主变压器接线盒，将其中 438 号线拆除，并做绝缘包扎好，观察维持运行。

7. 牵引风机故障的处理

当一组风机故障时，在牵引/制动画面的故障信息中显示牵引风机 1 或牵引风机 2 故障，并伴随蜂鸣器的响声，可断合几次相应的空气自动开关，同时 TCMS 会自动将

相应的一组 CI 切除，即主变流器六组中有一组不工作，故障风机对应的牵引电机无流，机车保持 5/6 的牵引力，可完成一般的牵引任务。

8. **牵引风机风速继电器故障的处理**

当一组风机风速继电器故障时，TCMS 会自动将相应的一组 CI 切除，即主变流器六组中有一组不工作，机车保持 5/6 的牵引力，可完成一般的牵引任务。当确认是继电器故障而非风机故障时，可将风速继电器上的两根线短接，如第一牵引风机 KP41，将其电器盒打开短接 356 号、534 号线，恢复正常的牵引力、制动力，观察维持运行。

9. **冷却塔风机故障的处理**

当一组冷却塔风机故障时，在牵引/制动画面的故障信息中显示复合冷却风机 1 或复合冷却风机 2 故障，并伴随蜂鸣器的响声。可断合几次相应的空气自动开关，如确实故障，只在 TCMS 显示器上报故障，机车仍能继续工作。

注意：虽然能正常工作，但变压器油温会逐渐升高，最终会因为油温高而停止动力输出。司机可根据牵引吨位、行走路程以及油温升高的情况采取相应的措施。

10. **主变流器 CI 整流、逆变组件故障的处理**

当机车在重载情况下牵引或是制动时，可能发生此故障。当故障发生时，在司机室能听到机械间里有很大的“放炮”声，主断路器跳开，司机室 TCMS 屏显示相应的主变流器 CI 故障。在开放状态画面，显示相对应的 CI 故障，此时应将司控器主手柄回“0”位，按“复位”按钮，再合主断，如能合上主断，手柄能提到位，观察牵引电机牵引力，发现一个及一个以上电机无牵引力，则根据牵引吨数来确定是否继续牵引或是将整列车维持运行到下一个车站。如合不上主断，或是提手柄后就跳主断，应立即隔离相应的 CI，然后就能合上主断、提手柄。其他方法同上。

11. **主变流器接地故障的处理**

当一组主变流器出现接地时，TCMS 会发出跳主断的指令，同时 TCMS 显示屏会显示相应的一组接地。此时应将司控器主手柄回“0”位，按“复位”按钮，再合主断，如能合上主断，手柄能提到位，观察牵引电机牵引力，如正常说明是误报故障。如发现一个及一个以上电机无牵引力，则根据牵引吨数来确定是否继续牵引或是将整列车维持运行到下一个车站。如合不上主断，或是提手柄后就跳主断，应立即隔离相应的 CI，然后就能合上主断、提手柄。其他方法同上。

12. **牵引电动机过流故障的处理**

当牵引电动机过流发生时，TCMS 显示屏显示故障。TCMS 会根据过流时间的长短发出是否跳主断的信号，有时跳，有时不跳。如不跳主断，将司控器主手柄回“0”位，按“复位”按钮，再提手柄就正常了。如跳主断，应将司控器主手柄回“0”位，按“复位”按钮，合主断，如能合上主断，手柄能提到位，观察牵引电机牵引力，正常则说明故障消除。如合不上主断，或是提手柄后就跳主断，应立即隔离相应的 CI，然后就能合上主断、提手柄。其他方法同上。

13. 牵引电动机接地故障的处理

当牵引电机接地时，TCMS 会发出跳主断的命令，同时显示屏会显示相应的故障。此时将司控器主手柄回“0”位，按“复位”按钮，如能合上主断，手柄能提到位，观察牵引电机牵引力，如发现一个及一个以上电机无牵引力，则根据牵引吨数来确定是否继续牵引或是将整列车维持运行到下一个车站。如合不上主断，或是提手柄后就跳主断，应立即隔离相应的 CI，然后就能合上主断、提手柄。其他方法同上。

14. 电机转速传感器故障的处理

当机车正常运行时，出现空转严重影响牵引任务，这是电机转速传感器信号没有正常传送到 TCMS 中去，可能是传感器本身故障，也可能是传输线路出现问题。处理办法是将空转的（或是 6 路中唯一不空转的）那一路 CI 进行隔离，即切除一个电机，也就切除了故障的转速传感器，机车保留 5/6 牵引力可继续完成牵引任务。

15. 各种电气故障不能复位、不能解决的处理

当故障在短时间内多次发生，微机会封锁相应的回路，包括主回路、辅助回路等，使机车不能完成正常的牵引工作。当出现这种故障时，就必须断开微机的电源，让微机复位。采取的方法就是断开蓄电池的总电源，而且要保持 30 s 以上，然后重新合上，故障就会消失。但机车在行驶中，断开蓄电池总电源，列车管将以常用最大减压量减到 0。

16. 主变流器单元 CI 的切除方法

在牵引/制动画面，按“开放状态”，进入“开放画面”，以 CI1 为例：按“CI1”变为蓝色，按“开放”按钮，原来“正常”变为“开放”，按“返回”按钮，则切除了 CI1 变流单元。

复习思考题

1. 机车高、低压试验的目的是什么？
2. SS_4 改型电力机车低压试验前应做好哪些准备工作？
3. SS_4 改型电力机车高压试验前应做好哪些准备工作？
4. HXD_{1C} 型电力机车低压试验前应做好哪些准备工作？
5. HXD_{1C} 型电力机车高压试验前应做好哪些准备工作？
6. HXD_3 型电力机车低压试验前应做好哪些准备工作？
7. HXD_3 型电力机车高压试验前应做好哪些准备工作？
8. SS_4 改型电力机车受电弓升不起应如何判断处理？
9. HXD_{1C} 型电力机车运行中主电路接地应如何判断处理？
10. HXD_3 型电力机车主断路器合不上应如何处理？

参考文献

[1] 杨兆昆. 韶山$_4$改型电力机车机车乘务员[M]. 北京：中国铁道出版社，2005.

[2] 华平. 电力机车控制[M]. 北京：中国铁道出版社，2008.

[3] 谢维达. 电力牵引与控制[M]. 北京：中国铁道出版社，2010.

[4] 铁道部运输局装备部. HXD_3型电力机车[M]. 北京：中国铁道出版社，2011.

[5] 中华人民共和国铁道部. 铁路技术管理规程[M]. 北京：中国铁道出版社，2012.

[6] 胡汉春. 机车电传动与控制[M]. 北京：中国铁道出版社，2012.

[7] 中华人民共和国铁道部. 铁路机车操作规程[M]. 北京：中国铁道出版社，2013.

[8] 张铁竹，王秀清. 交流传动机车牵引与控制[M]. 成都：西南交通大学出版社，2014.

[9] 陈纯北. HXD_{1C}型机车构架与运用操作[M]. 北京：中国铁道出版社，2015.

[10] 李作奇. 电力机车控制[M]. 北京：北京交通大学出版社，2021.